职业院校课程改革规划新教材

Qiche Fadongji Changjian Weixiu Xiangmu Lishi Yitihua Jiaocai

# 汽车发动机常见维修项目
# 理实一体化教材

陈卫忠　主编
朱　军　主审

人民交通出版社
China Communications Press

## 内 容 提 要

本书为职业院校课程改革规划新教材之一，共分为9章。全书系统地介绍了发动机机械系统、燃油供给系统、电子控制系统、点火系统、冷却系统、润滑系统的组织结构、工作原理和相关部件的常见维修项目。

本书为职业院校汽车运用与维修专业的教材，也可供相关从业人员学习使用。

**图书在版编目（CIP）数据**

汽车发动机常见维修项目理实一体化教材 / 陈卫忠主编. --北京：人民交通出版社，2012.7

职业院校课程改革规划新教材

ISBN 978-7-114-09699-0

Ⅰ.①汽… Ⅱ.①陈… Ⅲ.①汽车-发动机-车辆修理-高等职业教育-教材 Ⅳ.①U472.43

中国版本图书馆CIP数据核字（2012）第043672号

职业院校课程改革规划新教材

**书　　名：汽车发动机常见维修项目理实一体化教材**
**著 作 者：**陈卫忠
**责任编辑：**戴广超
**出版发行：**人民交通出版社
**地　　址：**(100011)北京市朝阳区安定门外外馆斜街3号
**网　　址：**http://www.ccpress.com.cn
**销售电话：**(010) 59757969、59757973
**总 经 销：**人民交通出版社发行部
**经　　销：**各地新华书店
**印　　刷：**北京鑫正大印刷有限公司
**开　　本：**880×1230　1/16
**印　　张：**15
**字　　数：**470千
**版　　次：**2012年7月　第1版
**印　　次：**2012年7月　第1次印刷
**书　　号：**ISBN 978-7-114-09699-0
**印　　数：**0001－3000册
**定　　价：**34.00元

# 序 言 <<<<<

2007年交通部汽车维修行业协会组织编写了由人民交通出版社出版的“汽车常见维修项目实训教材”，该教材在深入研究了当时汽车维修行业实际工作过程中常见的汽车维修项目后，提出了以汽车维修一线常见汽车维修项目为基础筛选汽车职业教学实训项目的思路，体现了汽车维修职业教学目标与汽车维修一线实践紧密结合的要求，为实现汽车维修职业教育与汽车维修行业零距离对接的要求提供了有价值的经验。该教材由山东德州汽车摩托车专修学院（现为德州交通中等专业学校）承担编写工作，教材采用了拍摄实际操作过程中系列照片的方式编写，这种表达方式很好的展现了实训教学过程中的操作工艺流程，使得实训教学内容的细节能够清晰的彰显出来，成为当时第一套图文并茂的汽车职业教育实训教学教材，该教材一经出版就引起了全国汽车职业学校的广泛关注，很多省市的汽车专业学校都将其选为汽车专业的实训教材或参考教材。

近年来随着汽车维修职业教育教学的发展，许多一线的老师和同学们对这套教材提出了希望能够实现“做中学、学中做”即知识和技能学做合一的改进建议。在广泛征求了使用过该教材的汽车职业院校师生的意见后，人民交通出版社决定将这本教材重新组织编写成一本理实一体化的汽车专业教材，定名为“汽车常见维修项目理实一体化教材”。

改编后的教材首先继承了原教材中实训教学的基本编写形式，重点加入了发动机、底盘和电气三大部分的理论知识内容，在编写汽车理论知识时采取了适度够用的原则，对中等职业汽车专业理论知识教材进行了适当的剪裁和修改，并加入了大量生动的汽车知识图片来增强教材的图形感染力，使得这本教材更适合中等职业学校的学生阅读。在实训教学内容的改编过程中，本书编写单位常州交通技师学院专门组织编写老师走访了数家典型汽车的4S店，收集了最近几年来主流车型的市场变化和汽车维修项目的详细资料，对原教材中汽车维修项目进行了细微的调整，使之更接近当前汽车消费市场的主流车型，同时根据中等职业汽车专业教学和竞赛的汽车车型变化，选择了一汽丰田卡罗拉轿车（原教材为上汽桑塔纳轿车）做为实训教材指定用车，以便更加适合我国汽车专业学校汽车维修知识和技能教学的实际需求。为了实现“做中学、学中做”的教学目标，教材按照汽车的发动机、底盘和电气三大部分分册，再将各部分的子系统分章节编写，每章先给出需用知识，然后再列出从维修一线选出的与这部分子系统相关联的常见维修项目作为技能训练内容，这种编写体例将汽车维修知识和技能进行了相对独立的编写，教学中可以按照项目导入的方法先引入常见汽车维修项目直接进行技能训练，然后再学习相关的理论知识，实现“做中学”的目标。也可以先进行相关专业知识的学习，然后再进行对应汽车维修技能的实训，达到“学中做”目的。尝试这样的编写体例是为了满足不同教学方式的需要，以便更好的适应当前我国汽车维修专业实际教学组织的需要，使得理论教学和实践训练水平不同的教师都能较好的完成汽车专业理实一体化教学的组织和实施工作。

教材主要内容包括中等职业学校汽车维修专业教学中最重要的三门专业课程的理论知识内容和汽车维修实践中最常见最基本的几十项汽车维护和检修作业内容，这些知识和技能是每一名汽车维修技工必须熟练掌握的最重要的知识和最基础的技能，是每一位从汽车专业学校毕业的学生初次面对汽车维修一线实际工作时不可或缺的“看家”本领。希望这本教材能够为汽车维修专业教学找到一个基本的教学“底线”要求，使得汽车维修教学的成本降到最低，而教学的实用效果达到最佳的目的。希望此教材能有助于汽车专业教学中理实一体化教学的实施和探究，能够为汽车专业教学改革起到积极地推动作用。也希望广大师生对教材使用中的问题给予指导和批评。最后感谢常州交通技师学院领导和汽车系全体老师为教材的编写所付出的辛勤努力。

朱 军

2012年4月

# 目录 <<<<<

# 第一章 绪 论

## 第一节 需用知识

### 一、汽车发展简史

#### 1 汽车的诞生

汽车是欧洲工业革命的产物，是随着内燃机的发明而产生的。1885年，德国工程师卡尔·本茨在曼海姆制成一辆装有0.6kW汽油发动机的三轮汽车（图1-1），该车自身质量为254kg，装有三个实心橡胶轮胎的车轮，用钢管制成车架，发动机为单缸汽油机，最高时速为18km/h，这就是世界上公认的第一辆汽车。1886年1月29日，本茨在德国取得了汽车专利证（图1-2），所以，1886年1月29日被公认为汽车的诞生日。同一年，德国另一位工程师戈特利布·戴姆勒在坎斯塔特，将一台0.8kW汽油机装在一辆四轮马车上，并增加了转向传动装置，该车最高车速为14.4km/h，这是世界上第一辆装有汽油机的四轮汽车（图1-3）。

图1-1 卡尔·本茨发明的三轮汽车

因此，人们一般都把1886年作为汽车元年，本茨和戴姆勒则被公认为以内燃机为动力的现代汽车发明者，并被尊称为汽车工业的鼻祖和“世界汽车之父”。

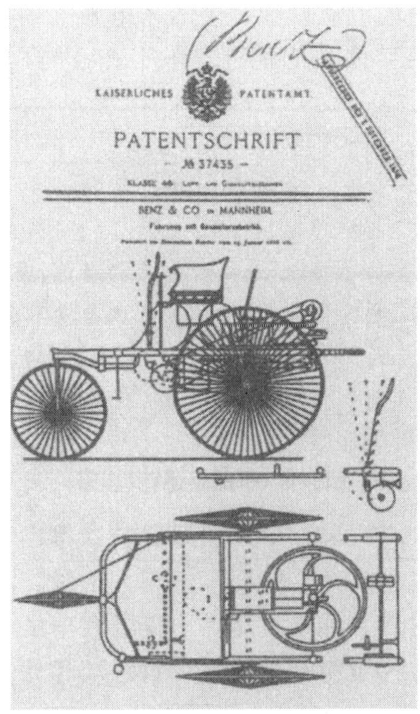


图1-2 第一辆汽车的专利证

图1-3 戈特利布·戴姆勒发明的四轮汽车

#### 2 世界汽车工业的发展

（1）汽车工业发展初期。汽车起源于欧洲，欧洲是汽车工业的摇篮。在汽车工业发展初期，法国人也做出了突出的贡献。1889年，法国人别儒研制出齿轮变速器和差速器，并在1891年首先推出了发动机前置后轮驱动的布置形式；1891年法国人又研制成摩擦式离合器，1895年开始采用充气轮胎等，使早期的汽车性能得到了较大提高。

欧洲早期著名的汽车公司有：奔驰汽车公司（成立于1887年）、戴姆勒汽车公司（成立于1890年）、奥迪汽车公司（成立于1899年）、标致汽车公司（成立于1889年）、雷诺汽车公司（成立于1898年）、菲亚特汽车公司（成立于1899年）和劳斯莱斯汽车公司（成立于1904年）等。

（2）汽车工业快速发展于美国。1908年10月，在美国的底特律，美国人亨利·福特推出了以自己名字命名的福特汽车（著名的T型车，图1-4）。

**图1-4　早期的福特T型车**

1913年，福特汽车公司还首次推出了世界第一条汽车生产线，开辟了汽车大批量、流水线生产的新时代，并从此奠定了美国汽车生产大国的地位。从20世纪初开始到20世纪70年代美国的汽车工业一直遥遥领先，产量居世界之首。尽管欧洲和日本汽车产量偶尔超过美国，但美国汽车的产销量一直处于世界前列。美国曾经最著名的三大汽车公司有：福特汽车公司（成立于1903年）、通用汽车公司（成立于1908年）和克莱斯勒汽车公司（成立于1925年）。

（3）以欧洲为重心的汽车工业发展时期。欧洲的汽车公司针对美国车型单一、体积庞大、油耗高等弱点，开发了多种多样的新车型，实现了汽车产品多样化，如梅赛德斯·奔驰、宝马、雪铁龙、劳斯莱斯、美洲虎、甲壳虫和法拉利等车型。多样化的产品成为最大优势，效益也得以实现。到1966年，欧洲汽车年产量突破1000万辆，超过北美汽车产量，成为世界第二个汽车工业发展中心。

欧洲除早期成立的汽车公司外，又产生了许多著名的汽车公司，如宝马汽车公司（成立于1916年）、雪铁龙汽车公司（成立于1919年）、奔驰—戴姆勒汽车公司（成立于1926年，由原奔驰汽车公司和戴姆勒汽车公司合并而成）、沃尔沃汽车公司（成立于1927年）、法拉利汽车公司（成立于1929年）、保时捷汽车公司（成立于1931年）和大众汽车公司（成立于1937年）等。

（4）日本汽车工业发展。当1973年首次发生石油危机时，美国和欧洲等国家的汽车工业受到很大冲击，而日本大量研制生产了小型节油型汽车，各大汽车公司及时推出物美价廉的汽车，使日本汽车产量快速增长，终于在1980年汽车产量超过美国，坐上了“汽车王国”的宝座。日本汽车工业的快速发展，创造了世界汽车工业的发展奇迹。日本成为继美国、欧洲之后的世界上第三个汽车工业发展中心。

日本著名的汽车公司有：大发汽车公司（成立于1907年）、马自达汽车公司（成立于1920年）、日产汽车公司（成立于1933年）、丰田汽车公司（成立于1937年）、本田汽车公司（成立于1946年）、日野汽车公司（成立于1942年）、五十铃汽车公司（成立于1949年）、铃木汽车公司（成立于1954年）等。

（5）韩国汽车工业的发展。20世纪70年代，较好的经济基础为韩国汽车工业的发展提供了良好的发展环境。1973年，在韩国政府实行“汽车国产化”政策的支持下，国产汽车产业迅猛发展。进入20世纪90年代后期，韩国汽车工业在西欧、美洲、东欧、亚洲和大洋洲建立了生产基地，实现了国内生产本地化、海外生产体系化和全球营销网络，成为世界汽车生产大国。

韩国著名的汽车公司有：起亚汽车公司（成立于1944年）、现代汽车公司（成立于1967年）、大宇汽车公司（成立于1972年）等。

## 3 我国汽车工业的发展

自中华人民共和国成立后，汽车工业迅速建立并发展。经过半个世纪的努力，我国汽车工业从无到有，形成了一个产品种类比较齐全、基本满足国内需求的工业体系。我国汽车工业的发展历程大致划分为以下4个阶段。

（1）初创阶段（1953—1965年）。1953年7月15日，第一汽车制造厂在长春奠基。1956年7月13日，第一辆解放牌CA10型载货汽车下线（图1-5），1956年7月15日，第一批解放牌CA10型载货汽车下线。

1958年5月5日，第一汽车制造厂生产出第一辆东风CA71型轿车（图1-6）。

1958年7月，第一汽车制造厂自行设计、研制了第一辆红旗牌CA72型高级轿车（图1–7）。

图1–5 第一辆解放牌汽车

图1–6 第一辆东风CA71型轿车

图1–7 一汽生产的CA72型高级红旗轿车

1958年3月10日，南京汽车制造厂生产出第一辆跃进牌NJ130型2.5t轻型载货汽车。同年6月，又试制出第一辆NJ230型1.5t越野汽车。

1958年9月，上海汽车制造厂成功试制出第一辆凤凰牌轿车（图1–8）。

1964年12月，上海汽车制造厂开始生产上海牌SH760普通型轿车（图1–9）。

1960年4月，济南汽车制造厂成功试制出黄河牌JN150型8t重型载货汽车。

1961年，北京汽车制造厂试制出第一辆北京BJ210型轻型越野汽车。1965年5月，北京汽车制造厂批量生产BJ212型越野汽车（图1–10）。

图1–8 凤凰牌轿车

图1–9 上海牌SH760型轿车

图1–10 北京BJ212型越野汽车

到1965年，全国形成五个汽车制造基地，汽车年产量约6万辆，全国累计生产汽车17万辆。

（2）成长阶段（1966—1978年）。1975年7月，第二汽车制造厂开始生产东风EQ240型2.5t越野汽车。1978年7月，第二汽车制造厂开始生产EQ140型5t载货汽车。

1971年7月，四川汽车制造厂开始批量生产红岩CQ261型越野汽车。

1978年3月，陕西汽车制造厂开始批量生产延安牌SX250型越野汽车。

1969年以后，上海、一汽、本溪等地投入矿用自卸汽车的研制和生产；安徽、南阳、丹东等地开始研制和生产重型载货汽车。1969年7月，上海汽车底盘厂成功试制出上海SH380型32t和SH361型15t矿用自卸汽车。1971年12月，第一汽车制造厂成功试制出60t矿用自卸汽车。

借鉴一汽、二汽的经验，全国各地开始积极发展汽车工业，上海、四川、陕西、安徽等地相继建成整车制造厂、零部件厂，生产轻型载货汽车、轻型客车、改装车和专用汽车。

截止到1978年，全国汽车年产量达到15万辆。由于国家综合经济实力及实行计划经济管理体制等诸多因素的影响，轿车工业没有得到应有的发展。

（3）改革开放阶段（1979—1993年）。党的十一届三中全会以后，我国实行改革开放政策后，开始由计划经济向社会主义市场经济过渡，在中央和地方共同努力下，形成了我国载货汽车比较完整的产品系列和生产布局，产量和品种大体满足国内市场需求。1987年、1988年，生产时间最长的三种载货汽车老产品开始换型，转产新解放、新跃进、新黄河。1989年6月，第一辆中国–斯太尔重型载货汽车在济南汽车制造总厂诞生。原第二汽车制造厂在东风EQ140型载货汽车的基础上，又生产出东风EQ1092型、东风EQ1118型等新型载货汽车。

针对“缺重少轻，轿车几乎空白”的不利局面，为适应市场需求的变化，汽车工业及时调整了产品结构，注重微型车、轻型车和重型车的产品开发，先后建立了1个微型车生产基地（天津汽车厂）、2个装配点（柳州拖拉机厂和国营伟建机械厂）和4个轻型车生产基地（东北、北京、南京和西南）。同时，在改革开放的形势下，我国汽车行业第一个合资企业—北京吉普汽车有限公司于1984年成立（与美国克莱斯勒公司合资）。其后，长安机器厂与日本铃木汽车公司、南京汽车公司与意大利菲亚特汽车公司、上海汽车集团与德国大众汽车公司、广州汽车厂与法国标致汽车公司、天津汽车公司与日本大发汽车公司、一汽与大众、二汽与雪铁龙等纷纷进行合作和合资，先后引进先进技术100多项，其中整车项目10多项，取得了显著成效。到1993年底，我国汽车年产量达129.7万辆，跃居世界第12位。

（4）快速、全面发展阶段（1994年至今）。1994年我国颁布了《汽车工业产业政策》，标志着我国汽车工业进入了一个与国际汽车市场接轨的发展阶段。在此期间，随着国民经济的快速发展，经济体制进一步向市场经济转化，消费市场结构发生根本性的变化，我国汽车市场正由公款购买为主逐步转向多元化购买，其中私人购买已呈明显上升趋势，为汽车工业，尤其是轿车工业的发展开辟了广阔的市场。这个阶段，我国各个主要汽车集团公司纷纷与国外著名汽车公司联姻。国内汽车企业进一步改组兼并，初步形成了“3＋6”格局，即一汽、东风、上海三大汽车集团，加上广州本田、重庆长安、安徽奇瑞、沈阳华晨、南京菲亚特、浙江吉利6个独立骨干轿车企业。初步完成了汽车产业的组织结构优化调整，汽车产量快速增长，实现了跨越式发展。近几年我国汽车产量如下：2001年达到246.7万辆，2003年达到了444.4万辆，2005年达到500万辆，2006年达到727.9万辆，2007年达到889.24万辆（世界排名第三），2008年达到934.5万辆（世界排名第二）。

2009年中国汽车产销分别完成1379.10万辆和1364.48万辆，以300多万辆的优势，首次超越美国（美国新车销量为1043万辆），成为世界汽车产销第一大国，我国已成为全球主要的汽车消费市场。2009年销量超过百万的汽车企业集团达到五家，分别是上汽、一汽、东风、长安和北汽。

尽管我国已成为汽车产销大国，但并不是汽车强国，我国汽车工业的技术水平与世界先进水平相比还有相当大的差距，主要表现在产业组织结构不合理和缺乏现代汽车自主开发的能力方面。在当今国际经济全球化的大趋势下，世界汽车市场已趋于饱和，各国汽车制造商争夺世界汽车市场的竞争将更加激烈，我国汽车市场也是各国汽车制造商争夺的主要对象之一，我国汽车工业将面对国际和国内汽车市场竞争的双重考验，相信在不久的将来，我国汽车工业将会实现新的历史性的突破。

## 二、汽车的分类及型号

### 1 汽车的分类

汽车是指由动力驱动，具有4个或4个以上车轮的非轨道承载的车辆，主要用于载运人员和/或货物、牵引载运人员和/或货物的车辆以及特殊用途的车辆。

（1）汽车原分类标准。GB 3730.1—88《汽车和半挂车的术语及定义车辆类型》中将汽车分为8类。

①载货汽车（图1–11）。载货汽车是用于运

载各种货物、在驾驶室内可容纳2～6个乘员的汽车。载货汽车按其最大总质量可以分为微型货车（总质量≤1.8t）、轻型货车（1.8t＜总质量≤6t）、中型货车（6t＜总质量≤14t）和重型货车（总质量＞14t）。

图1-11 解放CA1092型载货汽车

②越野汽车（图1-12）。越野汽车是可用于非公路或无路地区行驶的、属于高通过性的汽车。越野汽车可以是轿车、客车、载货汽车或其他用途的汽车。常见的轮式越野汽车都装备越野轮胎并采用全轮驱动。越野汽车按其最大总质量可以分为轻型越野汽车（总质量≤5t）、中型越野汽车（5t＜总质量≤13t）、重型越野汽车（13t＜总质量≤24t）和超重型越野汽车（总质量＞24t）。

图1-12 越野汽车

③自卸汽车（图1-13）。自卸汽车是载货汽车中货箱能自动举升、货箱栏板能自动打开并倾卸散装货物的汽车。它可大大减轻卸货的工作量，提高生产效率，主要用于工矿企业。自卸汽车按其最大总质量可以分为轻型自卸汽车（总质量≤6t）、中型自卸汽车（6t＜总质量≤14t）、重型自卸汽车（总质量＞14t）和矿山自卸汽车。

图1-13 自卸汽车

④牵引汽车。牵引汽车是专门或主要用于牵引挂车的汽车，分为半挂牵引汽车和全挂牵引汽车两种。半挂牵引汽车（图1-14）后部设有牵引座，用于牵引和支撑挂车前端。全挂牵引汽车本身独立，带有货厢，其外形与载货汽车相似，但其长度和轴距较短，在其尾部设有拖钩，用来拖带挂车（图1-15）。牵引汽车都装有挂车的制动装置及电气接线板等。

图1-14 半挂牵引车

图1-15 全挂车

⑤专用汽车（图1-16）。专用汽车是用于完成特定作业任务的、根据特殊的使用要求设计或改装而成的汽车，其种类很多，如冷藏车、集装箱车、售货车、检阅车、起重机车、混凝土搅拌车、公安消防车和救护车等。

图1-16 消防车

⑥客车（图1-17）。客车是具有9个以上座位（包括驾驶人座位）、用于载人及其行李的汽

车。客车可分为单车和铰接式、单层和双层式客车等。客车按车身长度可以分为微型客车（车身长度≤3.5m）、轻型客车（3.5m＜车身长度≤7m）、中型客车（7m＜车身长度≤10m）、大型客车（车身长度＞10m）和特大型客车（指铰接式客车和双层客车）。

**图1-17　客车**

⑦轿车（图1-18）。轿车是具有2～9个座位（包括驾驶员座位）、用于载人及其随身物品的汽车。轿车按发动机排量可以分为微型轿车（排量≤1.0L）、普通型轿车（1.0L＜排量≤1.6L）、中级轿车（1.6L＜排量≤2.5L）、中高级轿车（2.5L＜排量≤4.0L）和高级轿车（排量＞4.0L）。

**图1-18　轿车**

⑧半挂车（图1-19）。半挂车是指由半挂牵引车牵引，其部分质量由牵引车承受的挂车。半挂车按其厂定最大总质量可以分为轻型半挂车（总质量≤7.1t）、中型半挂车（7.1t＜总质量≤19.5t）、重型半挂车（19.5t＜总质量≤34t）和超重型半挂车（总质量＞34t）。

**图1-19　半挂车**

（2）汽车新分类标准。2002年3月1日我国正式实施《汽车和挂车类型的术语和定义》（GB/T 3730.1—2001）新标准，将汽车按用途分为乘用车和商用车。

乘用车是指在其设计和技术特性上主要用于载运乘客及其随身行李或临时物品的汽车，包括驾驶员座位在内最多不超过9个座位。它也可以牵引一辆挂车。商用车是指在设计和技术特性上用于运送人员和货物的汽车，并且可以牵引挂车（乘用车不包括在内）。

乘用车和商用车的详细分类如图1-20所示。

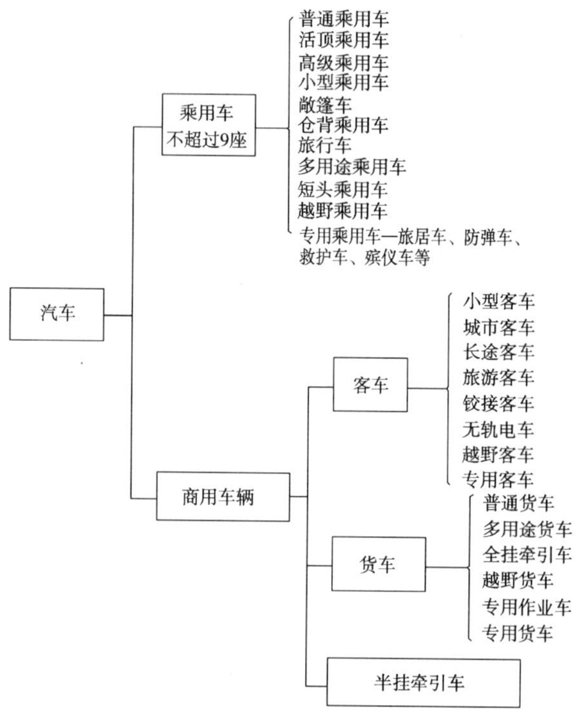


**图1-20　汽车类型**

## ②国产汽车型号编制规则

按照国家标准GB 9417-88《汽车产品型号编制规则》中的规定，国产汽车型号应能表明其厂牌、类型和主要特征参数等。该型号由拼音字母和阿拉伯数字组成，包括首部、中部和尾部3部分，如图1-21所示。

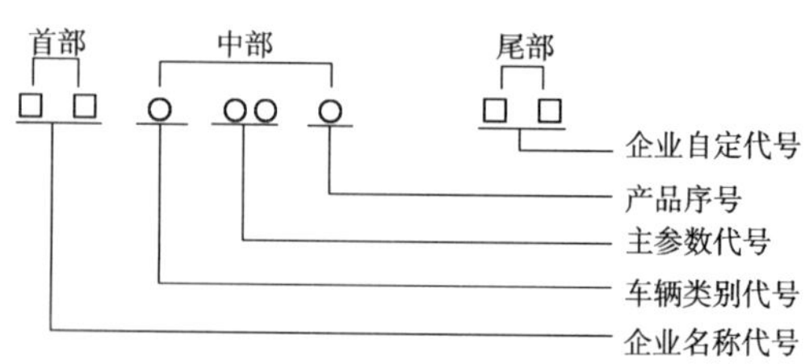


**图1-21　国产汽车型号编制规则**

（1）首部由2个或3个拼音字母组成，是企业代号。如CA代表第一汽车制造厂、EQ代表第二汽车制造厂、SH代表上海汽车制造厂等。

（2）中部由4位阿拉伯数字组成。左起首位数字表示汽车类型；中间两位数字是汽车的主要特征参数；末位数字为产品的生产序号，详见表1-1。

汽车型号中部4位阿拉伯数字代号的含义　　表1-1

| 首位数字表示汽车类型 | | 中间两位数字表示各类汽车的主要特征参数 | 末位数字表示企业自定产品序号 |
|---|---|---|---|
| 载货汽车 | 1 | 表示汽车总质量（单位为t）。汽车总质量小于10t时，前面以“0”占位；当汽车总长度大于10m时，计算单位为m | 以0,1,2,3,…依次排列 |
| 越野汽车 | 2 | | |
| 自卸汽车 | 3 | | |
| 牵引汽车 | 4 | | |
| 专用汽车 | 5 | | |
| 客车 | 6 | 表示汽车的总长度0.1的数值当汽车总长度大于10m时，计算单位为m | |
| 轿车 | 7 | 表示发动机的工作容量积0.11的数值 | |
| | 8 | | |
| 半挂车及专用半挂车 | 9 | 表示汽车总质量（单位为t）的数值。当汽车总质量小于10t时前面以“0”占位；当汽车总质量大于100t时，允许用3位数字 | |

（3）尾部分为两部分：前部分由汉语拼音字母组成，表示专用汽车分类代号。例如，X代表厢式汽车；G代表罐式汽车；C代表仓栅式汽车等。后部分为企业自定代号。当同一种汽车结构略有变化需加以区别时，可以用汉语拼音字母或数字表示，位数由企业自定。基本型汽车一般没有尾部代码。

（4）举例说明。BJ2020S车型：BJ代表北京汽车制造厂，2代表越野车，02代表该车总质量为2t，0代表该车为第一代产品，S为厂家自定义。

SH7221车型：SH代表上海汽车厂，7代表轿车，22代表该轿车排量为2.2L，1代表该车为第二代产品。

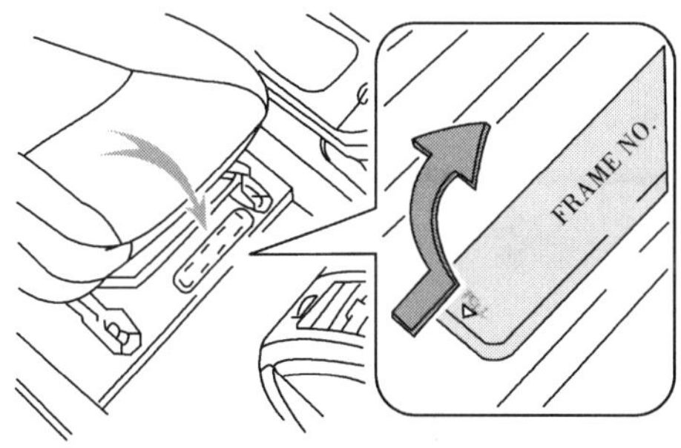


图1-22　卡罗拉乘用车VIN位置（1）

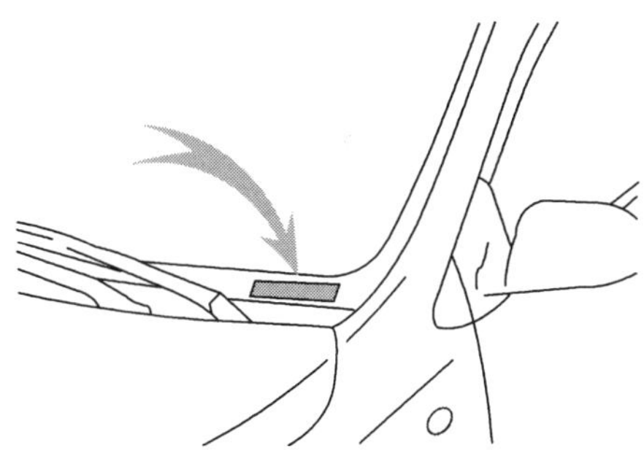

图1-23　卡罗拉乘用车VIN位置（2）

图1-24　凯越乘用车VIN位置

## 3 车辆识别代号（VIN）的含义

车辆识别代号VIN，也称17位编码，是国际上通行的标识机动车辆的代码，是制造厂给每一辆车指定的一组字码，一车一码，具有在世界范围内对一辆车的唯一识别性。

我国于1997年8月1日颁布了国家标准GB/T16736—1997《道路车辆识别代号（VIN）内容与构成》，此标准于1999年1月1日起正式成为我国汽车生产的强制性标准，每一辆出厂的汽车上必须标有VIN代号。

（1）VIN所在位置。VIN应位于易于看到并且能防止磨损或替换的部位。卡罗拉轿车VIN压印在乘员座椅下方（图1-22），此号码也压印在仪表板左上方（图1-23）。

凯越轿车VIN刻在防火墙的乘客侧，如图1-24所示。其他轿车VIN的部位常见的还有仪表与前风窗玻璃左下角的交界处、发动机前横梁上、左前门边或立柱上和驾驶员左腿前方等。

（2）VIN的组成。车辆识别代号由3个部分组成：第1部分是世界制造厂识别代号（WMI）；第2部分是车辆说明部分（VDS）；第3部分是车辆指示部分（VIS），如图1-25所示。

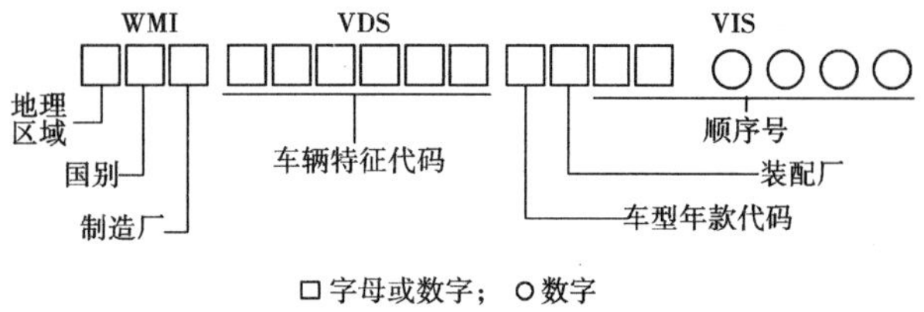


**图1-25　车辆识别代号（VIN）示意图**

①世界制造厂识别代号（WMI）。这部分必须经过申请、批准和备案后方能使用。世界制造厂识别代号的第1位字码是标明一个地理区域的字母或数字；第2位是标明一个特定地区内一个国家的字母或数字。第1，2位字码的组合将能保证国家识别标志的唯一性。第3位字码是标明某个特定制造厂的字母或数字。3位字码的组合能保证制造厂识别标志的唯一性。如：LFV—一汽-大众汽车有限公司、LSG—上海通用汽车有限公司、JHM—日本本田技研工业股份有限公司、WDB—德国戴姆勒-奔驰公司、WBA—德国宝马汽车公司、KMH—韩国现代汽车公司等。

②车辆说明部分（VDS）。这部分由6位字码组成，应能识别车辆的一般特性，其代号顺序由制造厂决定。

③车辆指示部分（VIS）。这部分由8位字码组成，其最后4位字码应是数字。车辆指示部分第1位字码一般指示车车辆生产年份，用阿拉伯数字0～9和大写的罗马字母A～Z（不包括字母I、O、Q）表示。2008年代码为8，2009年代码为9，2010年代码为A，2011年代码为B……，以此类推。车辆指示部分第2位字码可以用来指示装配厂，若无装配厂，制造厂可规定其他内容。

（3）汽车VIN举例说明。上海通用汽车有限公司生产的凯越轿车VIN号说明见表1-2。

凯越乘用车车辆识别号（VIN）　　表1-2

| 位　置 | 定　义 | 字　符 | 说　明 |
|---|---|---|---|
| 1-3 | 全球制造识别 | LSG | 上海通用汽车有限公司 |
| 4-5 | 车系和系列 | JS<br>JV | LE（1.6L发动机）<br>LS AT(1.8L发动机) |
| 6 | 车身款式 | 5 | 4门轿车 |
| 7 | 保护装置系统 | 2 | 启动（手动）安全带及驾驶员和乘客座辅助重启式保护装置 |
| 8 | 发动机类型 | P | T18SED型1.8L直列四缸多点燃油喷射发动机 |
|  |  | U | F16D3型1.6L直列四缸多点燃油喷射发动机 |
| 9 | 检查数字 | — | 价差数字 |
| 10 | 车型年 | 4 | 2004 |
| 11 | 制造厂 | S | 上海 |
| 12 | 生产厂序号 | — |  |

## 三、汽车总体构造

汽车通常由发动机、底盘、车身、电气设备4部分组成。汽车总体构造如图1-26所示。

（1）发动机（图1-27）。发动机是汽车的动力源，其功用是使供入其中的燃料燃烧而发出动力。现代汽车发动机主要采用的是往复活塞式内燃机，

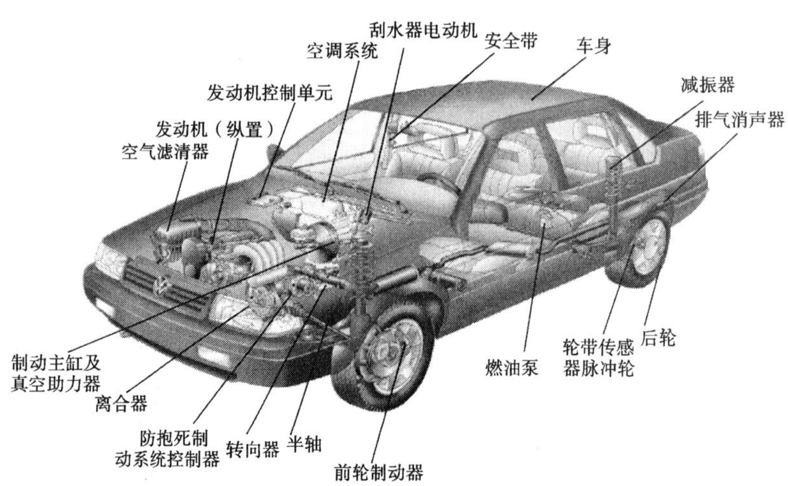


**图1-26　桑塔纳2000GSi型乘用车整车透视图**

它一般由曲柄连杆机构、配气机构、燃料供给系统、冷却系统、润滑系统、点火系统（汽油发动机采用，柴油机无此系统）和起动系统等组成。

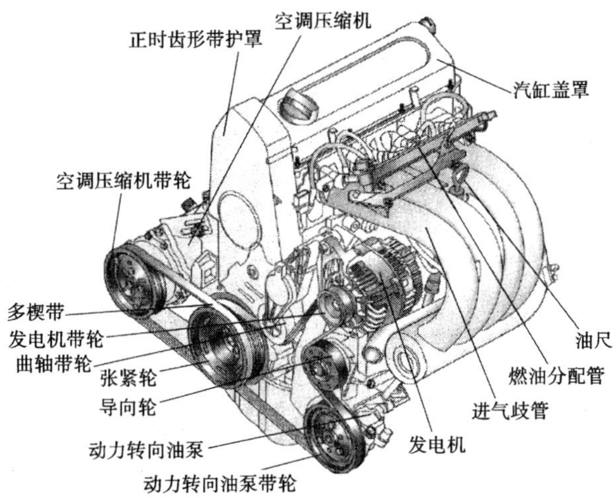


**图1-27 桑塔纳2000GSi型乘用车AJR发动机**

（2）底盘（图1-28）。底盘的功用是支撑、安装汽车发动机及其各部件、总成，形成汽车的整体造型，并接受发动机的动力，使汽车产生运动，保证正常行驶。底盘由传动系统、行驶系统、转向系统和制动系统组成。

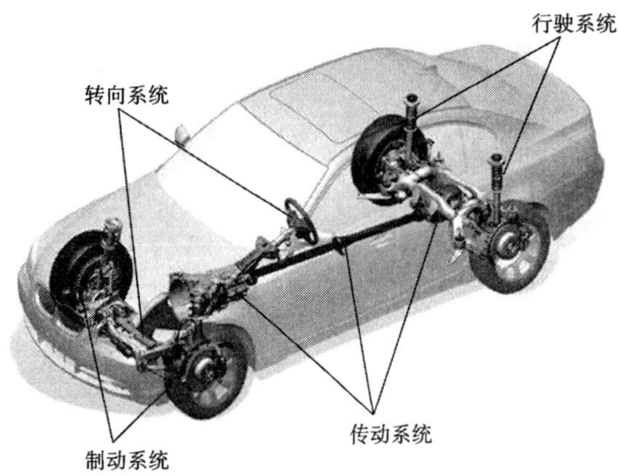


**图1-28 底盘**

（3）电气设备。电气设备包括电源组（蓄电池、发电机和调节器）、发动机起动系统和点火系统（汽油机）、声光系统、仪表装置、刮水与洗涤系统、空调系统以及音响、安全气囊等。在现代汽车上，汽车电子化、智能化的程度也越来越高。现代汽车电子控制已从单一项目的控制，发展到多项内容复合的集中控制，逐渐形成一个整车电子控制（图1-29）。

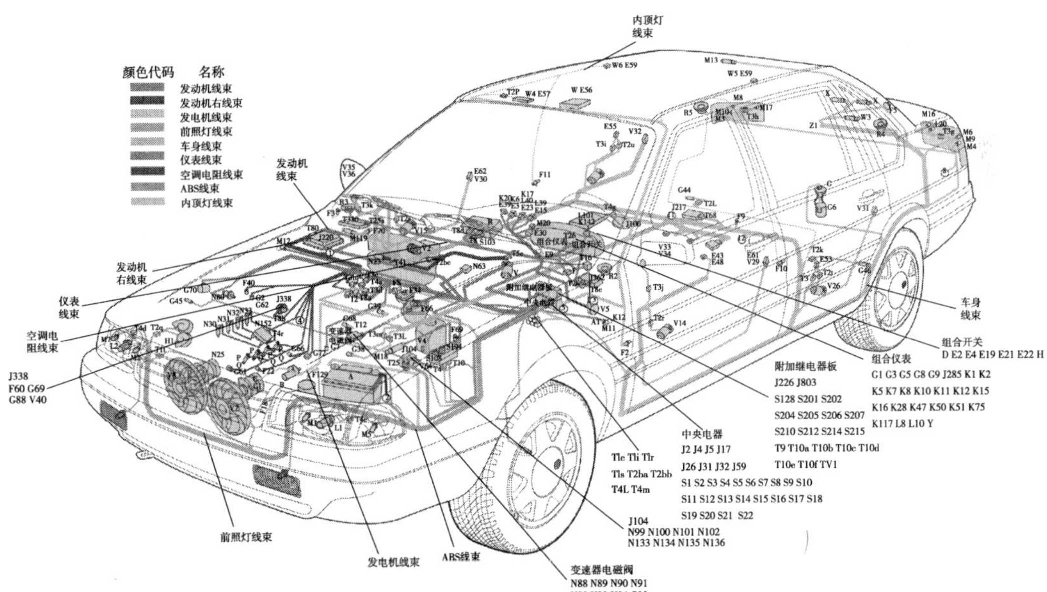


**图1-29 CAN总线（控制器局域网络）**

（4）车身（图1-30）。车身是驾驶员工作的场所，也是装载乘客和货物的场所。汽车车身不仅要为驾驶员提供方便的操作条件、为乘客提供舒适安全的环境或保证货物完好无损，还要求其外形精致，给人以美的享受。

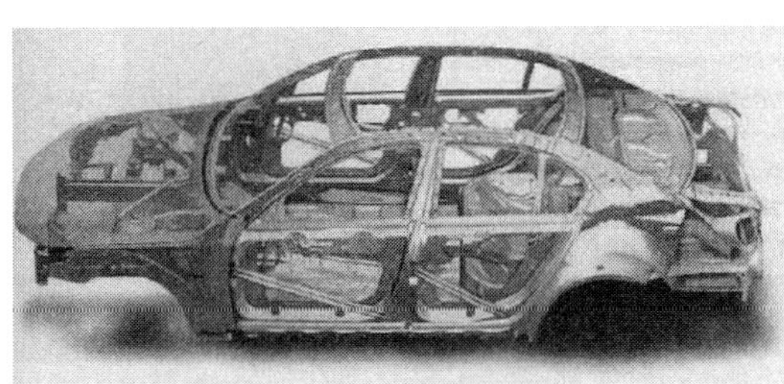

**图1-30 乘用车车身**

# 第二节 常见维修项目

## 任 务 读取车辆铭牌

### 一、技术要求与标准

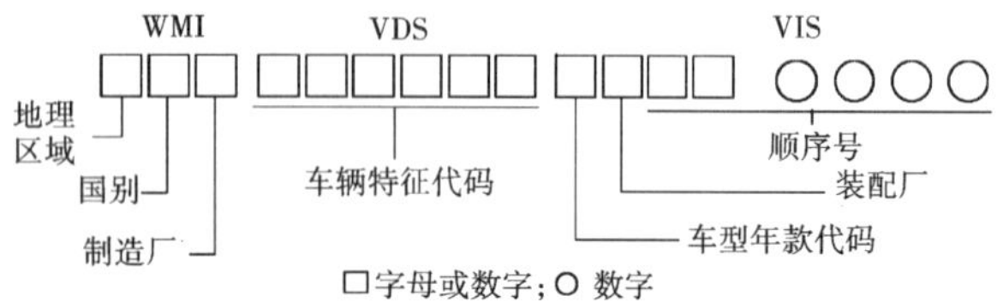


### 二、实训时间：10min

### 三、实训教学目标

（1）了解车辆铭牌在车辆维修中的重要性。

（2）掌握读取车辆铭牌的规范操作要领。

### 四、实训器材

丰田卡罗拉整车

SHL-Y-J-30CB剪式举升机

### 五、教学组织

（1）教学组织形式：

每辆车安排4名学生实训，两名学生一组，一组操作，一组观察学习。

（2）学生站位分工和要求：

两名学生一组，按照1号、2号进行编号。1号为主，2号为辅助。

（3）实训教师职责：

讲解操作步骤和注意事项：下达“操作开始”口令；工位间巡视、检查、指导和纠正错误。

（4）学生职责变换：

两名学生实行职责变换制度，即第一遍1号为主，2号辅助；第二遍2号为主，1号辅助。

### 六、操作步骤

#### 第一步 事前准备

1 车辆进入工位前，参训学生将工位卫生清理干净，排除障碍物，准备好相关的工具、物品等。

提示：培养良好的工作习惯、做好事前准备，有利于安全操作和提高工作效率。

2 将车辆停驻在举升机平台的中央位置。

提示：车辆停驻于举升机平台的中央位置，为车辆的安全举升做好准备。

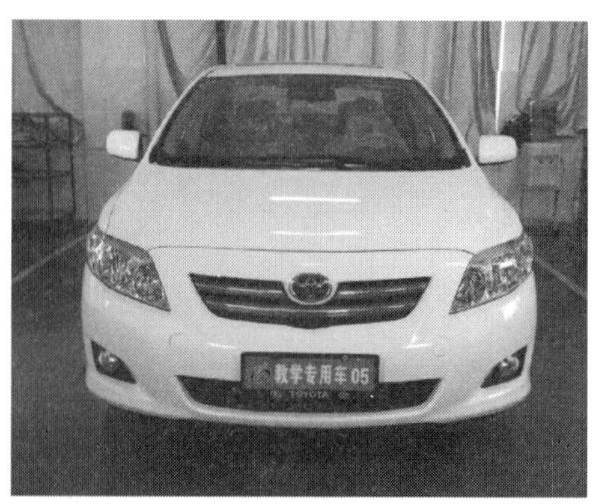


3 2号将变速杆置于P挡。

提示：发动机带挡操作属于违规操作，危险性极大。因此，发动机起动前应将变速杆置于P挡。

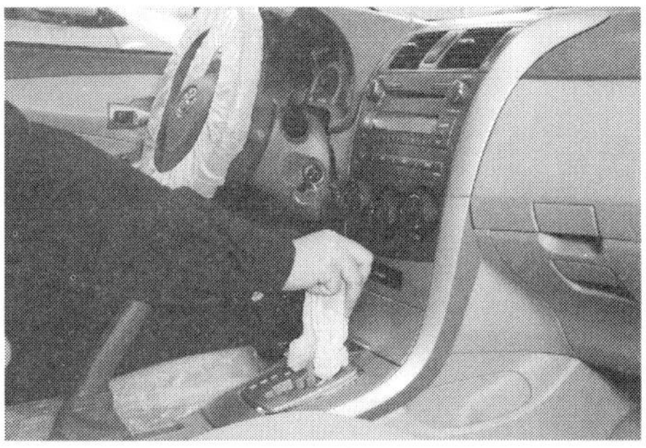

4 1号将发动机舱盖支撑紧固。

提示：用支撑杆支撑发动机舱盖时，要保证接触可靠，否则，发动机舱盖滑落会造成人身伤害。

5 1号把护裙粘贴在汽车的正前面，要求将车头前部、前照灯总成、保险杠全部覆盖。

提示：在车的前方操作时，护裙用于保护易划伤的零部件表面和车漆。

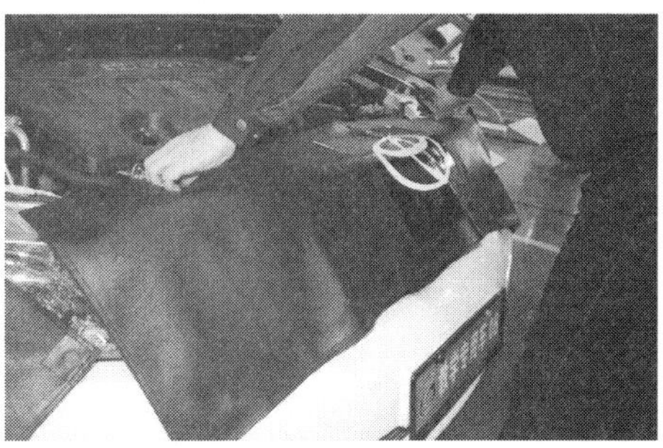

6 2号安装转向盘套。

提示：转向盘套是由薄塑料制成的，极易破损。安装转向盘套时，不要生拉硬拽，否则会造成转向盘套破损。

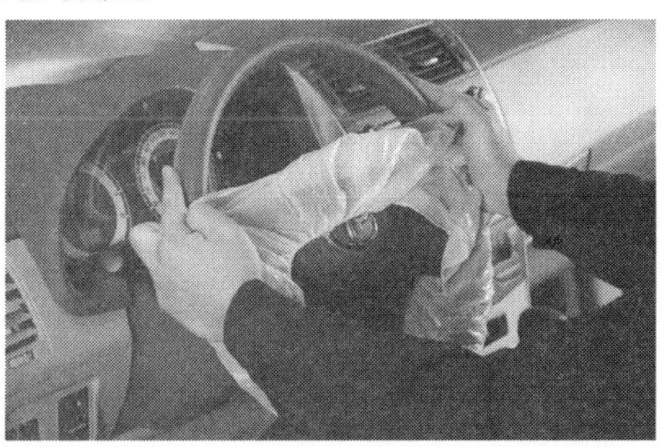

### 第二步 读取车辆铭牌

读取车辆名牌

提示：车辆的铭牌位于右侧车门立柱上。应做好相应的记录：整车型号、车辆识别代号、发动机型号、发动机排量、发动机最大净功率、制造年月等。

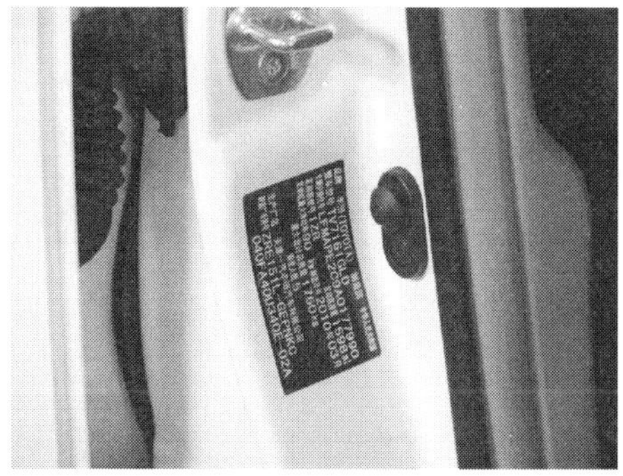

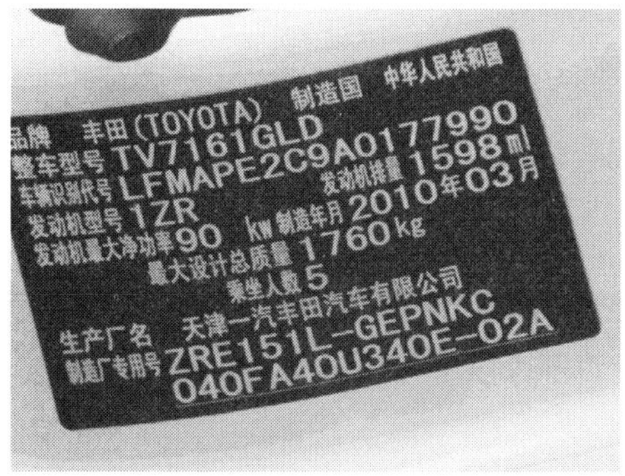


### 第三步 读取17位VIN码

读取17位VIN码。

提示：车辆17位VIN码位于左侧风窗玻璃上，并做好相应的记录。

### 第四步 读取发动机型号

读取发动机型号。

提示：车辆的发动机型号位于发动机上，并做好相应的记录。

**提示：**作业项目完成后，要搞好工位的清洁、清理、清扫、整理和整顿工作，培养良好的工作习惯。

### 第五步　整理工位

1号、2号擦拭发动机装饰罩；拆除护裙；关闭发动机舱盖；清理工具和仪器；清洁地面卫生。

## 七、考核标准

考核标准表

| 考核时间 | 序　号 | 考核项目 | 满　分 | 评分标准 | 得　分 |
|---|---|---|---|---|---|
| 10min | 1 | 打开并支撑发动机舱盖 | 5 | 操作不当扣5分 | |
| | 2 | 粘贴护裙 | 5 | 操作不当酌情扣分 | |
| | 3 | 放置三件套 | 5 | 操作不当扣5分 | |
| | 4 | 读取车辆铭牌 | 25 | 操作不当扣25分 | |
| | 5 | 读取17位VIN码 | 25 | 操作不当扣25分 | |
| | 6 | 读取发动机型号 | 25 | 操作不当扣25分 | |
| | 7 | 作业后整理工位 | 10 | 整理遗漏酌情扣分 | |
| | 8 | 遵守相关安全规范 | 因违规操作造成人身伤害和设备事故的，总分按0分计 | | |
| 分数合计 | | | 100 | | |

# 第二章　发动机概述

## 第一节　需 用 知 识

### 一、发动机基本工作原理

#### 1 发动机概念

发动机是将某一种形式的能量转换为机械能的机器。

汽车用发动机如图2-1所示，它是汽车的心脏，是汽车的动力源。汽车发动机一般是将液体燃料或气体燃料和空气混合后直接输入机器内部燃烧产生热能，热能再转变为机械能，因此又叫内燃机。现代汽车用发动机应用最广、数量最多的是水冷式四冲程往复活塞式内燃机。常见的车用发动机有汽油发动机和柴油发动机两种。

图2-1　丰田卡罗拉发动机

#### 2 单缸发动机结构及常用术语

单缸四冲程汽油机的基本结构如图2-2所示。汽缸体内圆柱形腔体称为汽缸，内装有活塞，活塞通过活塞销、连杆与曲轴相连接。活塞在汽缸内作往复直线运动，通过连杆推动曲轴作旋转运动。在汽缸盖上装有进排气门，通过凸轮轴控制进排气门开启和关闭，实现向汽缸内充入新鲜可燃混合气并将燃烧后的废气排出汽缸。

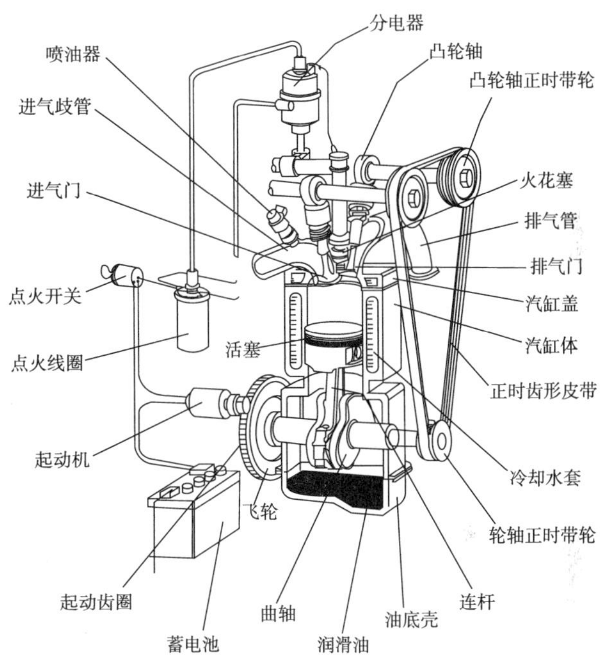


图2-2　单缸四冲程汽油机结构示意图

发动机基本术语如图2-3所示。

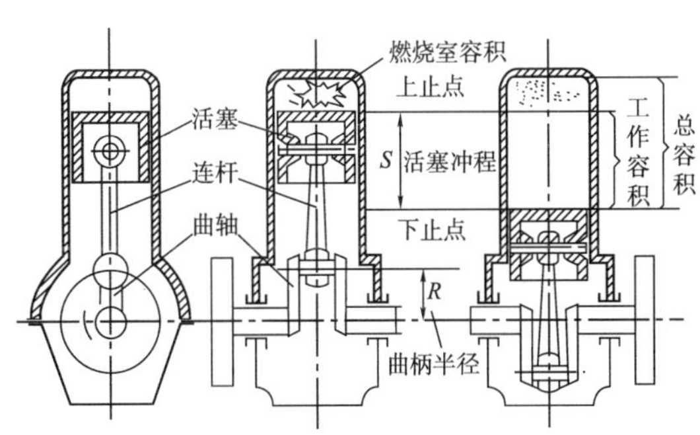


图2-3　发动机基本术语

（1）上止点。上止点是指活塞离曲轴回转中心最远处，即活塞的最高位置。

（2）下止点。下止点是指活塞离曲轴回转中心最近处，即活塞的最低位置。

（3）活塞行程（$S$）。上止点与下止点之间的距离称为活塞行程。

（4）曲柄半径（$R$）。曲轴与连杆下端的连接中心至曲轴中心的距离（即曲轴的回转半径）称为曲柄半径。活塞行程为曲柄半径的两倍，即$S=2R$。

（5）汽缸工作容积（$V_h$，$L$）。活塞从一个止点运动到另一个止点所扫过的容积称为汽缸工作容积或汽缸排量，即

$$V_h=\frac{\pi D^2 S}{4}\times 10^{-6}$$

式中：$D$——汽缸直径（mm）；

$S$——活塞行程（mm）。

（6）燃烧室容积（$V_c$，$L$）。活塞在上止点时，活塞顶与汽缸盖之间的容积称为燃烧室容积。

（7）汽缸总容积（$V_a$，$L$）。活塞在下止点时，活塞顶上方的容积称为汽缸总容积。显然，汽缸总容积是汽缸工作容积与燃烧室容积之和，即

$$V_a=V_c+V_h$$

（8）发动机排量（$V_L$，$L$）。多缸发动机各汽缸工作容积的总和称为发动机排量。即

$$V_L=V_h i=\frac{\pi D^2 S i}{4}\times 10^{-6}$$

式中：$i$—汽缸数目。

（9）压缩比（$\varepsilon$）。汽缸总容积与燃烧室容积之比称为压缩比。

$$\varepsilon=\frac{V_a}{V_c}=\frac{V_h+V_c}{V_c}=1+\frac{V_h}{V_c}$$

压缩比表示活塞由下止点运动到上止点时，汽缸内的气体被压缩的程度。压缩比越大，压缩终了时汽缸内气体的压力和温度越高。目前，一般车用汽油机的压缩比约为6～11，柴油机的压缩比一般为16～22。

（10）工作循环。在汽缸内进行的每一次将燃料燃烧的热能转变成机械能的一系列连续过程（进气、压缩、做功、排气）称为发动机的一个工作循环。

## 3 四冲程汽油机的基本工作原理

四冲程汽油机每一个工作循环包括4个活塞行程，即进气行程、压缩行程、做功行程和排气行程，如图2-4所示。

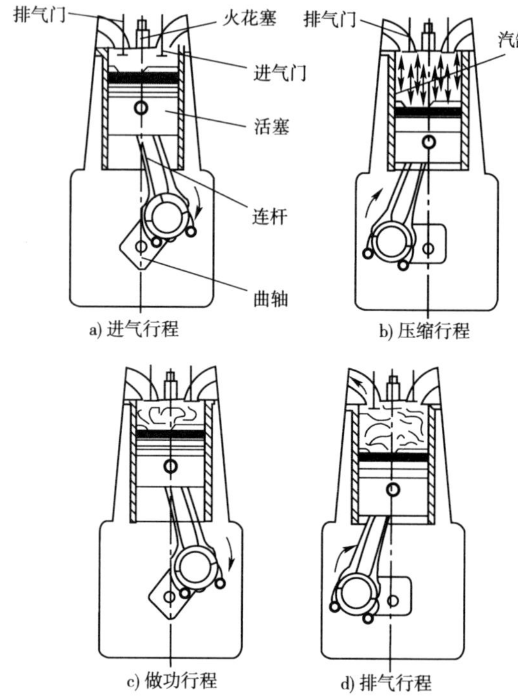


**图2-4　四冲程汽油机工作原理示意图**

（1）进气行程。在进气行程中，活塞在曲轴和连杆的带动下由上止点向下止点运行，这时进气门开启，排气门关闭。在活塞由上止点向下止点运动过程中，由于活塞上方汽缸容积逐渐增大，形成一定的真空度。这样，可燃混合气通过进气门被吸入汽缸，直到活塞到达下止点时，进气行程结束。

（2）压缩行程。活塞在曲轴和连杆的带动下由下止点向上止点运动，此时进排气门处于关闭状态。由于活塞上方汽缸容积逐渐减小，进入汽缸内的可燃混合气被压缩，温度和压力不断升高，直到活塞到达上止点时，压缩行程结束。

（3）做功行程。当活塞运动到接近压缩行程上止点附近时，火花塞跳火点燃汽缸内的可燃混合气。这时由于进气门和排气门均处于关闭状态，使缸内气体温度和压力同时升高，高温高压的气体膨胀，推动活塞由上止点向下止点运动，并通过连杆带动曲轴旋转输出机械能，直到活塞到达下止点时，做功行程结束。

（4）排气行程。在做功行程结束后，汽缸内的可燃混合气通过燃烧转变为废气。此时排气门开启，进气门处于关闭状态，活塞在曲轴和连杆的带动下由下止点向上止点运动，汽缸内的废气经排气门排出，直到活塞到达上止点时，排气行程结束。排气行程结束后，进气门再次开启，又开始下一个工作循环。如此周而复始，发动机就连续运转。发动机工作时，需要连续不断地进行循环，在每个循环中都是依次完成进气、压缩、做功、排气4个活塞行程。

（5）四冲程发动机工作循环的特点。

①每完成一个工作循环曲轴旋转2圈（720°），每一行程曲轴旋转半圈（180°）。

进气行程中进气门开启，排气门关闭；排气行程中排气门开启，进气门关闭；其余两个行程进、排气门均关闭。

②在4个活塞行程中，只有做功行程产生动力，其余3个活塞行程则是为做功行程作准备的辅助行程，都要消耗动力。虽然做功行程是主要的，但其他3个行程也是必不可少的。

③发动机起动时（第一个工作循环），必须借助外力带动曲轴旋转以完成进气、压缩行程，在混合气着火做功行程开始后，依靠曲轴和飞轮储存的能量，使发动机转入正常运转状态。

## 二、发动机总体构造

汽油发动机通常由两大机构、五大系统组成，而柴油机由两大机构、四大系统组成。两大机构是指曲柄连杆机构和配气机构，五大系统系是指燃料供给系统、冷却系统、润滑系统、点火系统（柴油机无此系统）和起动系统。下面以凯越（1.6L）车型汽油发动机（图2-5和图2-6）为例，介绍四冲程汽油发动机的构造。

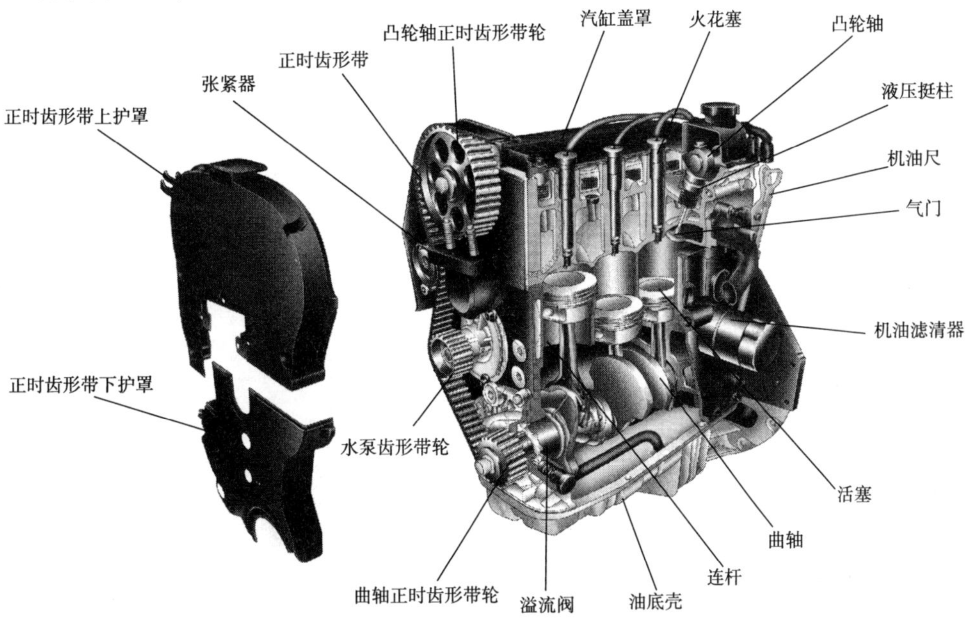


**图2-5 凯越（1.6L）车型汽油发动机纵剖图**

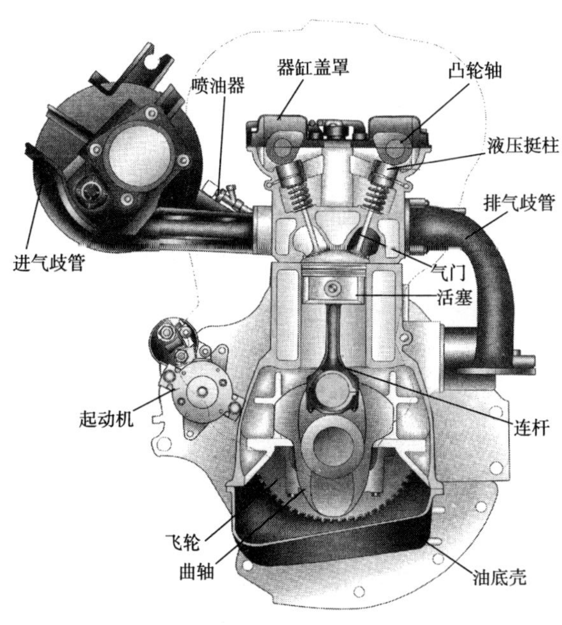


**图2-6 凯越（1.6L）车型汽油发动机横剖图**

（1）曲柄连杆机构。曲柄连杆机构是发动机借以产生动力，并将活塞的往复直线运动转变为曲轴的旋转运动而输出动力的机构。

曲柄连杆机构主要由汽缸体、汽缸盖、活塞、连杆、曲轴和飞轮等组成。

（2）配气机构。配气机构的功用是根据发动机的工作需要，适时地打开进气门或排气门，使可燃混合气及时地充入汽缸，或使废气及时地从汽缸内排出；而在发动机不需要进气或排气时，则利用气门将进气通道或排气通道关闭，以保持汽缸密封。

配气机构主要由气门、气门弹簧、液压挺柱、凸轮轴、正时齿形带轮等组成。

（3）燃料供给系统。汽油机燃料供给系统的功用是向汽缸内供给已配好的可燃混合气（缸内喷射式发动机为空气），并控制进入汽缸内的可燃混合气的数量，以调节发动机的输出功率和转速，最后将燃烧后的废气排出汽缸。

汽油机的燃料供给系由燃油箱、燃油滤清器、燃油泵、节气门体、喷油器、空气滤清器、进排气歧管和排气消声器等组成。

（4）点火系统。汽油机点火系统的功用是按一定时刻向汽缸内提供电火花，及时点燃汽缸中被压缩的可燃混合气。

点火系统通常由电源（蓄电池和发电机）点火开关、点火线圈、火花塞等组成。

（5）冷却系统。冷却系统的功用是利用冷却介质冷却高温零件，并通过散热器将热量散发到大气中去，以保证发动机正常工作。

水冷式冷却系统通常由水泵、散热器、风扇、节温器、水套等组成。

（6）润滑系统。润滑系统的功用是将清洁的润滑油分送至各个摩擦表面，以减小摩擦和磨损，并清洗、冷却摩擦表面，从而延长发动机的使用寿命。

润滑系统一般由机油泵、机油滤清器、集滤器、限压阀、润滑油道、油底壳等组成。

（7）起动系统。起动系统的功用是带动飞轮旋转以获得必要的动能和起动转速，使静止的发动机起动并转入自行运转状态。

起动系统包括起动机及其附属装置。

# 第二节　常见维修项目

## 任　务　举升机的使用方法

### 一、技术要求与标准

SHL-Y-J-30CB剪式举升机的技术要求与标准.

| 举升能力 | 举升高度 | 电机功率 | 电源 |
|---|---|---|---|
| 3000kg | 1830mm | 2.2kW | 380V /50HZ |

### 二、实训时间：45min

### 三、实训教学目标

（1）了解举升机在车辆维修中的重要性。
（2）熟悉举升机的结构和工作原理。
（3）掌握举升机的规范操作要领。

### 四、实训器材

丰田卡罗拉整车

SHL-Y-J-30CB剪式举升机

### 五、教学组织

（1）教学组织形式：

每辆车安排4名学生实训，两名学生一组，一组操作，一组观察学习。

（2）学生站位分工和要求：

两名学生一组，按照1号、2号进行编号。1号为主，2号为辅助。

（3）实训教师职责：

讲解操作步骤和注意事项：下达“操作开始”口令；工位间巡视、检查、指导和纠正错误。

（4）学生职责变换：

两名学生实行职责变换制度，即第一遍1号为主，2号辅助；第二遍2号为主，1号辅助。

### 六、操作步骤

#### 第一步　事前准备

1　1号位于举升机的外侧，控制举升机升、降和可靠停驻。2号位于举升平台的四角方位，检查、平板和查找车辆的支撑点以及确认托垫和车辆支撑点的配合情况。

2　车辆进入工位前，参训学生将工位卫生清理干净，排除障碍物，准备好相关的工具、物品等。

**提示:** 培养良好的工作习惯，做好事前准备，有利于安全操作和提高工作效率。

3　检查场地。

**提示:** 检查举升机立柱的地脚螺栓是否出现丢失、损伤或松动。如发现地脚螺栓丢失、损伤或松动，应立即补充、更换或紧固。地脚螺栓良好可靠，是举升机安全使用的基础。

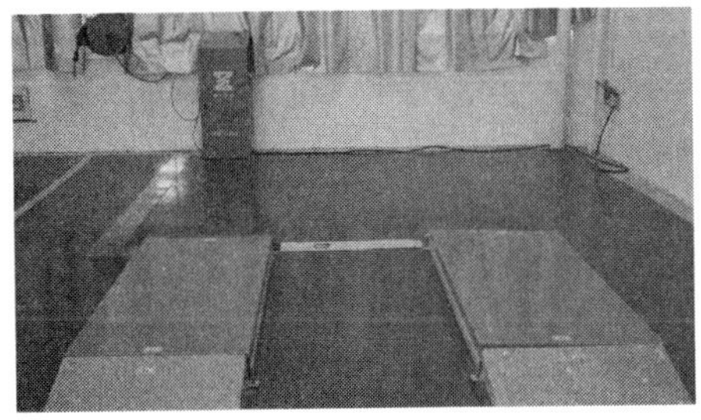

## 第二步　安全检查

1　连接举升机的电源。

**提示:** 应特别注意用电安全。

2　1号连接气源。

**提示:** 要确保连接牢靠，不能有泄露。

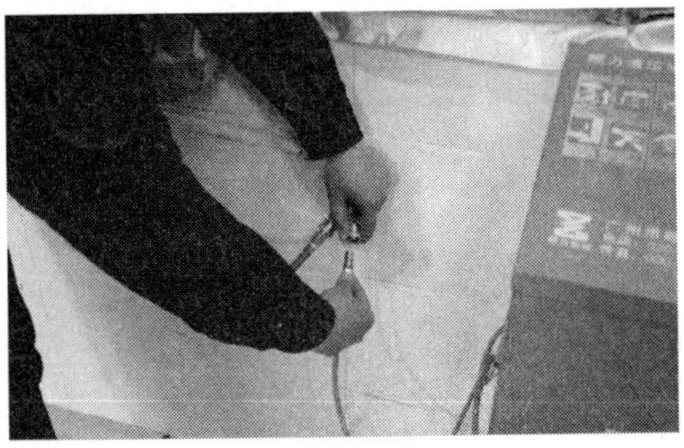

## 第三步　空载试验

1　1号按下上升键,举升机上升。

**提示:** 举升机上用“UP”和“↑”来表示的。

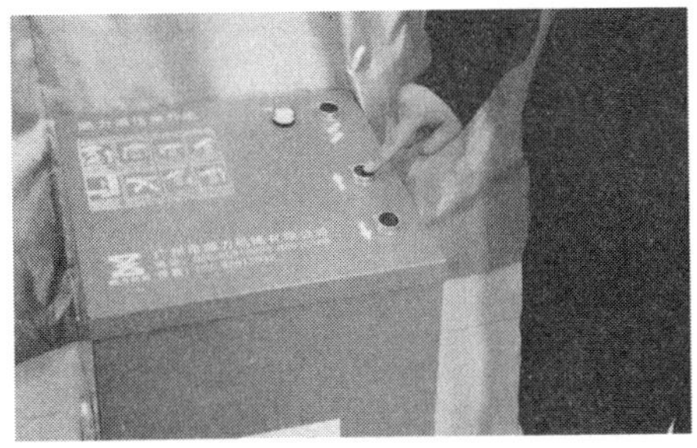

2　将举升机上升至目标高度。

**提示:** 检查举升机立柱的连接螺栓是否出现丢失、损伤或松动。如发现连接螺栓丢失、损伤或松动，应立即补充、更换或紧固。地脚螺栓良好可靠，是举升机安全使用的基础。

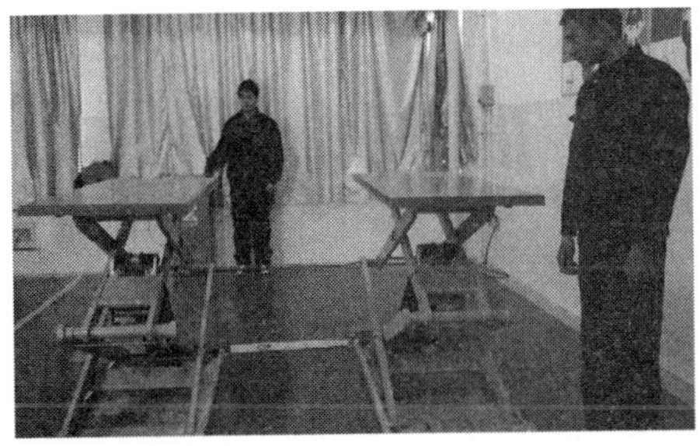

3　1号按下锁止键，举升机锁止。

**提示:** 举升机上用“LOCK”来表示的。

4　将举升机锁止在目标高度。

提示：应确保锁止牢靠。

5　1号按下下降键，举升机下降。

提示：举升机上用“DOWN”和“↓”来表示的。

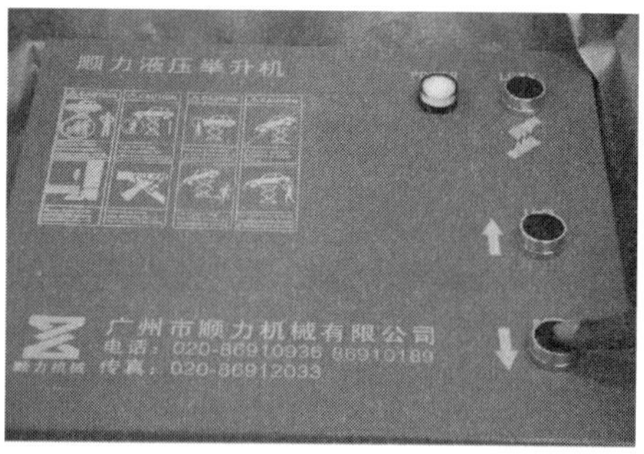


## 第四步　重载试验

1　1号举升机的外侧，控制举升机升、降和可靠停驻。2号位于举升平台的四角方位，检查、平板和查找车辆的支撑点以及确认托垫和车辆支撑点的配合情况。

2　检查场地。

提示：检查举升机立柱的地脚螺栓是否出现丢失、损伤或松动。如发现地脚螺栓丢失、损伤或松动，应立即补充、更换或紧固。地脚螺栓良好可靠，是举升机安全使用的基础。

3　将车辆停驻在举升机平台的中央位置。

提示：车辆停驻于举升机平台的中央位置，为车辆的安全举升做好准备。

4　1号和2号共同安装车轮挡块。

提示：为保证车辆在工位上可靠停驻，防止出现溜滑，造成安全事故，要安装车轮挡块。

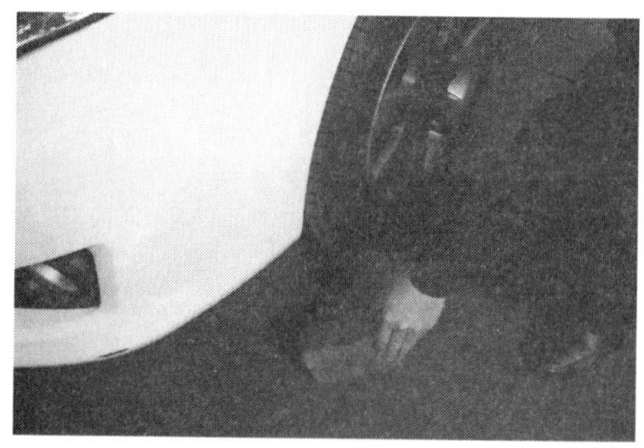

5　1号和2号放置橡胶垫块。

提示：放置橡胶垫块时，应注意位置合理，距举升机平板10cm左右，放置平整。

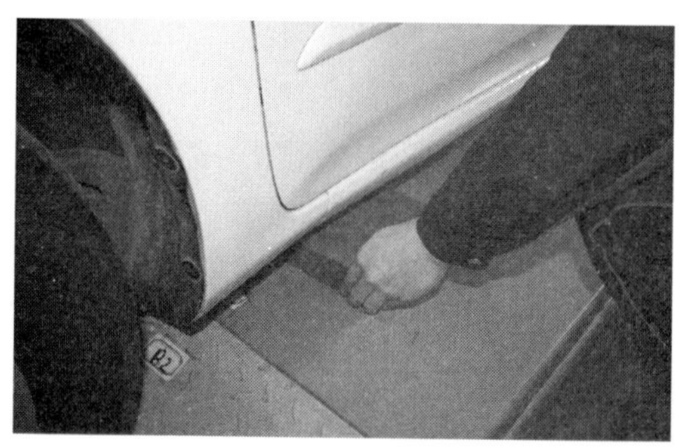

6　1号按下上升键，举升机上升。

提示：举升机上用“UP”和“↑”来表示的。

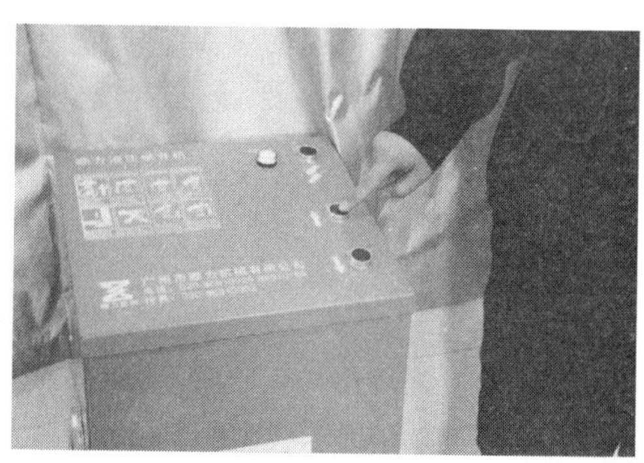

*7*　检查车辆的稳定性。

**提示：**检查车辆的稳定性，是为了保证车辆的安全举升。

*8*　检查车辆的水平程度。

**提示：**检查车辆的水平程度，是为了保证车辆的安全举升。

*9*　将举升机上升至目标高度。

**提示：**车辆至目标高度后进行维护和修理工作。

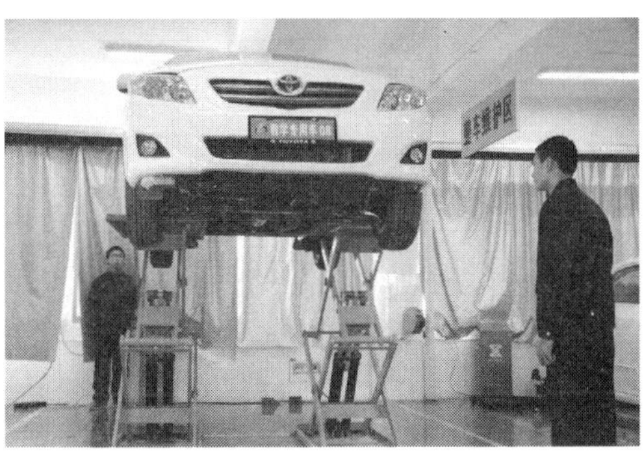

*10*　1号按下锁止键，举升机锁止。

**提示：**举升机上用“LOCK”来表示的。

*11*　将举升机锁止在目标高度。

**提示：**应确保锁止牢靠。

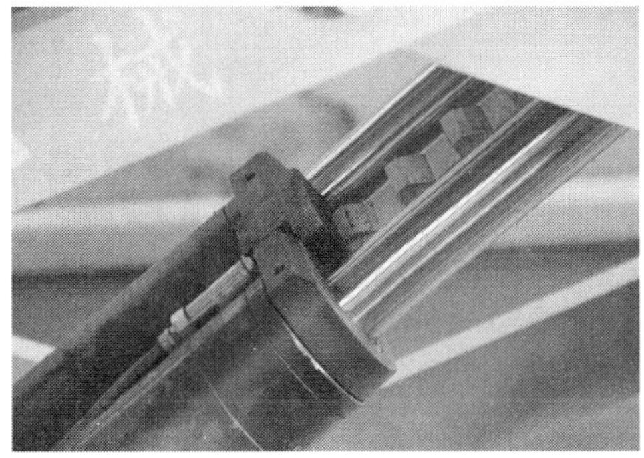

*12*　1号按下下降键，举升机下降。

**提示：**举升机上用“DOWN”和“↓”来表示的。

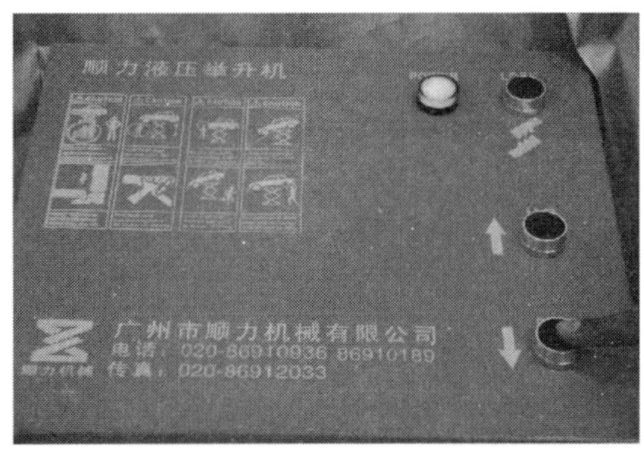


*13*　2号操纵举升机，将车辆平稳降落到地面上。

**提示：**车辆降落到地面时，要重新安装车轮挡块。

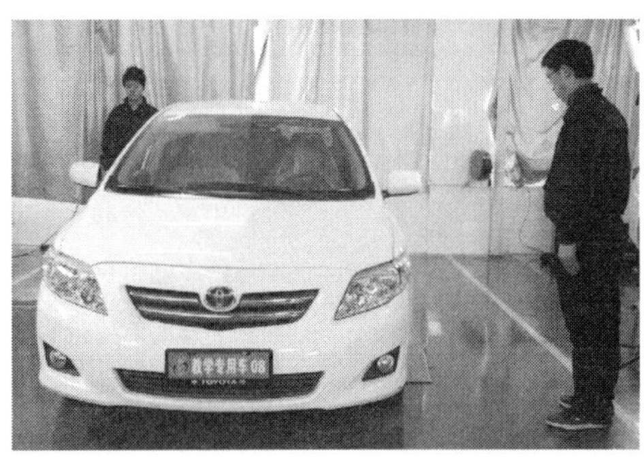

*14*　1号和2号取出橡胶垫块。

**提示：**取出橡胶垫块，车辆可以正常驶出。

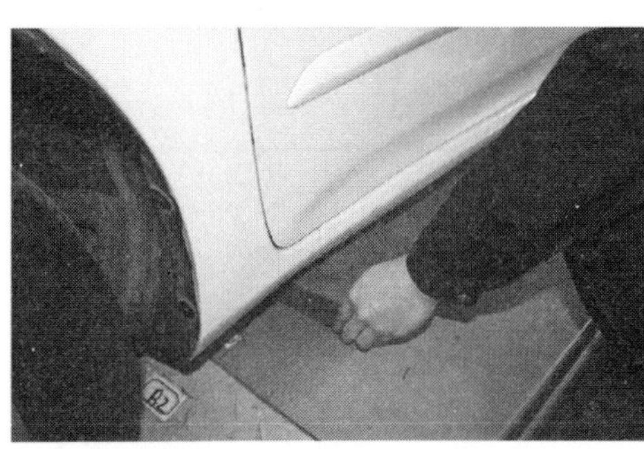

15 1号和2号共同拆卸车轮挡块。

提示：拆卸车轮挡块，使车辆可以正常驶出。

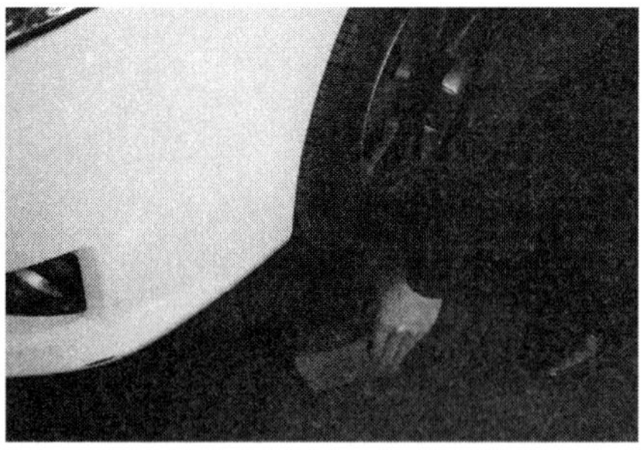

### 第五步 整理工位

1号和2号共同清洁地面卫生。

提示：作业项目完成后，要搞好工位的清洁、清理、清扫、整理和整顿工作，培养良好的工作习惯。

## 七、考核标准

考核标准表

| 考核时间 | 序 号 | 考核项目 | 满 分 | 评分标准 | 得 分 |
|---|---|---|---|---|---|
| 45min | 1 | 作业前整理工位 | 5 | 整理遗漏酌情扣分 | |
| | 2 | 检查地脚螺栓 | 5 | 检查整理遗漏扣2分 | |
| | 3 | 连接举升机的电源 | 5 | 操作不当扣5分 | |
| | 4 | 连接气源 | 5 | 操作不当扣5分 | |
| | 5 | 检查场地 | 5 | 操作不当扣2分 | |
| | 6 | 车辆停驻在举升机平台的中央位置 | 5 | 操作不当扣5分 | |
| | 7 | 安装车轮挡块 | 5 | 操作不当扣5分 | |
| | 8 | 放置橡胶垫块 | 5 | 操作不当酌情扣分 | |
| | 9 | 检查车辆的稳定性 | 10 | 检查方法不当酌情扣分 | |
| | 10 | 检查车辆的水平程度 | 10 | 操作不当扣5分 | |
| | 11 | 确保锁止牢靠 | 5 | 检查方法不当扣5分 | |
| | 12 | 检查托垫与支撑点的对正情况 | 10 | 检查遗漏扣7分 | |
| | 13 | 举升中车辆停驻 | 10 | 操作不当扣7分 | |
| | 14 | 解除滑车的机械保险 | 5 | 操作不当扣3分 | |
| | 15 | 车辆下降前的工位检查 | 5 | 操作不当扣3分 | |
| | 16 | 车辆驶出工位前的检查 | 5 | 检查遗漏酌情扣分 | |
| | 17 | 遵守相关安全规范 | 因违规操作造成人身伤害和设备事故的，总分按0分计 | | |
| 分数合计 | | | 100 | | |

# 第三章　发动机机械系统

## 第一节　需 用 知 识

## 一、曲柄连杆机构

### 1 曲柄连杆机构的功用和组成

曲柄连杆机构是往复活塞式内燃机将热能转变为机械能的主要机构，其功用是把燃气作用在活塞顶面上的压力转变为曲轴的转矩，向外输出动力。

曲柄连杆机构由机体组、活塞连杆组和曲轴飞轮组等3部分组成。机体组主要包括汽缸盖罩、汽缸盖、汽缸垫、汽缸体及油底壳等；活塞连杆组主要包括活塞、活塞环、活塞销、连杆等；曲轴飞轮组主要包括曲轴、飞轮等。

### 2 曲柄连杆机构的部件

1. 机体组

发动机的机体组（图3–1）主要由汽缸体、曲轴箱、汽缸盖、汽缸盖罩、汽缸垫、油底壳等组成。机体组是发动机的骨架，是发动机各机构和系统的装配基体。

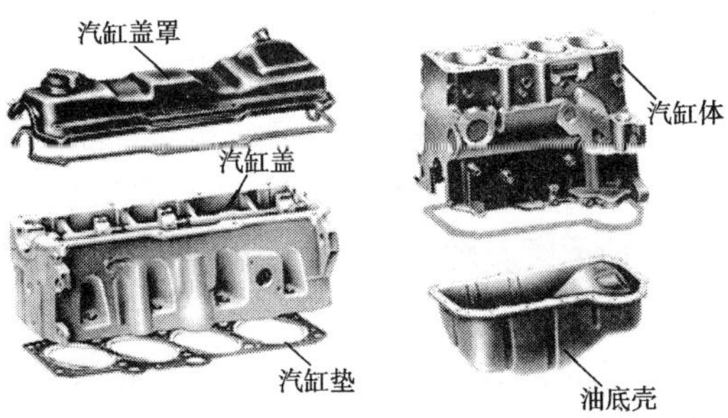


**图3–1　机体组的组成**

（1）汽缸体。水冷发动机的汽缸体和曲轴箱常制成一体，而且多缸发动机的各个汽缸也合铸成一个整体（图3–2），称为汽缸体—曲轴箱，简称汽缸体。汽缸体上半部有若干个为活塞在其中运动导向的圆柱形空腔，称为汽缸。下半部为支撑曲轴的曲轴箱，其内腔为曲轴旋转的空间。

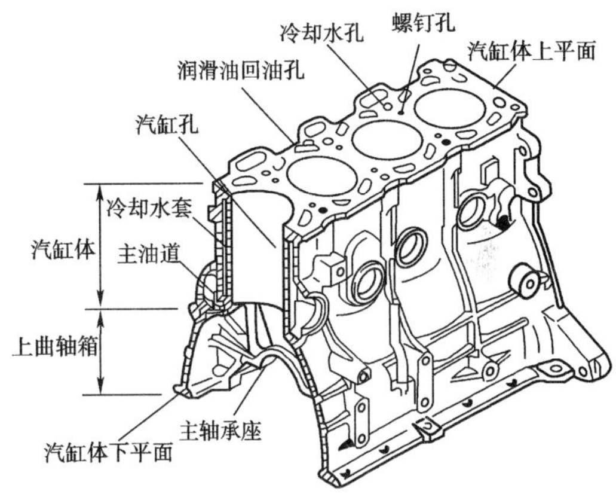


**图3–2　水冷发动机的汽缸体**

①汽缸的排列方式。根据汽缸排列形式不同，汽缸体分直列式、V形式、对置式等形式。

直列式（图3–3）。各汽缸排成一直列的称为直列式汽缸排列，其特点是机体的宽度小而高度和长度大，一般只用于六缸以下的发动机，通常把采用直列式汽缸排列的发动机称为直列式发动机。

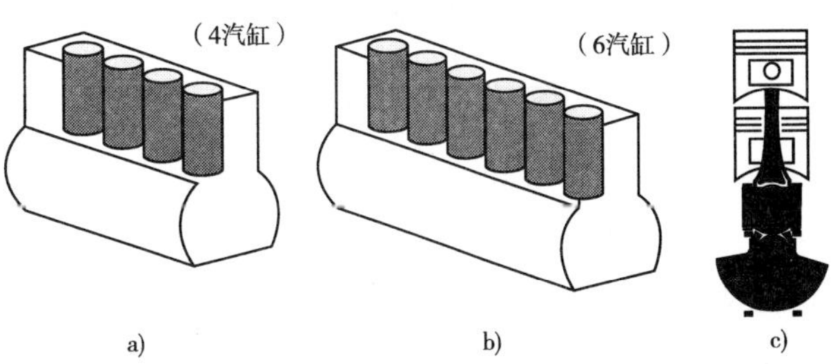


**图3–3　直列式汽缸**

V形式（图3–4）。两列汽缸排成V形的称为V形式汽缸排列，V形发动机汽缸体宽度大，而长度和高度小，形状比较复杂。但汽缸体的刚度大，质量和外形尺寸较小，多用于六缸以上大功率发动机上，通常把此种发动机称为V形发动机。V形的打开角度被称为V形汽缸夹角，为了平衡，V6发动机的汽缸平角最好为90°，V8发动机的汽缸夹角最好为60°。

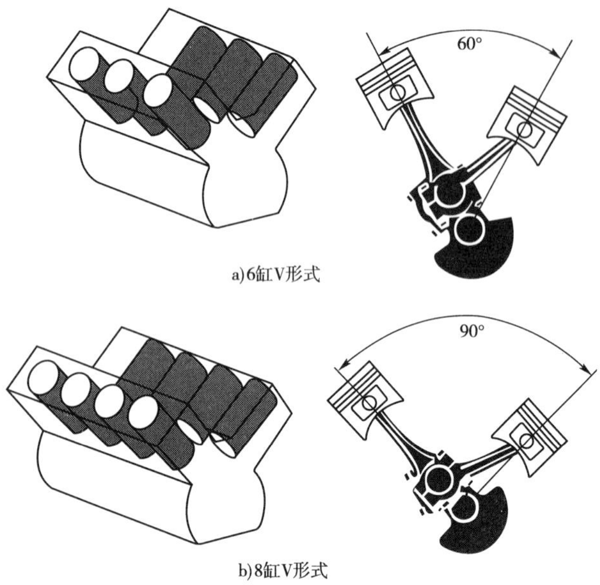


图3-4 V形式汽缸

对置式（图3-5）。对置式发动机是指两列汽缸水平相对排列，其优点是重心低，而且对置式发动机的平衡性较好。

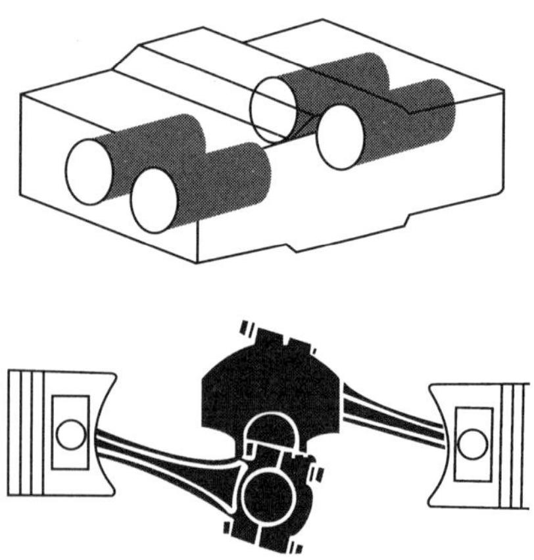

图3-5 对置式汽缸

②汽缸体的冷却。汽车发动机多采用水冷的方式（见图3-2），利用水套中的冷却水流过高温零件的周围而带走多余的热量。风冷发动机一般将汽缸体与曲轴箱分开铸造，为增强散热效果，在汽缸体与汽缸盖的外表面铸有散热片，如图3-6所示。

③汽缸套。某些轿车发动机采用合金铸铁无汽缸套式的汽缸体，即不镶嵌任何汽缸套，在汽缸体上直接加工出汽缸。这可以缩短汽缸中心距，使汽缸体的尺寸和质量减少，刚度大，工艺性好。但是为了保证汽缸的耐磨性，整个汽缸体必须采用耐磨的合金铸铁制造，成本较高。

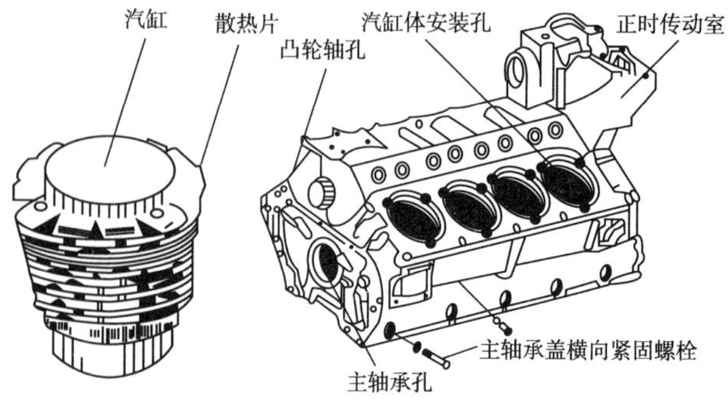


图3-6 风冷发动机的汽缸体

现代汽车多采用在汽缸体内镶入耐磨性较好的汽缸套，延长汽缸的使用寿命。根据是否与冷却水相接触，汽缸套分为干式汽缸套和湿式汽缸套。

干式汽缸套。汽缸套的外表面不直接与冷却水接触的称为干式汽缸套，如图3-7a)所示。

湿式汽缸套。湿式汽缸套则与冷却水接触，如图3-7b)所示。大多数湿式汽缸套装入后，其顶面一般高出汽缸体0.05～0.15mm，这样在紧固汽缸盖螺栓时，可将汽缸垫压得更紧，以保证汽缸的密封性，防止漏水、漏气。

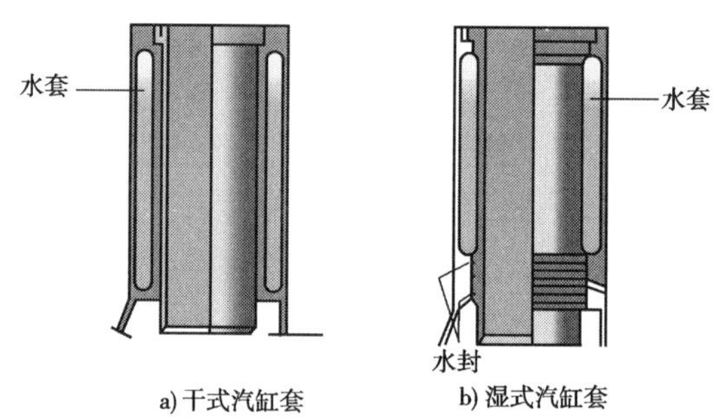


图3-7 汽缸套

（2）汽缸盖。汽缸盖用来封闭汽缸的上部，并与活塞顶、汽缸壁共同构成燃烧室。汽缸盖内有与汽缸体相通的冷却水套、燃烧室、火花塞座孔（汽油机）或喷油器座孔（柴油机）、进排汽道等。上置凸轮轴式发动机的汽缸盖上还有用以安装凸轮轴的轴承座。图3-8所示为发动机的汽缸盖分解图。

汽油机的燃烧室是当活塞位于上止点时，由活塞顶部及汽缸盖上相应的凹部空间组成。汽油机常用燃烧室如图3-9所示。

（3）汽缸垫。汽缸体与汽缸盖间装有汽缸垫（图3-10），用来保证汽缸体与汽缸盖结合面间的密封，防止气体、冷却液和润滑油等的泄漏。汽缸垫有金属–石棉汽缸垫和纯金属等结构形式。

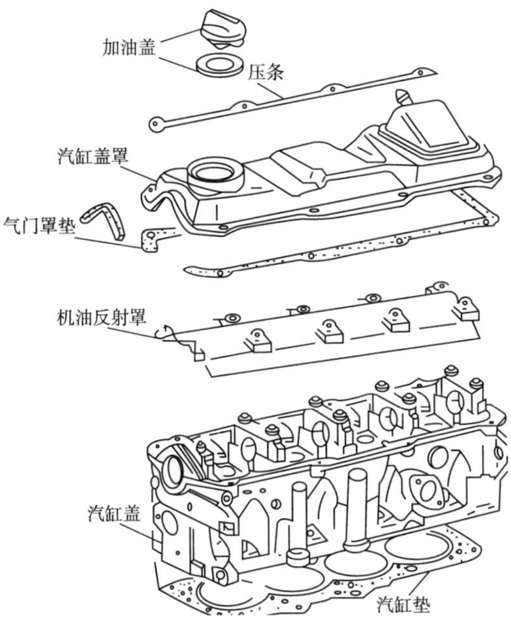


图3-8　汽缸盖分解图

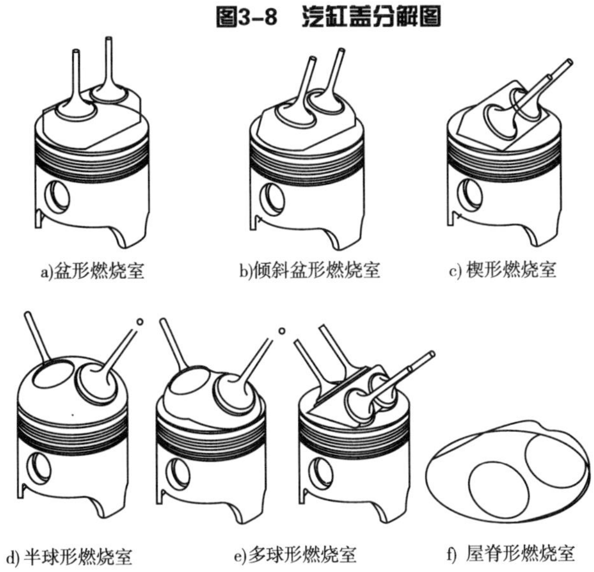


图3-9　汽油机燃烧室

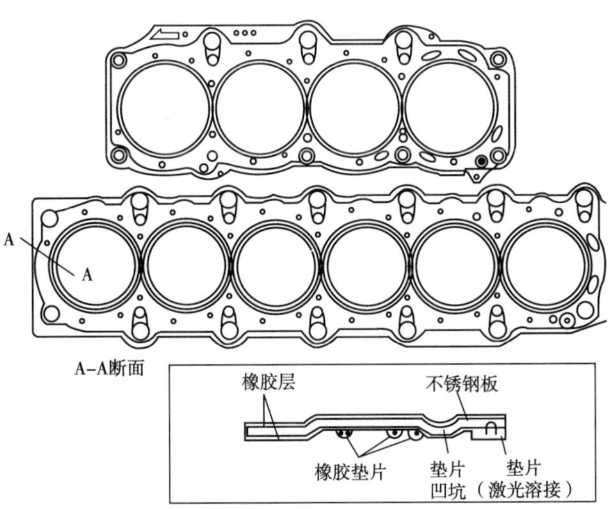


图3-10　汽缸垫

（4）汽缸盖罩。汽缸盖罩（图3–8）位于汽缸盖上部，起封闭及防尘作用，一般由薄钢板冲压而成，其上设有注油口。

（5）油底壳。油底壳（图3–11）的作用是储存机油并封闭曲轴箱。一般为薄钢板冲压而成。在有的发动机上，为达到良好的散热效果，采用了铝合金铸造的油底壳，在壳的底部还铸有散热片。为保证发动机纵向倾斜时机油泵仍能吸到机油，油底壳中部或后部作得较深。有时在油底壳中还设有挡油板，以减轻油面波动。底部装有磁性的放油螺栓，以吸附润滑油中的铁屑，减少发动机的磨损。

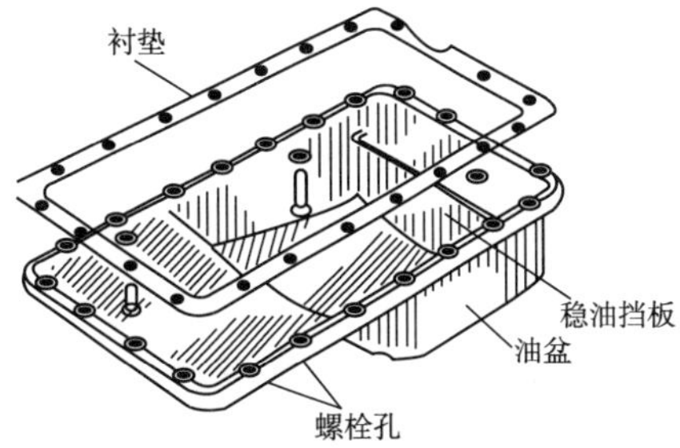


图3–11　油底壳

2. 活塞连杆组

活塞连杆组主要由活塞、活塞环、活塞销和连杆等部件组成，如图3–12所示。

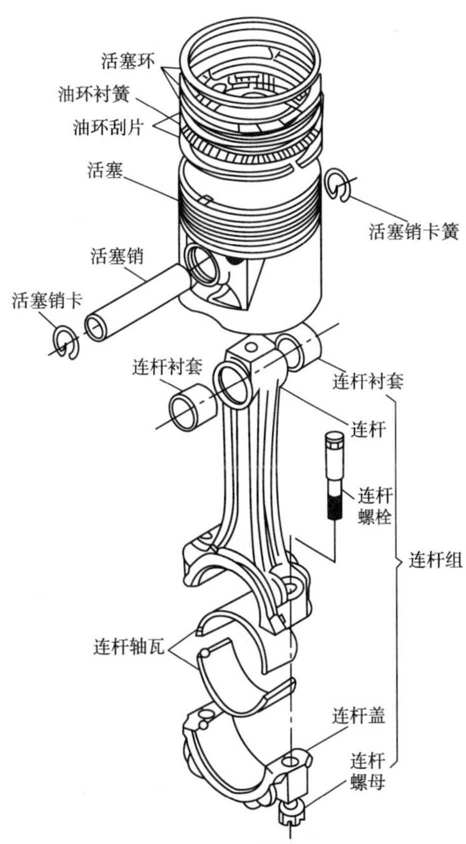


图3–12　活塞连杆组

（1）活塞。活塞的主要功用是承受汽缸中的燃烧压力，并将此力通过活塞销和连杆传给曲轴。此外，活塞还与汽缸盖、汽缸壁共同组成燃烧室。

活塞是由活塞顶部、活塞头部和活塞裙部3部分组成，如图3-13所示。

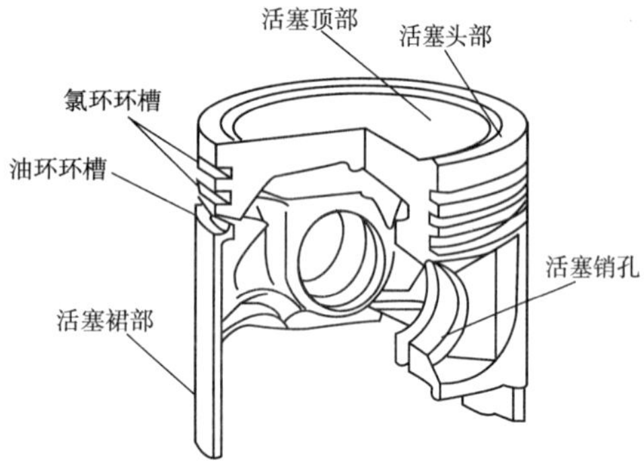


**图3-13　活塞的基本结构**

①活塞顶部是燃烧室的组成部分，其形状与选用的燃烧室的形式有关。汽油机活塞顶有平顶、凹顶和凸顶等形式，如图3-14所示。

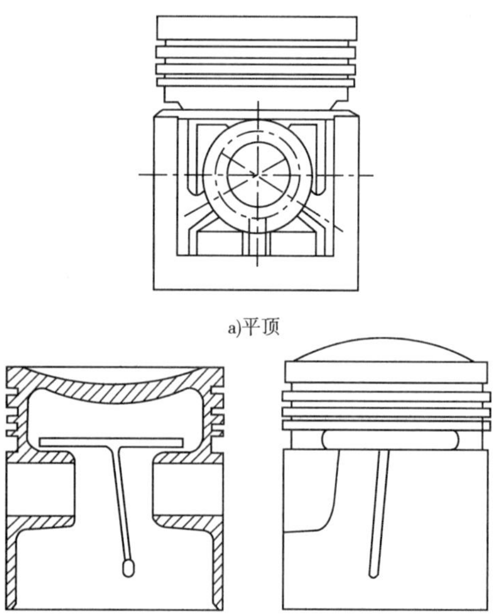


**图3-14　活塞顶的形状**

②活塞头部是指活塞顶至最下面一道活塞环槽之间的部分，其作用是承受气体压力、防止漏气、将热量通过活塞环传给汽缸壁。活塞头部切有若干环槽，用以安装活塞环。上面的2～3道槽用来安装气环，下面的一道用来安装油环。油环槽的底部钻有若干小孔，以使油环从汽缸壁上刮下的多余润滑油经此流回油底壳。

③活塞环槽以下的所有部分称为活塞裙部，其作用是引导活塞在汽缸中作往复运动，并承受侧压力。考虑轻量化和防止热膨胀，有些活塞裙部开了细长的一字形、T形或U形槽。热膨胀的时候这些槽会变窄。

（2）活塞环。活塞环包括气环和油环两种，如图3-15所示。

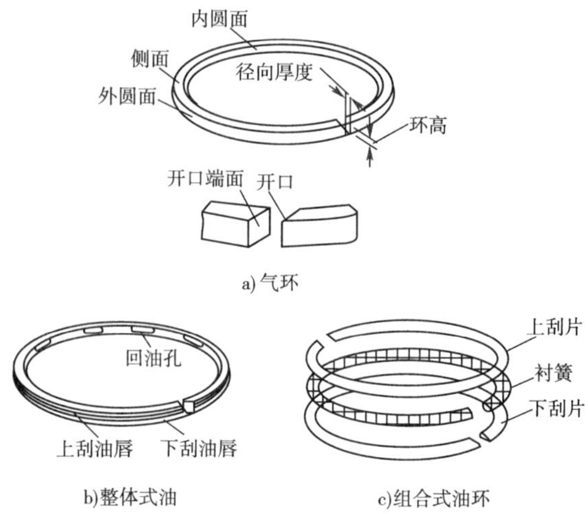


**图3-15　活塞环**

①气环又称为压缩环，其作用是保证活塞与汽缸壁间的密封，防止汽缸中的高温、高压燃气大量漏入曲轴箱，同时它还将活塞头的热量传导给汽缸壁。一般发动机上每个活塞装有2～3道气环。

②油环的作用是刮除汽缸壁上多余的机油，并在汽缸壁布油。通常发动机的每个活塞装有1道油环，也有个别发动机活塞在裙部上还装有1道油环。

（3）活塞销。活塞销的功用是连接活塞和连杆小头，将活塞所承受的气体压力传给连杆。活塞销常见的结构形式如图3-16所示。

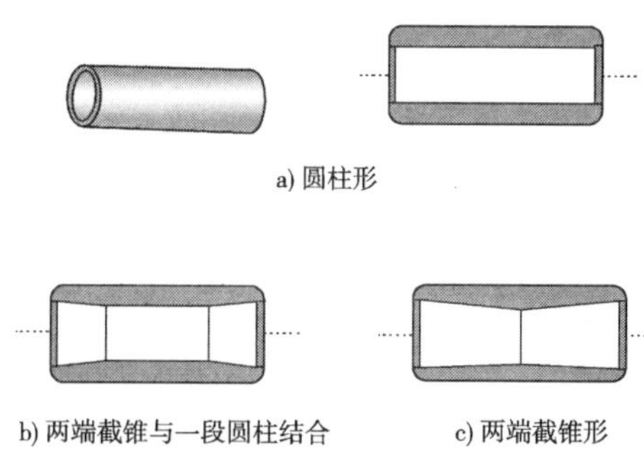


**图3-16　活塞销的结构**

活塞销与活塞销座孔和连杆小头衬套孔的连接配合方式有两种，即全浮式和半浮式（图3-17）。

①全浮式活塞销能在连杆小头衬套孔和活塞销座孔内作自由转动，可以保证活塞销沿圆周磨损均匀，因此应用较普遍。为防止活塞销轴向窜动而损坏汽缸壁，在活塞销座两端装有弹性卡环来限位。

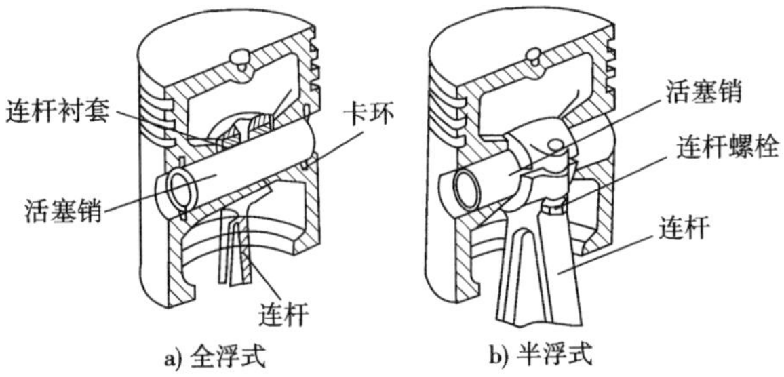


**图3-17　活塞销的连接方式**

②半浮式活塞销是用螺栓将活塞销夹紧在连杆小头孔内，这时活塞销只在活塞销孔内转动，在连杆小头孔内不转动。因而连杆小头孔内不装衬套，活塞销座孔孔内也不装挡圈。

（4）连杆。连杆的功用是将活塞承受的力传给曲轴，推动曲轴转动，将活塞的往复运动转变为曲轴的旋转运动。

连杆的结构如图3-18所示，由连杆小头、杆身和连杆大头组成。连杆小头用来安装活塞销以连接活塞，在全浮式连接的连杆小头孔内压有减磨的青铜衬套或铁基粉末冶金衬套。工作时，活塞销和衬套之间有相对转动，为了保证其间润滑，在连杆小头和衬套上钻有集油孔或铣出集油槽，用于收集发动机运转时被溅上来的机油，以便润滑。有的发动机连杆小头采用压力润滑，在连杆杆身内钻有纵向的压力油道。

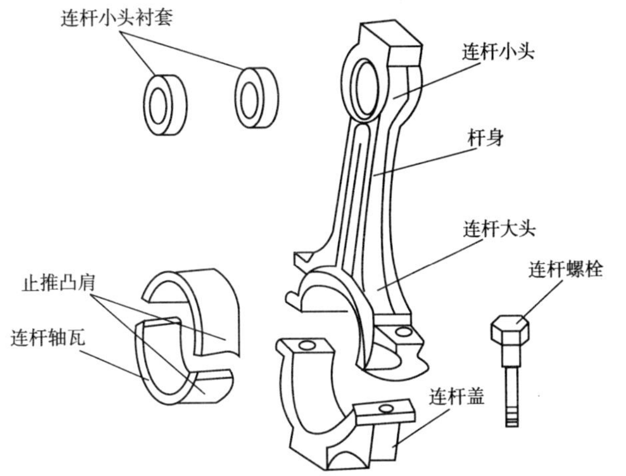


**图3-18　连杆的结构**

3. 曲轴飞轮组

曲轴飞轮组主要由曲轴、飞轮、正时齿轮或正时链轮、V形带轮及曲轴扭转减振器等组成，如图3-19所示为发动机的曲轴飞轮组结构图。

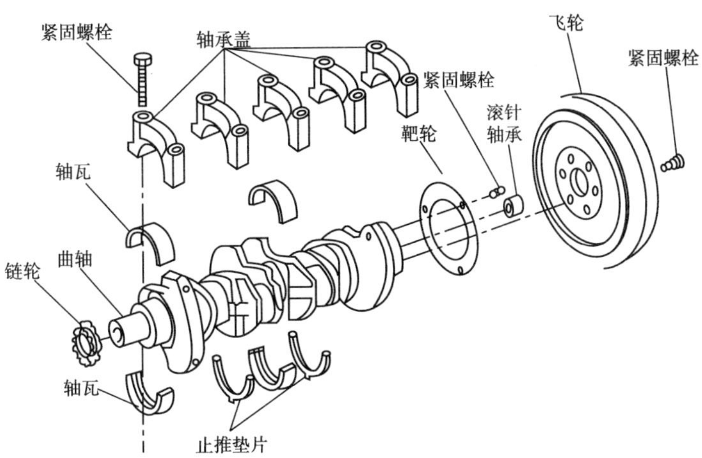


**图3-19　发动机曲轴飞轮组结构图**

（1）曲轴。曲轴的主要功用是将活塞连杆组传来的气体压力转变为转矩，然后通过飞轮输出。另外还用来驱动发动机的配气机构以及其他辅助装置（如发电机、风扇、水泵、转向油泵等）。

曲轴一般由主轴颈、连杆轴颈、曲柄、平衡块、前端轴和后端突缘等组成，如图3-20所示。

一个连杆轴颈和它两端的曲柄及相邻两个主轴颈构成一个曲拐。曲拐的数目取决于发动机的汽缸数目及其排列方式，直列发动机的曲拐数等于汽缸数，而V形和对置式发动机的曲拐数为汽缸数的一半。

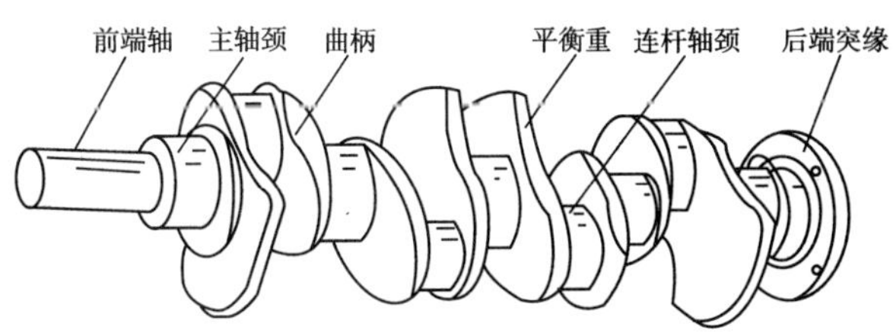


**图3-20　曲轴的结构**

曲轴前端第一道主轴颈之前的部分，装有驱动其他装置的机件（正时齿轮、V形带轮）及其起动爪、止推垫片及扭转减振器等。曲轴后端最后一道主轴颈之后的部分，在其后端为安装飞轮的突缘盘。曲轴的形状及各曲拐的相对位置取决于汽缸数、汽缸排列形式和发动机的工作顺序。在选择各缸的工作顺序时，应使各缸的做功间隔力求均衡，即发动机每完成一个工作循环，各缸都应发火作功一次。对于缸数为$i$的四冲程发动机，其发火间隔角为720°/$i$，连续作功的两缸相距尽可能远些，以减轻主轴承负荷和避免进气冲程中发生抢气现象；V形发动机左右两列应交替发火。

①四冲程直列四缸发动机的发火间隔角为720°/4=180°。四个曲拐在同一个平面内，如图3-21所示。发动机的工作顺序为1-3-4-2或1-2-4-3。

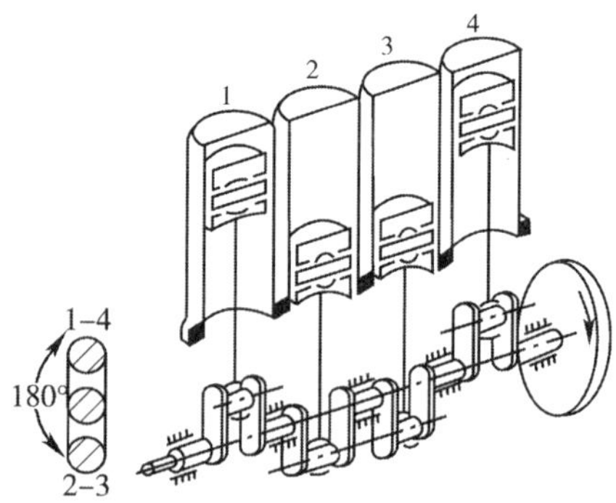


**图3-21　直列四缸发动机的曲拐布置**

②四冲程直列六缸发动机的发火间隔角为720°/6=180°。六个曲拐互成120°，如图3-22所示。发动机的工作顺序多为1-5-3-6-2-4。

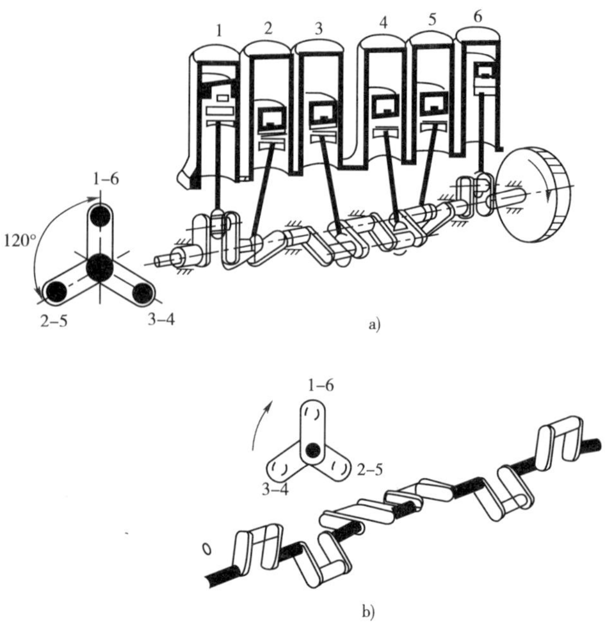


**图3-22　直列六缸发动机的曲拐布置**

③四冲程V形八缸发动机的发火间隔角为720°/8=90°。四个曲拐互成90°，如图3-23所示。发动机的工作顺序为1-8-4-3-6-5-7-2。

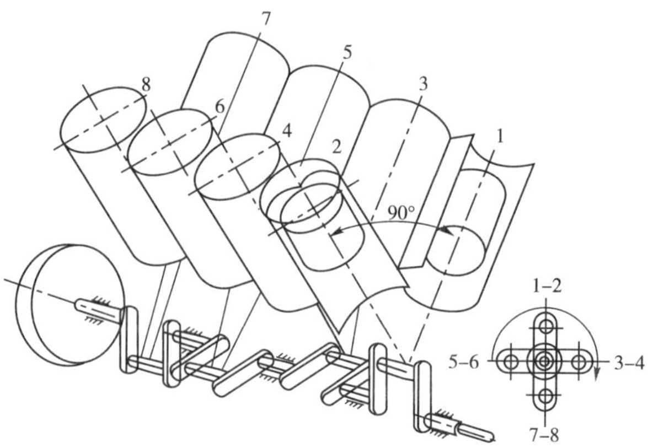


**图3-23　四冲程V形八缸发动机的曲拐布置**

（2）扭转减振器。在曲轴的前端加装扭转减振器（图3-24），作用是吸收曲轴扭转振动的能量，消减扭转振动，避免发生共振。

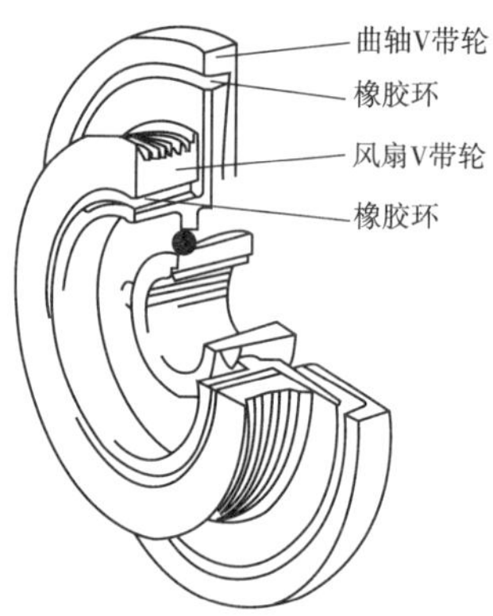


**图3-24　扭转减振器**

（3）飞轮。飞轮是一个转动惯量很大的圆盘，其主要功用是储存做功冲程的一部分能量，以克服各辅助冲程的阻力，使曲轴均匀旋转，使发动机具有克服短时超载的能力。此外，飞轮又常作为汽车传动系中摩擦离合器的主动盘。

发动机飞轮的构造如图3-25所示。飞轮的外缘上镶有齿圈，起动时起动机上的齿轮与之啮合，供发动机起动用。

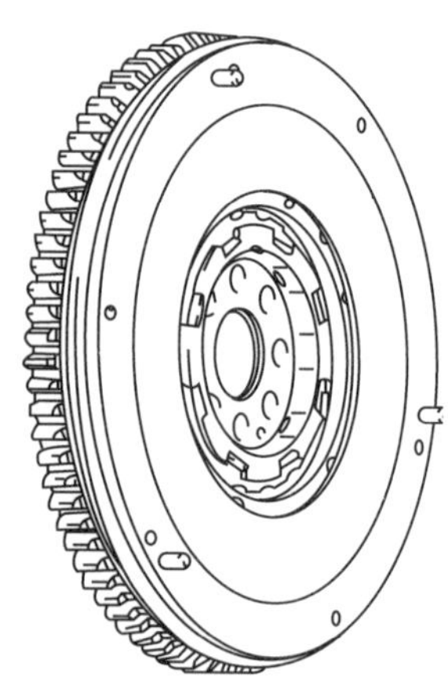

**图3-25　飞轮的构造**

飞轮上通常刻有第一缸点火正时记号，以便调整和检验点火（喷油）正时和气门间隙。如图3–26a)所示，解放CA6102型发动机的正时记号是上止点/1–6，当该记号与飞轮壳上的刻线对准时，即表示1–6缸的活塞在上止点位置；如图3–26b)所示，东风EQ6100发动机有两处记号，一处是飞轮上的一个钢球与飞轮壳上的刻线对准时，另一处是当曲轴皮带轮上的小缺口和正时齿轮盖上的突筋对准时，都表示1–6缸活塞在上止点位置，如图3–26c)所示，奥迪A6四缸发动机在曲轴带轮上刻有凹槽，当凹槽对准正时齿轮壳上的箭头时，则表示1–4缸的活塞在上止点位置。

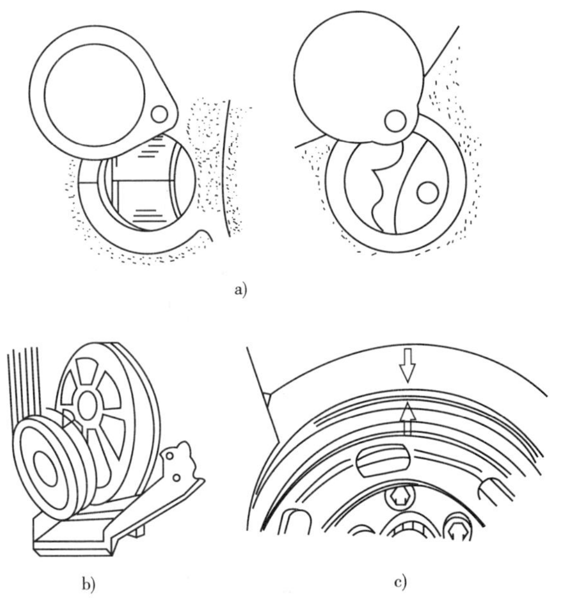


**图3–26　发动机点火正时标记**

## 二、配气机构

### 1 配气机构的功用和组成

配气机构的功用是按照发动机每一汽缸内所进行的工作循环或发火次序的要求，定时开启和关闭各汽缸的进、排气门，使新鲜可燃混合气（汽油机）或空气（柴油机）得以及时进入汽缸，废气得以及时从汽缸中排出。进入汽缸内的可燃混合气或空气对发动机性能的影响很大。进气量越多，发动机的转矩越大、功率越高。

配气机构如图3–27所示。配气机构由气门组和气门传动组组成。气门组包括气门、气门座、气门导管和气门弹簧等部件。气门传动组主要包括凸轮轴、凸轮轴正时带轮、正时齿形带、张紧轮、液压挺柱等部件。

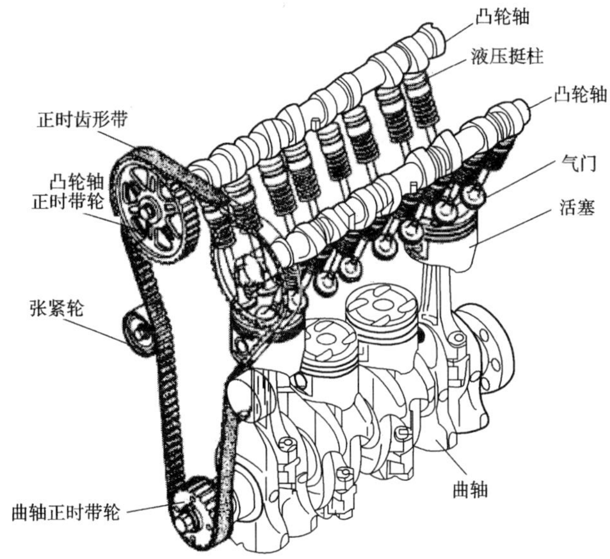


**图3–27　配气机构**

发动机工作时，曲轴通过曲轴正时带轮、正时齿形带、凸轮轴正时带轮驱动凸轮轴旋转，当凸轮轴转到凸轮的凸起部分顶到液压挺柱时，通过液压挺柱，压缩气门弹簧，使气门离座，即气门开启。当凸轮凸起部分离开液压挺柱时，气门便在气门弹簧力的作用下上升而落座，气门关闭。

由于四冲程发动机每完成一个工作循环，曲轴旋转2周，而各缸进、排气门各开启1次，完成一次进气和排气，此时凸轮轴只旋转1周，因此，曲轴与凸轮轴的转速比为2：1，即凸轮轴正时带轮的齿数是曲轴正时带轮齿数的2倍。

### 2 配气机构的部件

1. 气门组

气门及其相关零件称之为气门组，气门组的作用是实现汽缸的密封。配置一根气门弹簧的标准型气门组如图3–28所示。

（1）气门。

①气门结构。气门的功用是与气门座相配合，对汽缸进行密封。气门由头部和杆部两部分组成（图3–29），头部用来封闭汽缸的进、排气道，杆部用来为气门的运动起导向作用。

气门头部。气门头部的形状有平顶、喇叭形顶和球面顶，如图3–30所示。使用最多的是平顶气门头部，进、排气门均可采用。喇叭形顶气门头部多用于进气门，球面顶气门头部适用于排气门。

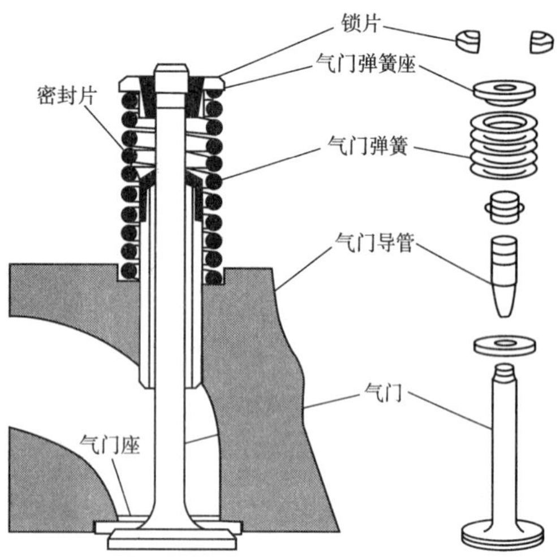


图3-28 气门组

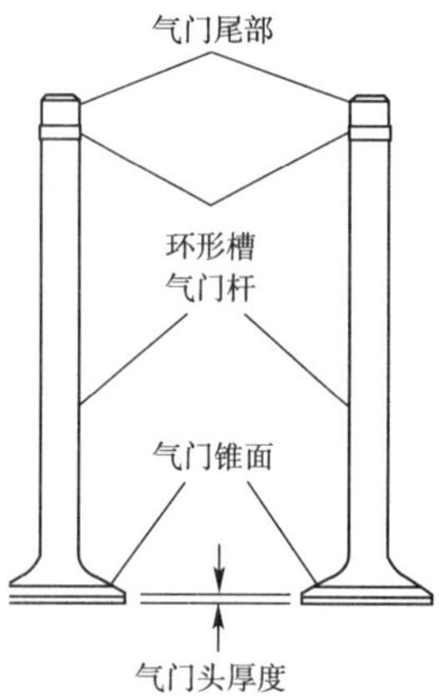


图3-29 气门结构

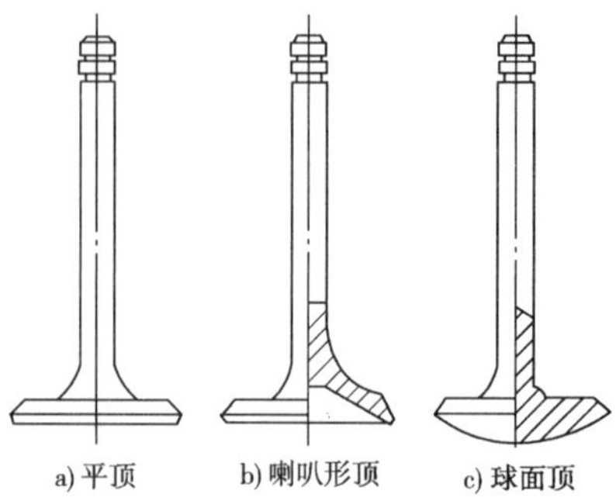


图3-30 气门头部的形状

气门头部与气门座圈接触的工作面，是与杆部同心的锥面，通常将这一锥面与气门顶部平面的夹角称为气门锥角，如图3-31所示，一般做成30°或45°。

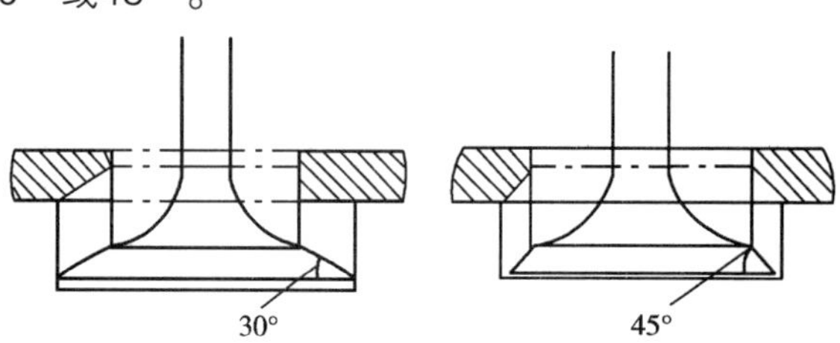


图3-31 气门锥角

考虑到进气阻力比排气阻力对发动机性能的影响大得多，为尽量减小进气阻力，一般进气门的尺寸略大于排气门，这是因为进气是利用活塞下移产生的真空来实现的，进气门大些，可提高进气效率；而排气是通过活塞上升将废气排出的，排气门即使是小一些也不会造成太大的影响。

气门杆。气门杆是圆柱形，在气门导管中不断上、下往复运动。气门杆尾部结构取决于气门弹簧座的固定方式，常见的结构形式如图3-32所示。

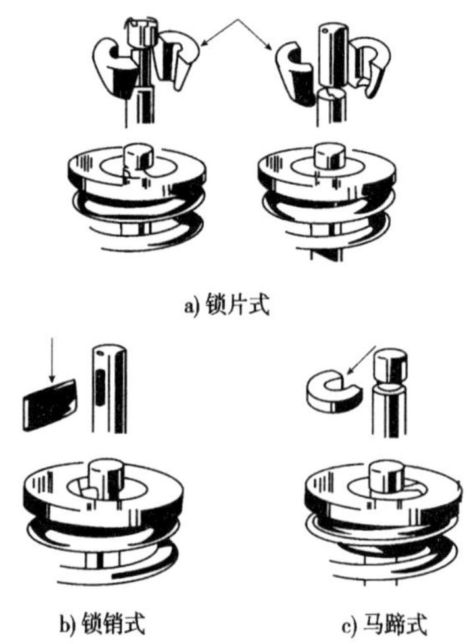


图3-32 气门弹簧座的固定方式

②气门数。在短时间内能够将尽量多的气体吸入和排出，在很大程度上影响着发动机的整体性能。从气门在有限制的燃烧室表面积中所占的面积来看，与具有两个气门的汽缸相比，进排气门越多，则气门面积之和就越大，进、排气效率越高，而且可以使单个气门的体积减小，质量减轻。但气门数越多，结构越复杂，成本越高。

2气门式（图3-33）。每个汽缸采用一个进气门和一个排气门，一般进气门比排气门大些。桑塔纳2000GSi轿车AJR发动机即采用此种形式。

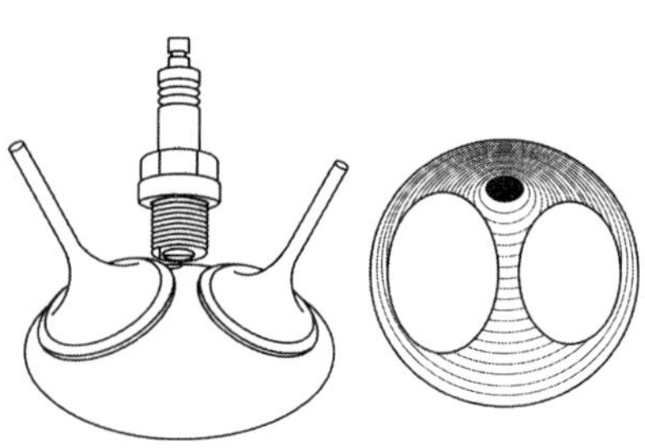

图3-33 2气门式的结构形式

3气门式（图3-34）。每个汽缸有2个进气门和1个排气门，排气门大对排出高温气体有利，能提高发动机排气性能。

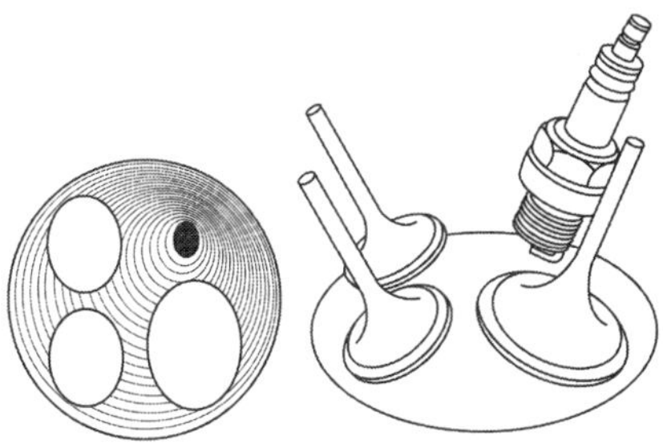

图3-34　3气门式的结构形式

4气门式（图3-35）。每个汽缸有2个进气门和2个排气门，两套凸轮轴装置分别控制一组进、排气门的开闭。凯越（16.L）轿车发动机、卡罗拉（16.L）轿车发动机即采用4气门结构形式。

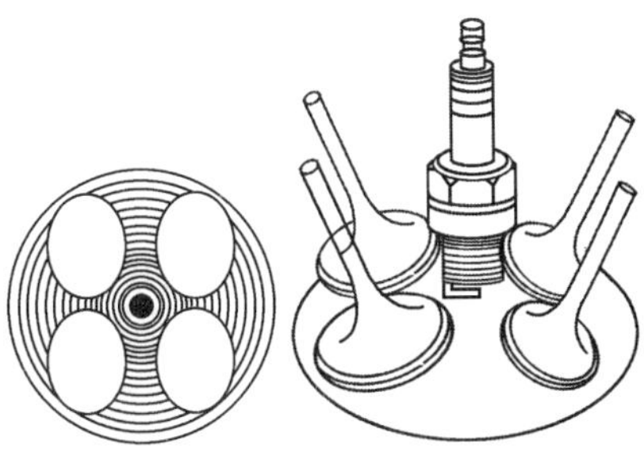

图3-35　4气门式的结构形式

5气门式。每个汽缸有3个进气门和2个排气门，并以梅花形分布，如图3-36所示。捷达王轿车EA113型发动机即采用5气门结构形式。

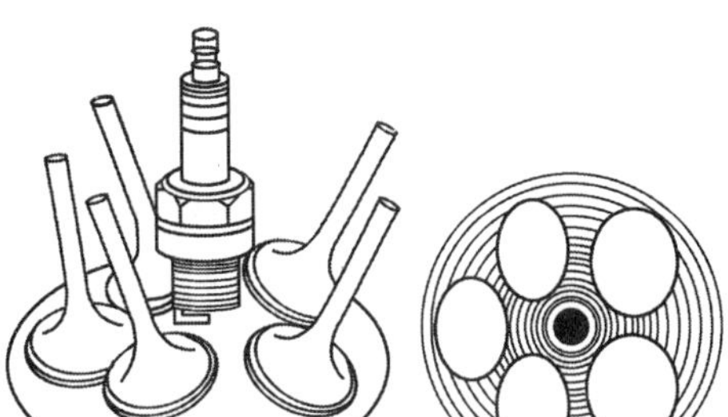

图3-36　5气门式的结构形式

（2）气门座。汽缸盖上的进、排气道与气门锥面相结合的部位称为气门座（图3-37），气门座的锥角和气门锥角相同，一般也是30°或45°。气门座不仅有密封作用，还起到了冷却气门的作用。

（3）气门导管。气门导管（图3-38）的功用是为气门的运动导向，保证气门作直线往复运动，使气门与气门座能正确贴合。气门杆与气门导管之间一般留有0.05～0.12mm的间隙，使气门杆能在导管中自由运动。

（4）气门弹簧。气门弹簧的功用保证气门及时落座并与气门座或气门座圈紧密贴合，同时也可防止气门在发动机振动时因跳动而破坏密封。

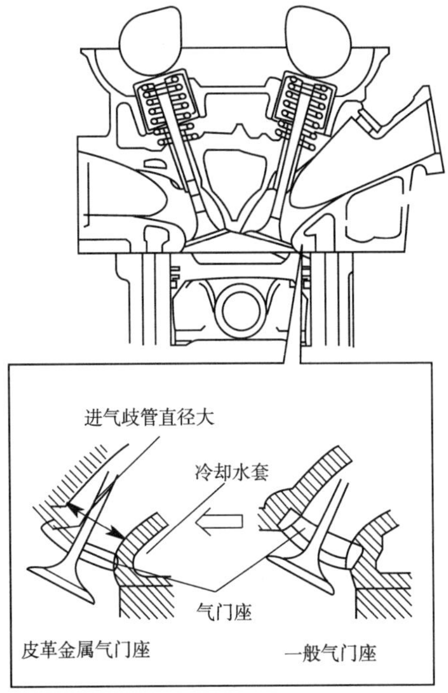


图3-37　气门座

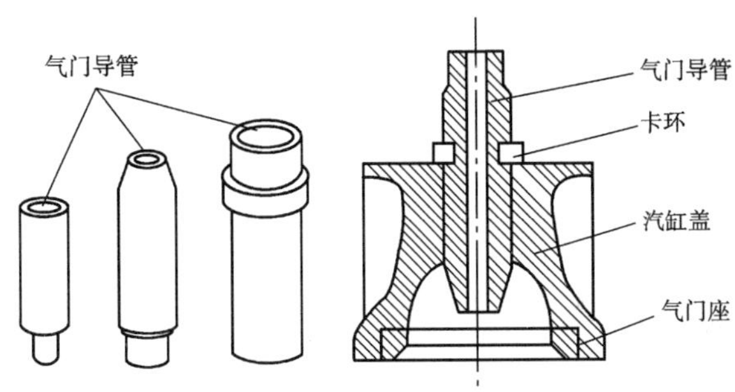


图3-38　气门导管

气门弹簧多为圆柱形螺旋弹簧，如图3-39a)所示，安装时，气门弹簧的一端支撑在汽缸盖上，而另一端则压靠在气门杆尾端的弹簧座上，弹簧座用锁片固定在气门杆的末端；为了防止弹簧发生共振，可采用变螺距的圆柱形弹簧，如图3-39b)所示；大多数高速发动机是一个气门装有同心安装的内、外两根气门弹簧，如图3-39c)所示，这样不但可以防止共振，而且当一根弹簧折断时，另一根仍可维持工作。此外，还能减小气门弹簧的高度。当装用两根气门弹簧时，气门弹簧的螺旋方向和螺距应各不相同，这样可以防止折断的弹簧圈卡入另一个弹簧圈内。

2. 气门传动组

气门传动组的作用是使气门按发动机配气相位规定的时刻及时开、闭，并保证规定的开启时间和开启高度。由于配气机构的布置形式多样，气门传动组的差别也很大。

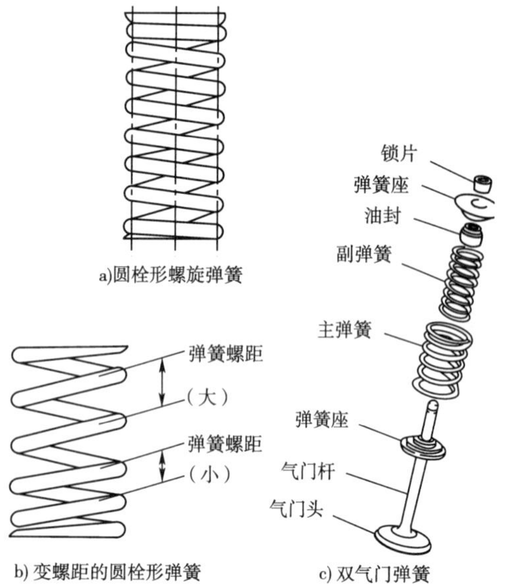


**图3-39　气门弹簧**

（1）凸轮轴。

①凸轮轴结构。凸轮轴主要由各缸进排气凸轮、凸轮轴轴颈等组成，如图3-40所示。进排气凸轮用于使气门按一定的工作次序和配气相位及时开闭，并保证气门有足够的升程。

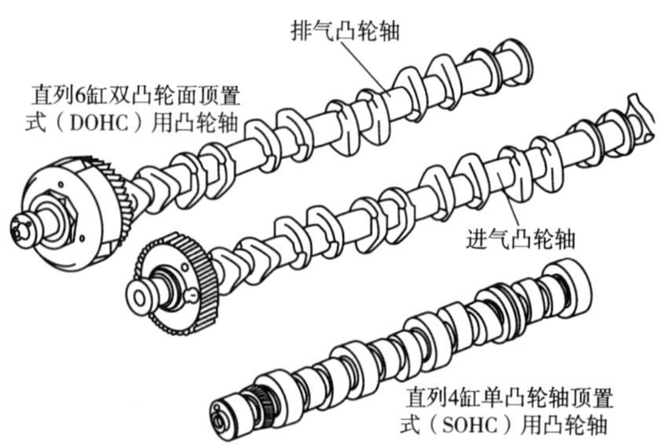


**图3-40　凸轮轴的结构**

②凸轮轴驱动方式。凸轮轴的旋转是依靠曲轴带动的，一般采用链条驱动式或正时齿形带驱动式，特殊的赛车用发动机使用的是正时齿轮驱动式。

链条驱动式（图3-41）。凸轮轴位于汽缸盖上，由曲轴带动的曲轴链轮，通过正时链条驱动凸轮轴上的链轮旋转， 从而带动凸轮轴旋转。链条导槽和链条张紧装置将张力传递至链条，以调节链条的张紧度。卡罗拉（1.6L）轿车发动机即采用链条驱动形式。

正时齿形带驱动式（图3-42）。由于正时齿形带是由强度大、不易变形的纤维和橡胶制成，具有质量轻、无噪声，不需要润滑等优点，所以被广泛使用。凯越（1.6L）轿车发动机、桑塔纳2000GSi轿车AJR发动机即采用此种形式。

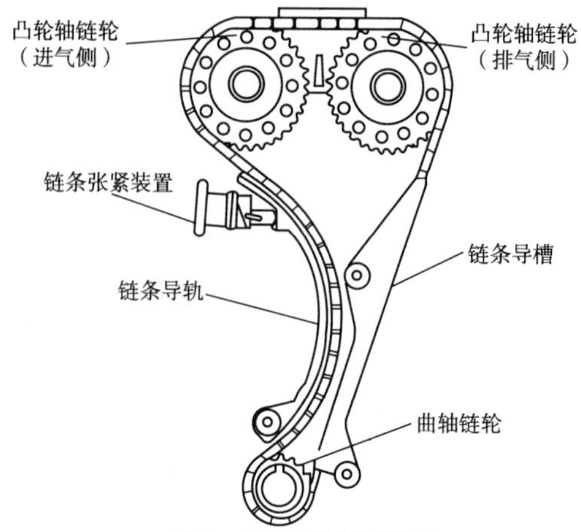


**图3-41　链条驱动式**

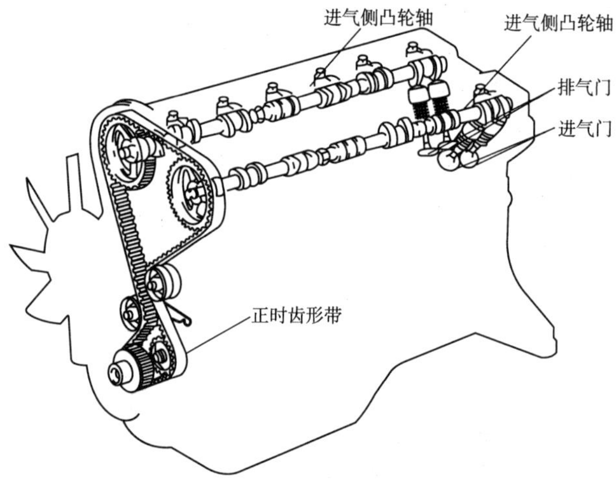


**图3-42　正时齿形带驱动式**

齿轮驱动式（图3-43）。齿轮驱动式是在曲轴和凸轮轴之间用齿轮将曲轴的旋转传递到凸轮轴的驱动形式，具有传动准确性更优、高速时可靠性高等优点；但制造精度高，成本高，现在仅限于赛车使用的发动机。

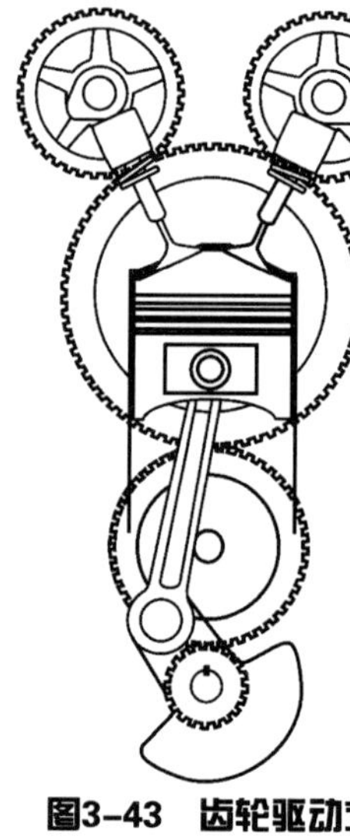

**图3-43　齿轮驱动式**

辅助齿轮驱动式（图3-44）。汽缸盖上一侧的凸轮轴由曲轴通过一根链条或一根正时齿形带来驱动，另一侧的凸轮轴由安装在凸轮轴上的齿轮来驱动，这种方式称为辅助齿轮驱动式。

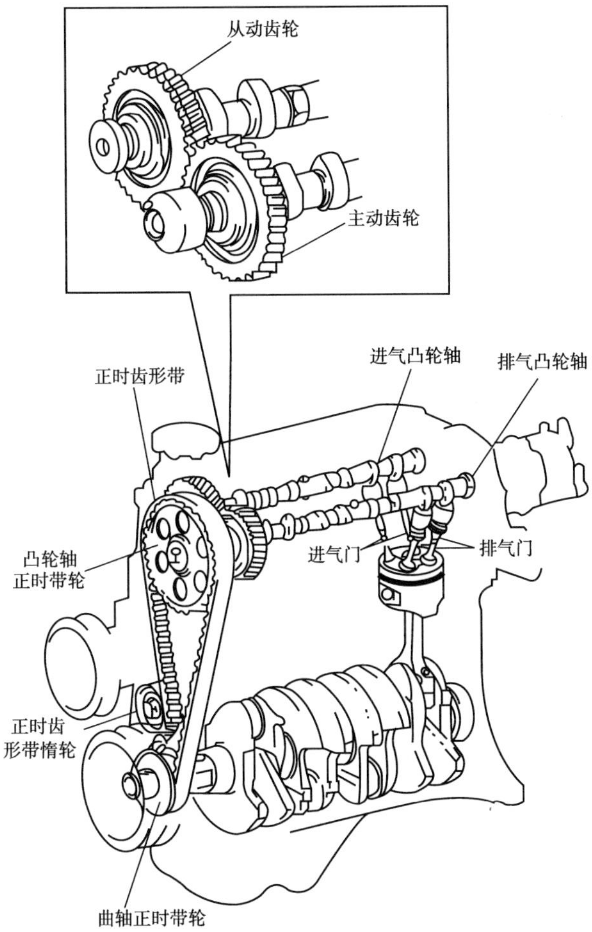


**图3-44　辅助齿轮驱动式**

③凸轮轴正时定位。如采用一对正时齿轮传动，小齿轮和大齿轮分别用键安装在曲轴和凸轮轴的前端，其传动比为2：1。在装配曲轴和凸轮轴时，必须将齿轮正时标记对准，如图3-45所示，以保证正确的配气相位和点火时刻。

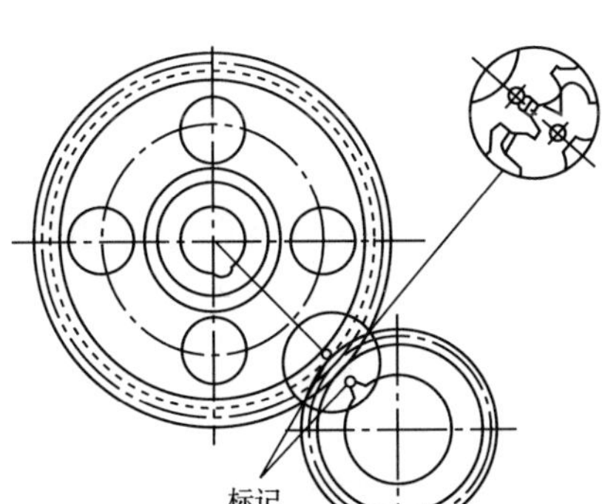


**图3-45　汽油机正时齿轮机构**

凸轮轴上置式发动机的正时记号通常有两处，一处为曲轴正时记号，一处为凸轮轴正时记号。安装时，两处都必须对正。如图3-46所示。

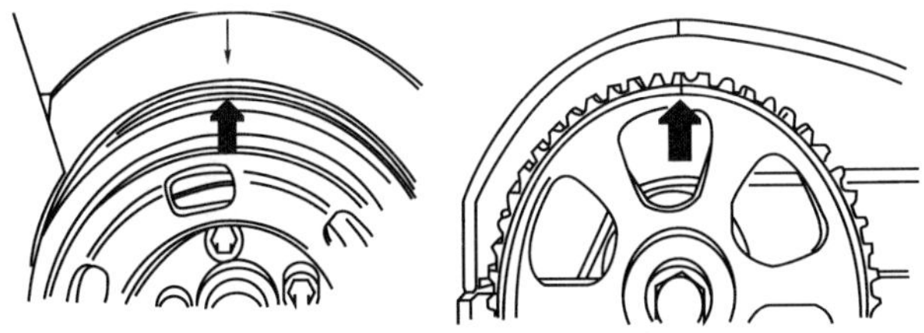

**图3-46　曲轴正时带轮上的正时标记**
**对齐凸轮轴位置正时标记**

（2）挺柱。挺柱的作用是将凸轮的推力传递给推杆或气门杆，并承受凸轮轴旋转时所施加的侧向力。挺柱可分为普通挺柱和液压挺柱两种。

①普通挺柱。配气机构采用的普通挺柱有筒式和滚轮式两种结构形式，如图3-47所示。筒式挺柱中间为空心，在挺柱圆周钻有通孔，便于筒内收集的机油流出对挺柱底面及凸轮加以润滑；滚轮式挺柱可以减少磨损，但结构较复杂，质量较大，多用于大缸径柴油机的配气机构上。

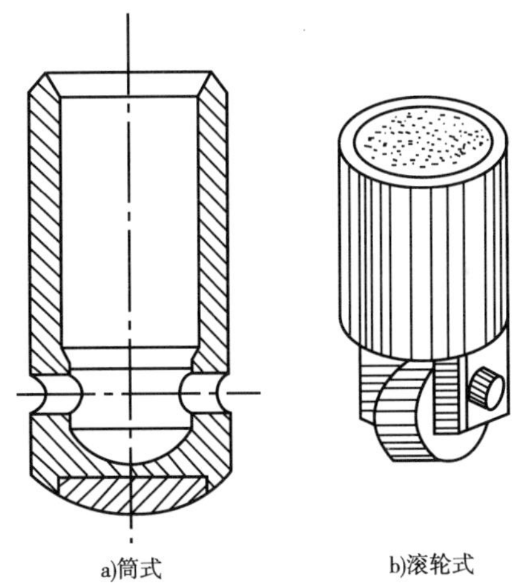


**图3-47　普通挺柱**

②液压挺柱。轿车发动机普遍采用液压挺柱，液压挺柱的长度能自动调整，故不需要预留气门间隙，也没有气门间隙调整装置。如图3-48所示。液压挺柱由挺柱体、油缸、柱塞、单向球阀、单向球阀弹簧和柱塞弹簧等部件组成。

（3）推杆。在凸轮轴下置式或中置式的配气机构中，凸轮轴经挺柱传来的运动和作用力要通过推杆传递给摇臂。推杆可采用实心的，也可以采用空心的。推杆的结构形式如图3-49所示。

（4）摇臂。摇臂的功用是将凸轮轴（或推杆）传来的力作用到气门杆尾部，推开气门。摇臂实际上是利用杠杆原理工作的，SOHC和DOHC的不同之处在于摇臂轴位置不同，如图3-50所示。

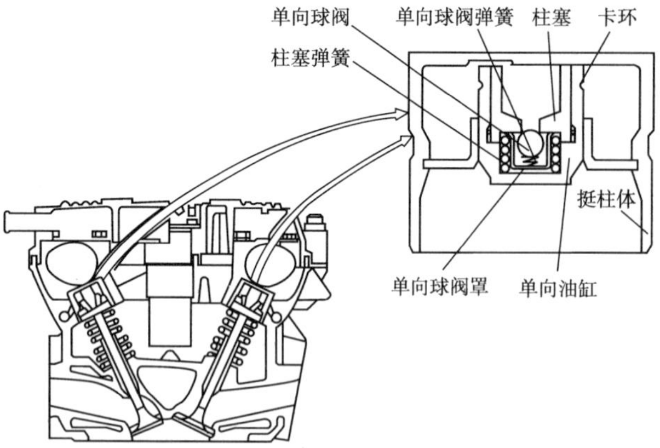


**图3-48 液压挺杆结构**

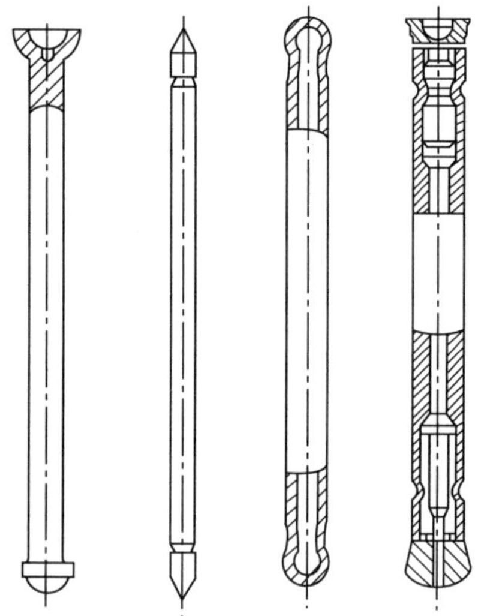

a) 实心推杆　b) 实心推杆　c)空心推杆　d)空心推杆

**图3-49 推杆**

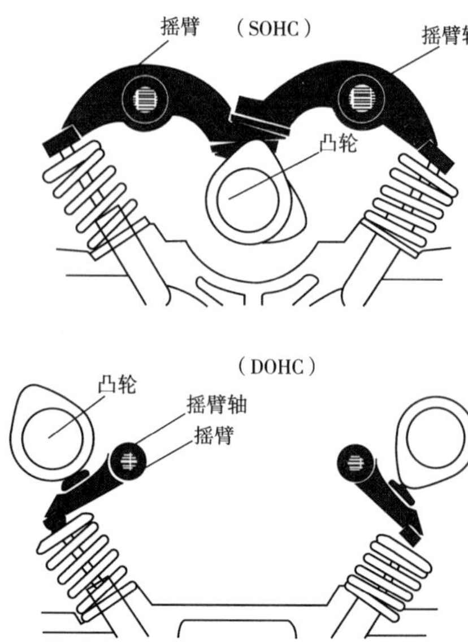


**图3-50 摇臂**

## 3 配气相位

用曲轴转角表示的进、排气门实际开闭时刻和开启持续时间，称为配气相位。通常用相对于上、下止点曲拐位置的曲轴转角的环形图来表示，这种图形称为配气相位图，如图3-51所示。

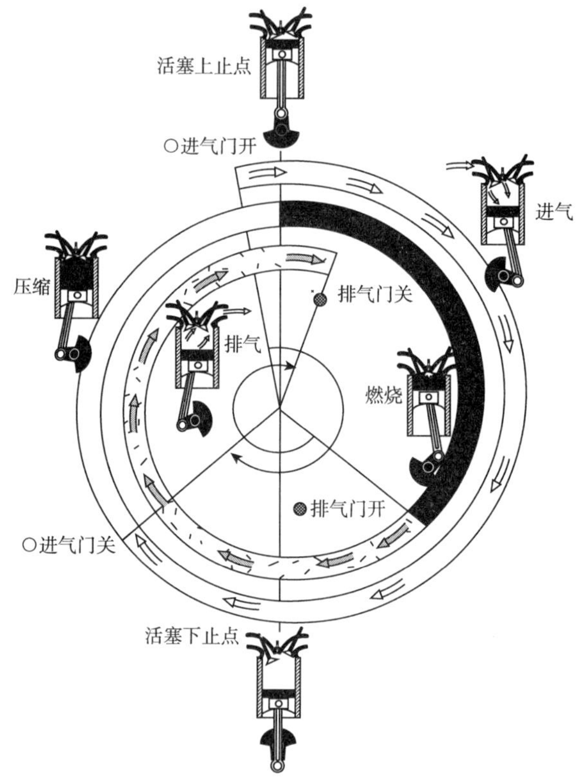


**图3-51 配气相位图**

理论上，当曲拐处在上止点时，进气门开启，下止点时关闭；排气门则当曲拐在下止点时开启，上止点时关闭。进气时间和排气时间各占180° 曲轴转角。但实际上发动机转速很高，活塞每一冲程历时相当短，短的时间势必会造成进气不足和排气不净，从而使发动机功率下降。因此，现代发动机都采取延长进、排气时间的方法。

（1）进气门早开和晚关。在排气冲程接近终了，活塞到达上止点之前，进气门便开始开启，直到活塞越过了下止点以后，进气门才关闭。进气门提前开启的目的是：为了保证进气冲程开始时进气门已开大，减小了进气阻力，新鲜气体能顺利地充入汽缸；进气门迟后关闭目的是：由于活塞到达下止点时，汽缸内压力仍低于大气压力，且气流还有相当大的惯性，可以利用气流惯性和压力差继续进气。

（2）排气门早开和晚关。在做功冲程接近终了，活塞到达下止点之前，排气门便开始开启。直到活塞越过上止点后，排气门才关闭。排气门提前开启的目的是：当作功冲程活塞接近下止点时，汽缸内的气体压力对做功的作用已经不大，但仍比大气压力高，可利用此压力使汽缸内的废气迅速地自由排出；排气门迟后关闭的目的是：由于活塞到达上止点时，汽缸内的残余废气压力高于大气压力，加之排气时气流有一定的惯性，仍可以利用气流惯性和压力差把废气排放得更干净。

（3）气门叠开。由于进气门.在上止点前即开启，而排气门在上止点后才关闭，这就出现了在一段时间内，进、排气门同时开启的现象，这种现象称为气门叠开。由于新鲜气流和废气流的流动惯性都比较大，在短时间内是不会改变流向的，因此只要气门叠开角选择适当，就不会有废气倒流入进气管和新鲜气体随同废气排出的可能性。

# 第二节　常见维修项目

## 任务一　汽缸压力检测

### 一、技术标准与要求

（1）使用性能良好的汽油发动机汽缸压力表。

（2）丰田卡罗拉轿车1ZR发动机汽缸压力值。

标准值1373kPa；极限值1079 kPa；各缸的压力差为98 kPa。

（3）丰田卡罗拉轿车1ZR发动机正常工作温度为90~105℃。

（4）检测汽缸压力前，先用吹气枪将发动机上部的尘埃、杂物清理干净，严防异物掉入汽缸内。

（5）每个汽缸检测次数不少于2次。

### 二、实训时间：45min

### 三、实训教学目标

（1）了解发动机汽缸压力检测的重要性。

（2）熟悉发动机汽缸压力表的作用、类型和使用方法。

（3）掌握检测发动机汽缸压力的操作技能。

### 四、实训器材

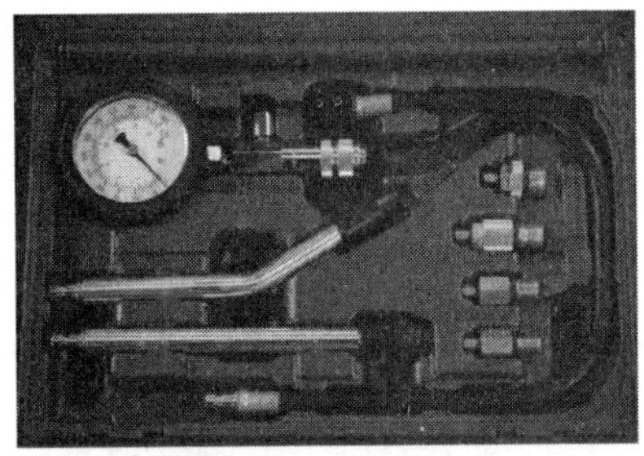

气缸压力表

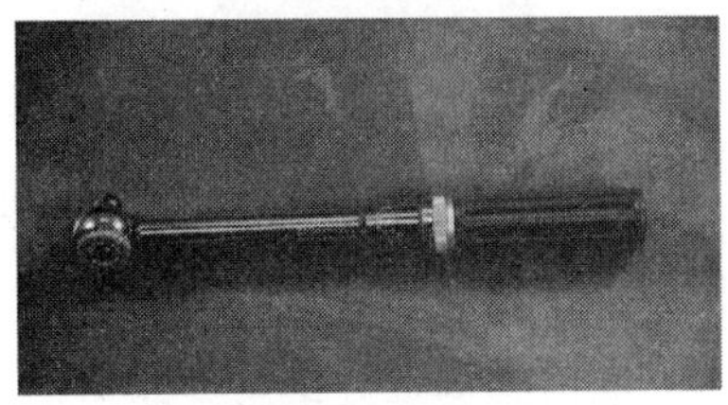

预紧力扳手

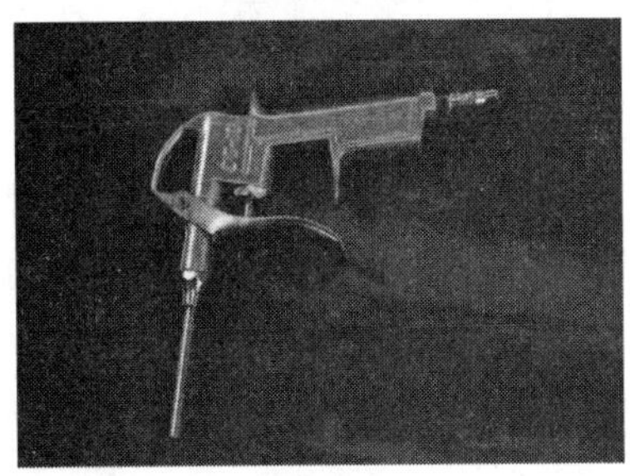

吹气枪

其他工具及器材：丰田卡罗拉型轿车，接杆、棘轮扳手。

### 五、教学组织

（1）教学组织形式：

每辆车安排4名学生实训，两名学生一组。一组操作，一组观察学习。

（2）学生站位分工要求：

两名学生一组，按照1号、2号进行编号。1号为主，2号为辅助。

（3）实训教师职责：

讲解操作步骤和注意事项：下达“操作开始”口令；工位间巡视、检查、指导和纠正错误。

（4）学生职责变换：

两名学生实行职责变换制度，即第一遍1号为主，2号辅助；第二遍2号为主，1号辅助。

## 六、操作步骤

### 第一步　事前准备

1　车辆进入工位前，参训学生将工位卫生清理干净，排除障碍物，准备好相关的工具、物品等。

提示：培养良好的工作习惯，做好事前准备，有利于安全操作和提高工作效率。

2　将车辆停驻在举升机平台的中央位置。

提示：车辆停驻于举升机平台的中央位置，为车辆的安全举升做好准备。

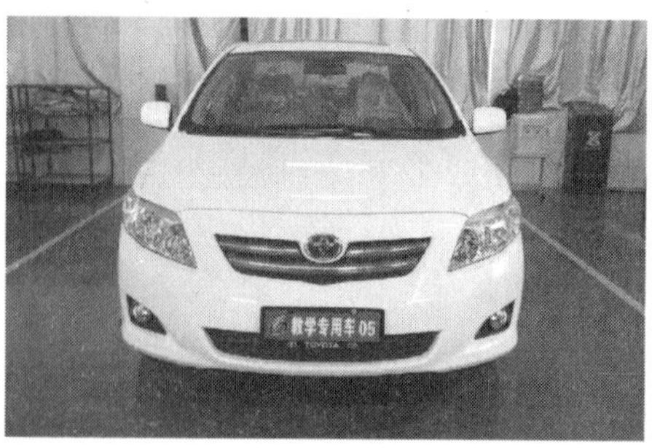

3　2号将变速杆至于P挡。

提示：发动机带挡操作属于违规操作，危险性极大。因此，发动机起动前应将变速杆至于P挡。

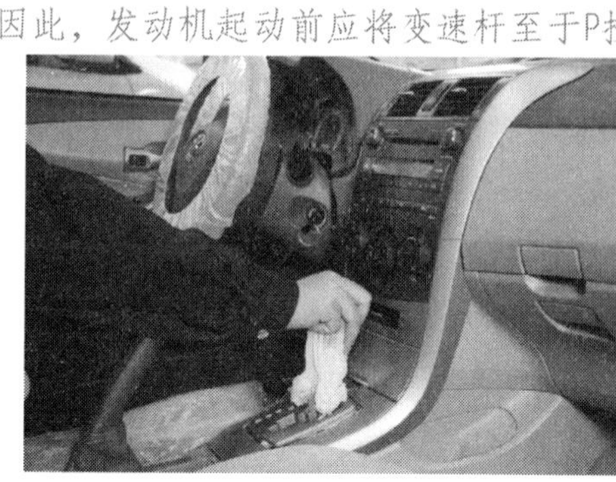

4　1号支撑牢固发动机舱盖。

提示：用支撑杆支撑发动机舱盖时，要保证接触可靠，否则，发动机舱盖滑落会造成人身伤害。

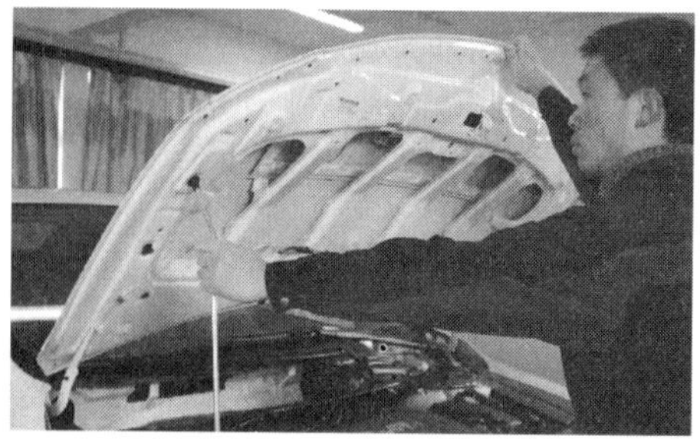

5　1号把护裙粘贴在汽车的正前面，要求将车头前部、前照灯总成、保险杠全部覆盖。

提示：在车的前方操作时，护裙用于保护易划伤的零部件表面和车漆。

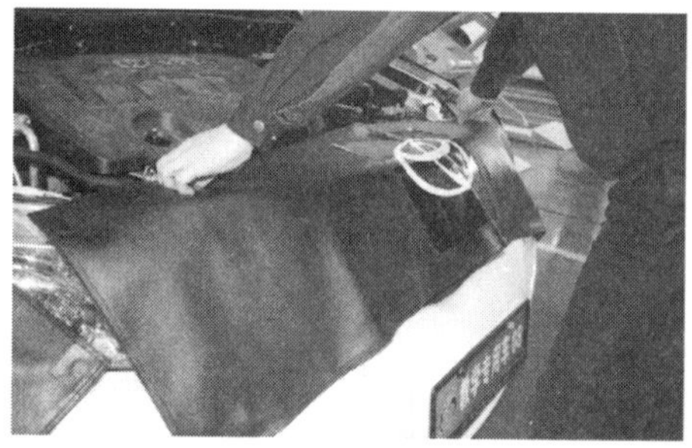

6　2号安装转向盘套。

提示：转向盘套是由薄塑料制成的，安装转向盘套时，不要生拉硬拽，否则会造成转向盘套破损。

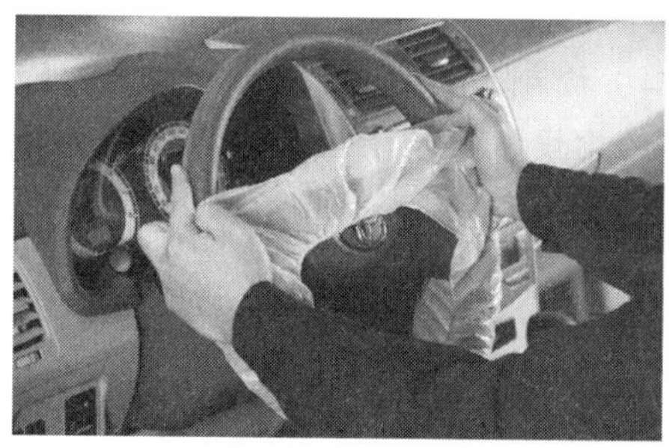

### 第二步　预热发动机

1　2号进入驾驶室，横向摆动变速杆，确认其处于P挡位置。

提示：发动机起动之前，应将变速杆置于N挡或P挡位置。

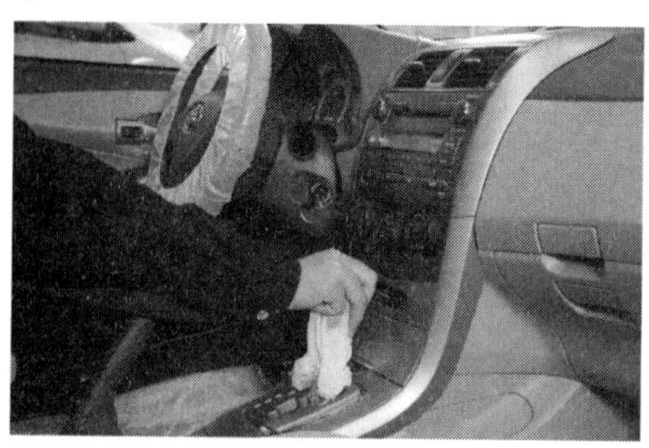

2　1号检查冷却液液面。

**提示：**如果储液罐中的冷却液液位在“FULL”和“LOW”之间，则冷却液液位是合适的。如果液位低，须加注冷却液。

3　1号检查发动机机油液位。

**提示：**如果机油标尺上的机油液位在3/4之间，则机油液位是合适的。如果液位低，须加机油。

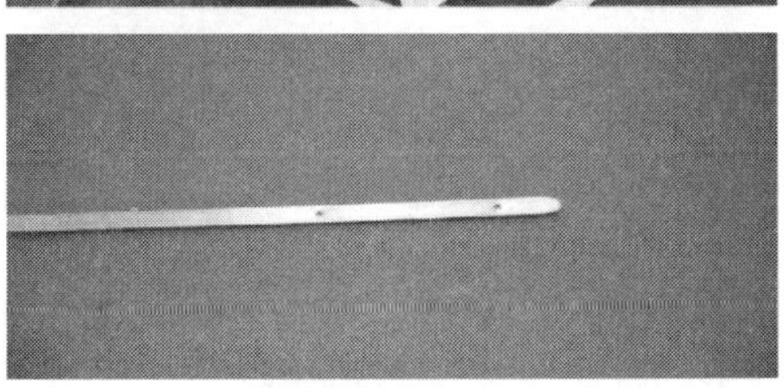

4　2号打开点火开关，起动发动机并保持怠速运转3~5min。其间观察水温表指示数值的变化，当水温达到60~70℃时关闭点火开关，停止发动机运转。

**提示：**

（1）提高发动机温度使冷却液黏度变小，有利于发动机内的冷却液排放彻底。

（2）起动发动机时，1号、2号配合口令是“起动”和“正常”。注意发动机起动器安全确认。

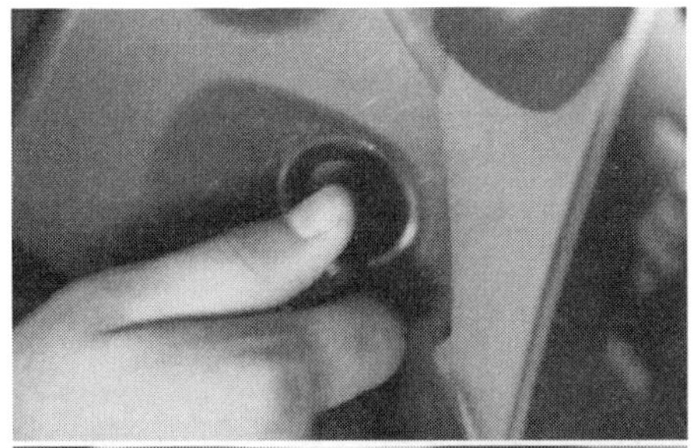

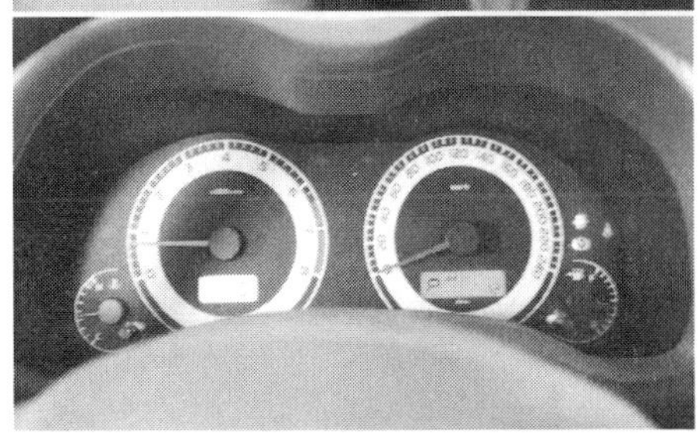

### 第三步　拆卸发动机装饰罩

1　1号用手取下空气滤清器附近的装饰板。

**提示：**装饰板是由橡胶材料制成的，通过卡孔、承座与车身上的销轴、空调系统中的储液干燥器相配合。取下装饰板时，双手握住装饰板的前后端，同时用力但不要过猛，防止折断。

2　1号将装饰板传递给2号。

3　2号将装饰板摆放在零件车上。

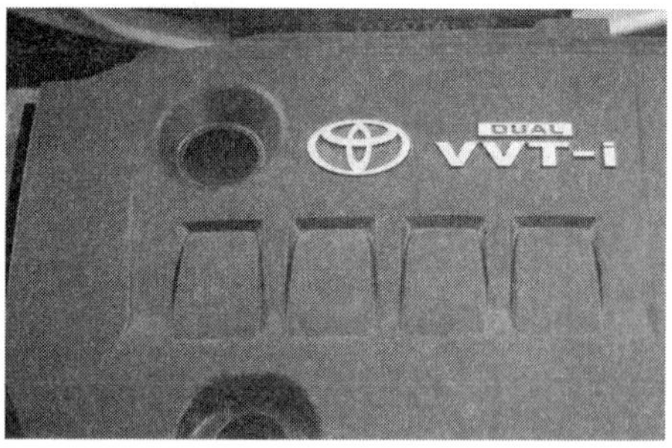


### 第四步　清洁发动机上部

1　2号将吹气枪传递给1号。

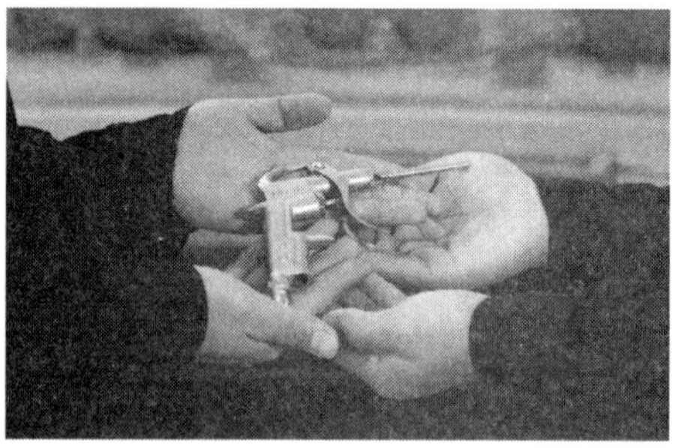

2　1号使用吹气枪将发动机上部的灰尘等杂物清理干净。

提示：将发动机上部的尘土、杂物清理干净，是规范操作的基本要求。

### 第五步　拔下各缸喷油器插头

1号拔下各缸喷油器电插头。

提示：

（1）拔下电插头时，拇指和食指按压卡片，同时用力向上拔即可。禁止使用螺丝刀等类似器具撬，以免损坏电插头。

（2）拔下喷油器电插头的主要目的是在检测发动机汽缸压力的过程中，禁止喷油器向汽缸内喷射燃油，导致燃油浪费和冲刷汽缸壁。

（3）取下电器元件的电插头时要保持点火开关关闭状态。

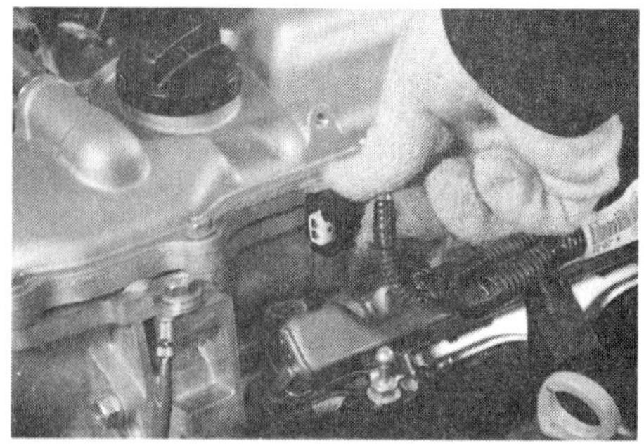

### 第六步　拆卸点火线圈

1　1号拔下安装在点火线圈上的插头。

提示：

（1）点火线圈根据发动机控制单元ECU进行点火并产生高压电。

（2）插头与插脚间配合较紧，拔出插头时较为困难，要先用手压下限位器、然后用力向外拉。严禁使用器具别撬或外拉时摇晃插头，否则容易导致空气流量传感器和插头受损。

2　2号将10#扳手传递给1号。

3　1号使用10号扳手拆下点火线圈。

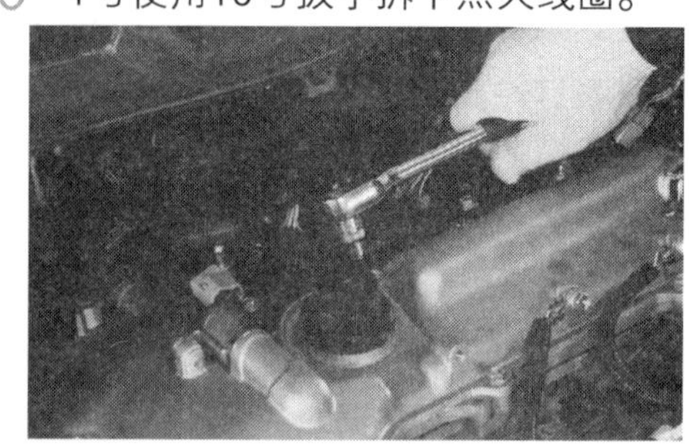

4　1号取下点火线圈

提示：取下时应做好顺序标记。

5　点火线圈放到零件车上。

提示：应将点火线圈零件排放整齐。

## 第七步　拆卸火花塞

1　2号将火花塞拆装扳手传递给1号。

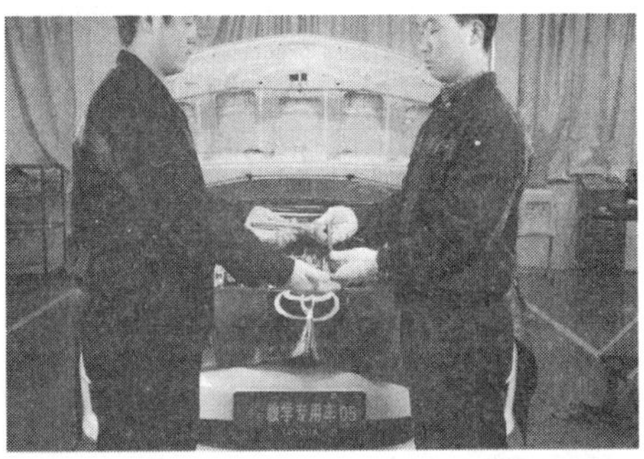

2　1号使用火花塞拆装套筒套装于火花塞的外壳螺方上。

提示：将扳手套装在火花塞上时，要保证套筒和火花塞螺方对正，同时注意工具不要碰伤喷油器的电插头。

3　1号使用火花塞拆装扳手旋松火花塞。

提示：注意旋松火花塞时工具的用力方向，防止损伤螺纹孔中的螺纹。一旦损伤，须更换汽缸盖。

4　1号使用手旋松火花塞。

提示：为防止滑脱，必须用手拧松，培养手感。

5　1号依次取出各缸火花塞并传递给2号

提示：火花塞扳手的套筒内有橡胶套，用于固定火花塞，便于火花塞带出或放入承孔。

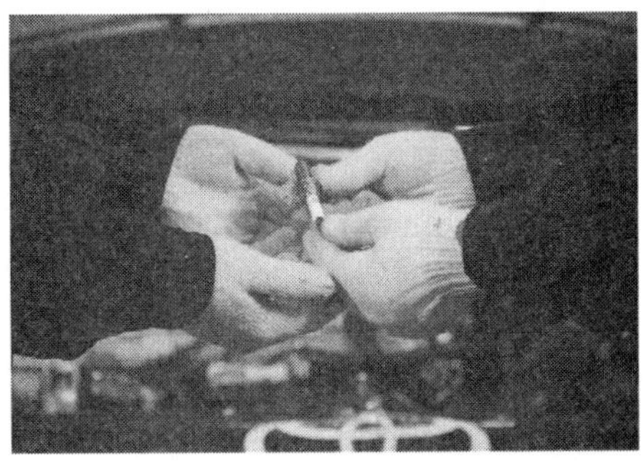

6　2号将拆下的四个缸的火花塞和点火线圈放到零件车上。

提示：应将点火线圈零件排放整齐，做好标记。

## 第八步　检测发动机汽缸压力

1　2号将汽缸压力表组装好。

提示：汽缸压力表为精密仪器，小心使用。

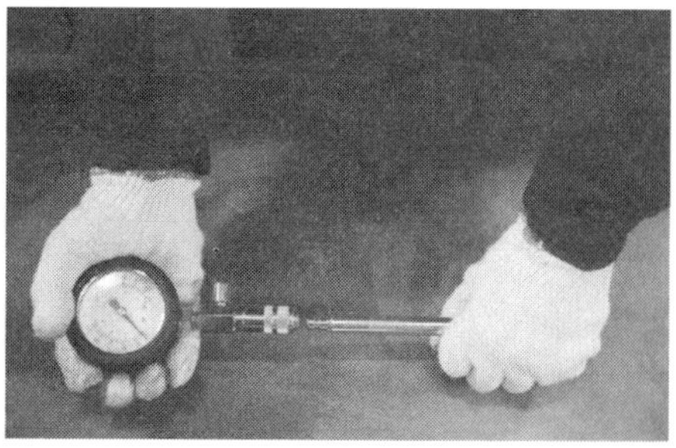

2　2号将汽缸压力表传递给1号。

提示：汽缸压力表为精密仪器，小心传递。

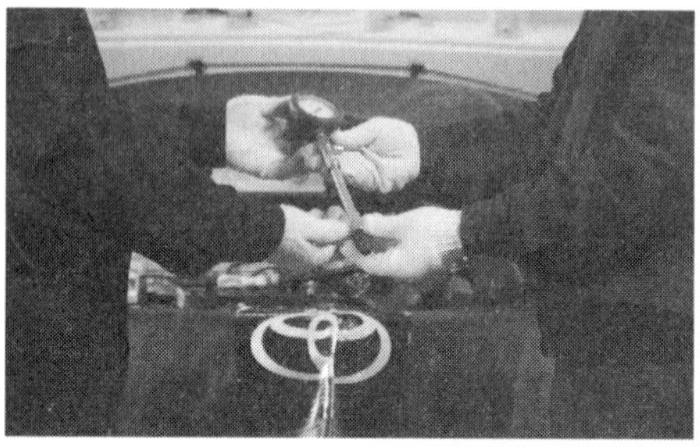

3　2号进入驾驶室，横向摆动变速杆，确认其处于P挡位置。

提示：发动机起动之前，应将变速杆置于N挡或P挡位置。

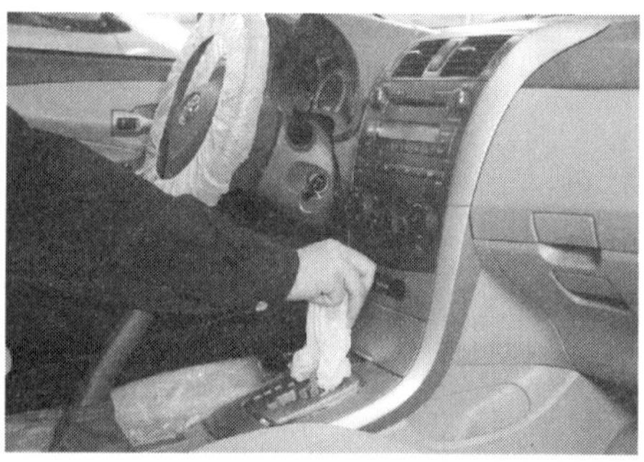

4　2号启动发动机。

提示：

（1）运转发动机之前，蓄电池电量充足，要求发动机转速不得低于150r/min。

（2）起动机的连续运转时间不得超过5s，否则，由于过电流容易烧毁起动机。

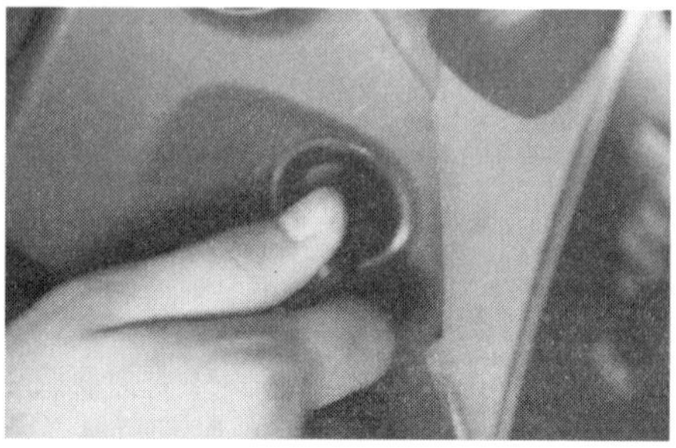

5　1号从汽缸压力表上读取测量值。

提示：汽缸压力标准值：1373kPa；　极限值1079kPa。各缸的压力差为98kPa。根据汽缸压力测量值，分析汽缸的密封状况，进而分析汽缸压力变化原因，确定作业项目。

6　1号按下汽缸压力表上卸压阀，释放表内压力，指针归零。每缸要求测量2~3次。

提示：

（1）汽缸压力表上的卸压阀用于释放表内压力，便于进行再次测量。

（2）起动机的起动间隔时间须在30s以上，否则由于过电流容易烧毁起动机。

（3）发动机汽缸压力应多遍测量，取其平均值，最后确定汽缸内压力的实际状况。

7　1号将汽缸压力表传递给2号。

提示：汽缸压力表为精密仪器，小心传递。

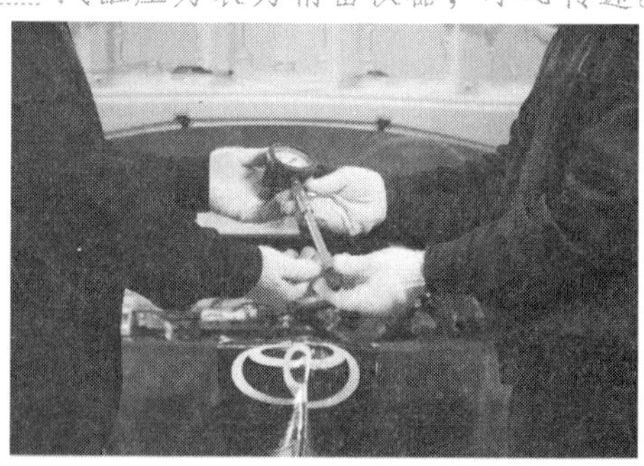

8　2号将汽缸压力表放置到工具箱。

提示：作业项目完成后，将工具整理好，培养良好的工作习惯。

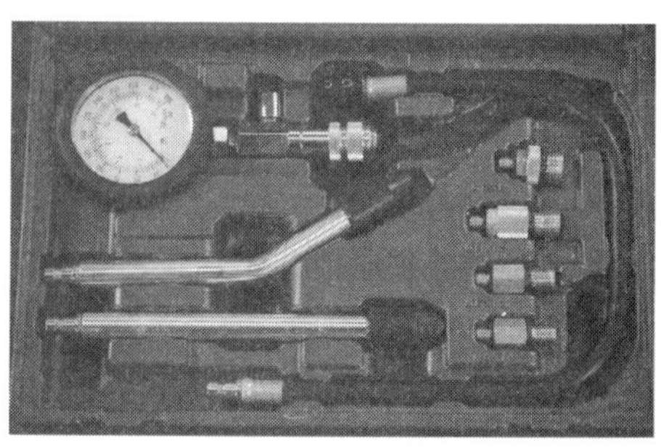

### 第九步　安装火花塞

1　2号将火花塞拆装扳手传递给1号。

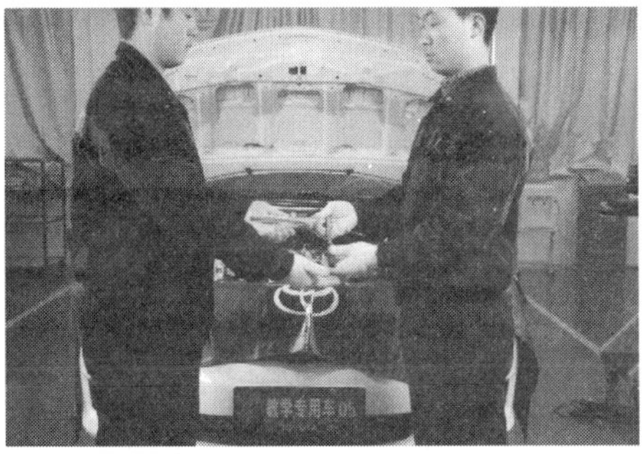

2　1号使用火花塞拆装套筒套装于火花塞的外壳螺方上。

提示：火花塞的检查不再赘述。

3　1号使用手旋紧火花塞。

提示：安装火花塞时，其螺纹是否对正，完全依靠经验或感觉，这一点应在实践中去体会。

4　2号将预紧力扳手传递给1号。

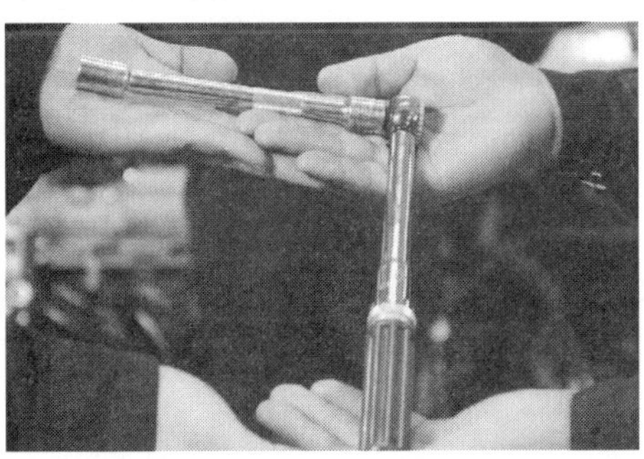

5　1号用紧力扳手按规定力矩拧紧火花塞。

提示：火花塞拧紧力矩为20N·m。

### 第十步　安装点火线圈

1　2号传递点火线圈。

2　1号安装点火线圈。

提示：安装时注意方向。

3　2号将10#扳手传递给1号。

4　1号使用10#扳手拧紧点火线圈。

提示：用手力拧紧，注意培养手感。火花塞拧紧力矩为10N·m.

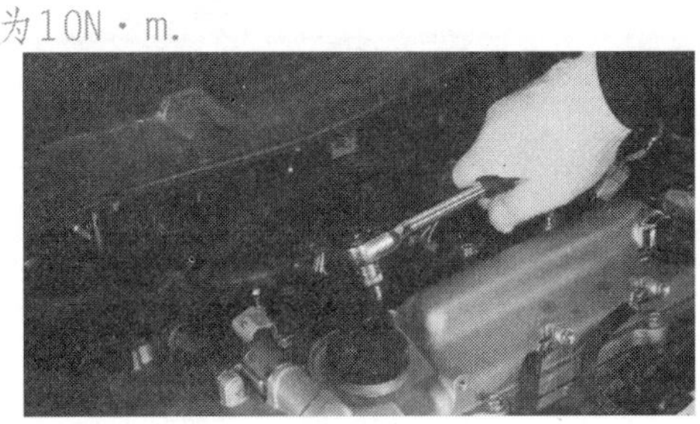

5　1号连接点火线圈插头。

提示：点火线圈根据发动机控制单元ECU进行点

火并产生高压电。

### 第十一步　连接各缸喷油器插头

1号连接各缸喷油器电插头。

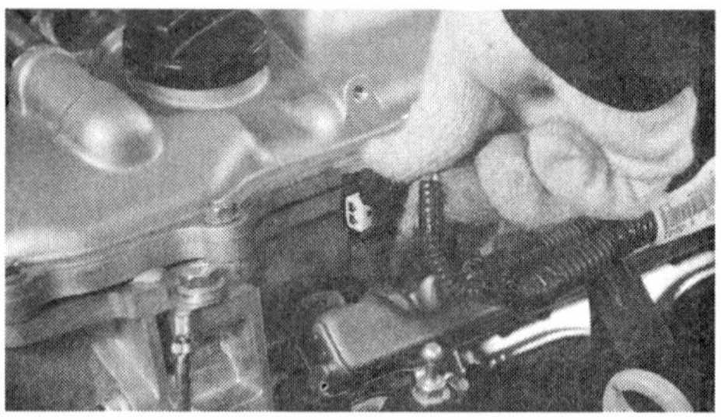

### 第十二步　安装发动机装饰罩

1　2号将装饰板传递给1号。

2　1号将装饰板安装到车身上。

提示：装饰板是由橡胶材料制成的，通过卡孔、承座与车身上的销轴、空调系统中的储液干燥器相配合。安装装饰板时，双手握住装饰板的前后端，同时用力但不要过猛，防止折断。

### 第十三步　整理工位

1号、2号共同拆除护裙；关闭发动机舱盖；擦拭摆放工具，处理废弃物，清洁地面卫生。

提示：作业项目完成后，要搞好工位的清洁、清理、清扫、整理和整顿工作，培养良好的工作习惯。

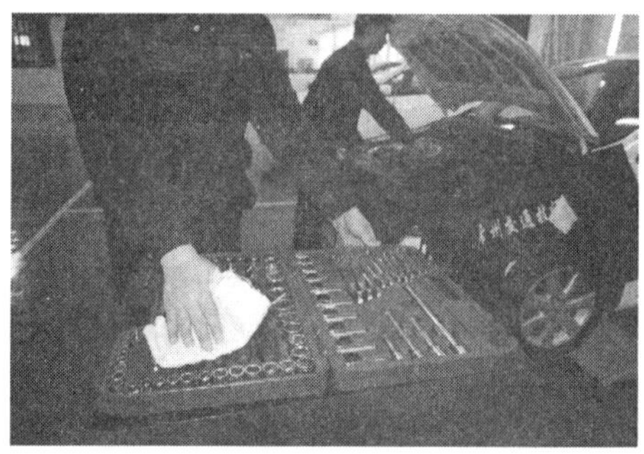

## 七、考核标准

考核标准表

| 考核时间 | 序号 | 考核项目 | 满分 | 评分标准 | 得分 |
|---|---|---|---|---|---|
| 45min | 1 | 打开并支撑机舱盖 | 3 | 操作不当扣3分 | |
| | 2 | 安装汽车保护罩 | 3 | 操作不当酌情扣分 | |
| | 3 | 检查驻车制动器 | 3 | 检查错误扣3分 | |
| | 4 | 检查变速器挡位 | 3 | 检查错误扣3分 | |
| | 5 | 报发动机水温 | 3 | 报告错误扣3分 | |
| | 6 | 拆卸发动机装饰罩 | 4 | 操作不当扣4分 | |
| | 7 | 清洁发动机上部 | 3 | 清洁遗漏扣3分 | |
| | 8 | 拆下喷油器电插头 | 5 | 操作不当扣5分 | |
| | 9 | 拆下点火线圈 | 5 | 操作不当扣5分 | |
| | 10 | 拆卸火花塞 | 6 | 操作不当扣6分 | |

续上表

| 考核时间 | 序　号 | 考核项目 | 满　分 | 评分标准 | 得　分 |
|---|---|---|---|---|---|
| 45min | 11 | 安装汽缸压力表 | 7 | 操作不当扣7分 | |
| | 12 | 汽缸压力读数 | 5 | 报告错误扣5分 | |
| | 13 | 释放汽缸压力表内的压力 | 4 | 操作不当扣4分 | |
| | 14 | 存放汽缸压力表 | 5 | 操作不当扣5分 | |
| | 15 | 安装火花塞 | 6 | 操作不当扣6分 | |
| | 16 | 安装点火线圈 | 6 | 操作不当扣6分 | |
| | 17 | 确认点火线圈的顺序 | 5 | 操作不当扣5分 | |
| | 18 | 安装喷油器电插头 | 6 | 操作不当扣6分 | |
| | 19 | 安装发动机装饰罩 | 4 | 操作不当扣4分 | |
| | 20 | 作业后整理工位 | 4 | 整理遗漏酌情扣分 | |
| | 21 | 遵守相关安全规范 | 因违规操作造成人身伤害和设备事故的，总分按0分计 | | |
| 分数合计 | | | 100 | | |

# 任务二　检查、调整或更换发电机传动带

## 一、技术标准与要求

（1）安装与丰田卡罗拉型轿车配套使用的传动带。

（2）传动带的偏移和张紧度。

偏　移　量

| 项　　目 | 规定状态 |
|---|---|
| 新皮带 | 7.5~8.6mm |
| 用过的皮带 | 8.0~10.0mm |

张　紧　度

| 项　　目 | 规定状态 |
|---|---|
| 新皮带 | 637~735N |
| 用过的皮带 | 392~588N |

（3）发电机压紧螺栓规定力矩：

$\phi$12mm为19N·m、$\phi$14mm为43N·m。

（4）发电机传动带如出现磨损、老化、裂纹等损伤，必须更换新的传动带。

## 二、实训时间：45min

## 三、实训教学目标

（1）了解检查、调整和更换传动带的重要性。

（2）熟悉传动带的连接情况。

（3）掌握检查、调整和更换传动带的操作技能。

## 四、实训器材

丰田卡罗拉整车

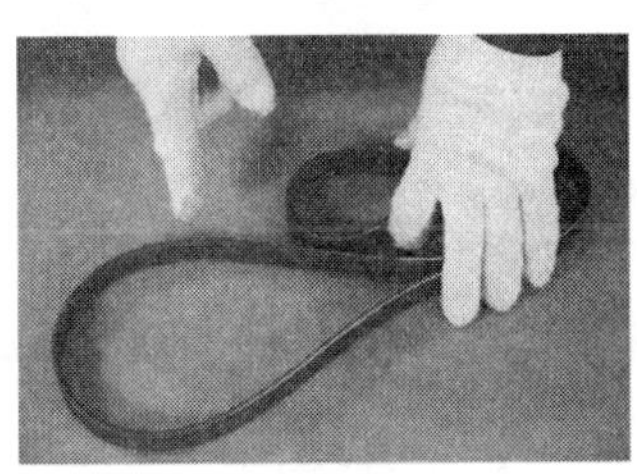

新传动带

张紧器

其他工具及器材：$\phi$12mm套筒、$\phi$14mm套筒、棘轮扳手。

## 五、教学组织

（1）教学组织形式：

每辆车安排4名学生实训，两名学生一组。一组操作，一组观察学习。

（2）学生站位分工要求：

两名学生一组，按照1号、2号进行编号。1号为主，2号为辅助。

（3）实训教师职责：

讲解操作步骤和注意事项：下达“操作开始”口令；工位间巡视、检查、指导和纠正错误。

（4）学生职责变换：

两名学生实行职责变换制度，即第一遍1号为主，2号辅助；第二遍2号为主，1号辅助。

## 六、操作步骤

### 第一步　事前准备

1　车辆进入工位前，参训学生将工位卫生清理干净，排除障碍物，准备好相关的工具、物品等。

提示：培养良好的工作习惯，做好事前准备，有利于安全操作和提高工作效率。

2　将车辆停驻在举升机平台的中央位置。

提示：车辆停驻于举升机平台的中央位置，为车辆的安全举升做好准备。

3　2号将变速杆置于P挡。

提示：发动机带挡操作属于违规操作，危险性极大。因此，发动机起动前应将变速杆置于P挡。

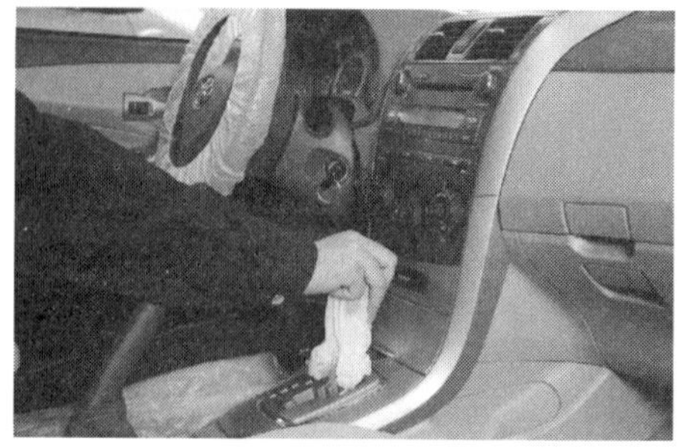

4　1号支撑牢固发动机舱盖。

提示：用支撑杆支撑发动机舱盖时，要保证接触可靠，否则，发动机舱盖滑落会造成人身伤害。

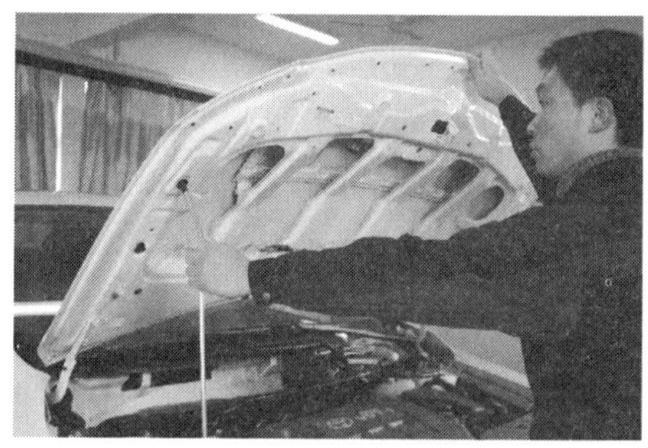

5　1号把护裙粘贴在汽车的正前面，要求将车头前部、前照灯总成、保险杠全部覆盖。

提示：在车的前方操作时，护裙用于保护易划伤的零部件表面和车漆。

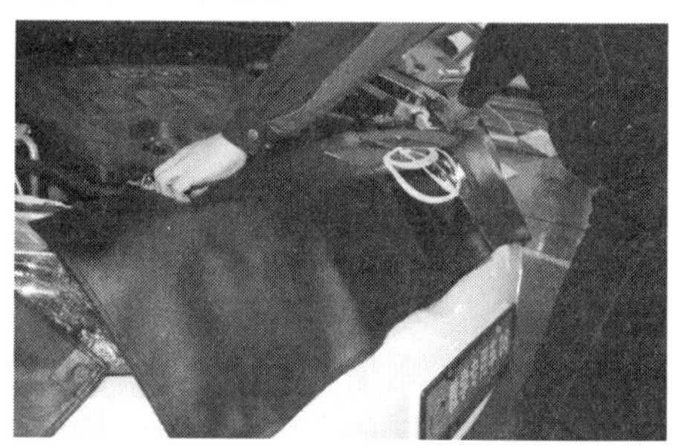

6　2号安装转向盘套。

提示：转向盘套是由薄塑料制成的，极易破损。安装转向盘套时，不要生拉硬拽，否则会造成转向盘套破损。

### 第二步 预热发动机

1 2号进入驾驶室，横向摆动变速杆，确认其处于空挡位置。

提示：发动机起动之前，应将变速杆置于N挡或P挡位置。

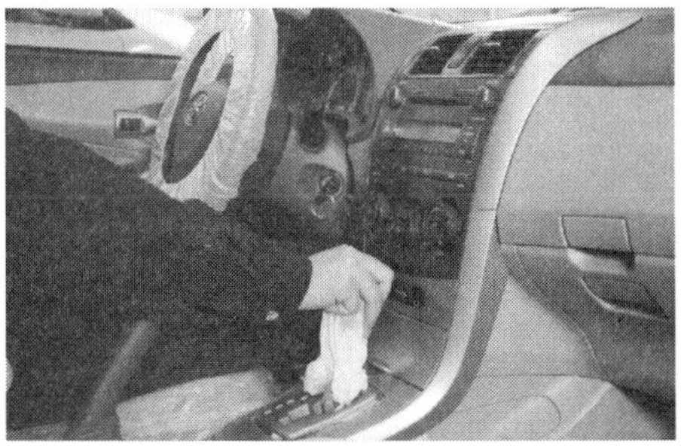

2 1号检查冷却液液面。

提示：如果储液罐中的冷却液液位在“FULL”和“LOW”之间，则冷却液液位是合适的。如果液位低，须加注冷却液。

3 1号检查发动机机油液位。

提示：如果机油标尺上的机油液位在3/4之间，则机油液位是合适的。如果液位低，须加机油。

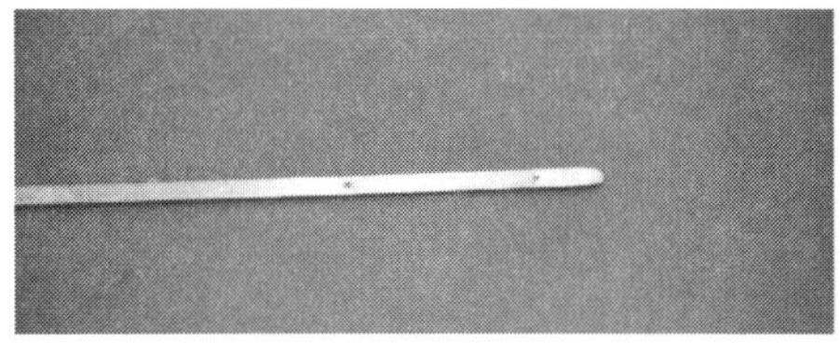

4 2号打开点火开关，起动发动机并保持怠速运转3~5min。其间观察水温表指示数值的变化，当水温达到60~70℃时关闭点火开关，停止发动机运转。

提示：

（1）提高发动机温度使冷却液黏度变小，有利于发动机内的冷却液排放彻底。

（2）起动发动机时，1号、2号配合口令是“起动”和“正常”。注意发动机起动器安全确认。

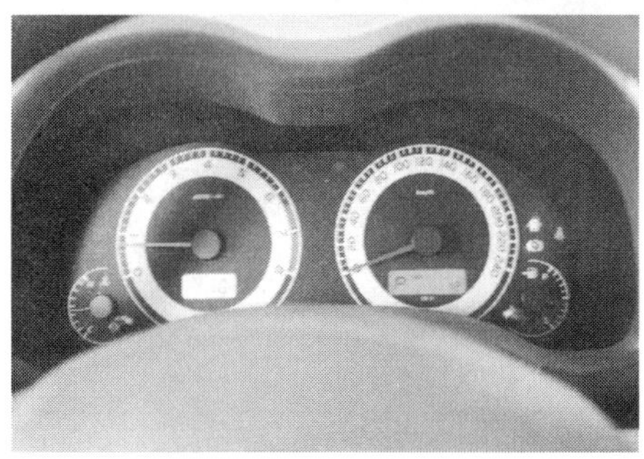

### 第三步 拆卸发动机装饰罩

1 1号用手取下空气滤清器附近的装饰板和导流板。

提示：导流板是由橡胶材料制成的，取下装饰板时，双手握住装饰板的前后端，同时用力但不要过猛，防止折断。

2　1号将导流板传递给2号。

3　2号将导流板摆放在零件车上。

### 第四步　拆卸发电机传动带

1　2号将ϕ12mm短套筒、棘轮扳手组合后传递给1号。

2　1号使用ϕ12mm短套筒、棘轮扳手拆卸螺栓。

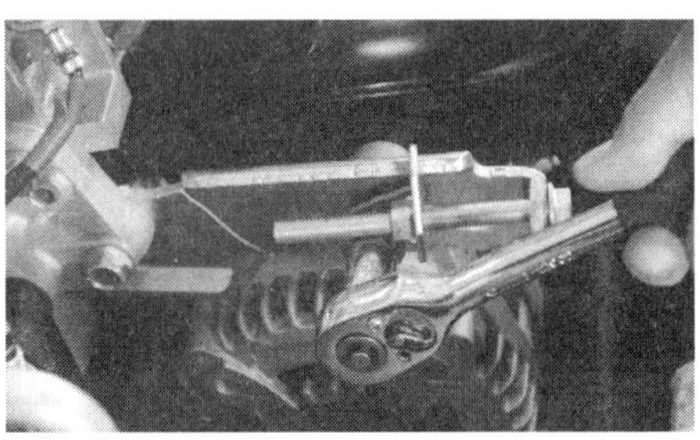

3　2号将ϕ14mm预紧力扳手传递给1号。

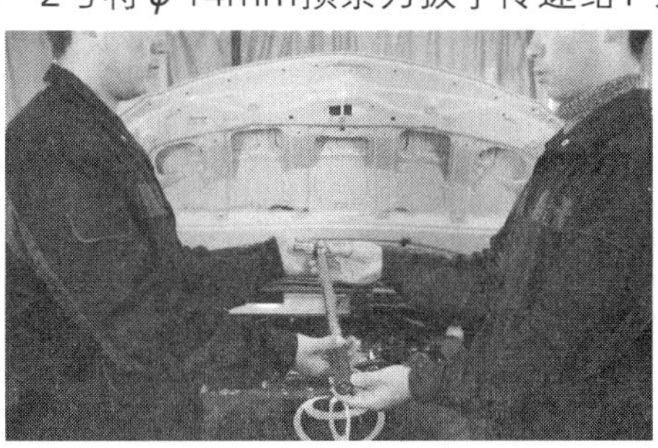

4　1号使用ϕ14mm预紧力扳手拆卸螺栓。

提示：在操作时应注意用手扶住预紧力扳手，防止滑脱。

5　2号将ϕ12mm短套筒、棘轮扳手组合后传递给1号。

6　1号使用ϕ12mm短套筒、棘轮扳手拆卸螺栓。

提示：松掉螺栓后，下按发电机，以便能顺利取出发动机传动带。

7　1号取下发电机传动带。

提示：拆下发电机传动带时做好转向标记。

### 第五步　检查发电机传动带

1　1号将发电机传动带的工作面稍作弯曲，目视检查工作面是否有裂纹。如有明显裂纹，则更换传动带。

**提示：**如果传动带存在明显的裂纹，则证明已达到使用极限，继续使用就容易出现打滑、折断，影响发电机，水泵和动力转向泵的正常工作。

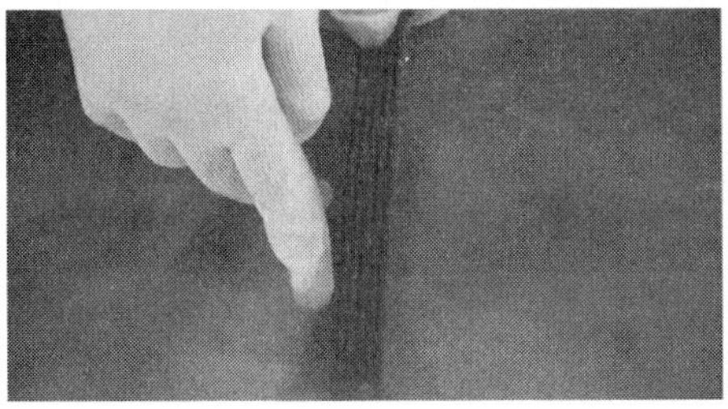

2　1号目视检查发电机传动带外表面是否有橡胶层开裂、断层现象。若有，则更换传动带。

**提示：**传动带的外表面如果出现开裂或断折层，说明传动带已经老化，不宜继续使用，应更换新品。

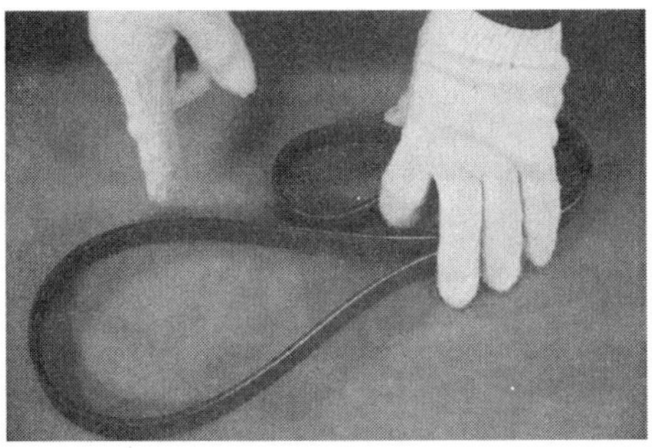

### 第六步　更换发电机传动带

1　1号将发电机传动带传递给2号。

2　1号安装发电机传动带。

3　2号将$\phi$14mm预紧力扳手传递给1号。

4　1号使用预紧力扳手拧紧螺栓。

5　2号将$\phi$12mm短套筒、棘轮扳手组合后传递给1号。

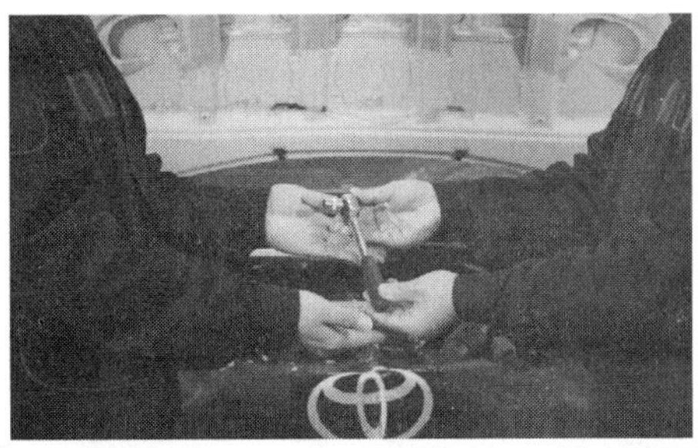

6　1号使用$\phi$12mm短套筒，棘轮扳手拧紧螺栓。

7　1号使用预紧力扳手拧紧螺栓。

8　2号将$\phi$12mm短套筒、棘轮扳手组合后传递给1号。

9　1号调整螺栓。

10　1号检查发电机传动带的偏移量和张紧度，如果不符合要求返回步骤8再次调整。

提示：偏移量规定状态：
新皮带：7.5~8.6mm
用过的皮带：8.0~10.0mm
张紧度（补）规定状态
新皮带：637~735N
用过的皮带：392~588N

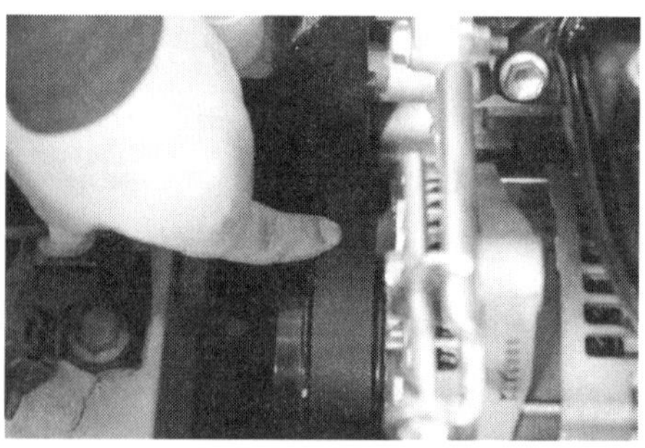

### 第七步　安装发动机装饰罩

1　1号将导流板传递给2号。

2　1号用手安装导流板。

提示：导流板是由橡胶材料制成的，安装导流板时，双手握住装饰板的前后端，同时用力但不要过猛，防止折断。

### 第八步　整理工位

1号和2号共同拆除护裙；关闭发动机舱盖；擦拭摆放工具，处理废弃物，清洁地面卫生。

提示：作业项目完成后，要搞好工位的清洁、清理、清扫、整理和整顿工作，培养良好的工作习惯。

## 七、考核标准

考核标准表

| 考核时间 | 序号 | 考核项目 | 满分 | 评分标准 | 得分 |
|---|---|---|---|---|---|
| 45min | 1 | 作业前整理工位 | 4 | 整理遗漏酌情扣分 | |
| | 2 | 车辆工位停驻检查 | 5 | 检查错误扣4分 | |
| | 3 | 检查驻车制动器 | 5 | 检查错误扣4分 | |
| | 4 | 打开并支撑机舱盖 | 5 | 操作不当扣4分 | |
| | 5 | 安装汽车保护罩 | 5 | 操作不当扣4分 | |

续上表

| 考核时间 | 序 号 | 考 核 项 目 | 满 分 | 评 分 标 准 | 得 分 |
|---|---|---|---|---|---|
| 45min | 6 | 松开$\phi$ 14mm螺栓 | 5 | 操作不当扣4分 | |
| | 7 | 松开$\phi$ 12mm螺栓 | 5 | 操作不当扣4分 | |
| | 8 | 松开发电机前端固定螺栓 | 4 | 操作不当扣3分 | |
| | 9 | 检查传动带表面橡胶层 | 5 | 检查遗漏扣4分 | |
| | 10 | 检查发电机传动带工作表面 | 5 | 检查遗漏扣4分 | |
| | 11 | 安装发电机传动带 | 5 | 操作不当扣5分 | |
| | 12 | 拧紧$\phi$ 12mm螺栓 | 5 | 操作不当扣4分 | |
| | 13 | 拧紧$\phi$ 14mm螺栓 | 5 | 操作不当扣4分 | |
| | 14 | 拧紧发电机前端固定螺栓 | 7 | 操作不当扣3分 | |
| | 15 | 检查传动带张紧度 | 7 | 检查遗漏扣3分 | |
| | 16 | 调整传动带的偏移量 | 7 | 操作不当扣4分 | |
| | 17 | 紧固压缩机调整螺母 | 6 | 操作不当扣3分 | |
| | 18 | 安装发动机导流板 | 6 | 操作不当扣4分 | |
| | 19 | 作业后整理工位 | 4 | 整理遗漏酌情扣分 | |
| | 20 | 遵守相关安全规范 | 因违规操作造成人身伤害和设备事故的，总分按0分计 | | |
| 分数合计 | | | 100 | | |

# 任务三　发动机尾气排放检测

## 一、技术标准与要求

（1）正确连接和使用NHA502尾气分析仪。

（2）丰田卡罗拉轿车发动机在怠速工况下，排放成分的标准：CO体积含量<1.5%，HC体积含量<0.06%。

（3）发动机冷却水温度高于85℃，机油温度高于78℃时方可进行汽车尾气检测。

（4）发动机处于怠速工况、变速器位于空挡或P挡位置，加速踏板处于松开状态下，方可进行汽车尾气检测。

（5）进气系统安装有空气滤清器，排气系统有排气消音器，并不得有泄漏现象。

（6）对于多排气管汽车，测量值取各排气管的测量平均值。

## 二、实训时间：45min

## 三、实训教学目标

（1）了解汽车尾气检测的重要性。

（2）掌握NHA502尾气分析仪的使用方法。

（3）掌握汽车尾气分析思路。

## 四、实训器材

丰田卡罗拉轿车

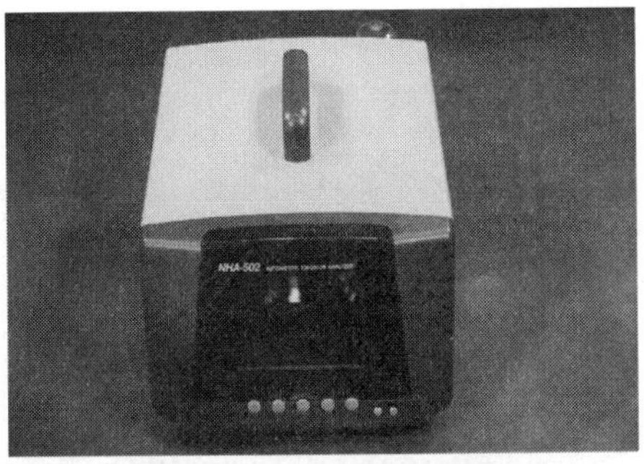


南华NHA502尾气分析仪

## 五、教学组织

（1）教学组织形式：

每辆车安排4名学生参与实训，两名学生一组，一组操作，一组观察学习。

（2）学生站位分工和要求：

两名学生一组，按照1号，2号进行编号，1号为主，2号为辅助。

（3）实训教师职责：

讲解操作步骤和注意事项；下达“操作开始”口令；工位间巡视、检查、指导和纠正错误。

（4）学生职责变换：

2名学生实行职责变换制度，即一遍1号为主，2号辅助；第二遍2号为主，1号辅助。

## 六、实训步骤

### 第一步　事前准备

1　车辆进入工位前，参训学生将工位卫生清理干净，排除障碍物，准备好相关的工具、物品等。

**提示：**培养良好的工作习惯，做好事前准备，有利于安全操作和提高工作效率。

2　将车辆停驻在举升机平台的中央位置。

**提示：**车辆停驻于举升机平台的中央位置，为车辆的安全举升做好准备。

3　1号打开门锁。

**提示：**用遥控钥匙打开电动门锁，为进入驾驶室操作做好准备

4　1号和2号共同安装车轮挡块。

**提示：**为保证车辆在工位上可靠停驻，防止出现溜滑，造成安全事故，要安装车轮挡块。

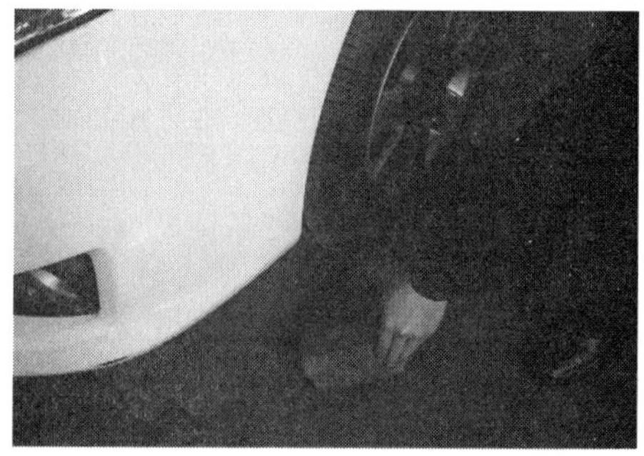

5　2号安装尾气收集管。

**提示：**为防止尾气污染环境，保护人体健康，要安装尾气收集管。

6　2号打开车门。

**提示：**左手拉车门把手打开车门，带好三件套，准备进入车辆。

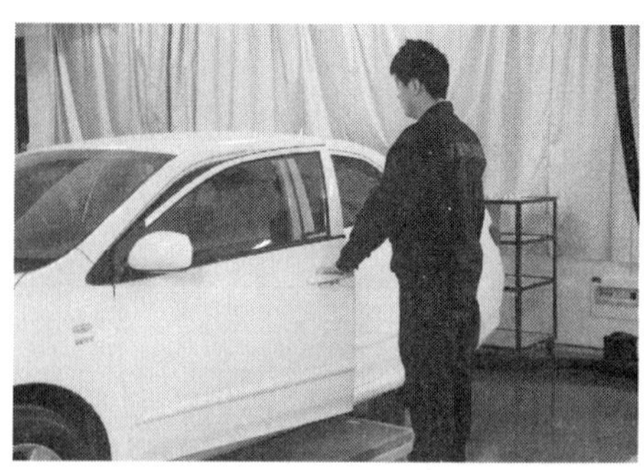

*7*　2号拉起发动机罩释放杆。

**提示：**拉起发动机罩释放杆时，用力不要过猛，否则容易导致释放杆盖损坏。

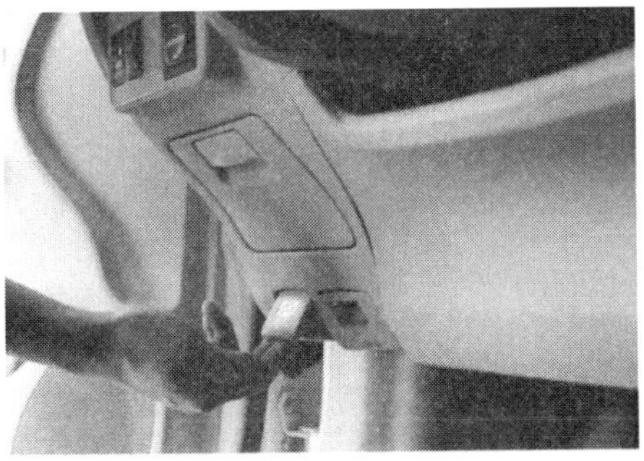

*8*　2号安装转向盘套。

**提示：**转向盘套是由薄塑料制成的，极易破损。安装转向盘套时，不要生拉硬拽，否则会造成转向盘套破损。

*9*　2号安装地板垫。

**提示：**铺设地板垫的主要目的是便于清除维修人员带入驾驶室内的脏物与杂物，保持驾驶室内地板清洁。

*10*　2号安装座椅套。

**提示：**安装座椅套时，用力要均匀，拉齐座椅套，使之整齐、美观。

*11*　2号将点火开关旋至“ON”,打开主驾驶侧电动车窗。

**提示：**打开主驾驶侧电动车窗，是为了车内通风以及当钥匙掉在车里时可以打开车门。

*12*　2号将变速杆置于P挡。

**提示：**发动机带挡操作属于违规操作，危险性极大。因此，发动机起动前应将变速杆置于P挡。

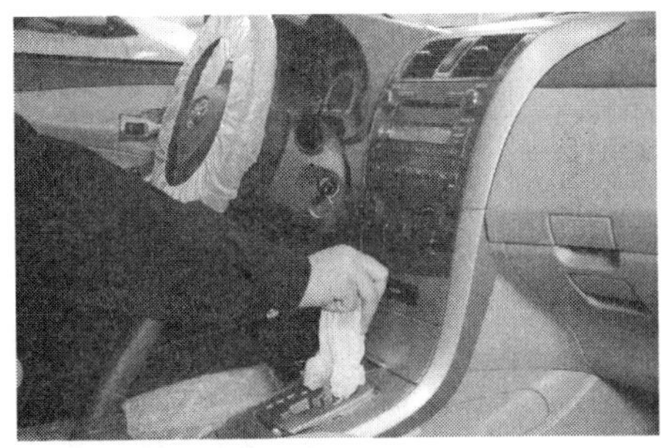

*13*　2号拉紧驻车制动杆。

**提示：**为保证车辆在工位上的可靠停驻，防止出现溜滑，造成安全事故，因此，要拉紧驻车制动杆。

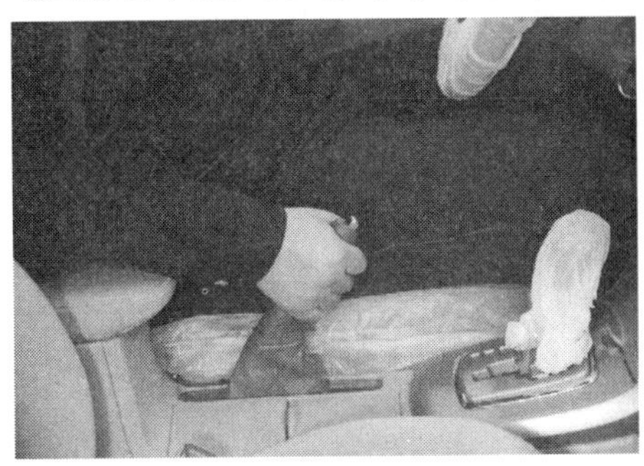

*14*　2号检查驻车制动器指示灯是否点亮，及挡位指示是否显示P挡。

**提示：**检查驻车制动器指示灯是否点亮、及挡位指示是否显示P挡，可以培养学生通过观察仪表指示灯来检查车辆工况的习惯。

15　1号打开发动机舱盖，从固定卡上脱开发动机舱盖支撑杆。

提示：支撑杆固定夹如有损坏，要换用新品，否则车辆行驶中会产生异响。

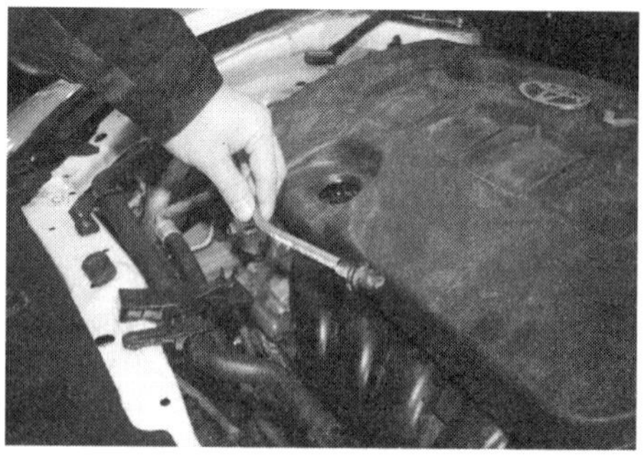

16　1号支撑牢固发动机舱盖。

提示：将支撑杆插入发动机舱盖支撑空时，要保证接触可靠，否则，发动机舱盖滑落会造成人身伤害。

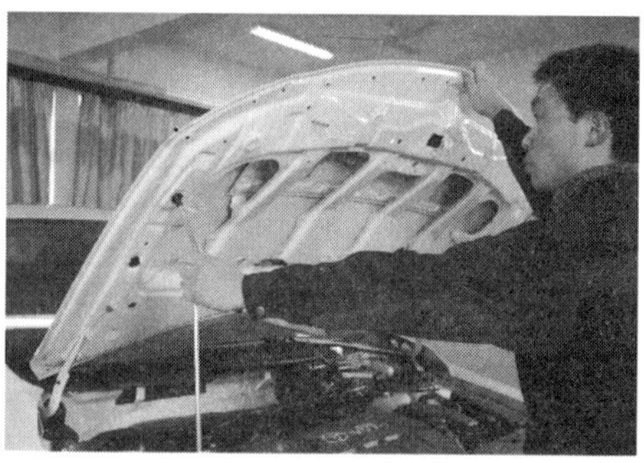

17　1号把护裙粘贴在汽车左、右侧翼子板上，要求将翼子板全部覆盖。护裙的上边沿粘贴到排水槽的内侧，前端至侧灯处，后端至车门与翼子板结合缝隙。

提示：

（1）粘贴护裙的主要目的是保护操作中能够接触到的翼子板车漆。

（2）护裙是通过磁铁吸附在翼子板上的，因此，粘贴时，当护裙接近翼子板，感觉到吸力后，要稍稍提起护裙，使护裙轻轻与翼子板贴合，不允许听到接触碰撞声。

18　2号把护裙粘贴在汽车的正前面，要求将车头前部、前照灯总成、保险杠全部覆盖。

提示：在车的前方操作时，护裙用于保护易划伤的零部件表面和车漆。

### 第二步　连接尾气分析仪

1　1号将尾气分析仪摆放到操作台上。

提示：尾气分析仪是一种精密、贵重的测量仪器，在使用过程中要轻拿轻放、规范操作、妥善保管。

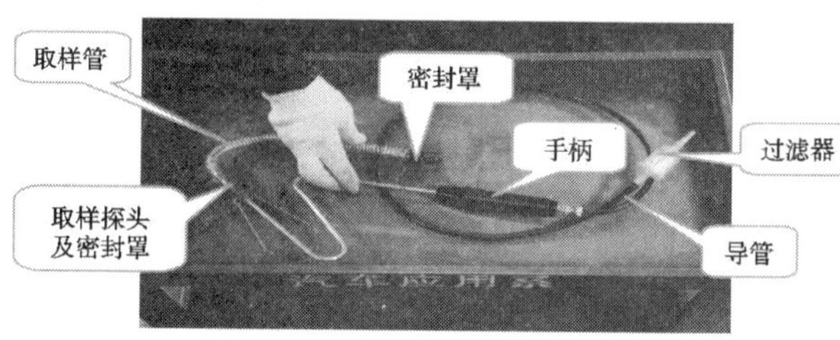


2　2号将取样管及取样探头传递给1号。

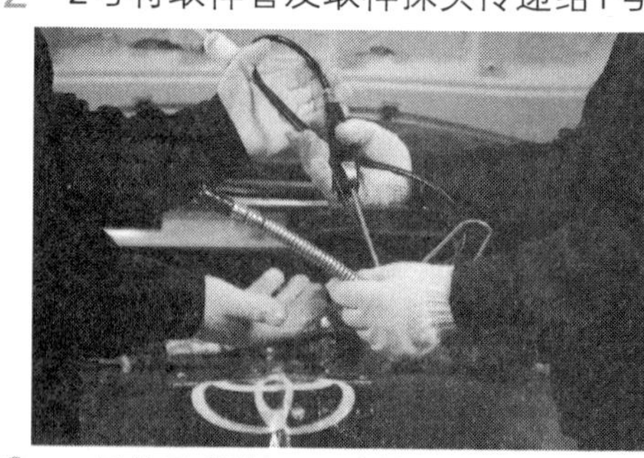

3　1号将取样管及取样探头一端与尾气检测仪连接。将软管插入尾气分析仪后面板的取气入口上。

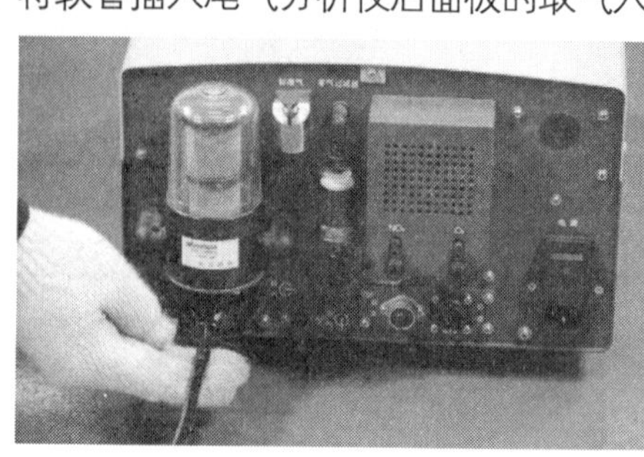

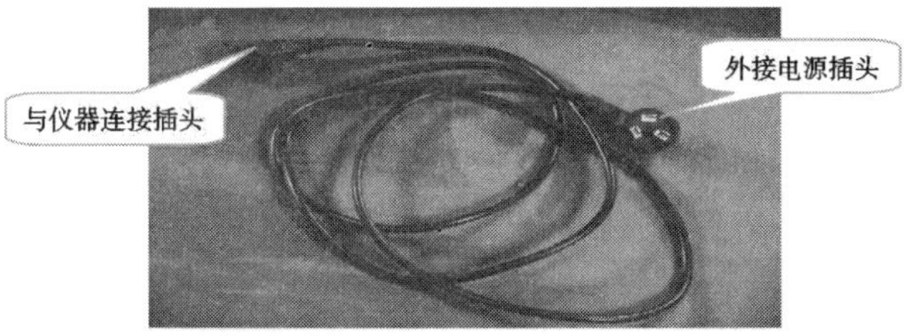


4　2号将电源线传递给1号。

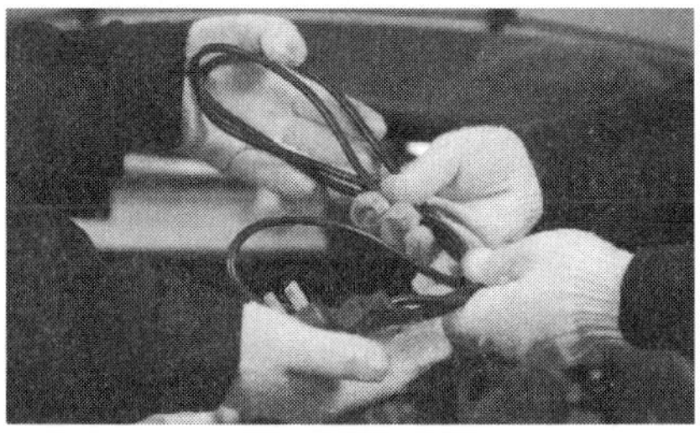

5　1号将电源线连接插头插入尾气分析仪后面的插孔上。

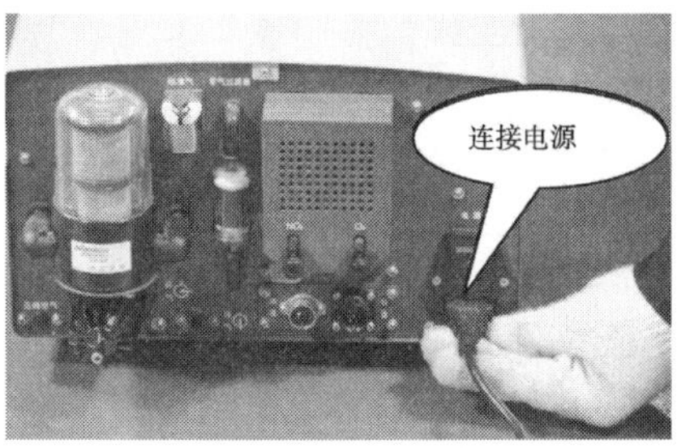


6　1号将电源线的外接插头插入220V交流电源插座上。

提示：插拔高压电源插头时，严禁手上粘有水、油等导电物质，以免发生触电危险。

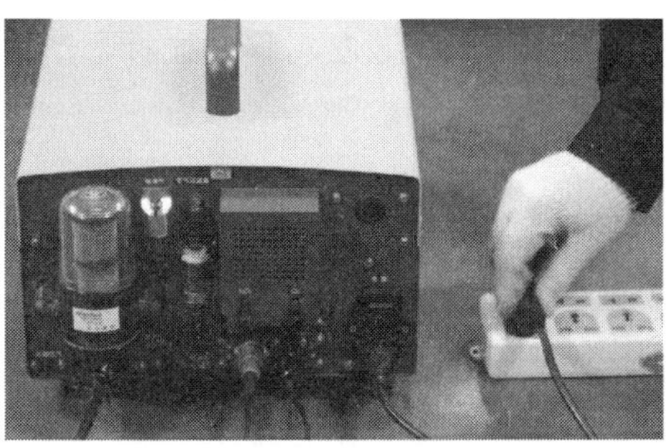

## 第三步　运转发动机

1　2号进入驾驶室，确定变速杆处于P挡位置。

提示：变速杆必须在p挡位置，否则车辆无法启动。

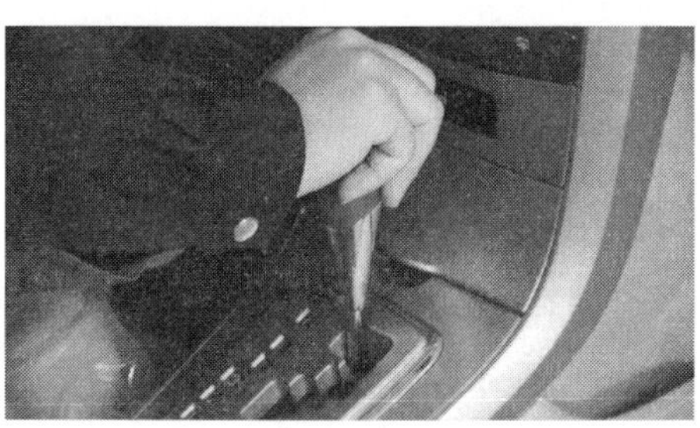

2　2号打开点火开关，起动发动机并保持怠速运转。

提示：

（1）起动发动机，提高发动机的水温和油温，为汽车尾气测量做好准备。

（2）起动发动机时，注意安全确定，1号、2号配合口令“起动”和“正常”

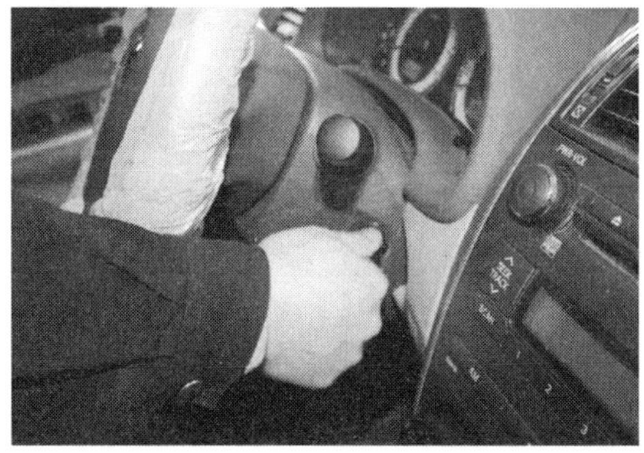

## 第四步　汽车尾气检测

1　1号打开位于尾气分析仪后面板下方的电源开关。

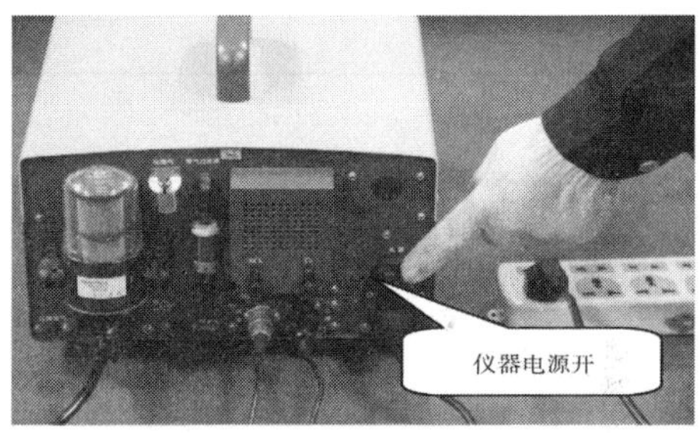


2　打开电源开关后，仪器显示屏下部出现提示：“正在预热…..xxx秒”。

提示：

（1）预热时间以倒计时显示，总计600s。

（2）预热时间以倒计时600s仅是仪器工作在环境温度20摄氏度左右时的指标。环境温度高于20℃时，预热时间缩短，反之，预热时间将延长。只要达到了预热后的技术性能要求，仪器将自动结束预热状态。

3　仪器预热结束后，提示“按任意键进入泄

露检查”。检查气路系统是否有泄漏。检查合格后按任意键进入“调零”

*4* 调零结束自动进入下一界面，选择“设置”对所测量车辆进行数据、型号设置。

**提示：**调零完成后，显示屏上部是提示区，中部是HC、CO、$CO_2$、$O_2$、NO、n（转速）、λ（过量空气系数）、T（机油温度）的实时测量值显示区，下部是“测量”、“调零”、“校准”、“检漏”、“设置”五个子菜单选项。

尾气分析仪前面板按键与显示屏不同时期界面的按键相对应，根据显示屏界面提示选择相对应的按键。

*5* 调零结束后选择“设置”。进入“测量模式设置”菜单。

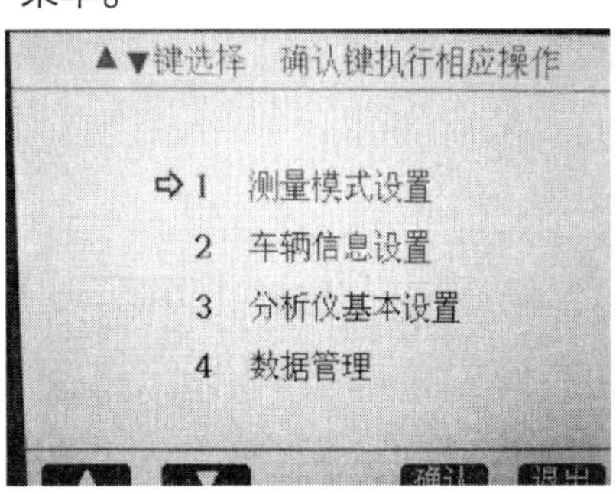


*6* 进入“测量模式设置”菜单，选择实时测量，并储存。

**提示：**选择键修改可更改测量模式，包括实时测量、怠速测量、双怠速测量。

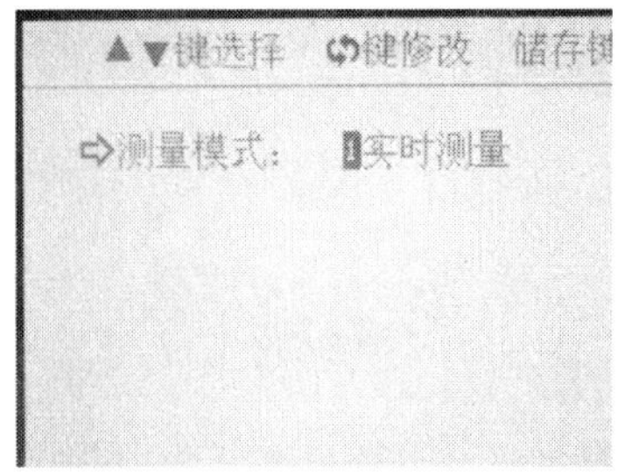


*7* 储存测量模式，进入车辆信息设置。

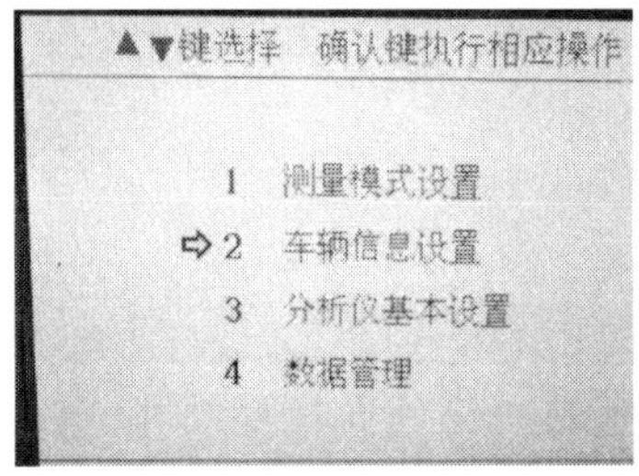


*8* 进入“车辆信息设置”菜单，显示屏上将显示：燃油种类、冲程、点火方式、发动机额定转速（r/min）、车牌号码常用字设置五个选项。

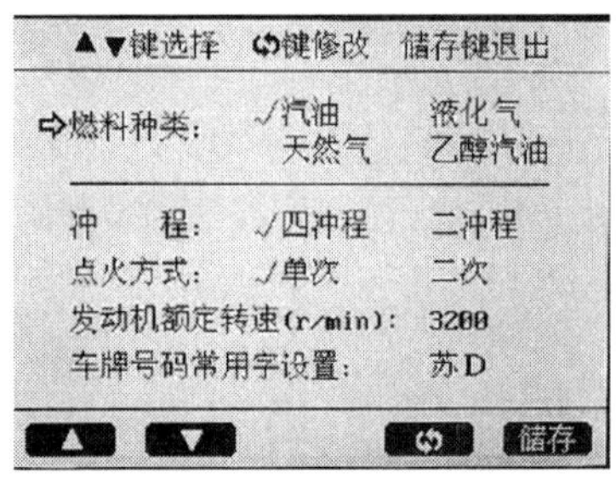


*9* 1号使用“▼▲”键上下移动光标，选择相应选项；使用键修改左右移动光标，选择选项中相应内容；最后储存。

**提示：**

燃料种类：汽油

冲程：四冲程

点火方式：单次

发动机额定转速（r/min）：3200

车牌号码常用字设置：苏D

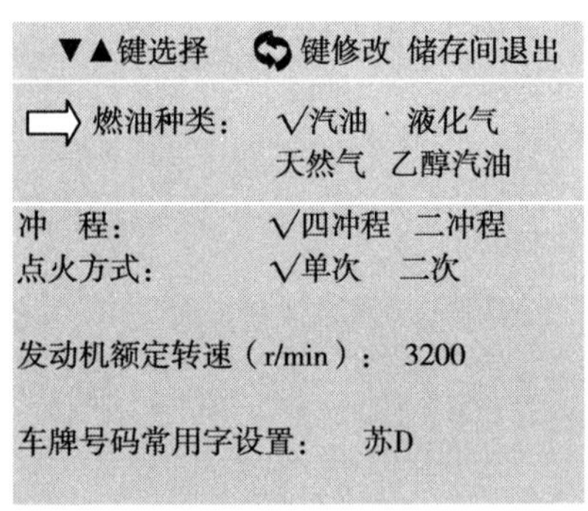


*10* 储存车辆信息后，自动回到直接界面，选择“分析仪基本设定”。

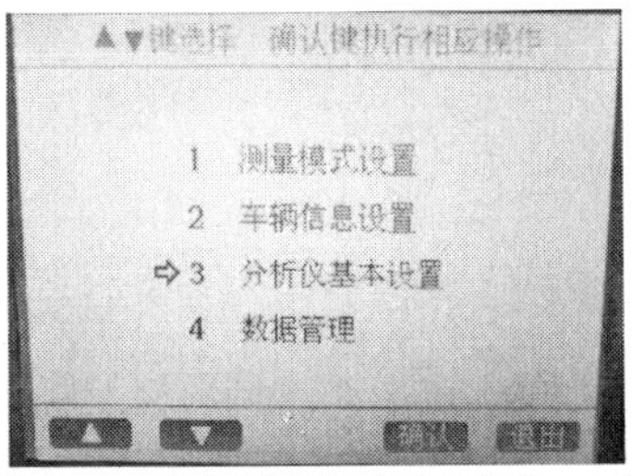


*11*　进入“分析仪基本设定”，显示屏幕上将显示：开机检漏、自动调零、调零气体、HC/NO单位、λ与A/F显示、通信比特率设置、日期与时钟设置、清除NO老化标志

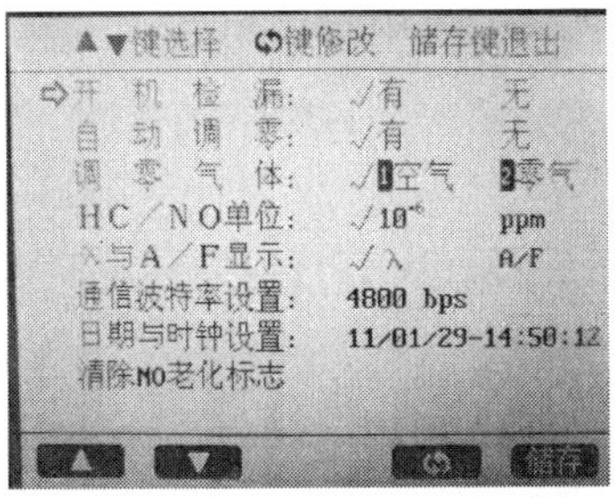


*12*　1号使用“▼▲”键上下移动光标，选择相应选项；使用键修改左右移动光标，选择选项中相应内容；最后储存。

**提示：**

开机检漏：有

自动调零：有

调零气体：1空气

HC/NO单位：$10^{-6}$

λ与A/F显示：λ

通信比特率设置：4800bps

日期与时钟设置：11/01/29-14:50:12

清除NO老化标志

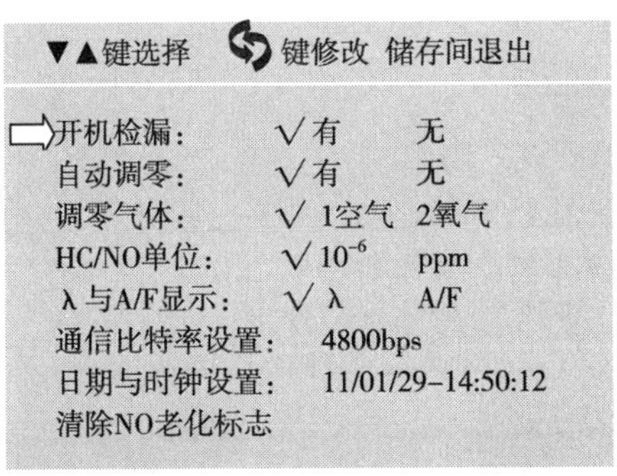


*13*　完成分析仪基本设定，储存。

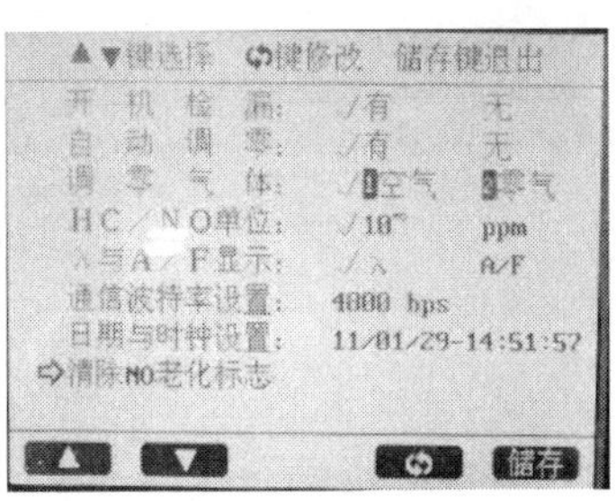


*14*　2号将取样管和探测头传递给1号。

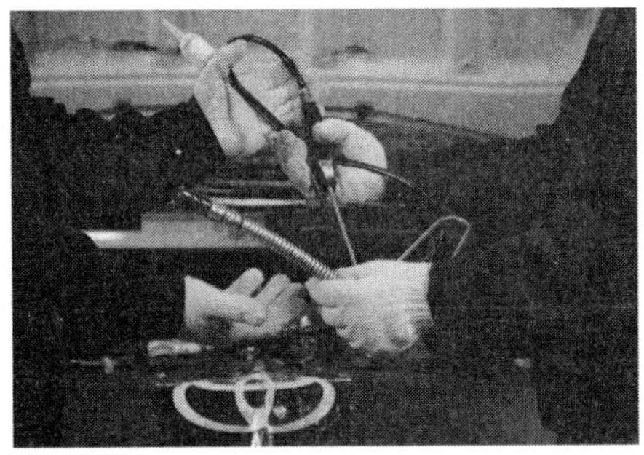

*15*　1号将密封套从探头上取下。

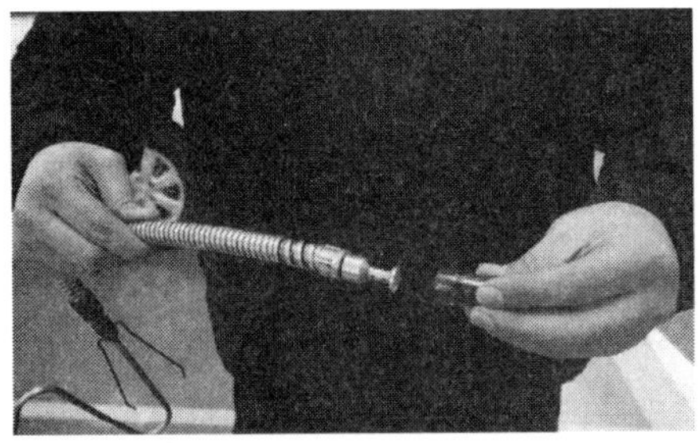

*16*　1号用手握住手柄将取样管和探测头插入汽车排气管中。

**提示：**

（1）取样管插入排气管后，通过弹性夹将其支撑于排气管内。

（2）取样管的插入深度为400mm。

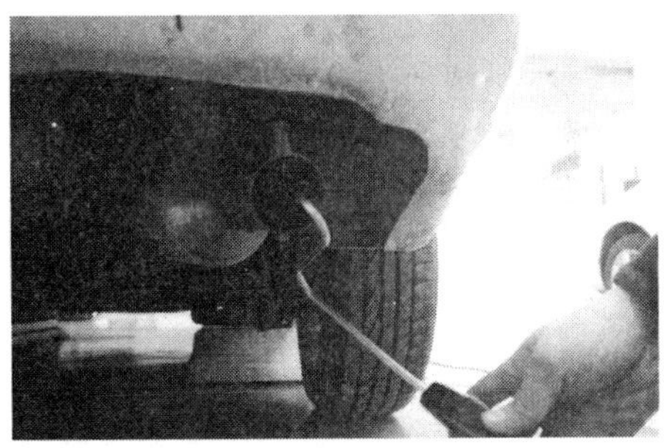

*17*　2号进入驾驶室，确认确定车辆处于P挡位置，打开点火开关，起动发动机。

*18*　探测头插入排气管、启动发动机后，显示屏出现各个测量数值。

**提示：**取样时间总计45s，其中前15s为预备阶段，后30s为实际取样阶段。

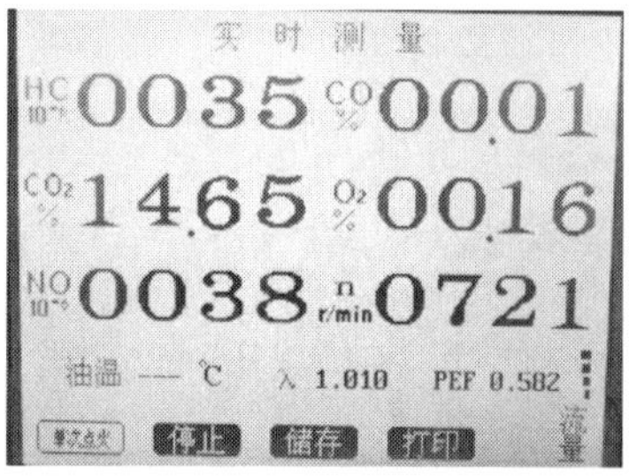


19 按下“停止”键，一起显示屏上将显示发动机运转状态下待检参数的实测值。

提示：

（1）将实测值与丰田卡罗拉1ZR型发动机尾气排放标准值进行对照，确定该车型的尾气排放是否符合要求。

| | 标准值 | 实测值 |
|---|---|---|
| CO（体积含量） | <1.5 | <0.34% |
| HC（体积含量） | <0.06% | <0.0184% |

如果实测值高于标准值，依据CO、HC的生成机理，分析产生原因，检查发动机电气系统或机械系统，最终确定维护作业内容。

（2）根据显示屏上的提示改变发动机转速。

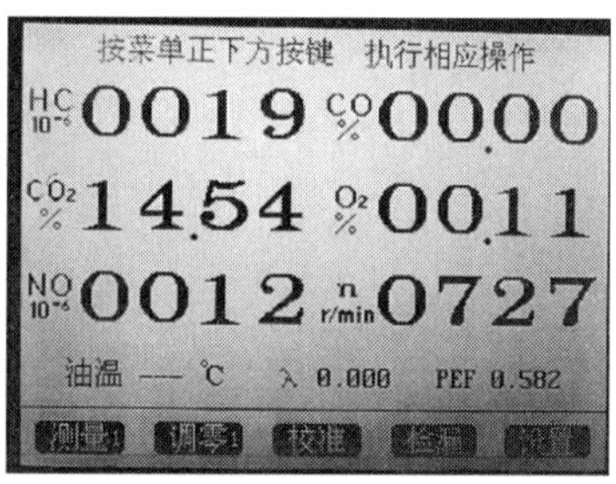


汽车尾气分析：

汽车尾气排放中有害气体的形成与空燃比、点火时刻、发动机的结构、转速和负荷等因素有关，其中以空燃比和点火时刻影响最大。

当低于理论空燃比14.7时，排气中的CO浓度急剧上升；反之空燃比在16左右时，趋于稳定且数值很低。可燃混合气越浓，CO生成量越大。

当空燃比在17以内时，随空燃比增大，HC便下降。但可燃混合气过于稀薄时，HC生成量急剧上升。

当可燃混合气很浓时，NOX生成量较低。空燃比为15.5～16时，NOX生成量最多。

适当推迟点火时刻，HC的排放将减少；在任何转速和负荷下，提前点火时刻，都将会增加NOX生成量。

20 1号按下“测量”键，此时可进行第二遍测量或选择其他测量方式进行尾气检测。

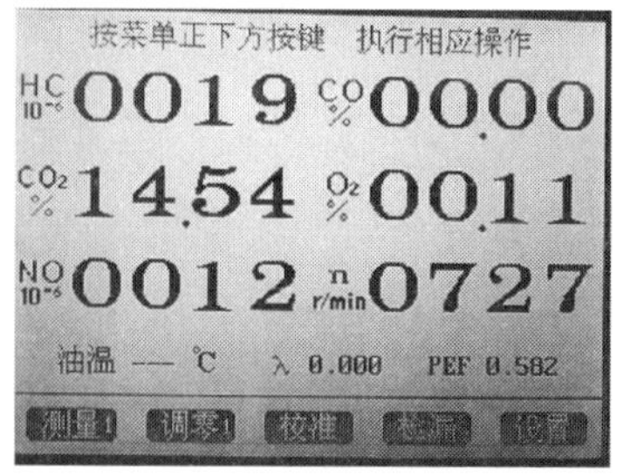


### 第五步 断开仪器与车辆连接

1 测量完成后，2号关闭汽车点火开关，停止发动机运转。

2 1号从排气管中取出取样管放置于操作台上，清洁取样管及探测头。

提示：

（1）取样管及探头温度较高，注意防止烫伤。

（2）清洁取样管及探测头，避免有水分、杂质留在取样管及探测头上，影响下次数据。

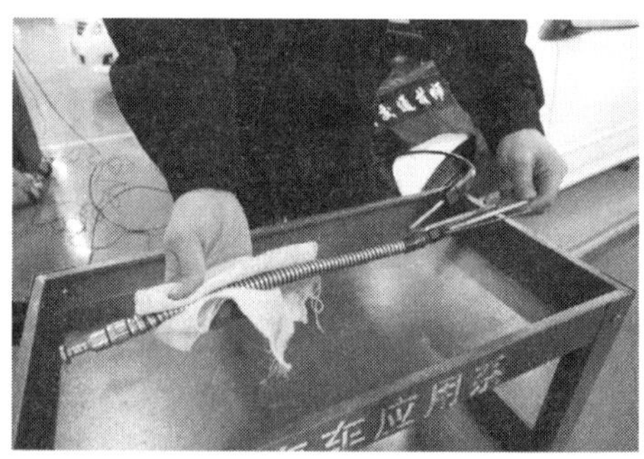

3 1号将密封套套装到探头上。

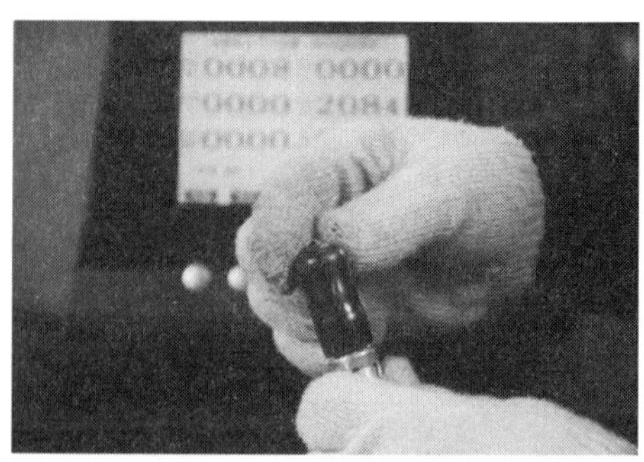

4 1号关闭尾气分析仪，取下取样软管，传递给2号，2号将取样软管放置包装盒内。

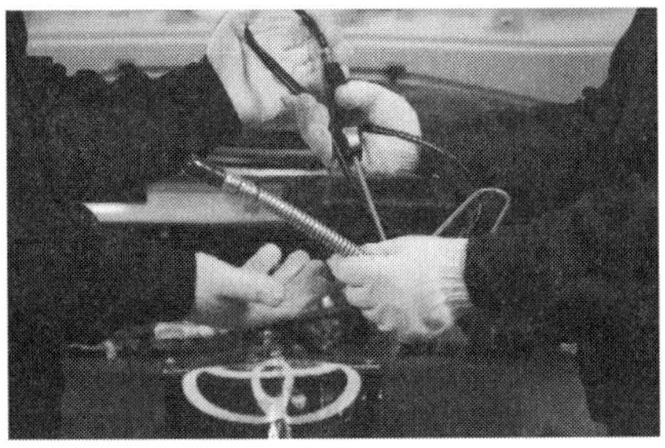

5 1号拔下外接电源插头、断开尾气分析仪连接插头，取下电源线，放置包装盒内。

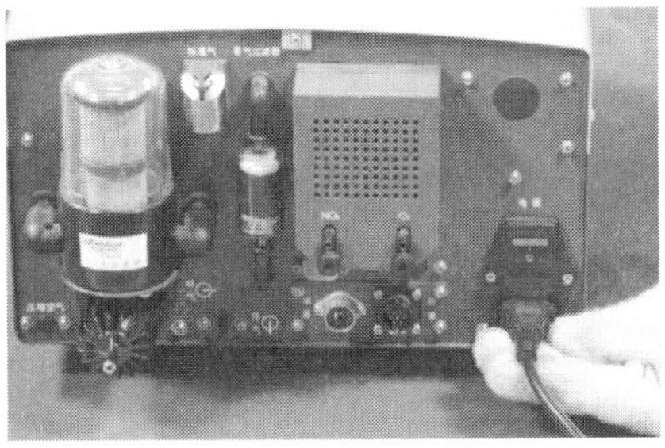

### 第六步 整理工位

1号取下转向盘套、变速器手柄套、座套和地板垫传递给2号。2号将其放置在包装袋中。

提示：保护罩用薄塑料制成，易破损。所以拆装时注意保护，以增加使用次数。

## 七、考核标准

考核标准表

| 考核时间 | 序号 | 考核项目 | 满分 | 评分标准 | 得分 |
|---|---|---|---|---|---|
| 45min | 1 | 作业前整理工位 | 5 | 整理遗漏酌情扣分 | |
| | 2 | 安装保护罩 | 5 | 操作不当酌情扣分 | |
| | 3 | 车辆停住 | 5 | 检查遗漏扣2分 | |
| | 4 | 连接软管 | 5 | 操作不当扣5分 | |
| | 5 | 连接电缆线和检测仪 | 5 | 操作不当扣5分 | |
| | 6 | 连接电缆线和诊断仪插座 | 5 | 操作不当扣5分 | |
| | 7 | 仪器预热、检漏、调零 | 10 | 操作不当扣10分 | |
| | 8 | 检测仪设置输入 | 20 | 检查错误扣20分 | |
| | 9 | 放置取样管和测量探头 | 10 | 操作不当扣10分 | |
| | 10 | 读取数据 | 20 | 操作不当扣20分 | |
| | 11 | 取下检测仪 | 10 | 操作不当扣10分 | |
| | 12 | 遵守相关安全法规 | 因违规操作造成人身和设备事故的，总分按0分计 | | |
| 分数合计 | | | 100 | | |

# 第四章 进排气系统

## 第一节 需用知识

### 一、进气供给系统

进气供给系统的作用是为发动机可燃混合气的形成提供必要的空气，并计量和控制燃油燃烧时所需要的空气量。空气供给系统如图4-1所示，空气经空气滤清器、空气流量计、节气门体进入进气总管，再分配到各缸进气歧管。在进气歧管内（或进气门处），空气与喷油器喷出的燃油混合后被吸入汽缸内燃烧。

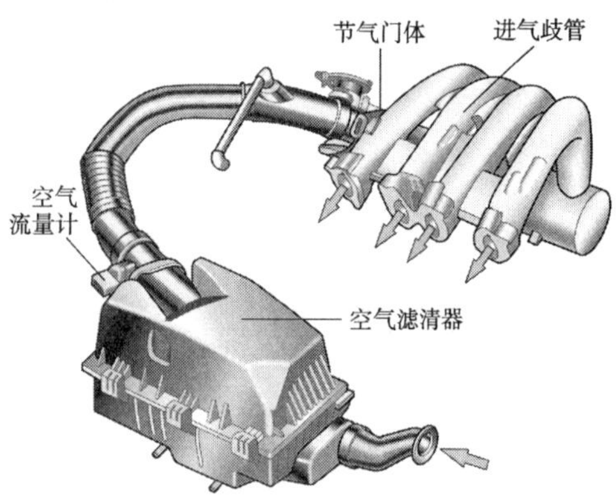


图4-1 空气供给系统

#### 1 空气滤清器

空气滤清器是用来滤清空气中所含的尘土，以减少汽缸、活塞、活塞环等零件的磨损，延长发动机的使用寿命。

空气滤清器的种类很多，图4-2所示为纸质干式空气滤清器，它是通过用树脂处理的纸质滤芯对空气进行过滤。纸质滤芯的寿命取决于纸面大小（通常成波折状以提高过滤面积）及空气本身的清洁程度，一般可连续使用10000~50000km。纸质滤芯不能清洗，脏污时可用压缩空气吹去灰尘，严重时必须更换。纸质干式滤清器质量轻、结构简单、安装及保养方便、滤清效果好，因此在汽车上得到广泛应用。

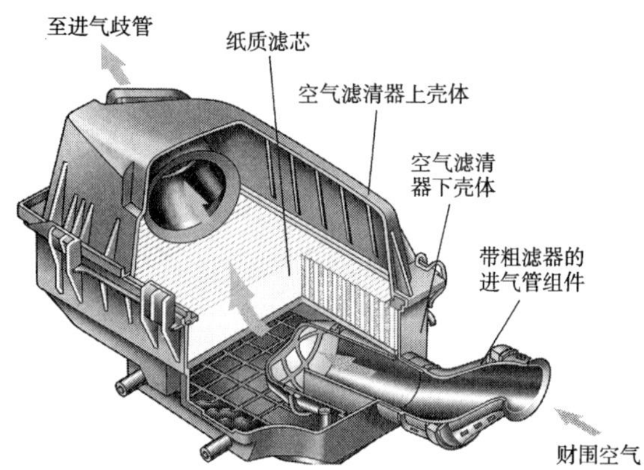


图4-2 纸质干式空气滤清器

#### 2 节气门体

节气门体（图4-3）是安装调节控制吸入发动机的空气的节气门部件，节气门体主要由节气门、用于检测节气门开闭状态的节气门位置传感器、节气门定位电位计、节气门定位器（电动机）、节气门电位片和怠速开关等组成。汽车在正常行驶时，空气流量由节气门控制，而节气门则是驾驶人通过加速踏板操纵。

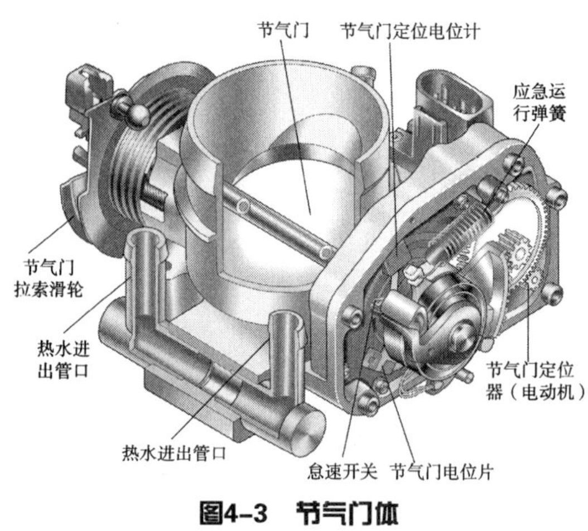


图4-3 节气门体

## 3 进气歧管与稳压箱

进气歧管的结构如图4-4所示。进气歧管的功用是将空气或可燃混合气引入汽缸，并保证进气充分及各缸进气量均匀一致。进气歧管多用铝合金或铸铁制造，有些也采用复合塑料制作。有些轿车进气歧管前还设有稳压箱（也称共鸣腔、谐振腔），稳压箱的功用是消除进气压力脉动，保证各缸混合气分配均匀。

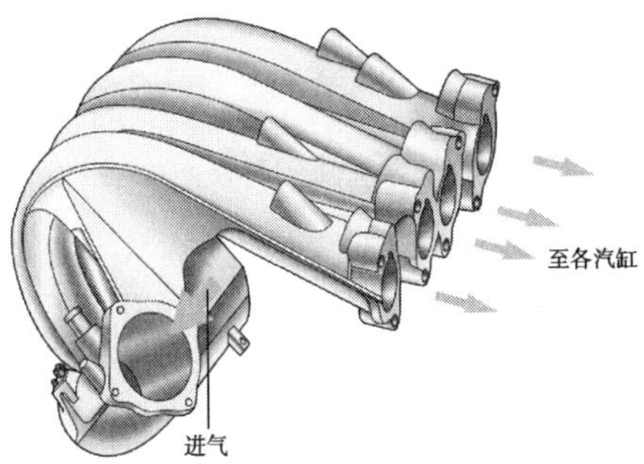


图4-4　进气歧管的结构

## 4 可变进气系统

为提高进气效率，在一些汽油机电控燃油喷射系统中采用了可变进气系统。可变进气系统结构如图4-5所示，其工作原理如图4-6所示。

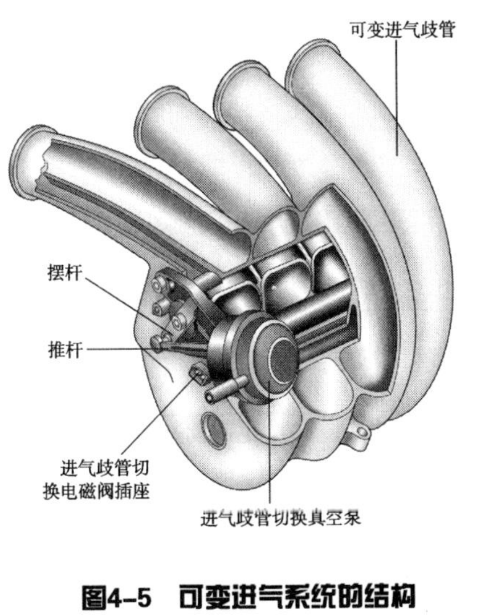


图4-5　可变进气系统的结构

发动机在低转速时，进气控制阀门关闭，气流需经过较长的进气歧管进入汽缸，这样可利用进气的流动惯性来提高进气效率，使发动机在低转速下获得较大的转矩；而在高转速时，则是通过打开控制阀门来减小进气阻力，气流经过较短的进气歧管进入汽缸，从而提高进气效率，可获得较高的最大输出功率。

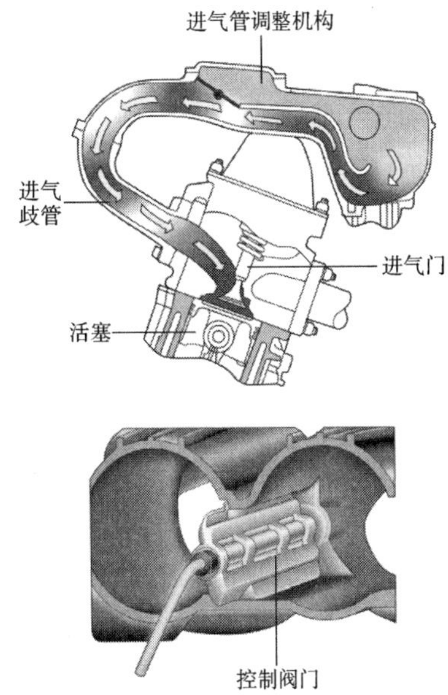


a) 发动机低转速状态

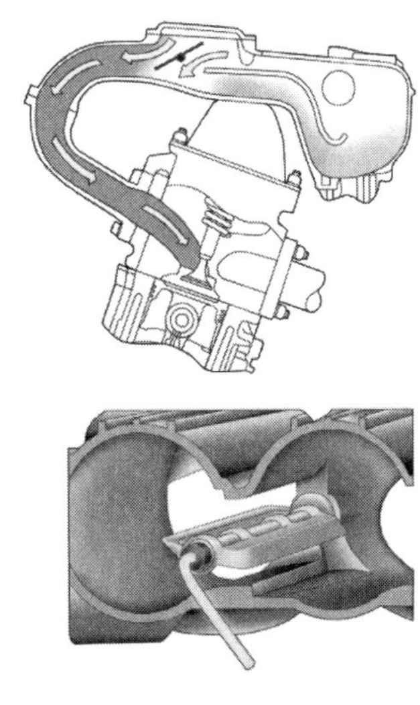

b）发动机高转速状态

图4-6　可变进气系统工作原理

## 5 废气涡轮增压系统

废气涡轮增压是指利用发动机排出的高温高压废气能量，驱动涡轮作高速旋转，带动同轴上的压气机，对燃烧所需的空气进行预压缩，这样，在发动机排量和转速不变的情况下，增加了流入发动机的空气量，提高了进气效率，因而可提高发动机的功率。

可调叶片式涡轮增压系统如图4-7所示，它包括同轴的涡轮与压气机叶轮。涡轮与压气机叶轮上有很多叶片，从汽缸排出的废气直接进入涡轮，并推动涡轮旋转，带动压气机叶轮旋转，把吸入的空气增压，送入汽缸。由于利用高温废气进行增压，涡轮增压器温度较高，经压缩的空气也温度较高，使进气密度减少，对提高进气效率不利，因此，需要在压缩空气出口到进气歧管之间安装冷却器（中冷器），冷却压缩空气，提高其密度。可调叶片式涡轮增压系统能够在发动机整个范围内调整进气增压的压力。当发动机转速低时，叶片开度减少，减少废气流通截面，使废气流速增加，提高废气涡轮转速，增加进气压力；当发动机转速高时，叶片开度增大，增加废气流通截面，使废气流速降低，维持废气涡轮转速在正常范围内，保证进气压力的稳定。

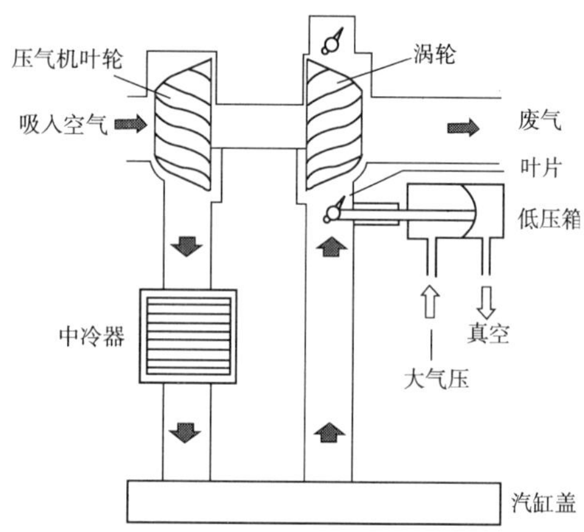


图4-7　可调叶片式涡轮增压系统

## 二、排气系统

排气系统（图4-8）主要由排气歧管、排气消声器等组成，电控燃油喷射系统汽油机的排气系统多带有三元催化转换器。

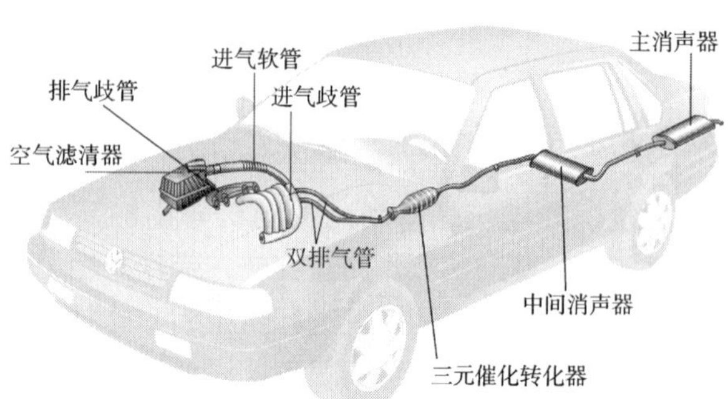


图4-8　排气系统

### 1 排气歧管

从汽缸盖上各缸的排气孔到各缸的独立管的汇集处的管道总成叫排气歧管（图4-9）。排气歧管一般都采用成本低，耐热性、保温性较好的铸铁制成。

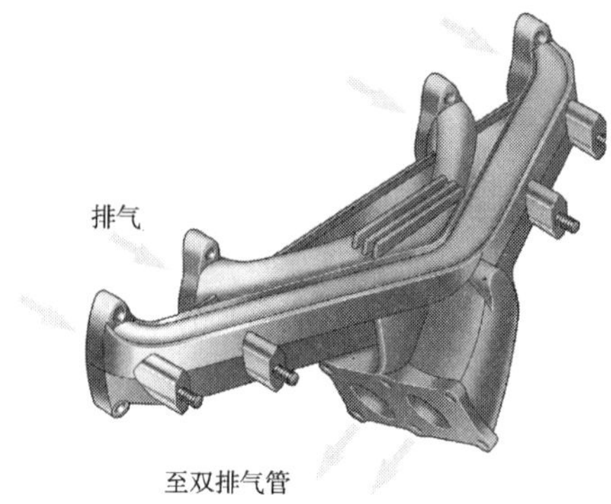


图4-9　排气歧管

### 2 排气消声器

排气消声器的作用是消除废气中的火星及火焰，降低排气噪声。

排气消声器有吸收、反射两种基本的消声方式，如图4-10所示。吸收式消声器是通过废气在玻璃纤维、钢纤维和石棉等吸音材料上的摩擦而减少其能量。反射式消声器则是多个串联的谐调腔与长度不同的多孔反射管相互连接在一起，废气在其中经过多次反射、碰撞、膨胀、冷却而降低压力，减轻振动。

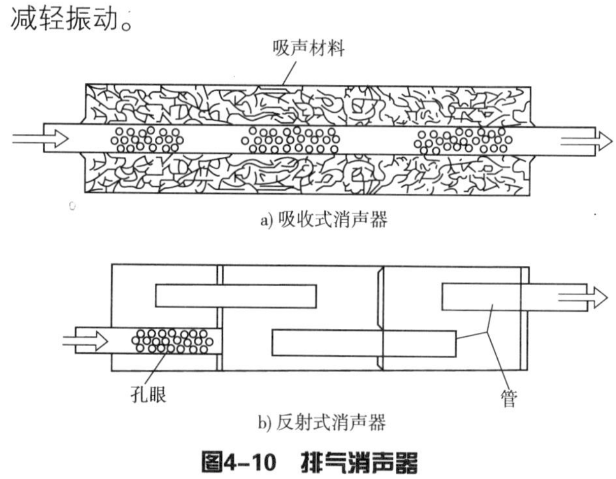


图4-10　排气消声器

汽车上实际使用的排气消声器，多数是综合利用不同的消声原理组合而成的，如图4-11所示。

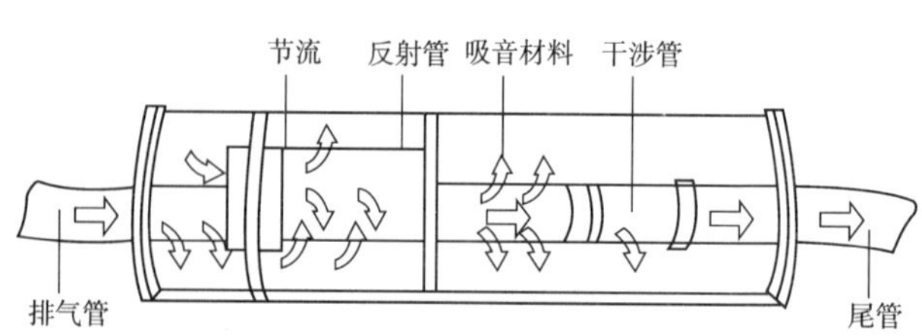


图4-11　组合式消声器

### 3 三元催化转化器

三元催化转化器结构如图4-12所示，其内部为一个圆柱形反应柱，反应柱由很多孔径较小的直管组成，反应柱的所有表面都用白金系列催化剂镀膜。这种催化剂可将一氧化碳（CO）和碳氢化合物（HC）通过氧化反应变成对人体无害的二氧化碳（$CO_2$）和水（$H_2O$），将氮氧化合物（$NO_X$）还原成氮气（$N_2$）和氧气（$O_2$）。为了使尾气达到一定的环境保护标准，大多数汽油发动机都配备了三元催化转化器。

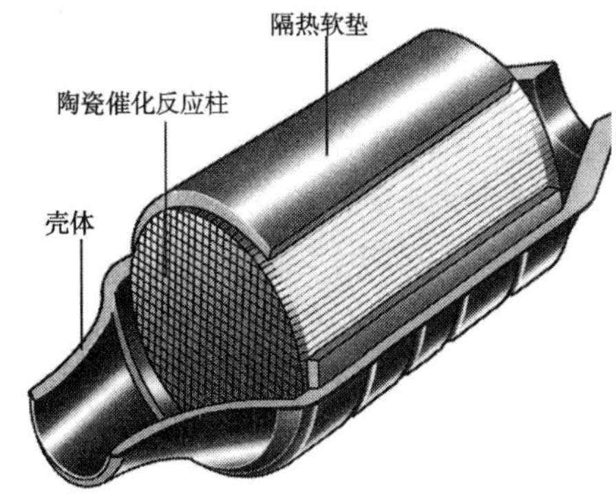


图4-12　三元催化转化器

# 第二节　常见维修项目

## 任　务　清洁和更换空气滤清器

### 一、技术标准与要求

（1）安装与丰田卡罗拉轿车配套使用的空气滤清器芯。

（2）丰田卡罗拉轿车空气滤清器芯更换里程规定：15000km更换一次。行驶在沙尘飞扬的地区的车辆，空气滤清器芯的检查、清洁或更换的间隔周期要变短。空气滤清器芯的更换里程因车型而异，请参阅该车型维修手册。

（3）更换空气滤清器芯时，严禁将砂尘、水、油及其他杂物掉入进气管道。

（4）严禁将油、水、污物等黏附到空气滤清器芯上。

### 二、实训时间：25min

### 三、实训教学目标

（1）了解空气滤芯的作用。

（2）熟悉1ZR型发动机空气滤清器的结构。

（3）掌握更换空气滤清器芯的操作技能。

### 四、实训器材

丰田卡罗拉整车

空气滤清器芯

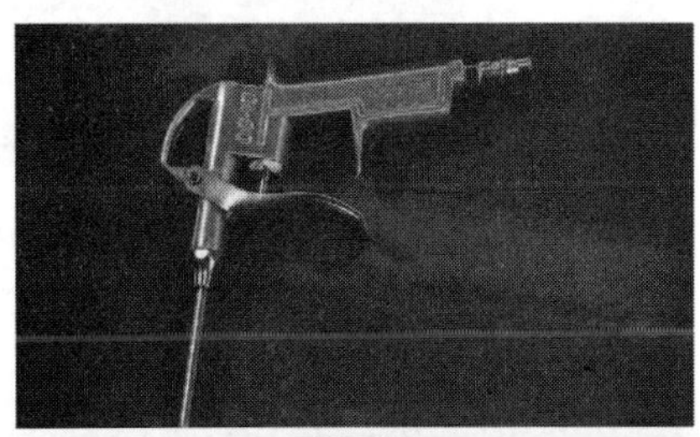

吹气枪

## 五、教学组织

（1）教学组织形式：

每辆车安排4名学生实训，两名学生一组。一组操作，一组观察学习。

（2）学生站位分工要求：

两名学生一组，按照1号、2号进行编号。1号为主，2号为辅助。

（3）实训教师职责：

讲解操作步骤和注意事项：下达“操作开始”口令；工位间巡视、检查、指导和纠正错误。

（4）学生职责变换：

两名学生实行职责变换制度，即第一遍1号为主，2号辅助；第二遍2号为主，1号辅助。

## 六、操作步骤

### 第一步　事前准备

1　车辆进入工位前，参训学生将工位卫生清理干净，排除障碍物，准备好相关的工具、物品等。

提示：培养良好的工作习惯，做好事前准备，有利于安全操作和提高工作效率。

2　将车辆停驻在举升机平台的中央位置。

提示：车辆停驻于举升机平台的中央位置，为车辆的安全举升做好准备。

3　2号将变速杆置于P挡。

提示：发动机带挡操作属于违规操作，危险性极大。因此，发动机起动前应将变速杆置于P挡。

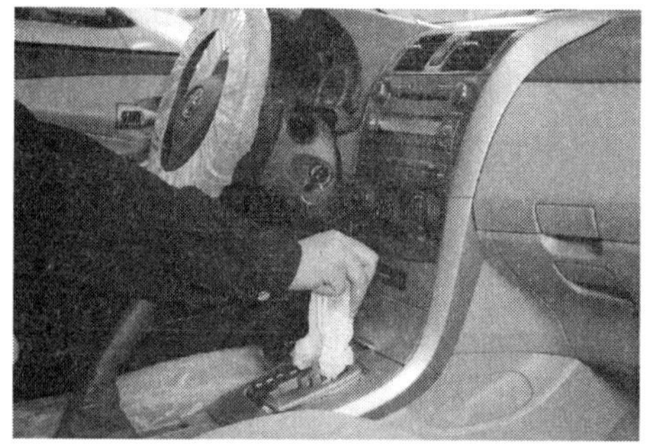

4　1号支撑牢固发动机舱盖。

提示：用支撑杆支撑发动机舱盖时，要保证接触可靠，否则，发动机舱盖滑落会造成人身伤害。

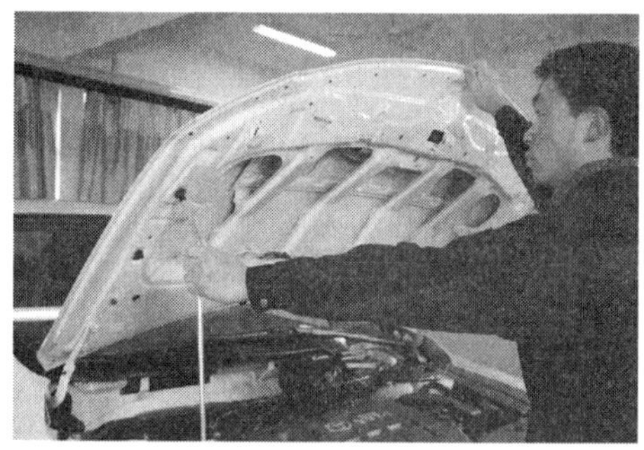

5　1号把护裙粘贴在汽车的正前面，要求将车头前部、前照灯总成、保险杠全部覆盖。

提示：在车的前方操作时，护裙用于保护易划伤的零部件表面和车漆。

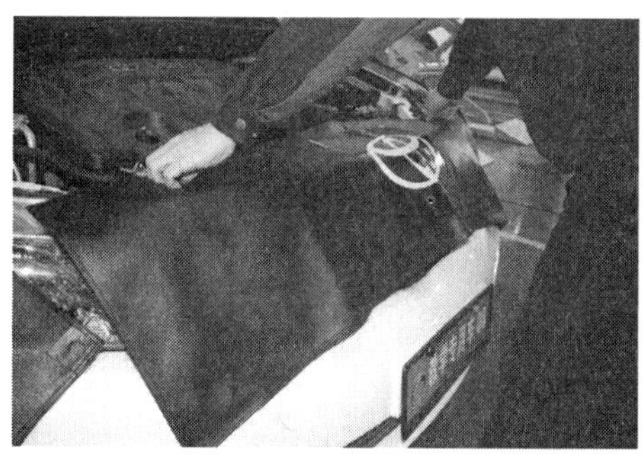

6　2号安装转向盘套。

提示：转向盘套是由薄塑料制成的，极易破损。安装转向盘套时，不要生拉硬拽，否则会造成转向盘套破损。

## 第二步　取出空气滤清器芯

1　1号用手取下空气滤清器附近的装饰板。

提示：装饰板是由橡胶材料制成的，通过卡孔、承座与车身上的销轴、空调系统中的储液干燥器相配合。取下装饰板时，双手握住装饰板的前后端，同时用力但不要过猛，防止折断。

2　1号将装饰板传递给2号。

3　2号将装饰板摆放在零件车上。

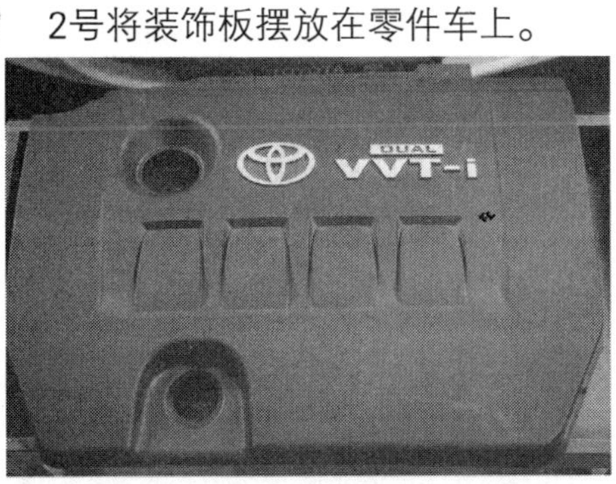


4　1号拔下安装在空气滤清器盖上的热线式空气流量传感器插头。

提示：

（1）空气流量传感器用于计量发动机工作时的进气量，为控制单元ECU确定供油量提供主要参数。

（2）空气流量传感器的插头与插脚间配合较紧，拔出插头时较为困难，要先用手压下限位器，然后用力向外拉。严禁使用器具别撬或外拉时摇晃插头，容易导致空气流量传感器和插头的损坏。

5　1号用手打开空气滤清器盖上的2个压紧卡箍。

提示：滤清器盖的压紧卡箍是由弹簧钢片制成的，有较好的刚性和弹力。它固定在滤清器的下体上，压紧端通过销轴而浮动，手柄控制压紧端。松开压紧端时，手柄向上扳；拉紧压紧端时，手柄向下压。

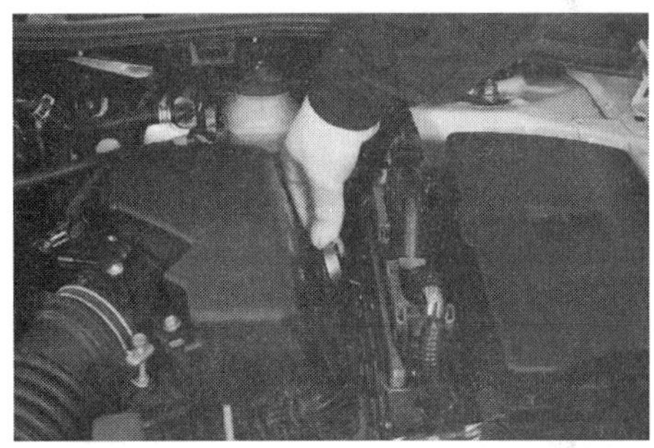

6　取下空气流量计线束。

提示：拆卸时应小心。

7　1号移开滤清器盖。

8　1号轻轻取出空气滤清器芯并传递给2号。

提示：从滤清器壳中取出滤芯时，要尽量避免滤芯抖动，目的是减少吸附在滤芯上的沙尘掉落。

9　2号接收滤清器芯摆放在零件车上。

### 第三步　清洁

1　2号将干净棉纱传递给1号。

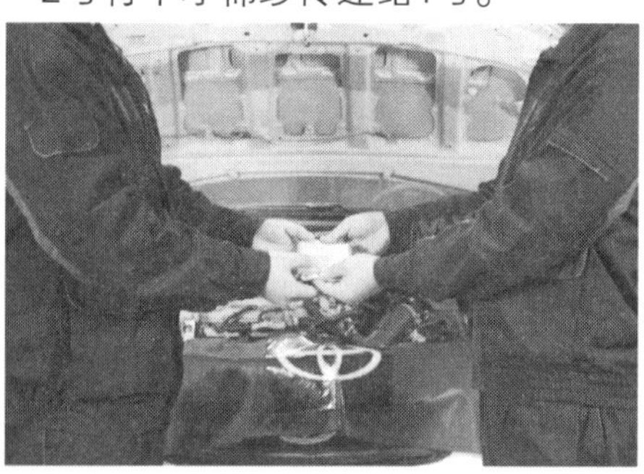

2　1号使用干净棉纱擦拭滤清器盖及下体内壁，将尘土等清除。

提示：

（1）擦拭用的棉纱不要沾有水、油等，因为水和油容易吸附空气中的沙尘，使滤清器变脏会更快些。

（2）禁止擦拭安装在滤清器盖上的空气流量传感器，否则将会导致其损坏。

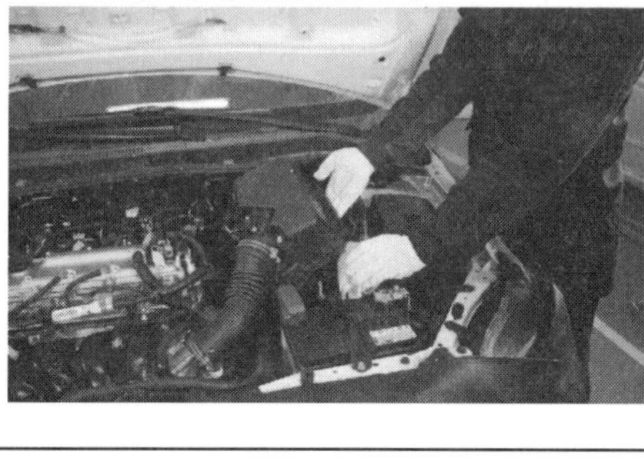

3　2号将吹气枪传递给1号。

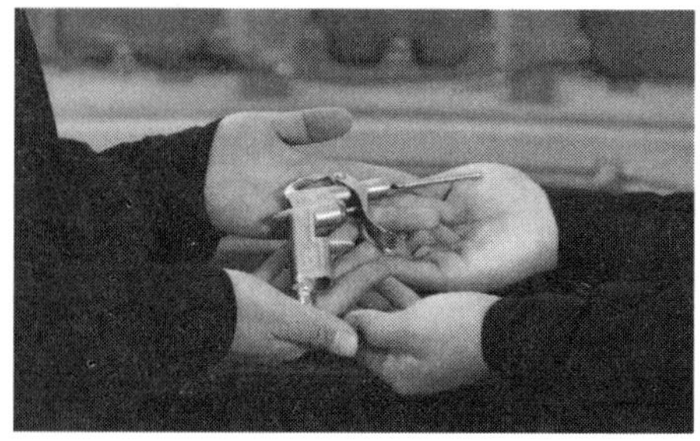

4　1号使用吹气枪将压缩空气按照与滤芯工作时空气流动相反方向吹拂滤芯，将滤芯上吸附的沙尘吹净。

提示：

（1）吹拂滤芯时，会有尘埃飞扬，操作人员应佩戴口罩，喷枪尽量距离滤芯远些，否则，会造成滤芯损坏。

（2）吹拂滤芯时，方向一定要正确，否则吸附在滤芯上的沙尘不会掉落；吹拂滤芯时，应尽量远离车辆，注意车辆卫生。

（3）如果空气滤芯已达到使用期限或损坏，应更换新滤芯，没有必要进行清洁。

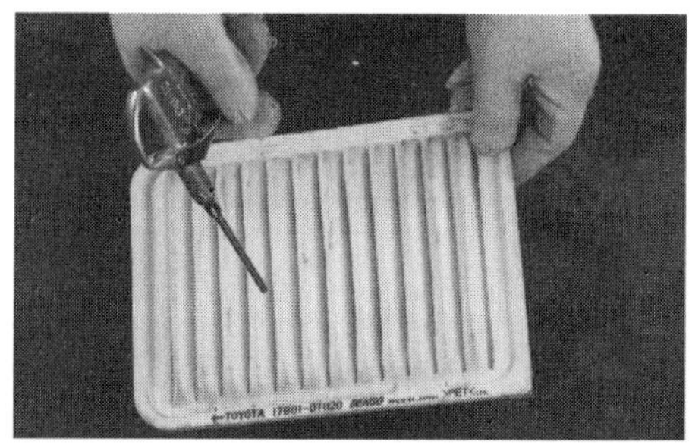

### 第四步　检查空气滤清器壳

1　1号检查滤清器壳体是否有裂纹、变形和破损。

提示：滤清器盖如出现裂纹、破损，没经过过滤空气便会直接进入汽缸；滤清器壳体如出现变形，则滤芯不能够被压紧，滤芯的滤清作用下降。

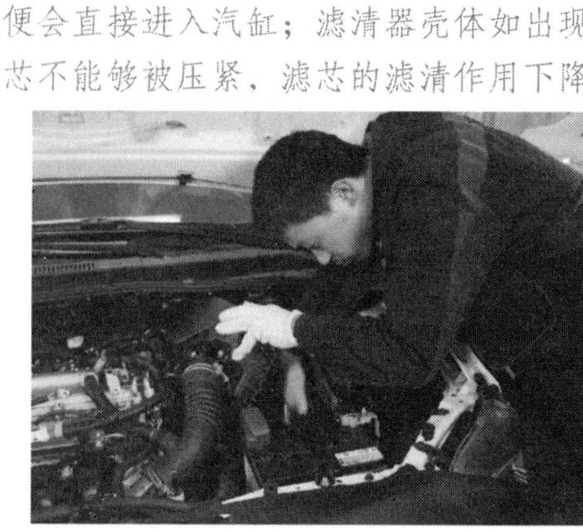

2　1号检查滤清器壳下体上的冷、热空气进口端套装的橡胶口是否出现脱落、破损。如有损

坏、脱落，应更换新件。

**提示：**冷热空气进气口上安装的橡胶口，其前端呈扁平状，可以防止较大颗粒的沙粒等杂物进入滤清器。

3 1号检查滤清器盖的压紧卡箍是否出现严重变形、折断现象。是，修复或更换。

**提示：**

（1）卡箍的作用是保证空气滤清器芯被可靠压紧在滤清器盖和下体之间。

（2）如果卡箍已损坏或变形，则空气滤清器芯的被压紧力减小或丧失，那么其滤清作用便会降低或丧失。

4 1号检查进气软管及真空软管是否有破损损伤。

**提示：**进气软管、真空软管出现裂纹损伤后，不仅会加剧发动机的磨料磨损，同时使发动机的运行状况变得恶劣。

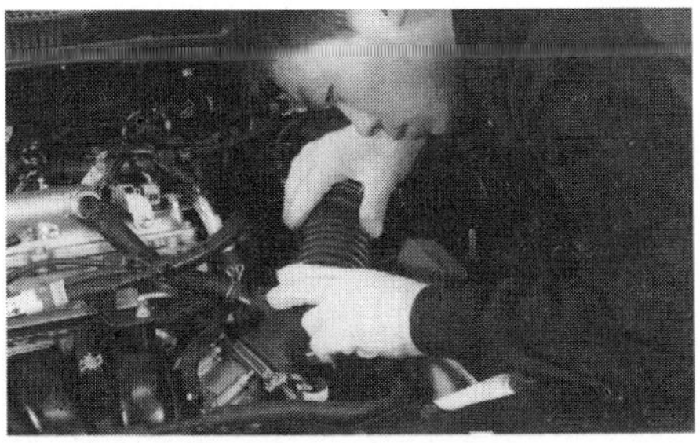

5 1号检查进气软管两端接口处是否连接可靠。否，使用工具紧固卡箍。

**提示：**软管两端接口处如出现松脱，会引起漏气故障，发动机的使用性能将明显下降。

### 第五步 安装空气滤清器芯

1 2号将空气滤清器传递给1号。

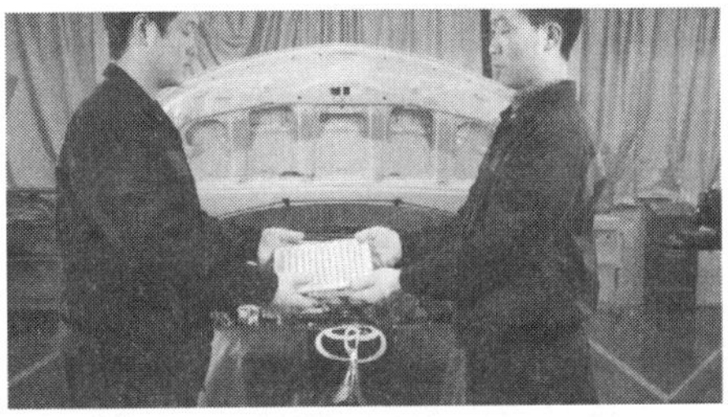

2 1号将空气滤清器芯安放在滤清器壳体下体的承座上。

**提示：**

（1）空气滤芯的安装方向要正确，凸起平面应朝下。

（2）空气滤芯安放在滤清器下体后，滤芯的周围承面与壳体承接面应均接触，才能保证滤清器盖可靠压紧滤芯周边承面。

3 1号将卡箍浮动端搭在滤清器盖的凹槽内，按下压紧卡箍，将滤清器盖压紧在下体上。

**提示：**卡箍的浮动端一定要落入滤清器盖的凹槽内，才能够保证滤清器盖可靠压紧空气滤芯。

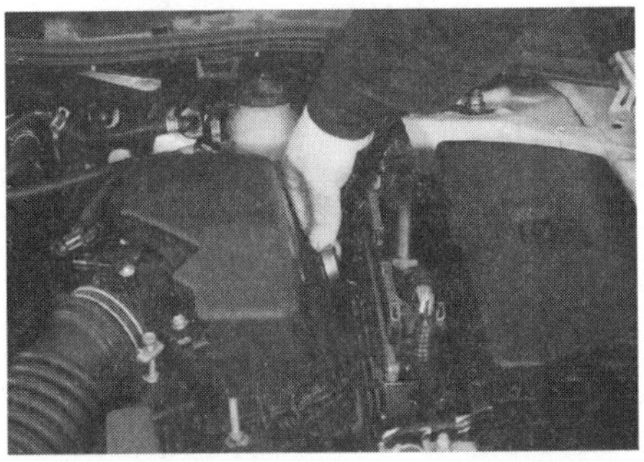

4 1号将插头安插到空气流量传感器插座上。

5　2号将装饰板传递给1号。

6　1号将装饰板安装到车身上。

提示：装饰板是由橡胶材料制成的，通过卡孔、承座与车身上的销轴、空调系统中的储液干燥器相配合。安装装饰板时，双手握住装饰板的前后端，同时用力但不要过猛，防止折断。

### 第六步　整理工位

1号、2号擦拭发动机装饰罩，拆除护裙，关闭发动机舱盖，清理工具和仪器，清洁地面卫生。

提示：作业项目完成后，要搞好工位的清洁、清理、清扫、整理和整顿工作，培养良好的工作习惯。

## 七、考核标准

考核标准表

| 考核时间 | 序号 | 考核项目 | 满分 | 评分标准 | 得分 |
|---|---|---|---|---|---|
| 25min | 1 | 打开并支撑机舱盖 | 5 | 操作不当扣5分 | |
| | 2 | 粘贴护裙 | 4 | 操作不当扣4分 | |
| | 3 | 拆卸滤清器附近的装饰板 | 4 | 操作不当扣4分 | |
| | 4 | 拔下空气流量传感器的插头 | 10 | 操作不当扣10分 | |
| | 5 | 松开滤清器盖的压紧卡箍 | 4 | 操作不当扣4分 | |
| | 6 | 取出空气滤清器芯 | 4 | 操作不当扣4分 | |
| | 7 | 清洁空气滤清器室 | 9 | 清洁遗漏酌情扣分 | |
| | 8 | 清洁滤清器芯 | 10 | 操作不当扣10分 | |
| | 9 | 检查滤清器壳是否有裂纹和损伤 | 6 | 检查遗漏扣6分 | |
| | 10 | 检查冷热进气口端的橡胶口 | 5 | 检查遗漏扣5分 | |
| | 11 | 检查压紧卡箍 | 4 | 检查遗漏扣4分 | |
| | 12 | 检查进气管有无裂纹、损伤 | 6 | 检查遗漏扣6分 | |
| | 13 | 检查真空软管有无裂纹、损伤 | 6 | 检查遗漏扣6分 | |
| | 14 | 检查进气管两端的连接情况 | 6 | 检查遗漏扣6分 | |
| | 15 | 安装滤清器芯 | 6 | 操作不当扣6分 | |
| | 16 | 安装滤清器盖 | 7 | 操作不当扣7分 | |
| | 17 | 作业后整理工位 | 4 | 整理遗漏酌情扣分 | |
| | 18 | 遵守相关安全规范 | 因违规操作造成人身伤害和设备事故的，总分按0分计 | | |
| 分数合计 | | | 100 | | |

# 第五章　燃油供给系统

## 第一节　需 用 知 识

### 一、汽油机燃油供给系统的功用和组成

汽油机燃油供给系统的功用是根据发动机各工况的不同要求，配制一定数量和浓度的可燃混合气并将其供入汽缸，使之在压缩终了时点火、燃烧而膨胀作功，最后将燃烧后的废气气排入大气中。汽油机燃油供给系统有化油器式燃油供给系统和电子控制燃油喷射式燃油供给系统（一般称为“电控燃油喷射系统”）两种形式。

#### 1 化油器式燃油供给系统

化油器式燃油供给系统如图5–1所示。主要由汽油供给装置（包括汽油箱、汽油滤清器和汽油泵等）、空气供给装置（包括空气滤清器和进气管等）、可燃混合气形成装置（即化油器）和废气排出装置（包括排气管和排气消声器等）组成。

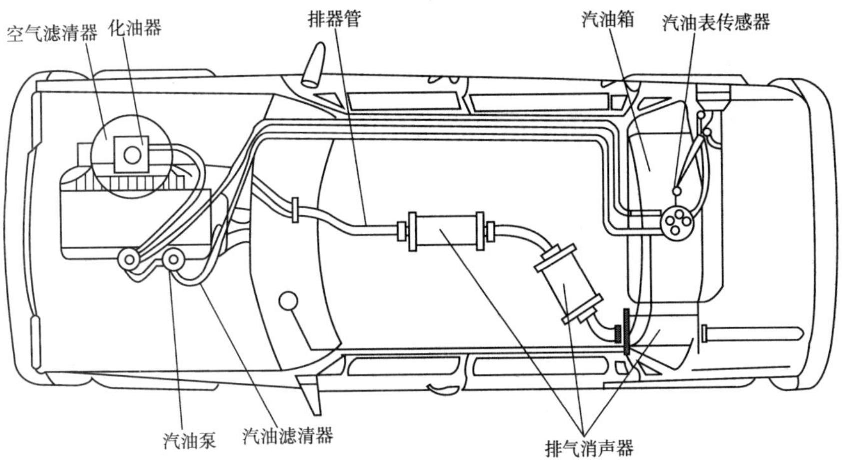


图5–1　化油器式燃油供给系统

汽油自汽油箱流经汽油滤清器，滤去所含杂质后，被吸入汽油泵。汽油泵将汽油泵入化油器中。空气则经空气滤清器滤去所含灰尘后，流入化油器。汽油在化油器中实现雾化和蒸发，并与空气混合形成可燃混合气，经过进气管分配到各个汽缸。混合气燃烧生成的废气经排气管和排气消声器被排到大气中。化油器根据发动机各工况的要求配制出不同浓度、不同数量的可燃混合气，是燃油供给系统中的关键部件。

化油器式燃油供给系统的结构简单，价格便宜，维修方便，有较好的动力性和经济性，所以在汽油机中沿用了相当长的时间。但化油器式汽油机存在燃油分配不均匀，过渡与冷态运行混合气浓度控制质量差，难以实施反馈控制以及排气污染较为严重等缺点，无法适应现在汽油机性能进一步提高的要求，因此，化油器式燃油供给系统已逐渐被电控燃油喷射系统所取代。我国自2001年7月1日起，禁止生产化油器轿车。

#### 2 电控燃油喷射系统

桑塔纳2000 GS i 型轿车AJR发动机Motronic M 3 . 8 . 2 电控燃油喷射系统如图5–2所示。

驾驶员通过踩踏加速踏板来控制节气门开度，从而控制发动机汽缸的进气量，空气经空气滤

清器、空气流量计、节气门进入进气总管，再分配到各缸进气歧管，然后进入各汽缸。空气流量计检测进入汽缸的空气量，节气门位置传感器检测节气门开度，这两个信号作为燃油喷射的主要信息输入控制单元（ECU），由ECU计算出主喷油量，再根据冷却液温度传感器、进气温度传感器、氧传感器、爆振传感器等输入的信息，ECU对主喷油量进行必要的修正，确定出实际喷油量。

燃油从燃油箱中被燃油泵吸出，先由燃油滤清器将杂质滤除后再通过输油管、燃油分配管等输送到各个喷油器。喷油器则根据ECU发出的指令，将计量后的燃油喷入各进气歧管中与流入发动机内的空气进行混合，形成可燃混合气，供入汽缸燃烧做功，最后将废气通过排气管、排气消声器等排入大气中。

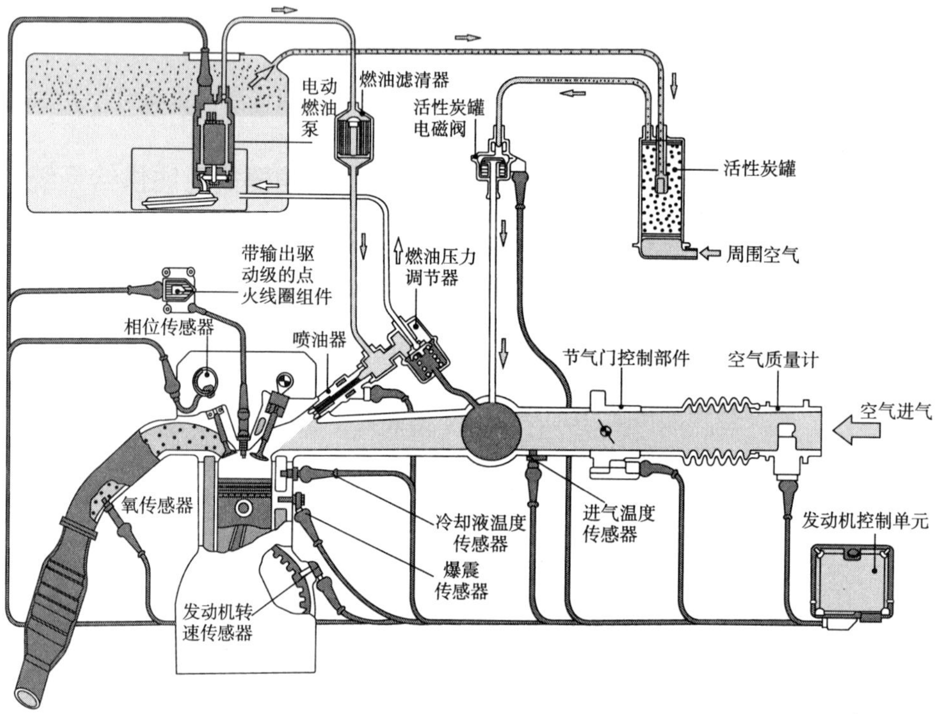


**图5-2 桑塔纳2000GSi型轿车AJR发动机Motronic M3.8.2电控燃油喷射系统示意图**

## 二、汽油

### 1 汽油主要性能指标

汽油机使用的燃油是汽油，汽油是由石油提炼而得到的密度小又易于挥发的液体燃油，汽油由多种碳氢化合物组成，基本成分碳的体积百分数为85%，氢的体积百分数为15%。汽油的主要性能指标有蒸发性、抗爆性和热值。

（1）蒸发性。汽油中必须含有足够比例的高蒸发性的成分，以得到良好的冷起动性能，其蒸发性的好坏将影响发动机正常工作。当温度较高时，蒸发性过高的汽油易在油路中蒸发形成“气阻”，当温度较低时，蒸发性过低的汽油会有一部分不能蒸发、燃烧，并滞留在汽缸壁上，不仅使燃油消耗量增加，而且会稀释润滑油，导致汽缸加快磨损，影响发动机寿命。所以车用发动机的汽油蒸发性要求适中。

（2）抗爆性。汽油的抗爆性是指汽油在汽缸中避免产生爆震的能力（也称抗自燃的能力）。“爆震”是一种非正常燃烧，与发动机温度、压缩比、燃油特性等有关，在压缩冲程终了时产生，它将造成发动机过热、排气冒烟、功率下降、油耗增加，并伴有明显的敲缸声，甚至损坏机件。

汽油的抗爆性评价指标是辛烷值。辛烷值高，汽油抗爆性好；反之，汽油抗爆性差。

（3）热值。汽油的热值是指单位质量（1kg）的汽油完全燃烧后所产生的热量。汽油的热值约为44000kJ/kg。

### 2 汽油的选用

我国车用汽油分类主要以辛烷值为基础，测定辛烷值的方法有马达法和研究法。目前我国用研究法辛烷值（RON）表示汽油的牌号，如90、93和97号。压缩比高的发动机选用辛烷值高的汽油，反之，可选用辛烷值低的汽油。汽油牌号越高，其抗爆性越好，但价格也越贵。

桑塔纳2000GSi型轿车要求必须使用RON90（研究法辛烷值）以上汽油；卡罗拉（1.6L）轿车要求选择93号或更高级的优质无铅汽油；凯越（1.6L）轿车要求使用标准93号或更高标号的无铅汽油，并要求使用含有清洁添加剂的燃油。清洁添加剂有助于避免发动机和燃油系统形成结胶，上海通用汽车特约售后服务中心出售适合本产品的清洁添加剂。

### 3 环保和安全注意事项

（1）环境保护。

①汽油是对水有污染的物质，禁止将汽油直接排入下水道，作业时只能在防渗的地面上进行。

②汽油非常易燃，会引起火灾和爆炸，进行接触汽油的工作时，必须禁止明火和吸烟，存放汽油必须远离火源。

③有汽油溢出时，必须立即用吸附剂进行处理。

④用专用的容器收集污染过的燃油、燃油滤清器，并妥善保管和回收利用。

⑤沾上汽油的物品，不得作为生活垃圾处理。

（2）安全措施。

①汽油会刺激人的皮肤，可以致癌。应避免皮肤、眼睛或衣服接触到汽油。

②沾上汽油的衣服或鞋子，必须立即更换。

③皮肤接触到汽油后，立即用肥皂水清洗。

④汽油溅入眼睛后，用水彻底冲洗，不适时立即就医。

⑤体内吸入汽油蒸汽后，不可催吐，呼吸新鲜空气，并立即就医。

## 三、可燃混合气浓度对发动机性能的影响

### 1 可燃混合气浓度的表示方法

可燃混合气是指燃油与空气的混合物，可燃混合气中燃油占混合气的比例被称为可燃混合气浓度。可燃混合气浓度表示方法有过量空气系数（中国采用）和空燃比（欧美一些国家采用）。

（1）过量空气系数。过量空气系数是指燃烧1kg燃油实际供给的空气质量与理论上1kg燃油完全燃烧所需的空气质量之比，用α表示。α=1的可燃混合气定义为理论混合气（又称为标准混合气）；α<1为浓混合气；α>1为稀混合气。

（2）空燃比。空燃比是指实际吸入发动机中空气的质量与燃油质量的比值，用A/F表示。A/F=14.7表示理论混合气；A/F>14.7为稀混合气；A/F<14.7为浓混合气。

### 2 可燃混合气浓度对发动机性能的影响

可燃混合气浓度对发动机的性能影响很大。发动机的功率和燃油消耗率都是随着可燃混合气浓度的变化而变化的，如图5-3所示。理论上，α=1的混合气，汽缸内空气与燃油正好完全燃烧。但实际上，由于汽缸内还存在废气、混合气混合不均匀等因素，使汽缸内理论混合气并不能完全燃烧。对于α>1的稀混合气，汽缸内有足够的空气使燃油完全燃烧。通常，当α=1.05～1.15时，燃油消耗率最低，经济性最好，称燃油消耗率最低时对应的可燃混合气为经济混合气。当α更大时，由于空气过量，燃烧速度减少，热损失增加，发动机动力性、经济性均下降。对于α<1的混合气，汽缸内汽油分子较多，使燃烧速度加快，发动机功率增大，称发动机输出最大功率时的可燃混合气为功率混合气，其值一般在α=0.85～0.95之间。如果混合气太浓，将使燃烧不完全，产生大量CO，同时在燃烧室内产生积炭，并发生排气管放炮和冒黑烟现象，导致发动机功率下降，燃油消耗率显著增加。一般为了兼顾发动机的动力性和经济性，混合气浓度应在α=0.88～1.11之间。过浓或过稀（a≤0.4或α≥1.4）的混合气，都将导致火焰无法传播，发动机运转不稳直至熄火。

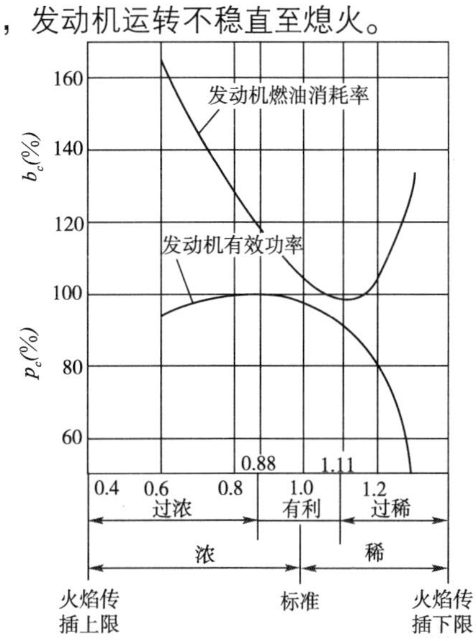


图5-3 可燃混合气浓度对发动机性能的影响（发动机转速不变，节气门全开）

### 3 发动机各工况对可燃混合气浓度的要求

发动机在实际运行过程中，其工况在工作范围内是不断变化的，且在工况变化时，发动机对可燃混合气浓度的要求也是不同的。

（1）稳定工况对混合气的要求。发动机的稳定工况是指发动机已经完全预热，进入正常运转，且在一定时间内转速和负荷没有突然变化的情况。稳定工况又可分为怠速、小负荷、中等负荷、大负荷和全负荷等几种。

①怠速和小负荷工况。怠速是指发动机对外无功率输出且以最低稳定转速运转。在怠速工况下，节气门处于关闭状态，此时，吸入汽缸内的可燃混合气少，汽缸内残余废气较大。又因转速低、空气流速慢、汽油雾化蒸发不良，使混合气能燃烧不良，甚至熄火。因此要求供给少量的浓混合气（α=0.6～0.8）。

发动机负荷在25%以下称为小负荷。在小负荷工况时，节气门略开，混合气的品质与数量有所增加，废气对混合气的稀释作用有所减弱。因而，混合气的浓度略为减少（α=0.7～0.9）。

②中等负荷工况。汽车发动机的大部分工作时间都处于中等负荷状态，是指负荷在25%～85%之间。此时，节气门开度较大，进入汽缸内的可燃混合气数量多，燃烧条件好，可供给发动机较稀的混合气（α=0.9～1.1，主要是α＞1的稀混合气），以获得最佳的燃油经济性。

③大负荷和全负荷工况。在大负荷时，节气门开度已超过85%，此时应随着节气门开度的增大而逐渐地加浓混合气以满足发动机功率的要求（α=0.85～0.95）。

（2）过渡工况对混合气的要求。汽车在运行中的主要过渡工况可分为冷起动、暖机、加速和减速3种形式。

①冷起动。冷机起动时，发动机要求供给很浓的混合气，以保证混合气中有足够的汽油蒸汽，使发动机能够顺利起动。但在冷起动时燃油和空气的温度很低，汽油蒸发率很小，为了保证冷起动顺利，要求混合气的浓度达到a=0.2～0.6，才能在汽缸内形成可燃混合气。

②暖机。发动机冷机起动后，各汽缸开始依次点火而做功，发动机温度逐渐上升，即暖机。发动机在暖机过程中，由于温度较低燃油雾化较差，因此也需要α较小的浓混合气，而且随着发动机温度升高而α逐渐增大，直至达到正常工作温度时为止，发动机进入怠速工况。

③加速和减速。发动机的加速是指发动机的转速突然迅速增加的过程。此时，节气门开度突然加大，进气管压力随之增加，由于汽油的流动惯性和进气管压力增大后汽油蒸发量的减少，大量的汽油颗粒被沉积在进气管壁上，形成较厚油膜，而进入汽缸内的实际混合气则瞬时被稀释，严重时会出现过稀，使发动机转速下降。为了避免这一现象发生，在发动机加速时，应向进气管喷入一些附加汽油以弥补加速时的暂时稀释，以获得良好的加速性能。

当汽车减速时，驾驶人迅速松开加速踏板，节气门突然关闭。此时由于惯性作用发动机仍保持很高的转速，因此进气管真空度急剧增高，促使附着在进气管壁上的汽油蒸发汽化，并在空气量不足的情况下进入汽缸内，造成混合气过浓，严重时甚至熄灭。因此，在发动机减速时，应供给较稀的混合气，以避免这一现象发生。

## 四、燃油供给系统部件

### 1 燃油箱

燃油箱（图5-4）是用来储存燃油的，其容积大小与车型和发动机排量有关，其形状随车型不同而各异，这主要是为了适应在车上的布置安装。

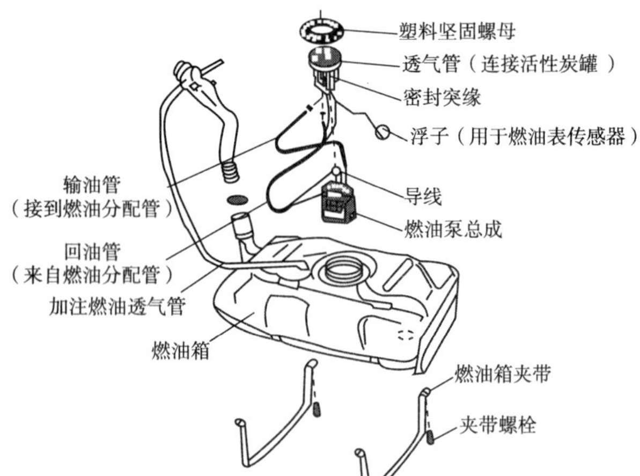


**图5-4　带附件的燃油箱**

挥发性好的汽油在燃油箱内挥发，直接将挥发的汽油蒸汽排到大气中会污染环境，为此设置了燃油箱蒸发排放控制装置（图5-5），将活性炭罐与燃油箱相连接，挥发的汽油蒸汽被吸附在活性炭上。发动机工作时，活性炭罐电磁阀通电打开，被吸附在活性炭上的汽油蒸汽即可被吸入汽缸并燃烧。

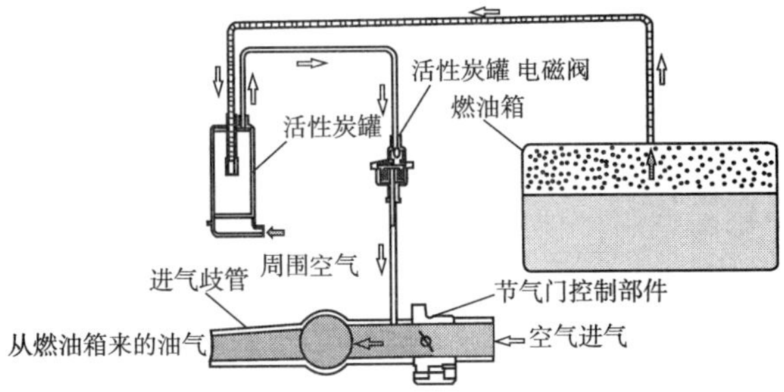


图5-5 燃油箱蒸发排放控制装置

## 2 电动燃油泵

电动燃油泵的作用是把燃油从油箱内吸出并通过喷油器供给发动机各汽缸。

在电控燃油喷射系统中最常用的是内置式燃油泵，即燃油泵安装在燃油箱内。内置式燃油泵不易发生气阻和漏油现象，对泵的自吸性能要求较低，故应用广泛。内置式燃油泵主要有叶片式和滚柱式两种。

（1）叶片式电动燃油泵。叶片式电动燃油泵结构和工作原理如图5-6所示。叶轮是一个圆平板，在平板的圆周上加工有小槽，形成泵油叶片。当叶轮旋转时，圆周上小槽内的燃油随同叶轮一同高速旋转。由于离心力的作用，使出油口处压力增高，而在进油口处产生真空，从而使燃油在进油口处被吸入，在出油口处被排出，这样周而复始地完成燃油的输送。叶片式电动燃油泵运转噪声小，油压脉动小，泵油压力高，叶片磨损小，使用寿命长。

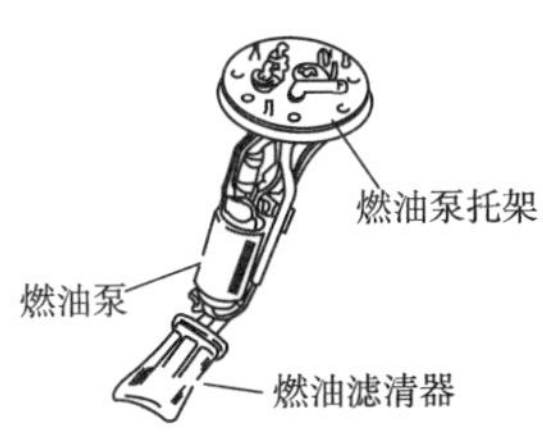


a) 燃油泵结构

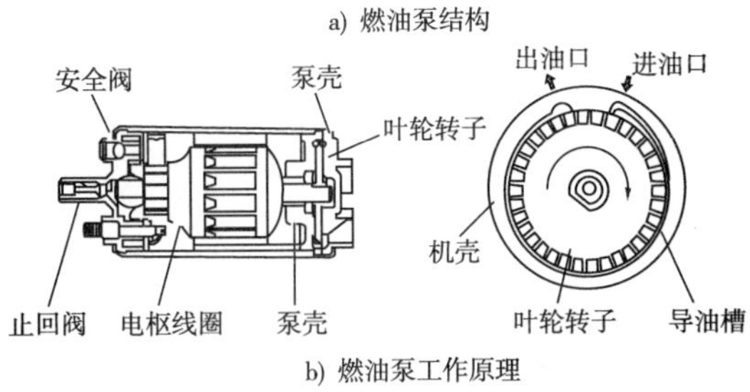


b) 燃油泵工作原理

图5-6 叶片式电动燃油泵

（2）滚柱式电动燃油泵。滚柱式电动燃油泵如图5-7所示。转子偏心地安装在泵体内，滚柱装在转子的凹槽中。在永磁电动机的驱动下，当转子旋转时，滚柱在离心力的作用下紧压在泵体的内表面上，同时在惯性力的作用下，滚柱总是与转子凹槽的一个侧面贴紧，从而形成若干个封闭的工作腔。

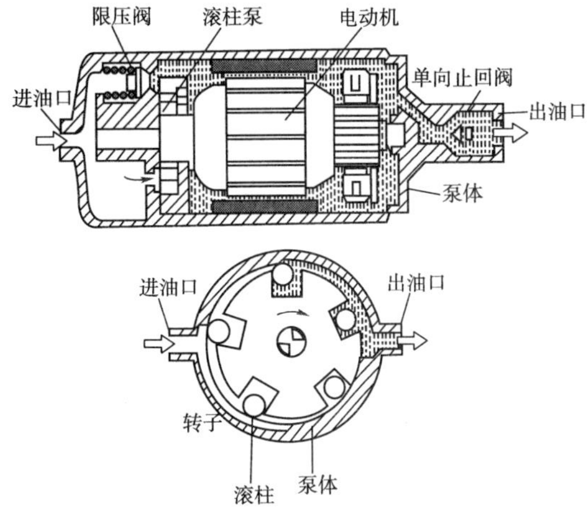


图5-7 滚柱式电动燃油泵

在燃油泵工作过程中，进油口一侧的工作腔容积增大，成为低压吸油腔，燃油经进油口被吸入工作腔内。在出油口一侧的工作腔容积减小，成为高压压油腔，高压燃油从压油腔经出油口流出。油泵转子每转一圈，其排出的燃油就要产生与滚柱数目相同的压力脉动，故在出口处装有油压缓冲器，以减小出口处的油压脉动和运转噪声。

单向止回阀的作用主要用于防止燃油倒流，并可保持管路残余压力，以便发动机下次容易起动，并可防止由于温度较高时，油路产生气阻现象。若油泵输出压力超过400kPa时，安全阀会自动打开，高压燃油可回至油泵的进油室，并在油泵和电动机内循环，以此可避免由于油路堵塞而引起管路油压过高造成管路破裂或燃油泵损坏等现象。滚柱式电动燃油泵运转时噪声大，油压脉动也大，而且泵体内表面和转子容易磨损。

## 3 燃油滤清器

燃油滤清器（图5-8）可清除燃油中的杂质，防止堵塞喷油器等部件，减少运动部件的磨损。

燃油滤清器与普通的滤清器一样，采用过滤形式，壳体内有一个纸滤芯。滤芯的形式通常有两种，即菊花形和涡卷形。燃油滤清器的滤芯应根据车辆行驶里程、使用的燃油质量情况及时更换，以确保发动机稳定行驶，提高可靠性。

## 4 燃油分配管

燃油分配管（图5-9）的功用是将燃油均匀、等压地输送给各缸喷油器。由于它的容积较大，故有储油蓄压、减缓油压脉动的作用。

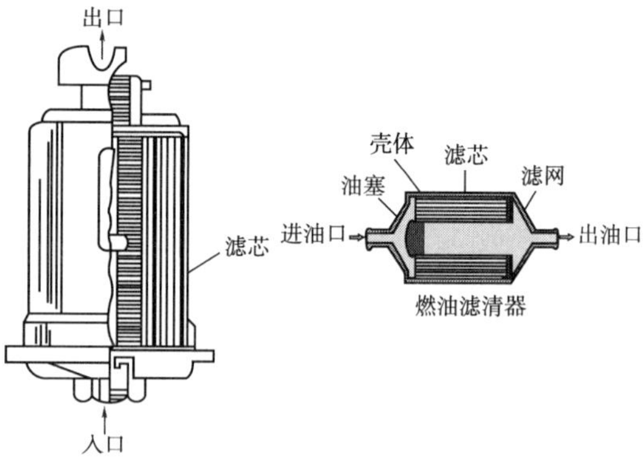


a) 结构　　b) 工作原理

**图5-8　燃油滤清器**

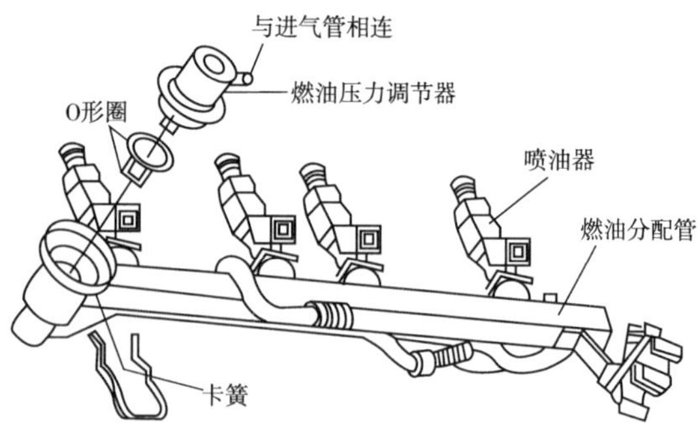


**图5-9　燃油分配管**

## 5 燃油压力调节器

燃油压力调节器一般安装在燃油分配管上，其作用是根据进气歧管内的绝对压力的变化来调节系统油压（燃油分配管油压），保持喷油器的喷油绝对压力恒定，使喷油器的燃油喷射量只取决于喷油器的开启时间。

燃油压力调节器（图5-10）有金属壳体，其内部由橡胶膜片分为弹簧室和燃油室两部分。弹簧室内有一个带预紧力的螺旋弹簧，它作用在膜片上。在膜片上安装一个阀，控制回油。另外，还通过一根真空管与进气歧管相连。

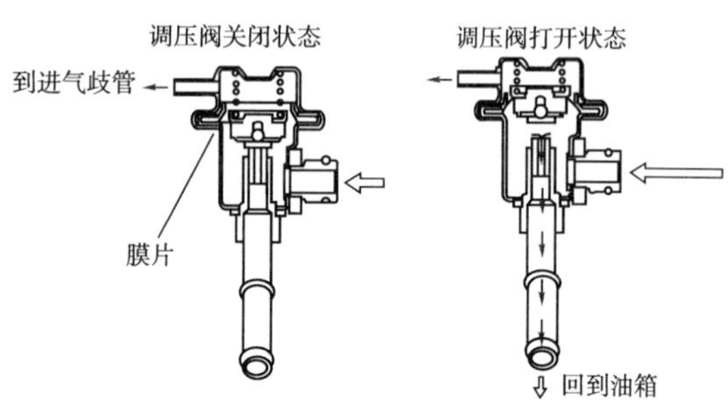


**图5-10　燃油压力调节器**

当系统油压超过规定值时，燃油压力克服弹簧压力，将膜片向上压，打开阀门，与回油通道接通，燃油流回燃油箱，系统压力降低，系统油压又回到规定值。

如果进气歧管真空度变大，为了维持燃油分配管内部与进气歧管内部的压力差恒定，就必须降低系统油压。把进气歧管真空度引入弹簧室，能够减少膜片上方螺旋弹簧的作用力，进而减少打开阀门的压力，使系统油压下降到规定值。

当电动燃油泵停止工作时，在膜片和螺旋弹簧力的作用下使阀门关闭，保持油路中的残余压力。

## 6 电磁喷油器

电磁喷油器是发动机电控燃油喷射系统的一个重要的执行元件，它接收ECU送来的喷油脉冲信号，准确地计量燃油喷射量，同时，将燃油喷射后雾化。

轴针式电磁喷油器（图5-11）它安装在燃油分配管上，主要由轴针、针阀、衔铁、回位弹簧及电磁线圈等组成。针阀与衔铁制成整体结构，针阀上端安装一回位弹簧。当电磁喷油器停止工作时，弹簧弹力使针阀回位，阀针关闭，轴针压靠在阀座上起到密封作用，防止燃油泄漏。滤网用于过滤燃油中的杂质，O形密封圈起到密封作用，上部密封圈防止燃油泄漏，下部密封圈防止漏气。

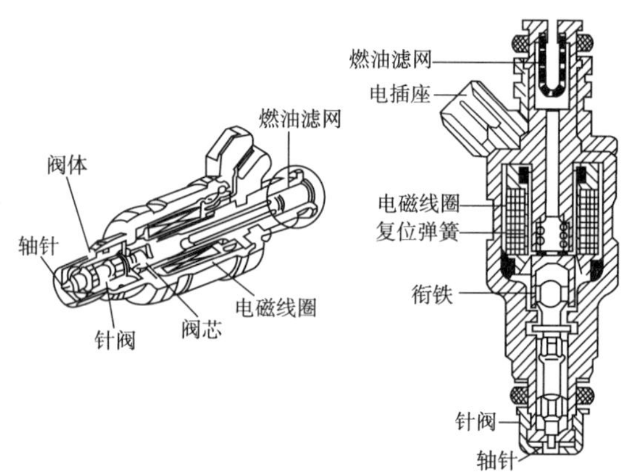


a) 结构图　　b) 剖视图

**图5-11　轴针式电磁喷油器**

当电磁线圈通电时，电磁吸力使针阀克服回位弹簧的弹力，针阀与轴针上移，阀门打开，燃油便从喷孔喷出。由于燃油压力较高，因此喷出的燃油得到良好雾化。当电磁线圈断电时，电磁吸力消失，针阀与轴针在回位弹簧作用下回位，阀门关闭，喷油停止。

# 第二节　常见维修项目

## 任务一　检查、清洗或更换喷油器

### 一、技术标准与要求

（1）1ZR型发动机燃油喷射系统喷油顺序为1−3−4−2。

（2）1ZR型发动机燃油喷射系统油压304~343kPa。

（3）1ZR型发动机燃油喷射系统熄火后保持油压147kPa。

（4）1ZR型发动机喷油器15s的喷油速率规定值为60~73cm$^3$。

（5）每个喷油器在1min内允许滴油1滴或更少。

（6）喷油器线圈电阻值11.6~12.4Ω。

（7）喷油器工作电压12V。

### 二、实训时间：45min

### 三、实训教学目标

（1）了解清洗喷油器的重要性。

（2）熟悉喷油器的结构和类型。

（3）掌握清洗喷油器的操作技能。

### 四、实训器材

丰田卡罗拉轿车

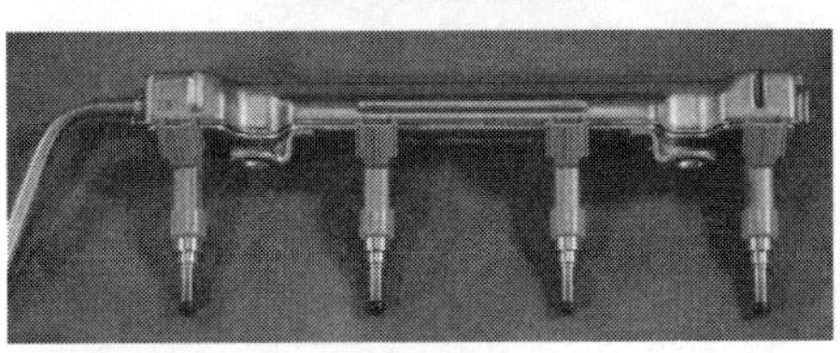

喷油器

喷油器清洗仪

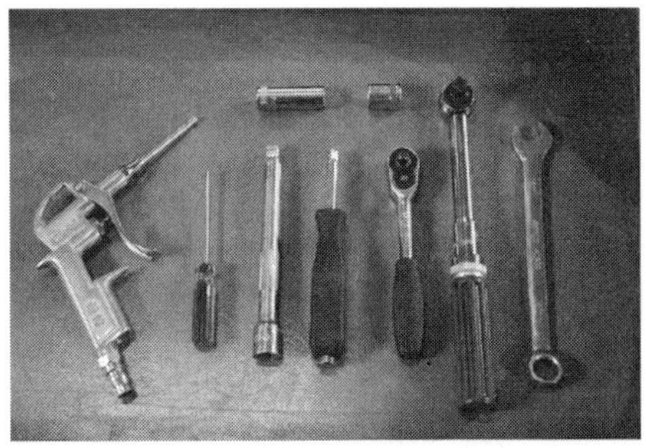

常用工具

### 五、教学组织

（1）教学组织形式：

每辆车安排4名学生参与实训。两名学生一组，一组操作，一组观察学习。

（2）学生站位分工和要求：

两名学生一组，按照1号、2号进行编号，1号为主，2号为辅助。

（3）实训教室职责：

讲解操作步骤和注意事项：下达“操作开始”口令；工位间巡视、检查、指导和纠正错误。

（4）学生职责变换：

2名学生实行职责变换制度，即第一遍1号为主，2号辅助；第二遍2号为主，1号辅助。

### 六、操作步骤

#### 第一步　事前准备工作

1　车辆进入工位前，参训学生将工位卫生清理干净，排除障碍物，准备好相关的工具、物品等。

**提示：** 培养良好的工作习惯，做好事前准备，有利于安全操作和提高工作效率。

2　将车辆停驻在举升机平台的中央位置。

**提示：** 车辆停驻于举升机平台的中央位置，为车辆的安全举升做好准备。

3　1号打开门锁。

**提示：** 用遥控钥匙打开电动门锁，为进入驾驶室操作做好准备。

4　1号和2号共同安装车轮挡块。

**提示：** 为保证车辆在工位上可靠停驻，防止出现溜滑，造成安全事故，要安装车轮挡块。

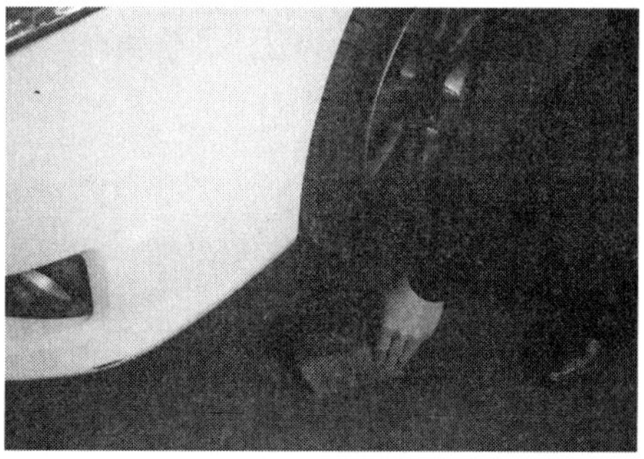

5　2号安装尾气收集管。

**提示：** 为防止尾气污染环境，保护人体健康，要安装尾气收集管。

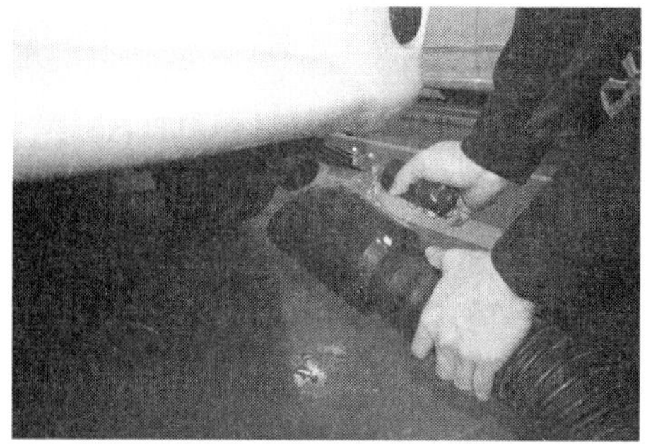

6　2号打开车门。

**提示：** 左手应该拉车门把手位置同时带好三件套，准备进入车辆。

7　2号拉起发动机罩释放杆。

**提示：** 拉起发动机罩释放杆时，用力不要过猛，否则容易导致释放杆盖损坏。

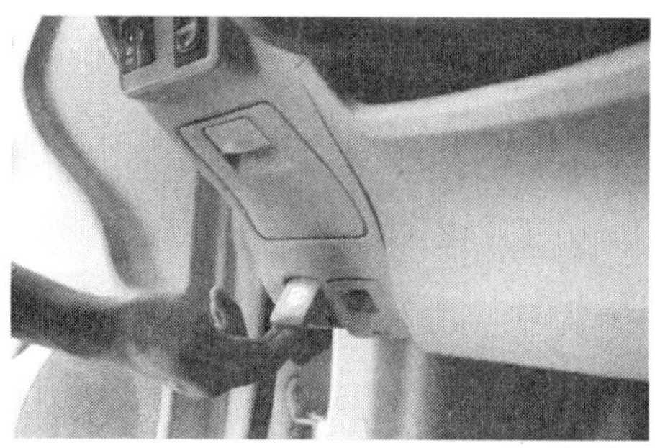

8　2号安装转向盘套。

**提示：** 转向盘套是由薄塑料制成的，极易破损。安装转向盘套时，不要生拉硬拽，否则会造成转向盘套破损。

9 2号安装地板垫。

提示：铺设地板垫的主要目的是便于清除维修人员带入驾驶室内的脏物与杂物，保持驾驶室内地板清洁。

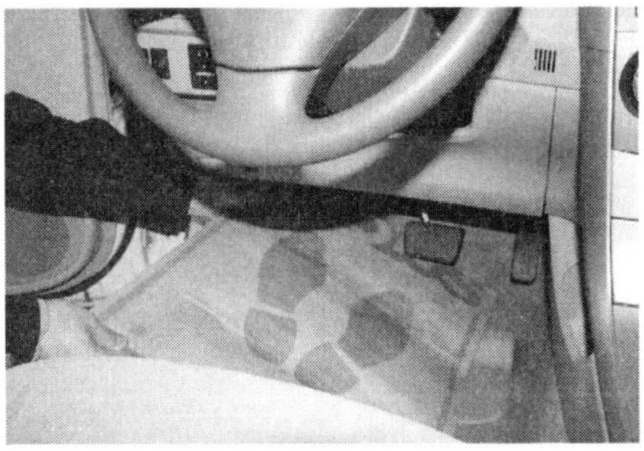

10 2号安装座椅套。

提示：安装座椅套时，用力要均匀，拉齐座椅套，使之整齐、美观。

11 2号将点火开关旋至“ON”，打开主驾驶侧电动车窗。

提示：打开主驾驶侧电动车窗，是为了车内通风以及当钥匙掉在车里时可以打开车门。

12 2号将变速杆置于P挡。

提示：发动机带挡操作属于违规操作，危险性极大。因此，发动机起动前应将变速杆置于P挡。

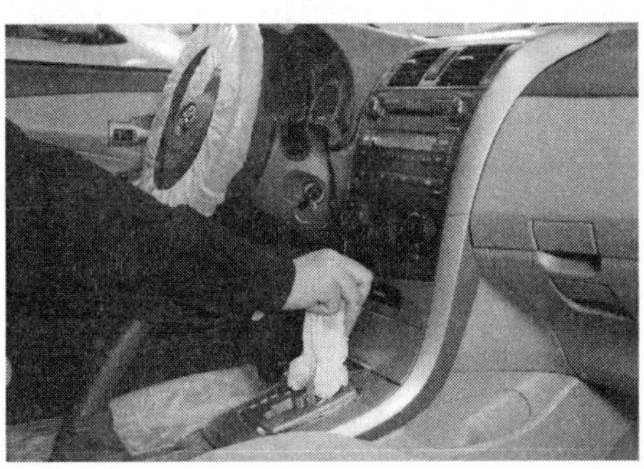

13 2号拉紧驻车制动杆。

提示：为保证车辆在工位上的可靠停驻，防止出现溜滑，造成安全事故，因此，要拉紧驻车制动杆。

14 2号检查驻车制动器指示灯是否点亮，及挡位指示是否显示P挡。

提示：检查驻车制动器指示灯是否点亮，及挡位指示是否显示P挡，可以培养学生通过观察仪表指示灯来检查车辆工况的习惯。

15 1号打开发动机舱盖，从固定卡上脱开发动机舱盖支撑杆。

提示：支撑杆固定夹如有损坏，要换用新品，否则车辆行驶中会产生异响。

16 1号支撑牢固发动机舱盖。

提示：用支撑杆支撑发动机舱盖时，要保证接触可靠，否则，发动机舱盖滑落会造成人身伤害。

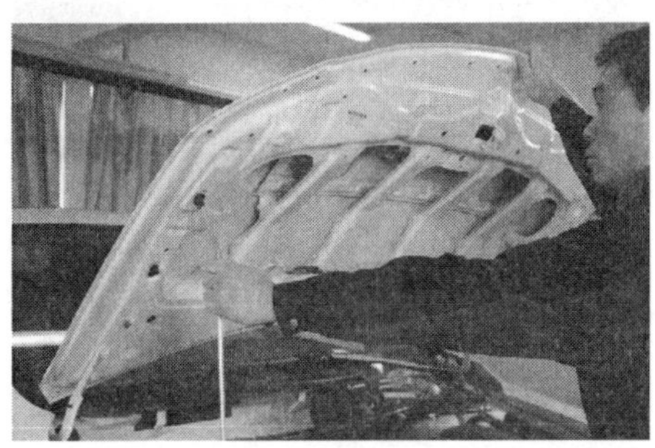

*17* 1号把护裙粘贴在汽车左、右侧翼子板上，要求将翼子板全部覆盖。护裙的上边沿粘贴到排水槽的内侧，前端至侧灯处，后端至车门与翼子板结合缝隙。

提示：

(1)粘贴护裙的主要目的是保护操作中能够接触到的翼子板车漆。

(2)护裙是通过磁铁吸附在翼子板上的，因此，粘贴时，当护裙接近翼子板，感觉到吸力后，要稍稍提起护裙，使护裙轻轻与翼子板贴合，不允许听到接触碰撞声。

*18* 1号把护裙粘贴在汽车的正前面，要求将车头前部、前照灯总成、保险杠全部覆盖。

提示：在车的前方操作时，护裙用于保护易划伤的零部件表面和车漆。

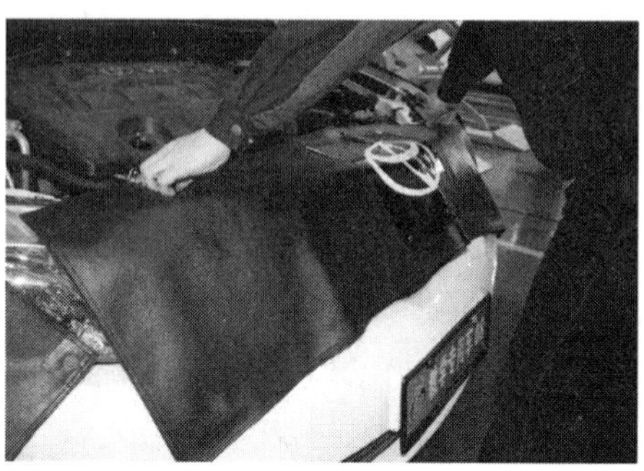

## 第二步 燃油系统卸压

*1* 1号打开后排车门。

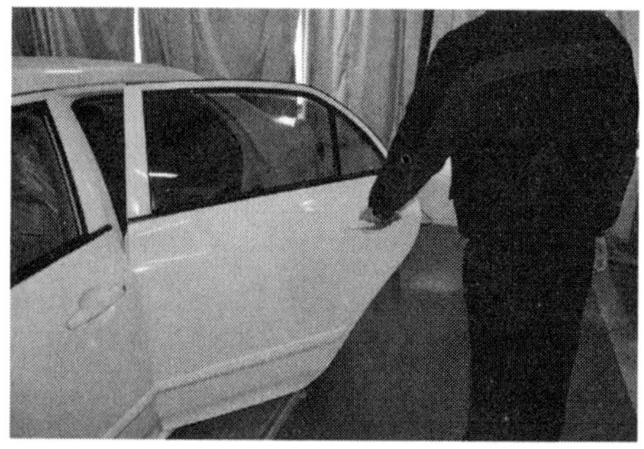

*2* 1号拆卸后排座椅。将座垫的2个前挂钩从车身上脱开。

提示：先选择一个挂钩并脱开。双手放在挂钩附近，然后抬起座椅以使挂钩分离。

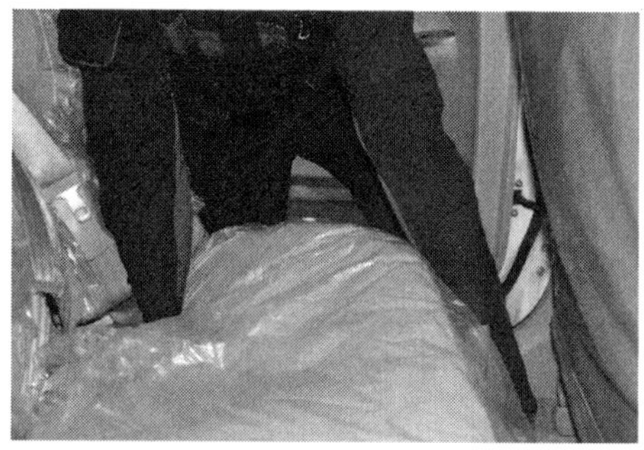

*3* 1号将座垫与靠背分离，并取出座垫放置在指定位置。

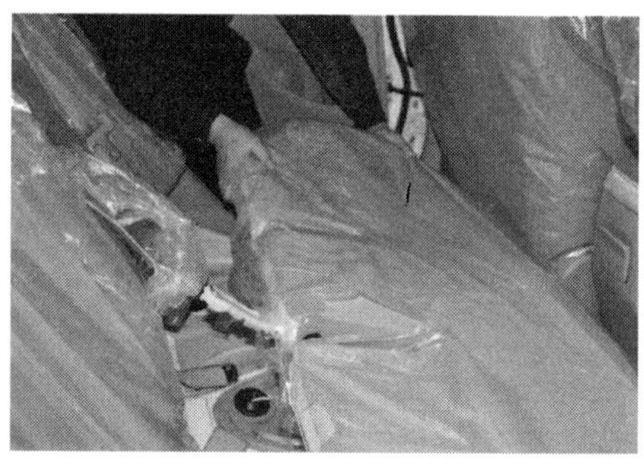

*4* 1号使用小一字螺丝刀轻轻撬起后地板检修孔盖。

提示：沿后地板检修孔盖一周撬起。

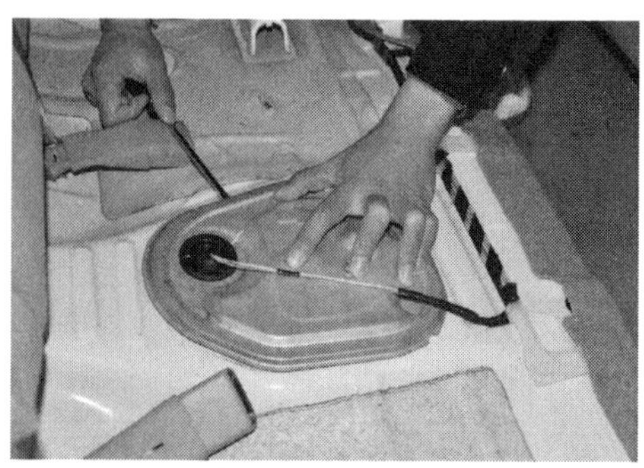

*5* 1号轻轻抬起后地板检修孔盖。

提示：轻轻抬起后地板检修孔盖，小心线束。

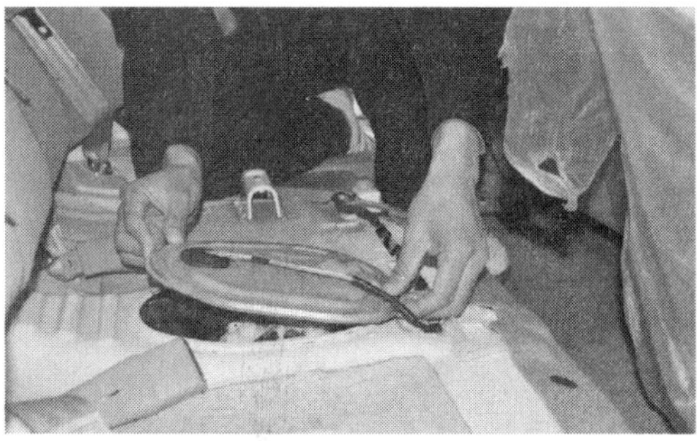

6　1号断开燃油泵总成连接器。

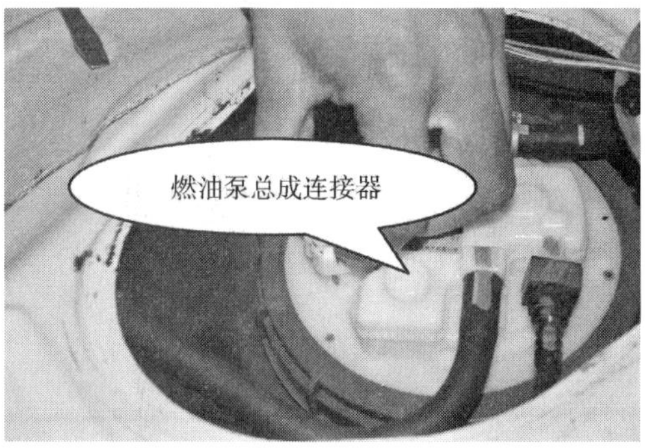


7　1号进入驾驶室，起动发动机，将燃油管内汽油完全排尽，在发动机自然停止后，将点火开关置于OFF档。

8　1号拆下蓄电池负极。

### 第三步　拆卸发动机饰盖

1　1号拆卸发动机饰盖罩，握住罩的后端并提起，以脱开罩后端的2个卡子，继续提起罩，以脱开罩前端的2个卡子并拆下罩。

提示：同时脱开前后卡子可能会使组盖破裂。

2　1号将发动机饰盖罩传递给2号，并放置指定位置。

### 第四步　清洁发动机上部

1　2号将吹气枪传递给1号。

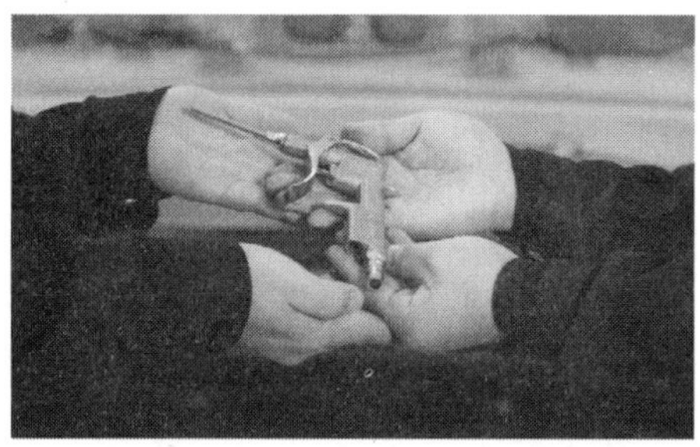

2　1号使用吹气枪将发动机上部的尘土等杂物清理干净。

提示：清理发动机的上部，不仅是规范操作的基本要求，更重要的是防止在拆卸喷油器后杂物掉入气缸内，使汽缸中的相关零件加剧磨损和损伤。

### 第五步　断开喷油器连接器、发动机线束

1　1号拔下各缸喷油器插头。

提示：拔下插头时，拇指和食指按压卡片，同时用力向上拔即可。禁止使用起子等类似器具撬动，以免损坏电插头。

2 2号将接杆、10#套筒传递给1号。

3 1号拆下发动机搭铁螺栓、搭铁线。

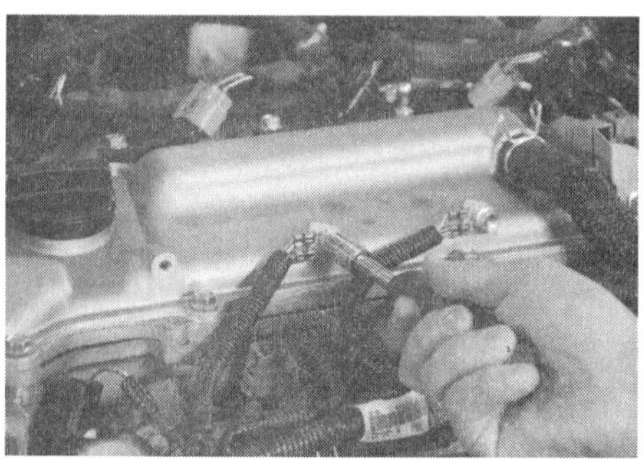

4 1号将喷油器线束整理，移动至规范位置。

提示： 线束、连接器要轻拿轻放，严禁扭曲、折叠。

5 1号拔下发动机通风软管。

提示：拇指和食指按住通风管卡子并向后移动5cm，然后用手拔下通风软管。

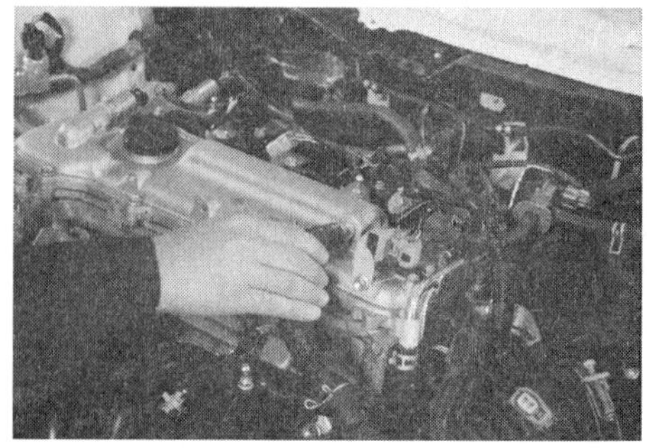

6 2号将小一字螺丝刀传递给1号。

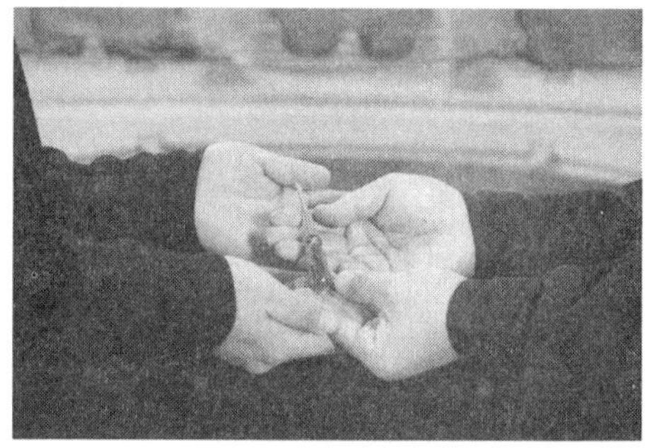

7 1号用小一字螺丝刀将发动机右侧的线束卡夹从线束支架上拆下。

提示：将小一字螺丝刀插入线束卡夹至末端，同时将线束卡夹向外拉。

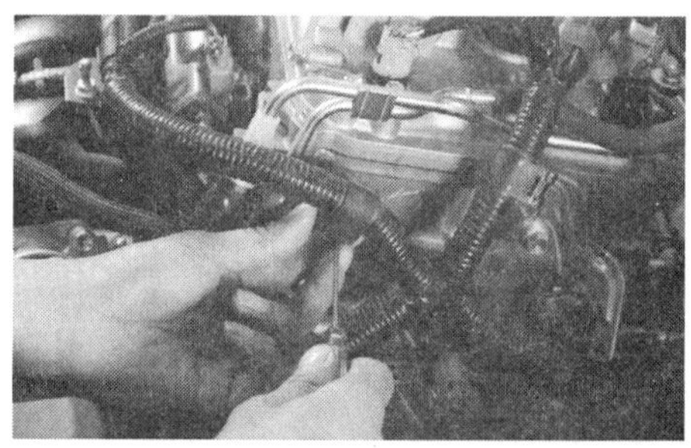

8 2号将、接杆、12#套筒传递给1号。

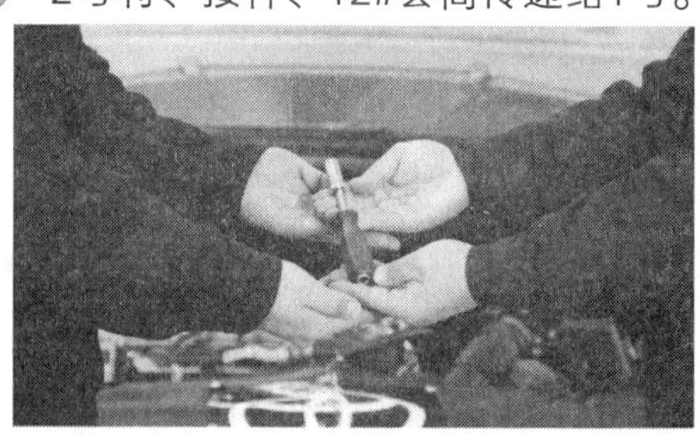

9 1号拧松线束支架螺栓并拆下线束支架。

10 1号将线束支架传递给2号，2号将线束支架放置指定位置。

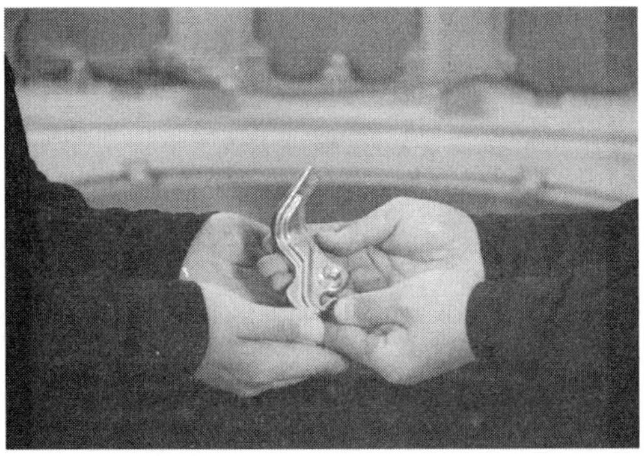

### 第六步 拆卸喷油器总成、输油管分总成

1 1号拆卸输油管支架螺栓。

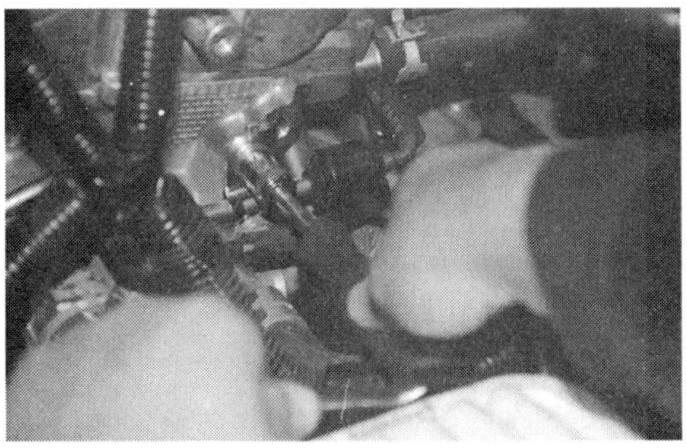

2 2号将小一字螺丝刀传递给1号。

提示：不能重复使用燃油管卡夹。

3 1号用小一字螺丝刀轻顶燃油管卡夹开口，使其打开，并向后移动。

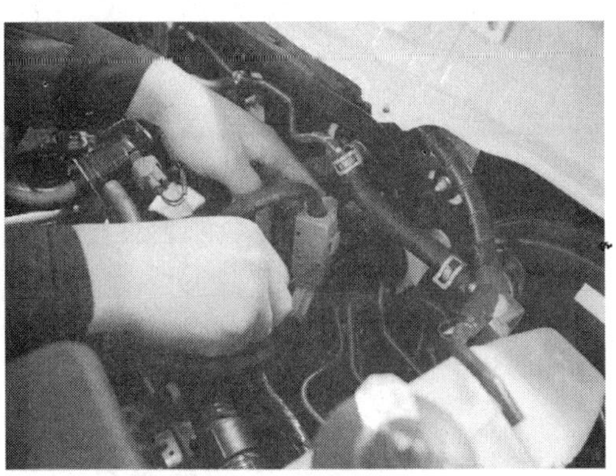

4 1号取下燃油管卡夹。

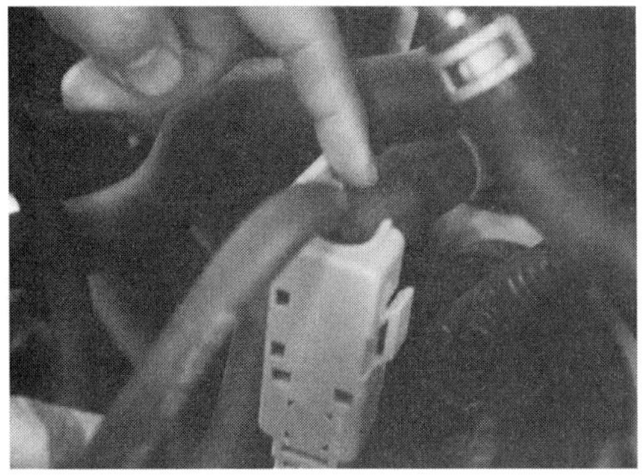

5 1号将燃油管卡夹传递给2号，2号将燃油管卡夹放置指定位置。

6 1号用食指和拇指按住燃油管分总成连接器两侧的弹簧卡片，并向外拔。

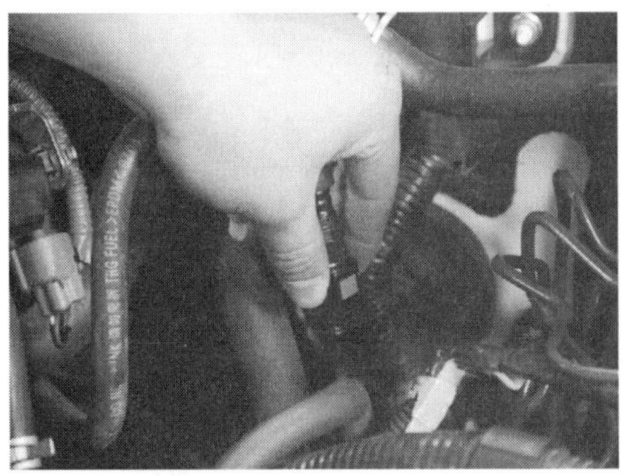

7 2号将10#扳手传递给1号。

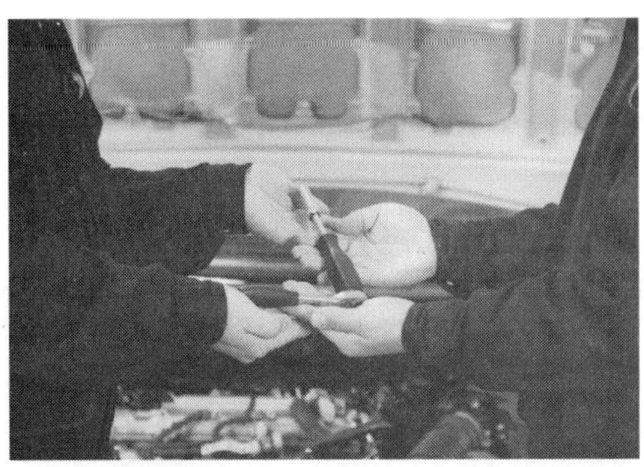

8 1号用10#扳手拧松输油管分总成上的两颗固定螺栓。

9　1号拆下输油管分总成上的两颗固定螺栓。

10　1号拆下输油管分总成。

提示：在取出燃油导轨和喷油器时，要保持燃油导轨水平抬起，有利于各缸喷油器受力均匀，便于取出。如果喷油器取出困难，可由其他同学协助转动喷油器。

11　1号将输油管分总成传递给2号，2号将输油管分总成放置指定位置。

提示：小心取下输油管分总成。管路严禁弯曲变形。

12　1号取下两个输油管隔垫。

提示：注意输油管隔垫的正反，深面朝下。

13　1号将输油管隔垫传递给2号，2号将其放置在指定位置。

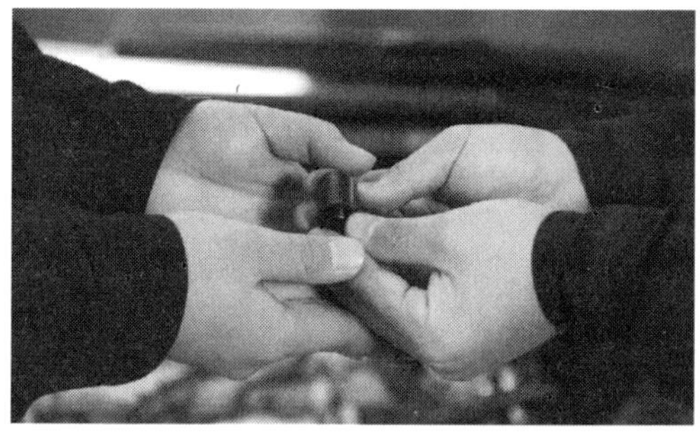

14　1号从燃油输油管分总成中拉出4个喷油器总成。

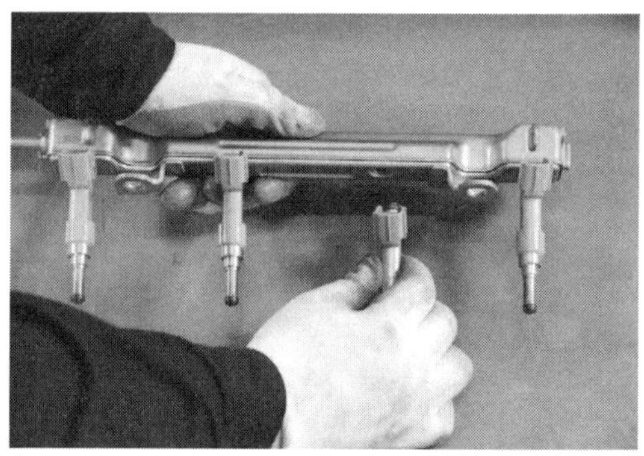

15　1号拆下4个喷油器隔振垫。

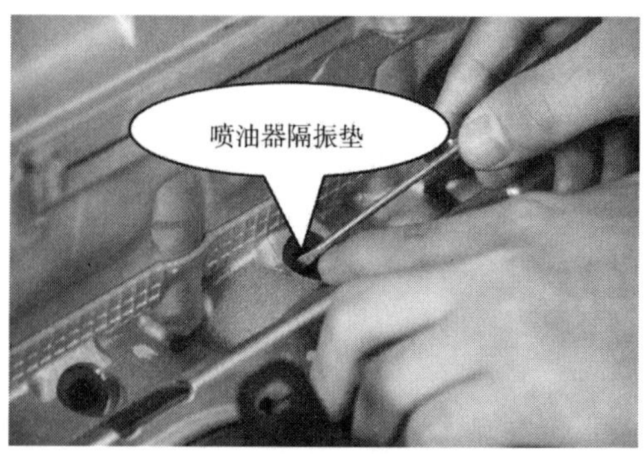


## 第七步　检查喷油器总成

根据下表的值，用欧姆表测量电阻。

| 检测仪连接 | 条　件 | 规定状态 |
| --- | --- | --- |
| 1–2 | 20℃（68°F） | 11.6~12.4Ω |

如果结果不符合规定，则更换喷油器总成。

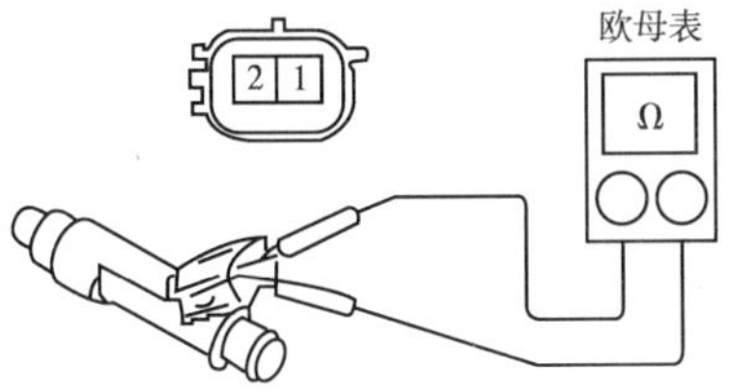


### 第八步　连接喷油器清洗仪

1　1号将喷油器清洗仪放置指定位置。

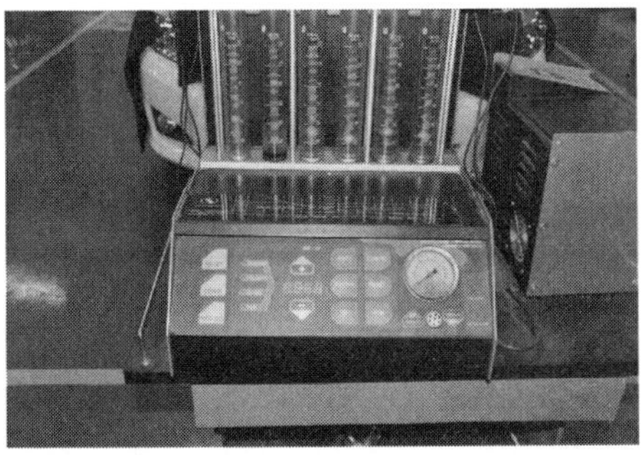

2　1号将喷油器清洗仪与电源连接。

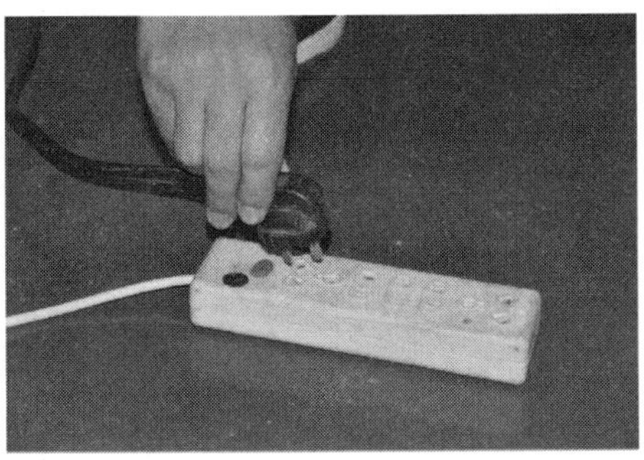

### 第九步　清洗喷油器总成

1　2号将喷油器传递给1号。1号在喷油器的密封垫圈上涂抹一薄层发动机机油后，将喷油器安装到清洗机的燃油导轨上。

**提示：**在喷油器的密封圈上涂机油，既便于安装喷油器，又可加强喷油器与其座孔间的密封。

2　1号将喷油器全部安装到燃油导轨上后，旋紧压紧螺母，将燃油导轨和喷油器固定在清洗机上。

**提示：**旋紧燃油导轨的压紧螺栓时，力矩要均匀且适当，保持各喷油器获得相同的压紧力，同时又能够用转动喷油器为标准。

3　1号将喷油器的电插头与插孔连接起来。

**提示：**喷油器的连接器安装时，要保证电插头和插孔装配到位。否则，会影响喷油器的正常工作。插入电插头时，要用手捏紧导线按压电插头来安装连接器，以免损坏电插头。

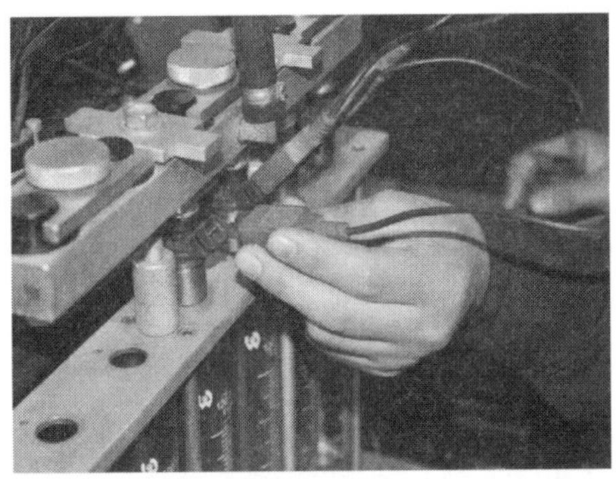

4　1号将进油管与燃油导轨连接起来。

5　1号打开位与清洗机侧面的主电源开关，开关上的指示灯点亮。

**提示：**清洗机使用220V电源，开闭电源时，要保证手干净、干燥，严禁用脏污、潮湿的手开闭电源，以免发生触电危险。

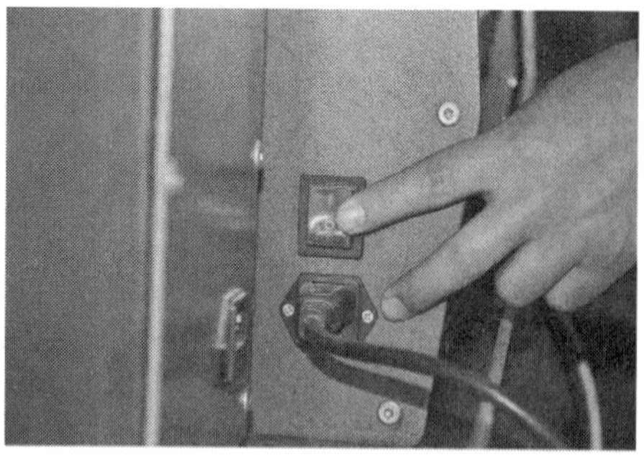

6　2号打开电源开关后，清洗机内的油泵开始运转，建立系统油压。2号观察油压表显示的数值是否适当，否，旋转油压调节旋钮调整到规定值。

**提示：**

（1）如果油压过低，旋转调节旋钮无效，可以清洗机的侧面液位指示器上观察清洗液的数量是否充足。另外，检查有无泄漏。

（2）1ZR型发动机燃油系统怠速油压为：304～343kPa（有真空调节）147kPa(无真空调节）

7　1号选择菜单功能

| | |
|---|---|
| 1.RESET | 重启 |
| 2.DRAIN | 排出 |
| 3.PUMPING | 抽吸 |
| 4.RPTATION SPEED | 旋转速度 |
| 5.PULSE DURATION | 脉冲时间 |
| 6.REV.COUNT | 转速表 |
| 7.TIMING | 定时 |
| 8.AUTO | 自动 |
| 9.SELECTION | 选择 |
| 10.TEST | 测试 |
| 11.CLEANING | 清洁 |
| 12.PRESET | 预设 |
| 13.PRESSURE | 压力 |

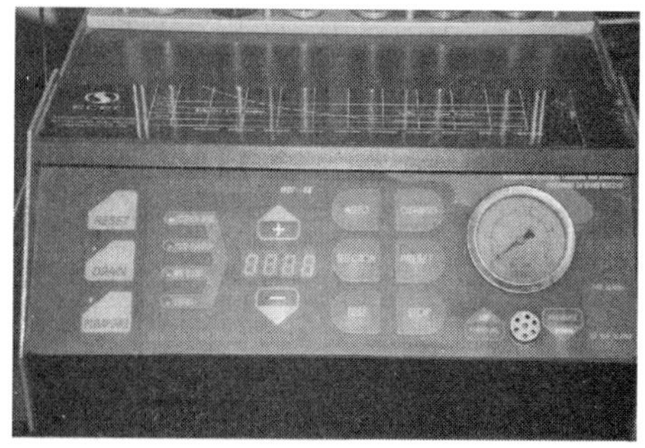

8　1号选择油压调整按钮，将油压调整到规定压力250kPa

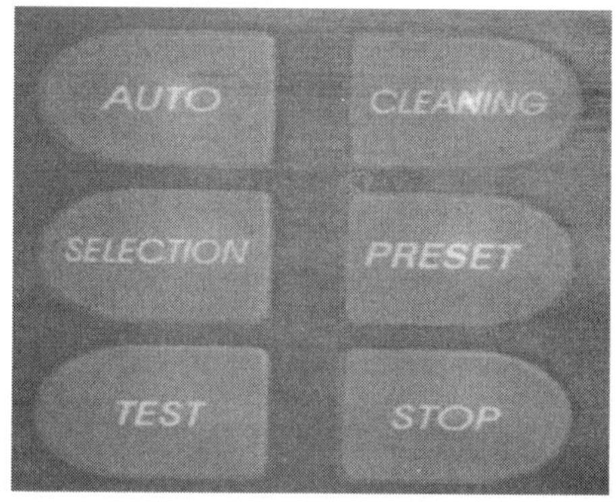


9　1号选择清洗方式，然后设置工作时间15s，最后按11清洁键进行清洁。

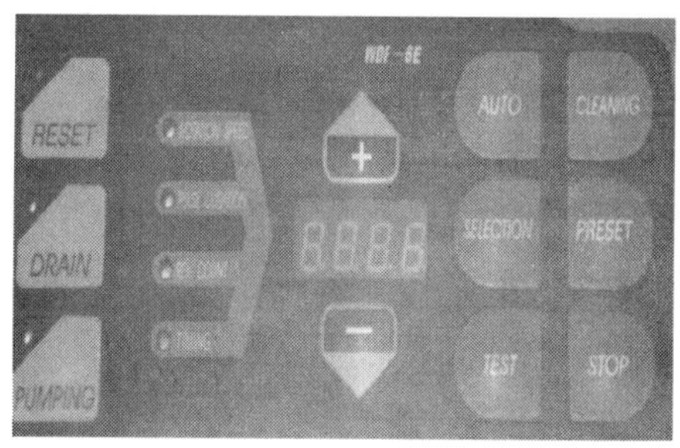


10　1号观察喷油器喷射的燃油的雾化质量。

**提示：**喷油器喷射的燃油应呈雾状，并且有一定的锥角，雾化细微均匀，无明显的飞溅油滴和油流。视情更换燃油雾化质量差的喷油器。

11　1号观察15s内喷油器的喷油量。

**提示：**1ZR型发动机的燃油喷射系统规定：15s喷油器的喷油速率为60~73cm$^3$，视情更换喷油量超出标注要求的喷油器。

12　1号打开卸油开关，使检测量杯中的清洗液流回储液箱。

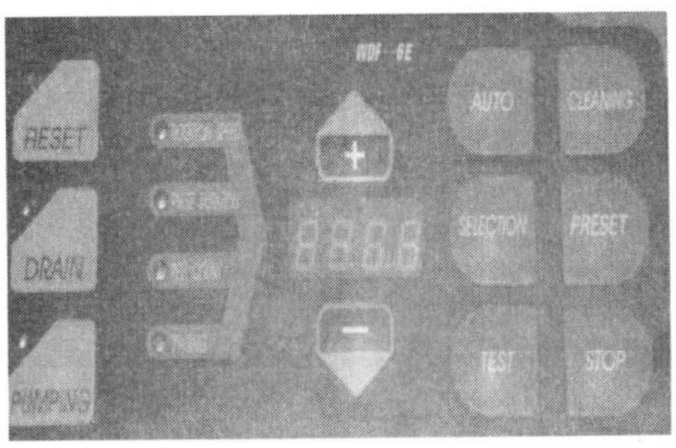


## 第十步　安装喷油器总成、输油管分总成

1　2号将喷油器传递给1号。

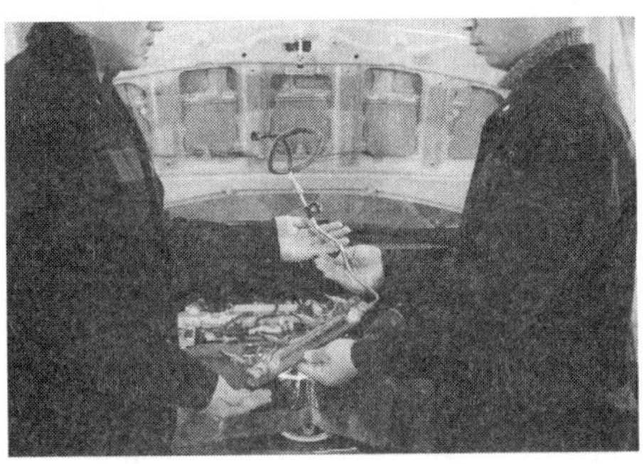

2　1号将喷油器隔振垫安装到喷油器总成上。

**提示：**在喷油器总成O形圈接触面上涂抹一层汽油或机油。

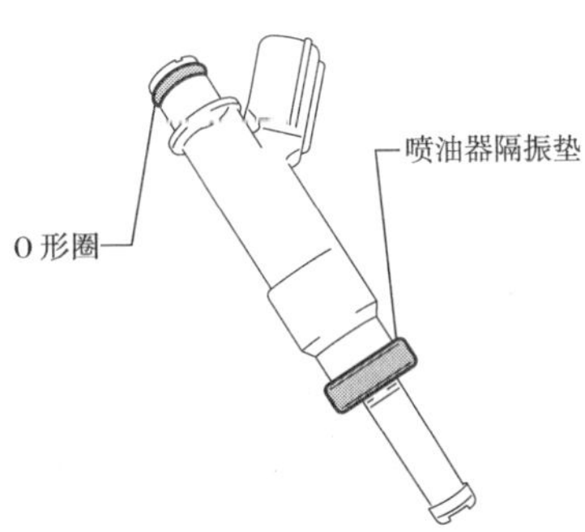


3　1号向左向右转动喷油器总成，以将其安装到输油管分总成上。

**提示：**安装喷油器后，检查并确认他们可以平稳转动。如果不能平稳转动，换上新的O形圈。

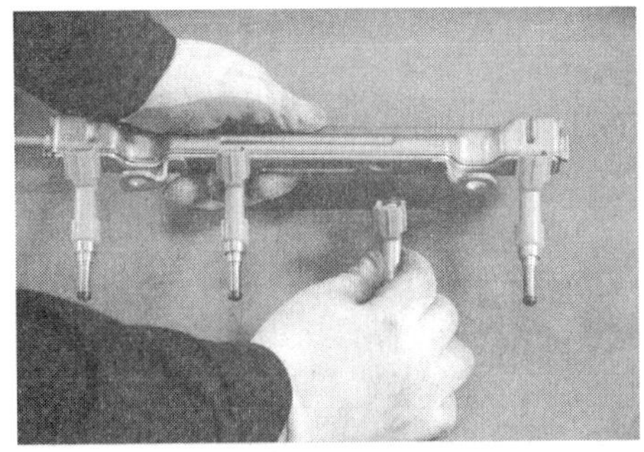

4　2号将输油管隔垫传递给1号。

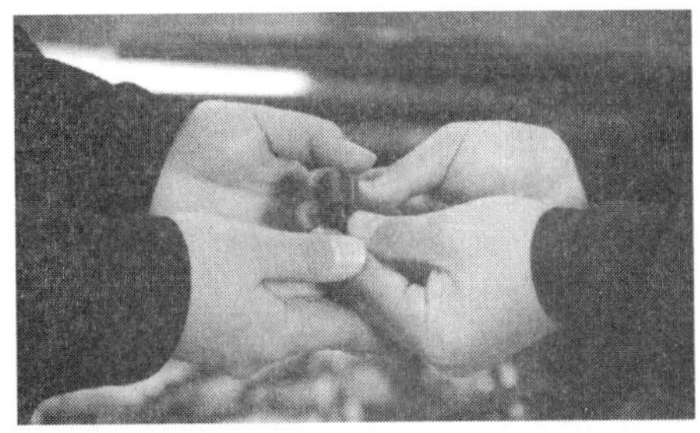

5　1号安装输油管隔垫。

**提示：**以正确方向安装输油管隔垫。

6　2号将喷油器总成、输油管分总成传递给1号。

7　1号安装喷油器总成、输油管分总成。

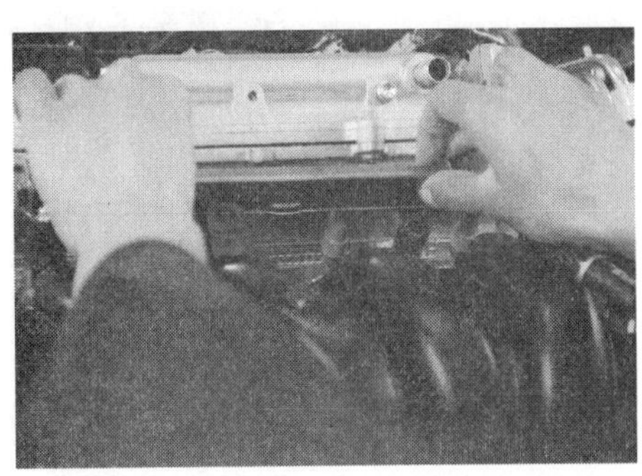

8　1号安装输油管分总成和4个喷油器总成，

然后安装2个螺栓。

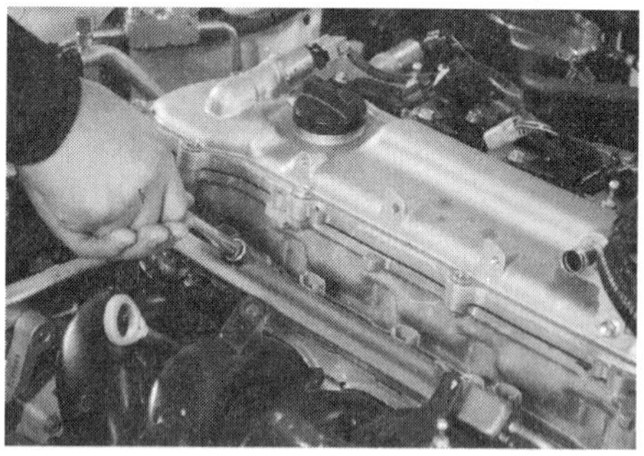

9　2号将扭力扳手、10#套筒传递给1号。

10　1号将两个螺栓紧固到规定力矩。

提示：规定力矩为21N·m

11　将燃油管分总成连接器插入输油管，直到听到“咔嗒”声。

提示：在工作前，检查并确认燃油管连接器和燃油管的断开部位没有划痕和异物。连接燃油管后拉动燃油管连接器与燃油管，检查并确认其已牢固连接。

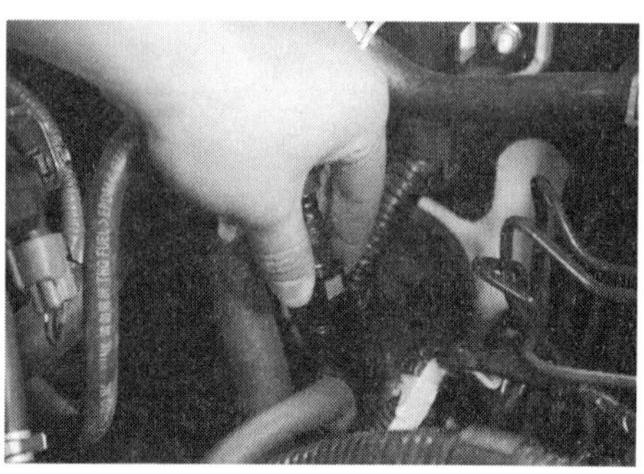

12　2号将新的燃油管卡夹传递给1号。

13　1号安装燃油管卡夹。

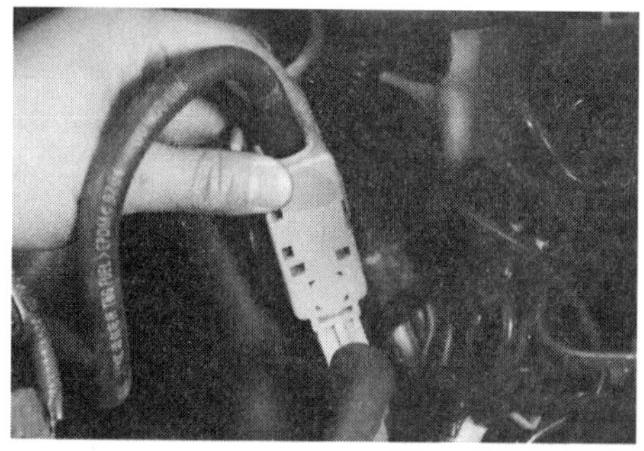

14　2号将扭力扳手、接杆、12#套筒传递给1号。

15　1号安装输油管螺栓。

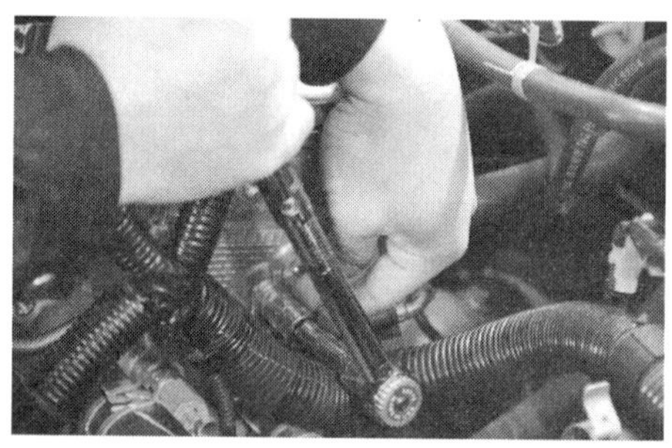

### 第十一步　安装喷油器连接器、发动机线束

1　2号将线束支架传递给1号。

2　1号安装线束支架。

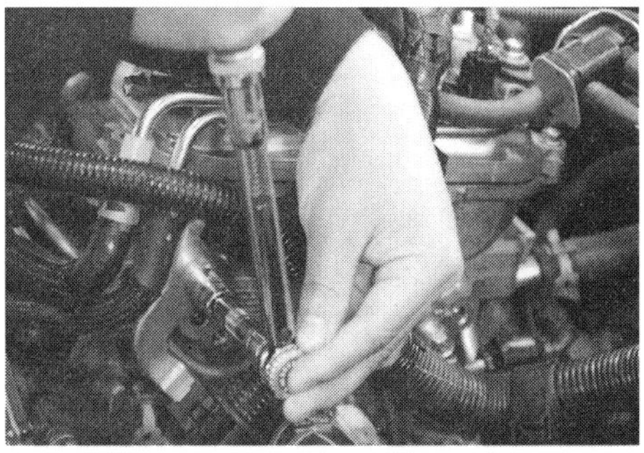

3　1号将线束卡夹安装在线束支架上。

4　1号连接通风软管。

5　1号连接4个喷油器总成连接器。

6　2号将10#扳手传递给1号。

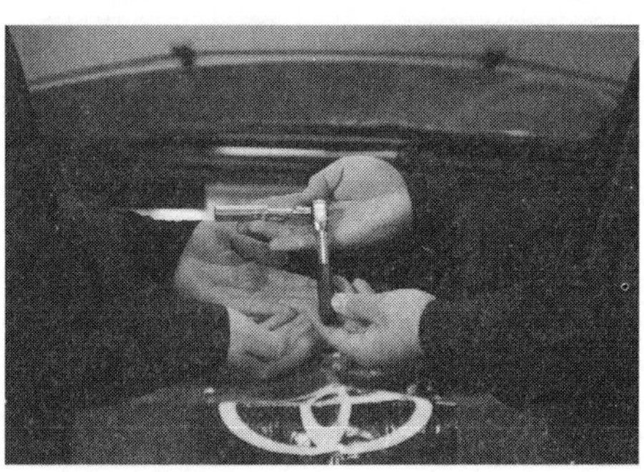

7　1号用10#扳手安装搭铁线。

8　1号连接蓄电池负极。

### 第十二步　安装燃油泵总成连接器、后排座椅

1　1号连接燃油泵总成连接器。

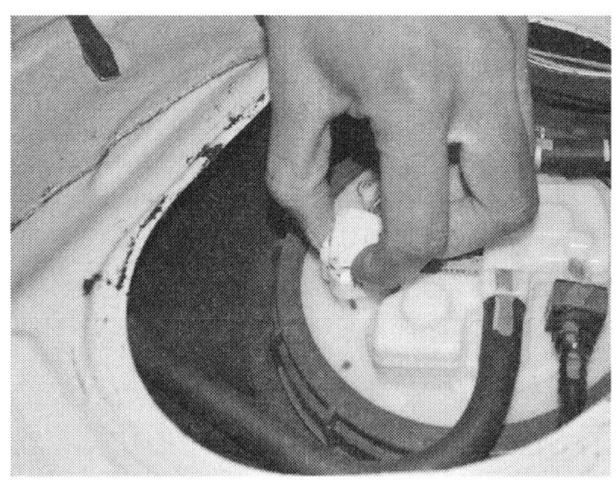

2　1号安装后地板检修孔盖。

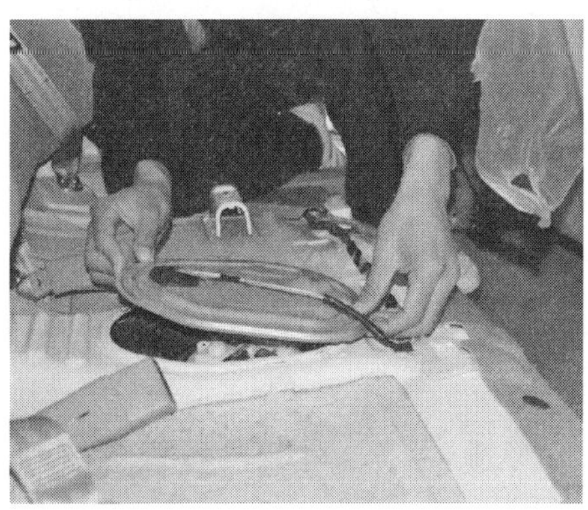

3　1号将地板检修孔盖安装到位。

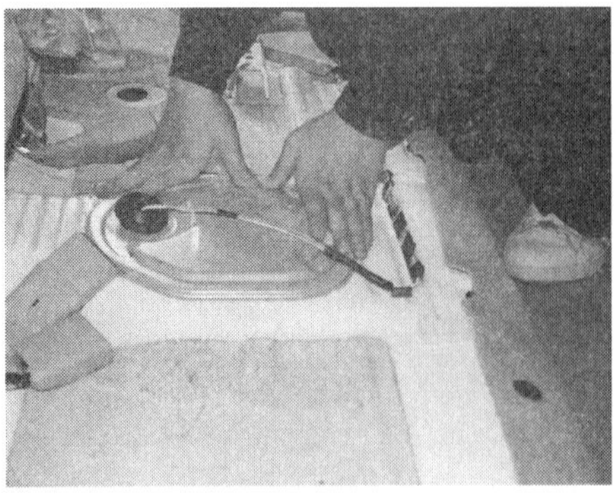

4　2号将后排座椅传递给1号。

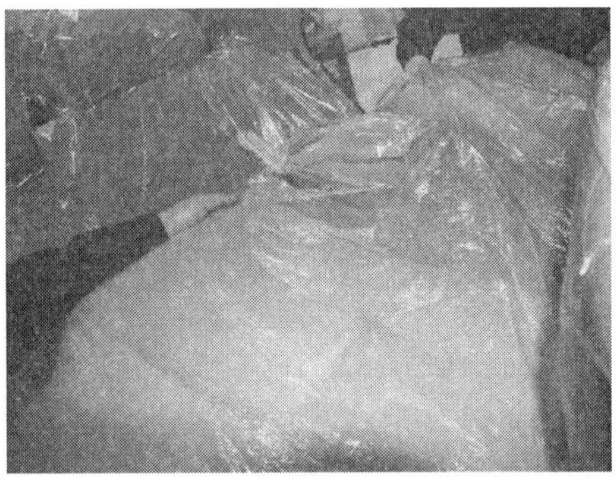

5　1号将座垫的两个后挂钩连接到座椅靠背上。

6　1号将座垫的两个前挂钩连接到车身上。

提示：安装座垫时，确保座椅安全带锁扣未压在座椅坐垫底下。

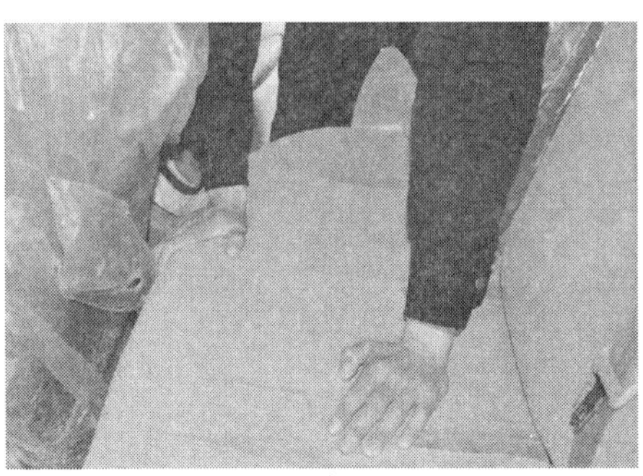

### 第十三步　发动机运行检验

1　2号进入驾驶室，起动发动机，保持怠速运转2~3min

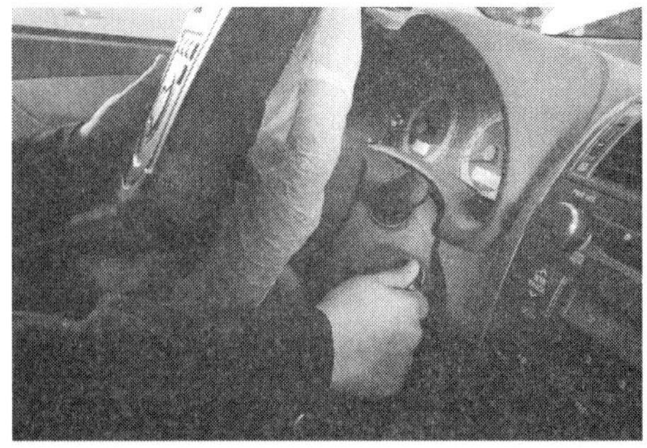

2　1号站在汽车车身旁边，1号观察发动机运转稳定性，2号变换发动机转速，检查发动机的相应性能。1号检查有无燃油泄漏现象，若有异常，进行检修；若均正常，清洗喷油器作业完成。

### 第十四步　整理工位

1　1号取下转向盘套、变速杆套、座套和地板垫，传递给2号，2号将其放置在包装袋中。

提示：保护罩用薄塑料制成，易破损。所以拆装时注意保护，以增加使用次数。

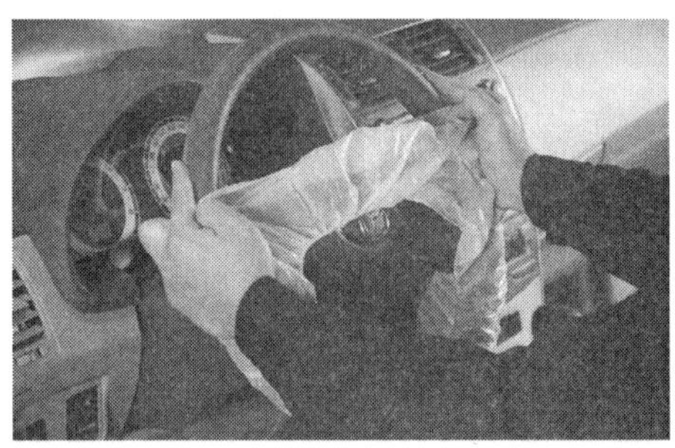

2　1号、2号共同拆除护裙，关闭发动机机舱盖，擦拭摆放工具，处理废弃物，清洁地面卫生。

提示：作业项目完成后，要搞好工位的清洁，整理和整顿工作，培养良好的工作习惯。

## 七、考核标准

考核标准表

| 考核时间 | 序　号 | 考核项目 | 满　分 | 评分标准 | 得　分 |
|---|---|---|---|---|---|
| 45min | 1 | 作业前整理工位 | 2 | 整理遗漏，酌情扣分 | |
| | 2 | 打开并支撑机舱盖 | 2 | 操作不当扣2分 | |
| | 3 | 安装汽车保护罩 | 3 | 操作不当扣3分 | |
| | 4 | 燃油系统卸压 | 5 | 操作不当扣5分 | |
| | 5 | 拆卸发动机装饰罩 | 2 | 操作不当扣2分 | |
| | 6 | 清洁发动机上部 | 3 | 操作不当扣3分 | |
| | 7 | 断开喷油器连接器 | 4 | 操作不当扣4分 | |
| | 8 | 断开燃油导轨进、回油管 | 4 | 操作不当扣4分 | |
| | 9 | 拆下燃油导轨和喷油器 | 7 | 操作不当扣7分 | |
| | 10 | 喷油器承孔及油管防尘保护 | 8 | 操作不当扣8分 | |
| | 11 | 从燃油导轨上拆下喷油器 | 3 | 操作不当扣3分 | |
| | 12 | 将喷油器安装在清洗机上 | 5 | 操作不当扣5分 | |
| | 13 | 清洗机上连接喷油器导线 | 5 | 操作不当扣5分 | |
| | 14 | 连接清洗机上的进油管 | 2 | 操作不当扣2分 | |
| | 15 | 调节清洗机的供油压力 | 3 | 操作不当扣3分 | |
| | 16 | 选择清洗方式和时间 | 4 | 操作不当扣4分 | |
| | 17 | 检查喷油器喷油雾化质量 | 5 | 操作不当扣5分 | |
| | 18 | 喷油器喷油量的检查及标准 | 5 | 操作不当扣5分 | |
| | 19 | 释放量杯中的清洗液 | 2 | 操作不当扣2分 | |
| | 20 | 将喷油器安装到燃油导轨上 | 5 | 操作不当扣5分 | |
| | 21 | 将喷油器和燃油导轨安装到汽缸盖上 | 7 | 操作不当扣7分 | |
| | 22 | 连接喷油器电插头 | 3 | 操作不当扣3分 | |
| | 23 | 安装进、回油管 | 4 | 操作不当扣3分 | |
| | 24 | 安装发动机装饰罩 | 2 | 操作不当扣3分 | |
| | 25 | 发动机运转检查 | 3 | 操作不当扣3分 | |
| | 26 | 作业后整理工位 | 2 | 整理遗漏，酌情扣分 | |
| | 27 | 遵守相关安全规范 | 因违反操作造成人身和设备事故的，总分按0分计 | | |
| 分数合计 | | | 100 | | |

# 任务二　检查燃油系统渗漏情况或清洗燃油系统

## 一、技术标准与要求

| 产品型号 | 产品尺寸 | 储油桶容积 | 质　量 | 电　压 |
|---|---|---|---|---|
| DF-888R | 520cm×415cm×1050cm | 2L | 28.5kg | 220V |

## 二、实训时间：45min

## 三、实训教学目标

（1）了解燃油油路清洗的重要性。

（2）熟悉DF-888R引擎燃油系统免拆清洗机的使用方法。

（3）掌握免拆清洗燃油油路的操作技能。

## 四、实训器材

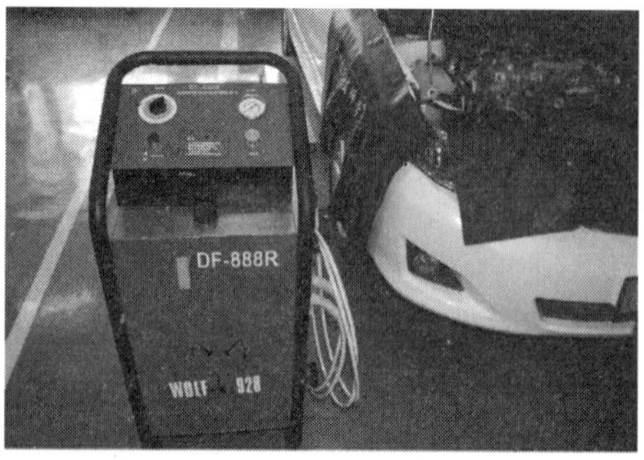

DF-888R引擎燃油系统免拆清洗机

灭火器

## 五、教学组织

（1）教学组织形式：

每辆车安排四名学生参与实训，两名学生一组，一组操作，一组观察学习。

（2）学生站位分工和要求：

两名学生一组，按照1号。二号进行编号，1号为主，2号位辅助。

（3）实训教师职责：

讲解操作步骤和注意事项：下达“操作开始”口令；工位间巡视、检查、指导和纠正错误。

（4）学生职责变换：

两名学生职责变换制度，即第一遍1号为主。2号辅助；第二遍2号为主，1号辅助。

## 六、操作步骤

### 第一步　事前准备

1　车辆进入工位前，参训学生将工位卫生清理干净，排除障碍物，准备好相关的工具、物品等。

提示：培养良好的工作习惯，做好事前准备，有利于安全操作和提高工作效率。

2　将车辆停驻在举升机平台的中央位置。

提示：车辆停驻于举升机平台的中央位置，为车辆的安全举升做好准备。

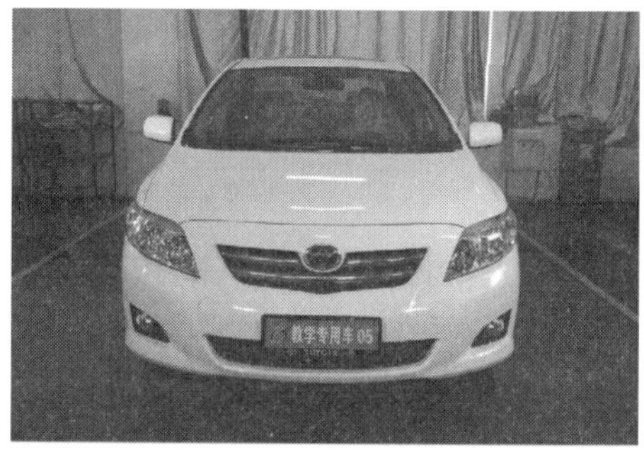

3　2号将变速杆置于P挡。

提示：发动机带挡操作属于违规操作，危险性极大。因此，发动机起动前应将变速杆置于P挡。

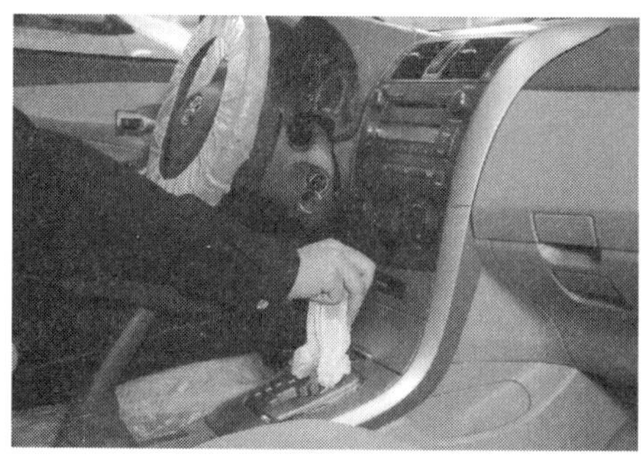

4　1号支撑牢固发动机舱盖。

提示：用支撑杆支撑发动机舱盖时，要保证接触可靠，否则，发动机舱盖滑落会造成人身伤害。

5　1号把护裙粘贴在汽车的正前面，要求将

车头前部、前照灯总成、保险杠全部覆盖。

**提示：** 在车的前方操作时，护裙用于保护易划伤的零部件表面和车漆。

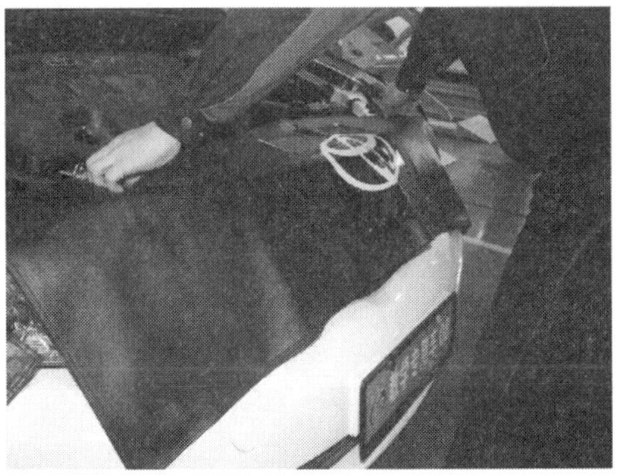

6　2号安装转向盘套。

**提示：** 转向盘套是由薄塑料制成的，极易破损。安装转向盘套时，不要生拉硬拽，否则会造成转向盘套破损。

### 第二步　预热发动机

1　2号进入驾驶室，横向摆动变速杆，确认其处于空挡位置。

**提示：** 发动机起动之前，应将变速杆置于N挡或P挡位置。

2　1号检查冷却液液面。

**提示：** 如果储液罐中的冷却液液位在“FULL”和“LOW”之间，则冷却液液位是合适的。如果液位低，须加注冷却液。

3　1号检查发动机机油液位。

**提示：** 如果机油标尺上的机油液位在3/4之间，则机油液位是合适的。如果液位低，须加机油。

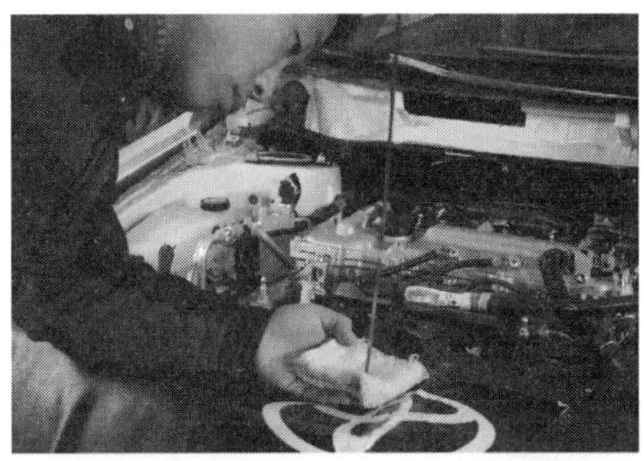

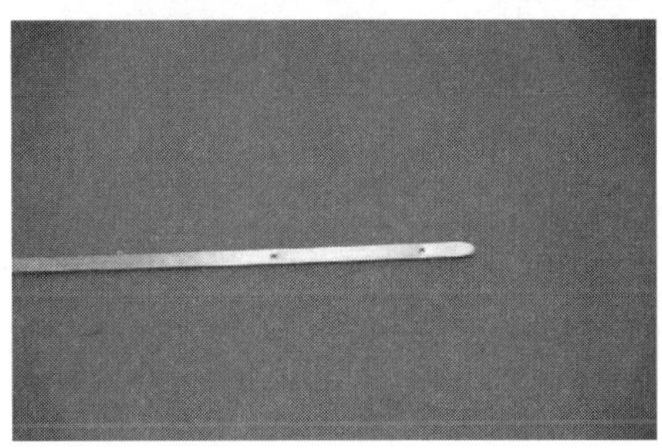

4　2号打开点火开关，起动发动机并保持怠速运转3～5min。其间观察水温表指示数值的变化，当水温达到60～70℃时关闭点火开关，停止发动机运转。

**提示：**

（1）提高发动机温度使冷却液黏度变小，有利于发动机内的冷却液排放彻底。

（2）起动发动机时，1号、2号配合口令是“起动”和“正常”。注意发动机起动器安全确认。

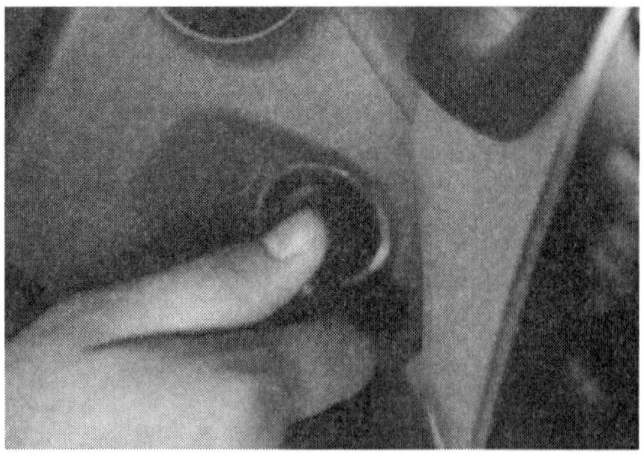

## 第三步　拆卸发动机装饰罩

1　1号用手取下空气滤清器附近的装饰板。

提示：装饰板是由橡胶材料制成的，通过卡孔，承座与车身上的销轴，空调系统中的储液干燥器相配合。取下装饰板时，双手握住装饰板的前后端，同时用力但不要过猛，防止折断。

2　1号将装饰板传递给2号。

3　2号将装饰板摆放在零件车上。

## 第四步　清洁发动机上部

1　2号将吹气枪传递给1号。

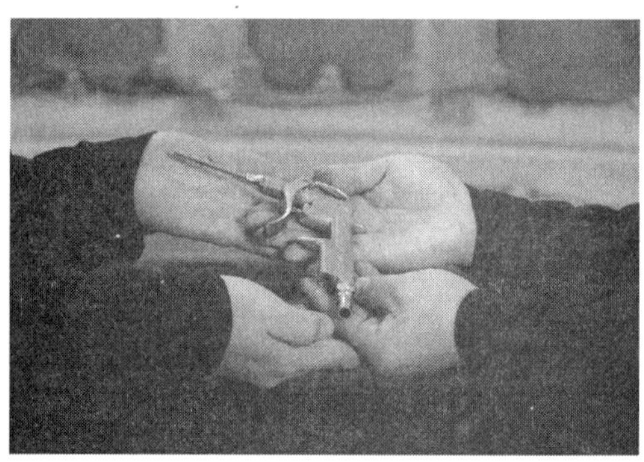

2　1号使用吹气枪将发动机上部的尘埃等杂物清理干净。

提示：清理发动机的上部，不仅是规范操作的基本要求，更重要的是防止在拆卸喷油器后杂物掉入气缸内，使汽缸中的相关零件加剧磨损和损伤。

### 第五步　连接仪器准备

1　1号将清洗机推放置车辆旁。

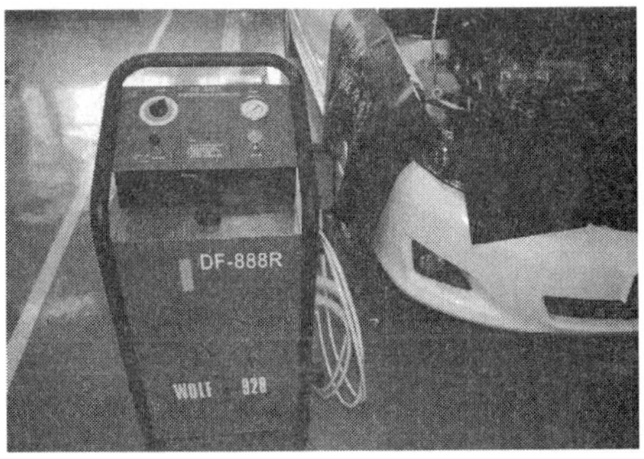


2　2号将电源线传递给1号。

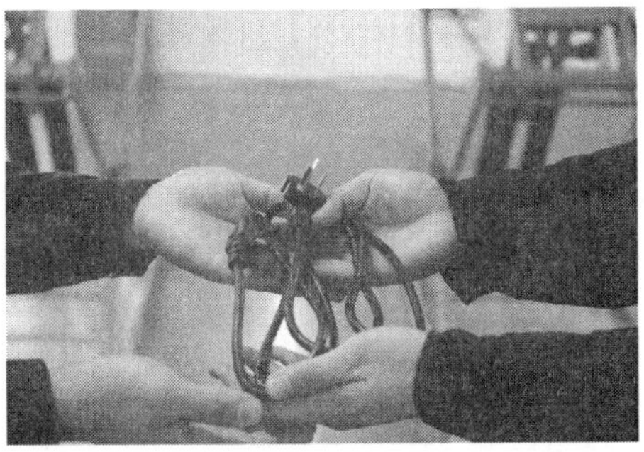

3　1号将电源线与清洗机连接。

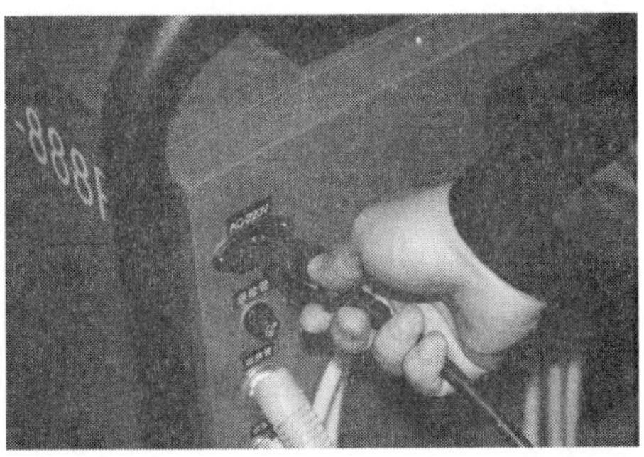

4　1号将电源线与插座连接。

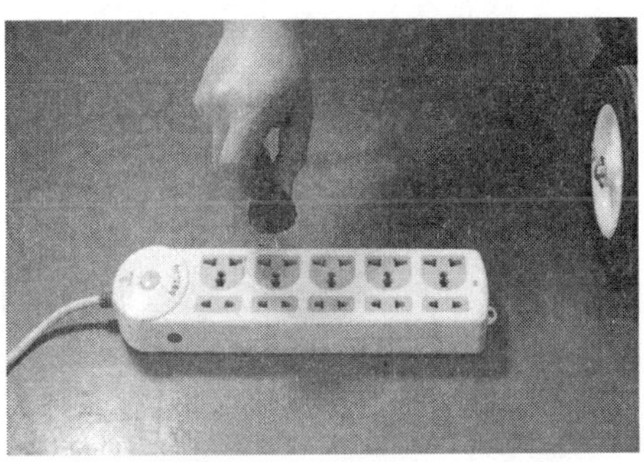

### 第六步　连接清洗仪上的回油管

1　1号将棉纱铺设在发动机进、回油管的下方。

提示：在油管下面铺设棉纱，用于吸附拆卸油管时流出的少量燃油。

2　2号将鲤鱼钳传递给1号。

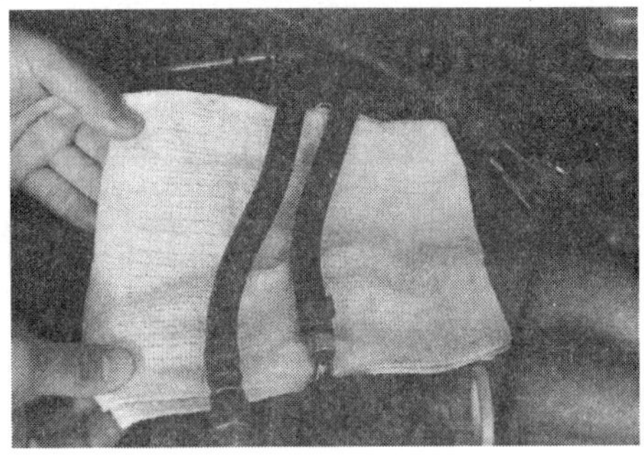

3　1号使用鲤鱼钳加注固定卡子，然后慢慢向后移动。

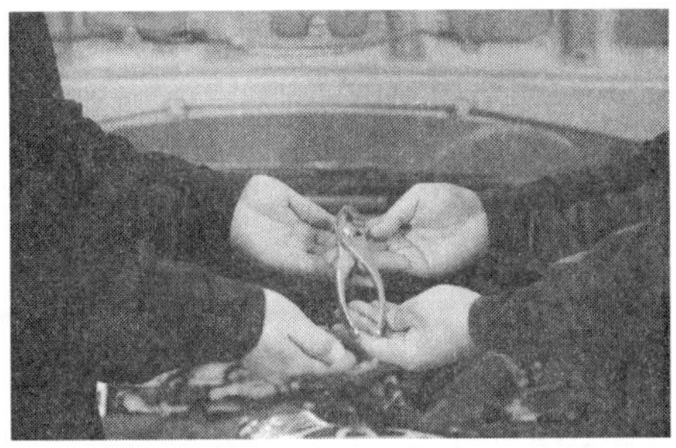

4　1号取下回油管。

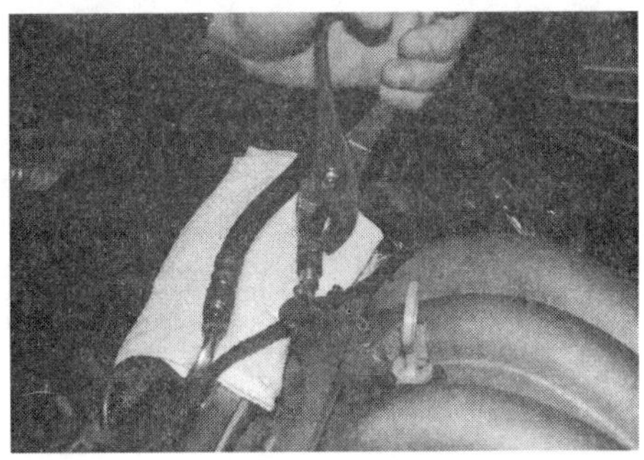

5　1号从工具盒中找到合适的回油连接管，并与仪器的回油管连接。

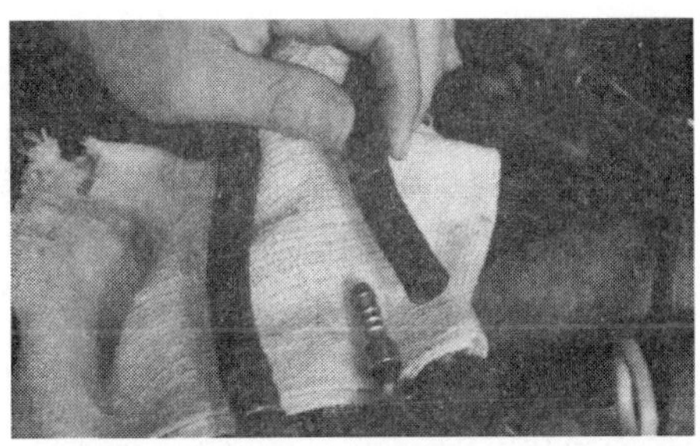

6　1号将仪器回油管与发动机回油管连接。

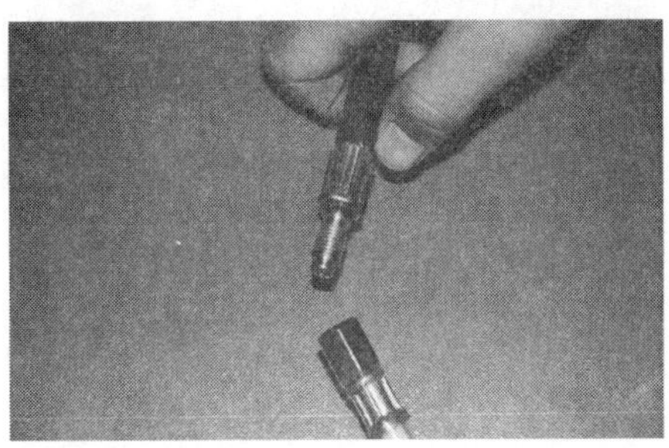

7　2号将十字螺丝刀传递给1号。

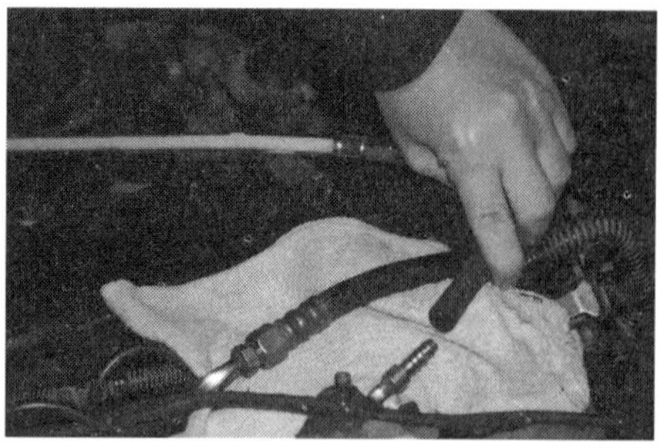

8　1号紧固回油管固定卡子。

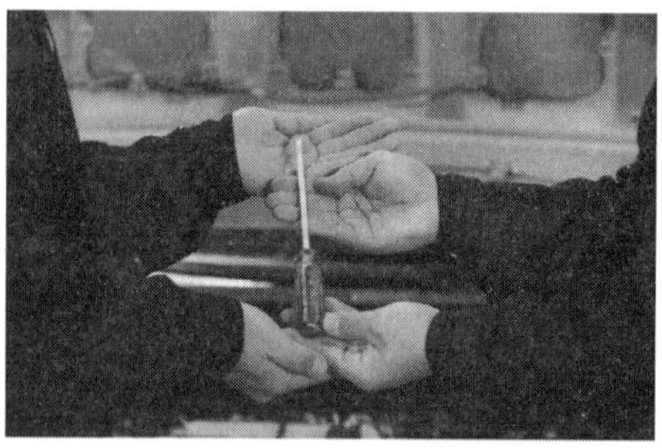

9　1号进入驾驶室，起动发动机。

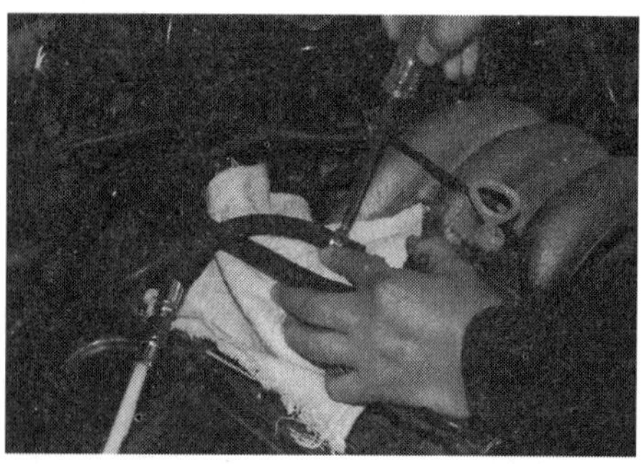

10　起动发动机，将回油引导至清洗机的储油桶内。

提示：4缸发动机达到4CYI刻度即可。

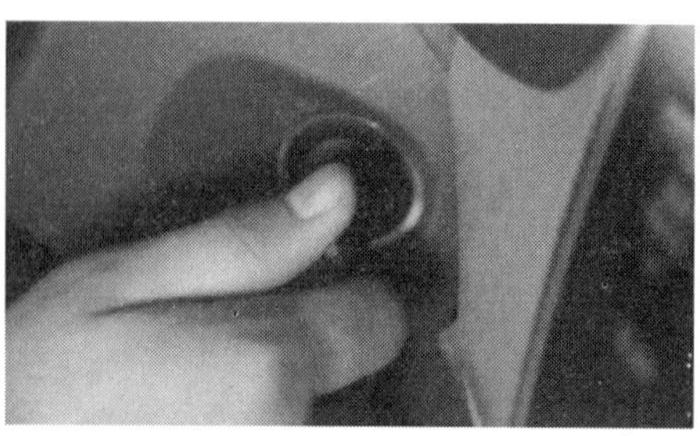

11　1号进入驾驶室，关闭点火开关。

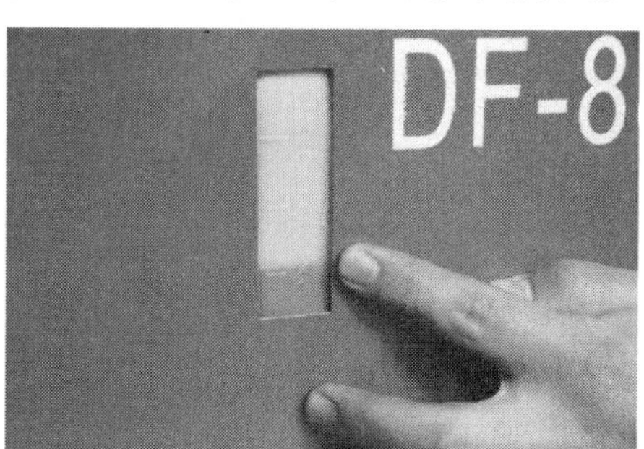


## 第七步　管路连接

1　2号将14#、17#开口扳手传递给1号。

2　1号使用扳手的14mm和17mm开口端分别卡住进油管接头处的两个锁紧螺栓，反向用力将油路连接螺栓松开。

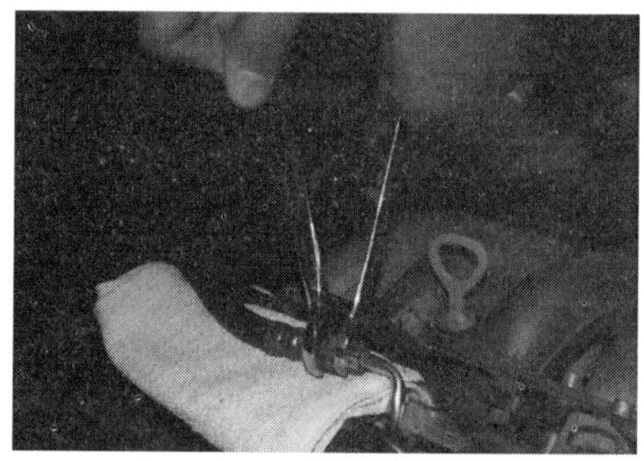

3　1号用手拧下发动机上的回油管。

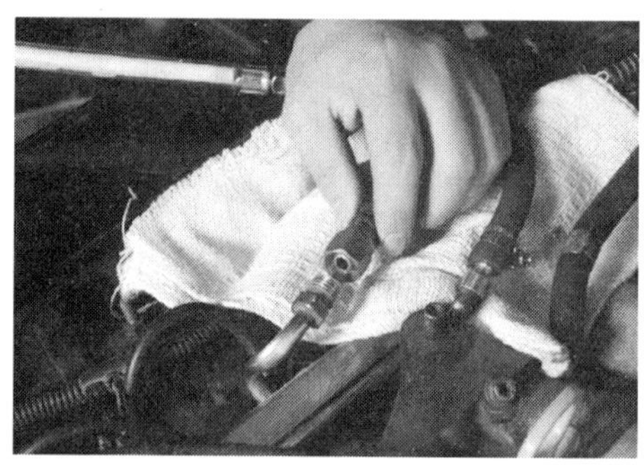

4　1号从工具箱中找到相应的接头与连接管。

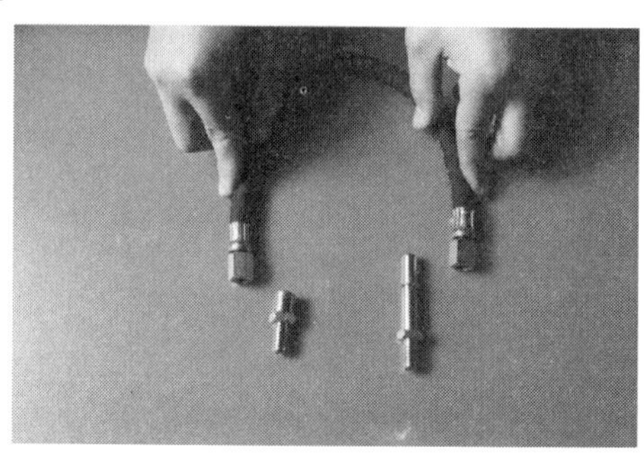

5　1号将适当连接头旋入来自油箱软管接头上并紧固。

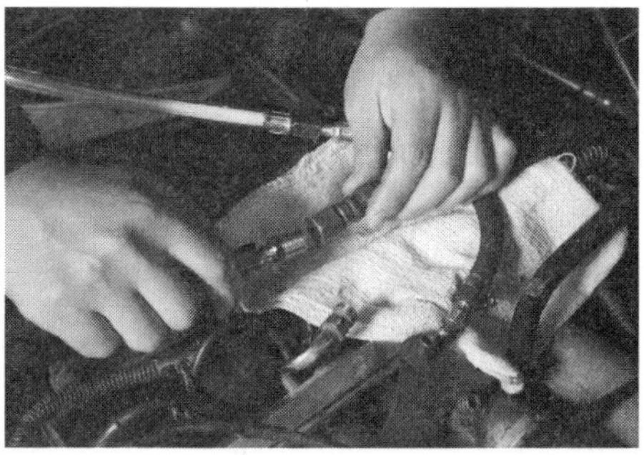

6　1号通过适当的连接管和连接头将发动机燃烧系统的进，回油软管连接起来并紧固。

提示：通过连接管和连接头将发动机燃油系统的进，回油管连接起来后，当发动机起动运转时，燃油只是在燃油箱与燃油管之间循环流动，而不能够进入汽缸内参与燃烧。

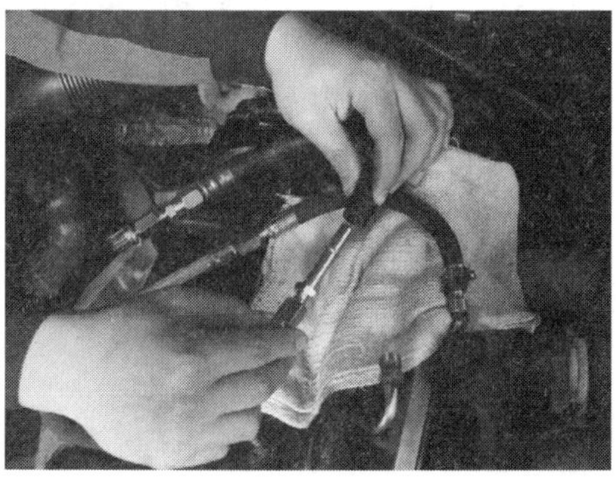

7　1号从工具盒中找到相应的进油管导管。

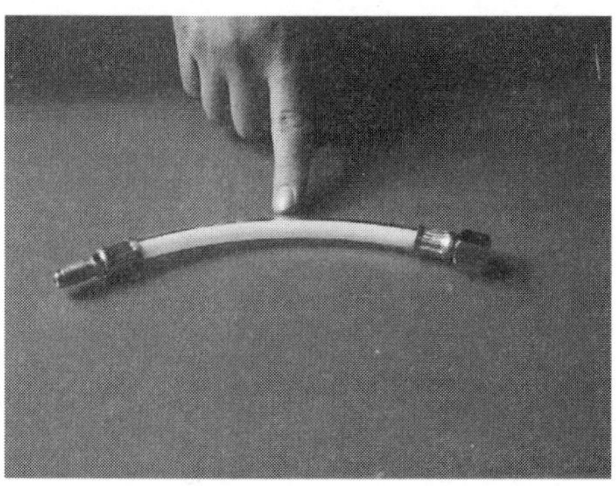

8　1号将适当的进油管导管旋入燃油导轨的进油管接头上。

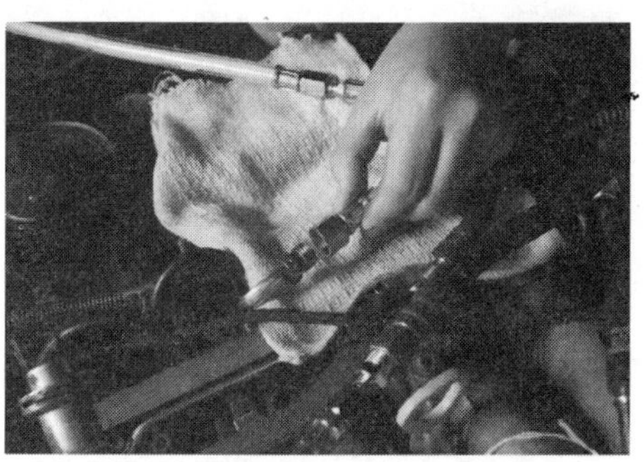

9　2号将14#、17#开口扳手传递给1号。

10　1号使用14#、17#开口扳手将管路连接管接头紧固。

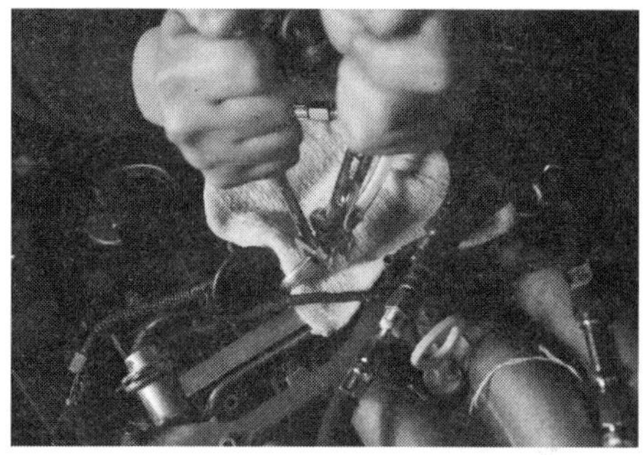

11　1号将清洗机的进油管与燃油导轨进油管接头连接。

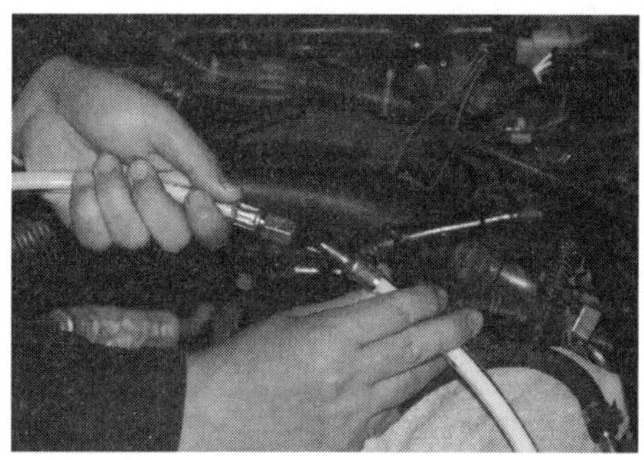

12　将清洗机于发动机燃油系统连接后，清洗机供油取代了汽车上油箱供油，来自汽车油箱的燃油直接流回油箱。

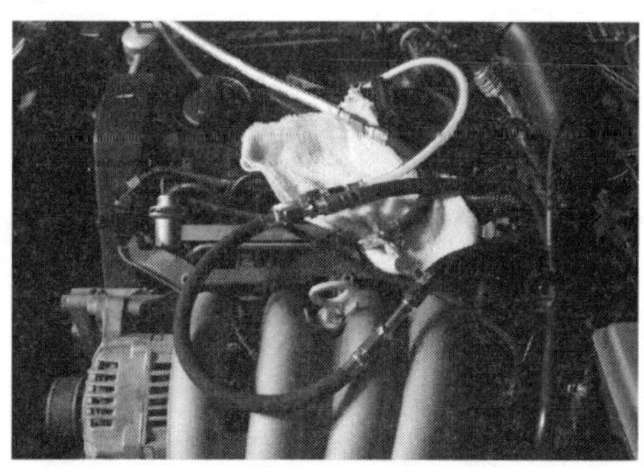

### 第八步　清洗发动机燃油系统

1　1号将清洗仪的油压调节阀（OIL PRESSURE）顺时针旋转，调节仪器油压。

**提示：**卡罗拉油压为：304~343kPa

2　1号打开仪器开关，启动仪器，检查管路及各接头处是否泄漏、渗油。

**提示：**如有渗油，必须修复好后方可继续工作。

3　1号再次启动仪器，直到清洗仪油桶内有回油时，此时，清洗机的供油压力已达到发动机工作压力。

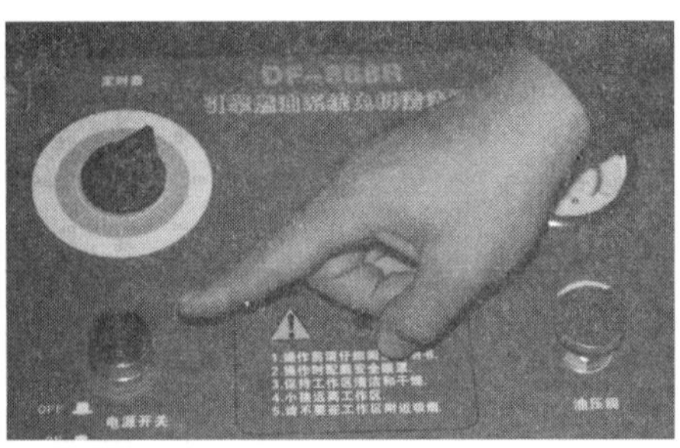


4　1号进入驾驶室，起动发动机。

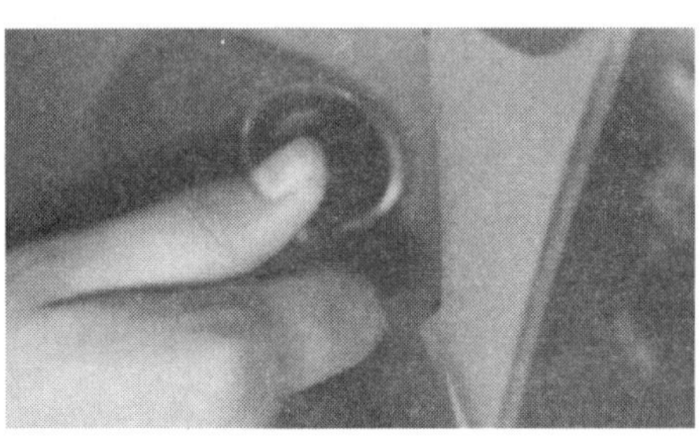

5　发动机运行正常，1号向储油桶加入适量的清洗剂。

**提示：**四缸发动机：118mL清洗液加入472mL燃油。

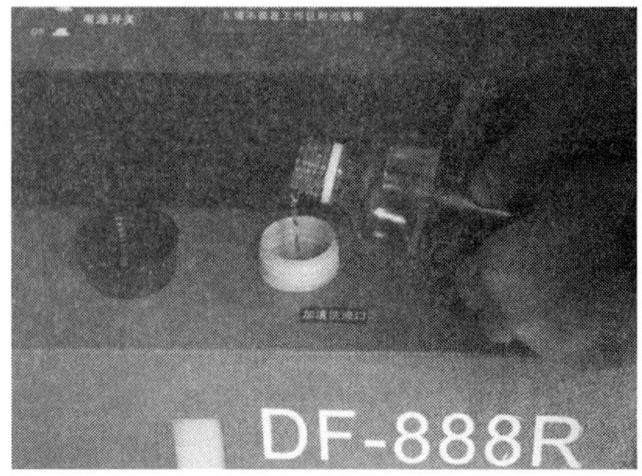


6　1号观察燃油系统清洗情况。

7　当清洗完毕时，1号关闭仪器开关。

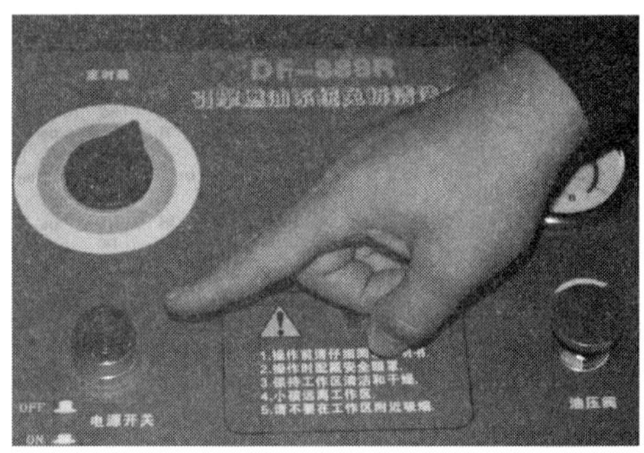


8　待汽车自动熄火后，1号进入驾驶室，关闭点火开关。

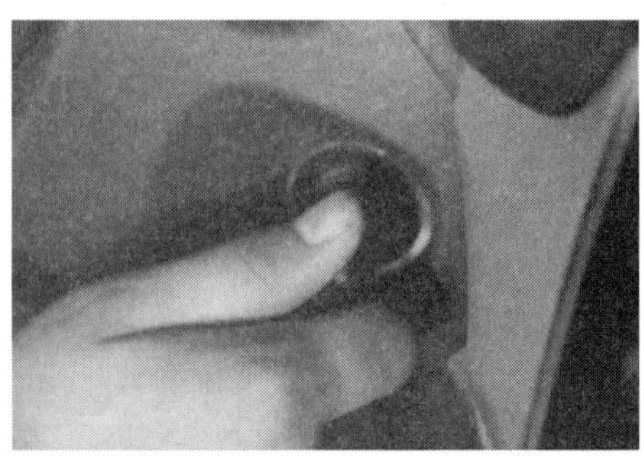

### 第九步　拆卸清洗机与发动机连接管路

1　1号逆时针旋转（OIL PRESSURE）减压。

2　1号拆卸清洗机的进油管与燃油导轨进油管接头。

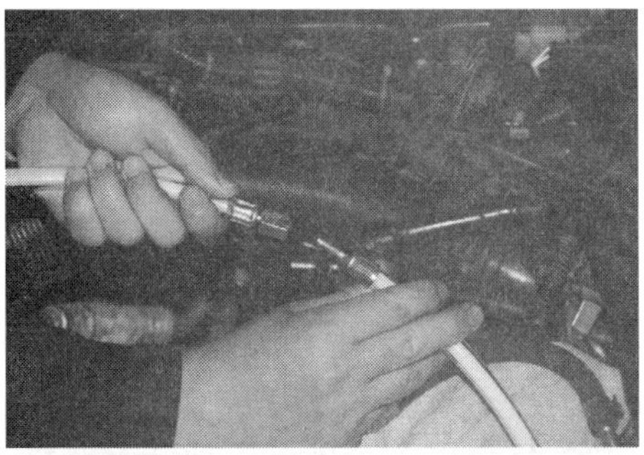

3　2号将14#、17#开口扳手传递给1号。

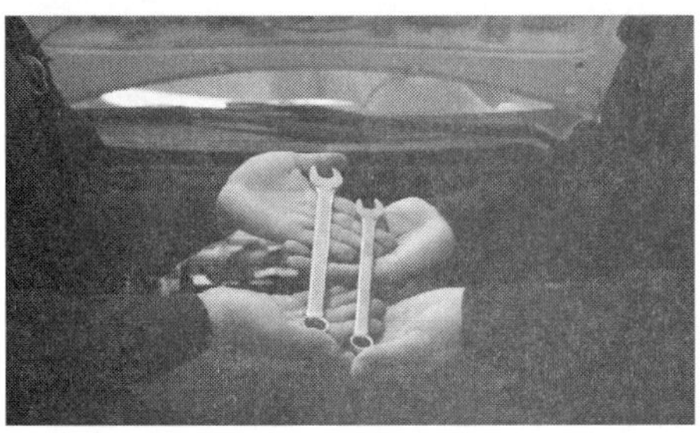

4　1号使用14#、17#开口扳手将管路连接接头拧松。

5　1号将进油管接头从发动机进油管上取下并传递给2号，2号将其放置指定位置。

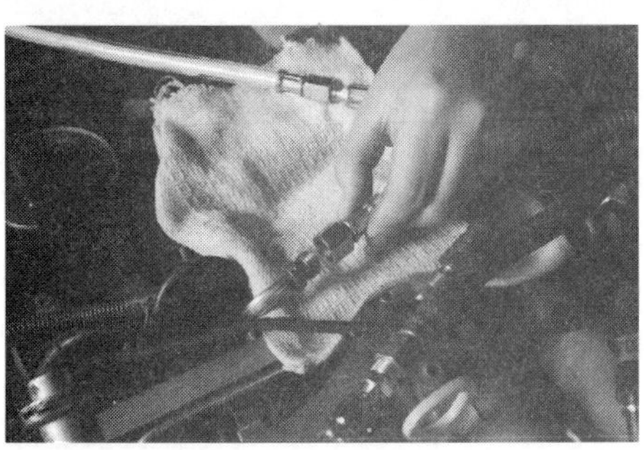

6　1号取下来自汽车油箱的进、回油管上的连接管和连接头，并传递给2号。

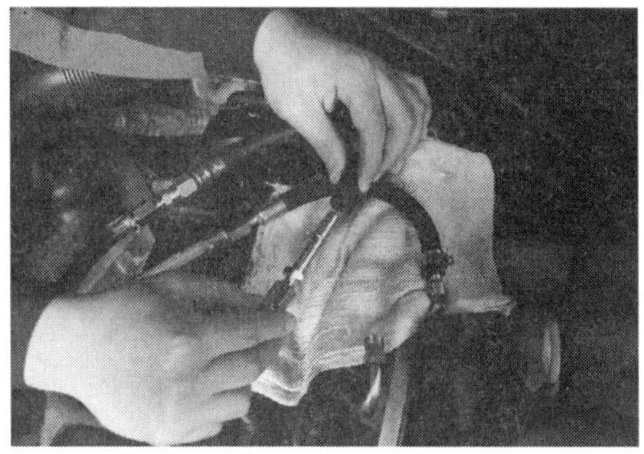

7　1号拆卸清洗机上的回油管及连接管。

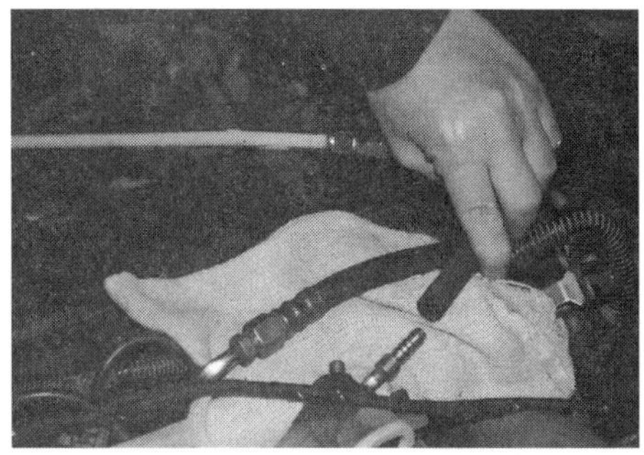

### 第十步　连接发动机进、回油管

1　1号安装来自汽车油箱的进油管。

提示：使用扳手的14mm和17mm开口端分别卡住进油管接头处的两个锁螺栓，顺时针用力将油路连接螺栓松开。

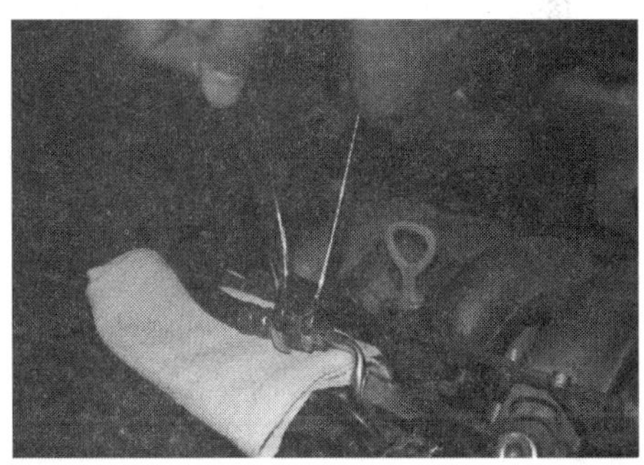

2　1号使用鲤鱼钳，将来自汽车油箱的回油管安装到燃油导轨上的回油管上。

3　1号清洁发动机进、回油管。

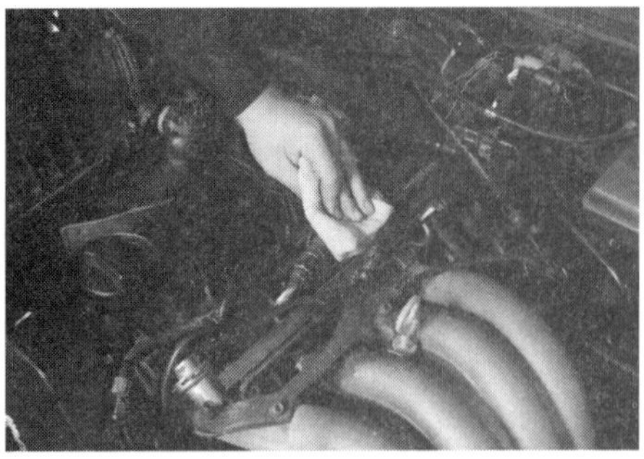

### 第十一步　加注机油

*1*　2号操纵举升机，将车辆平稳降落到地面上。

**提示：** 车辆降落到地面时，要重新安装车轮挡块。

*2*　1号检查车辆是否歪斜。如有，应修复再加注机油。重点检查轮胎气压和减振器总成。

**提示：** 当车辆出现严重变形后，发动机在车上的位置发生偏移，加注机油时，机油标尺显示的数值便会出现或大或小的偏差，给发动机的正常工作带来隐患。

*3*　1号用棉纱擦净加油塞周围的油的油渍、尘土等，并旋下加油塞。

**提示：** 旋下加油塞之前，要先清除周围的脏污，防止掉入发动机内部，加剧磨损。

*4*　2号将机油桶传递给1号。

*5*　1号旋下机油桶盖，然后一手握住桶上的手柄，一手托住桶的底部，对正发动机的加油口，稍稍倾斜机油桶，缓缓将机油倒入发动机内。

**提示：** 加注机油时，动作要舒缓，油流不要过急，防止油液洒到发动机的外面。

*6*　当加注量接近机油桶容量（4.2L）的3/4时，停止加注。2~3min后，1号拔出机油标尺，擦净刻度尺处的油液，将其擦入机油标尺套管内，按压机油标尺确认到位后，再次拔出，观察油底壳中油面的高度，应位于上下刻度线中间偏上的位置。若油量不足，进行添加，不允许液面高于上刻度线。

**提示：** 发动机的机油加注量应符合规定要求，过多或过少都会对发动机的使用性能造成不良影响。若油量过少，系统油压下降，机件磨损加剧，严重的会引起烧轴抱瓦等机械事故；若油量过多，导致机油激溅，发动机运转阻力增大，机械效率降低。

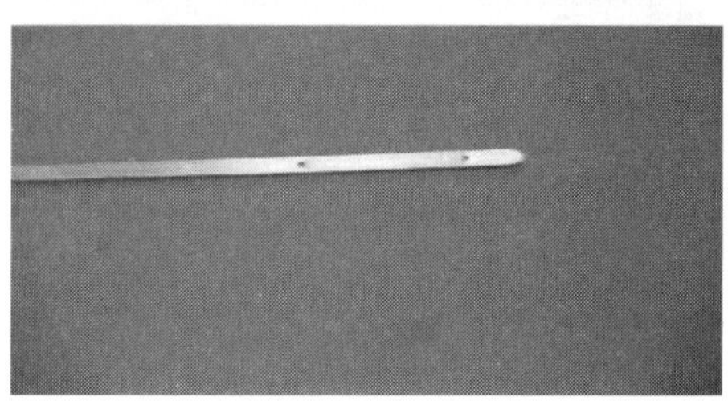

### 第十二步　添加和检漏

1　1号将机油加注完毕，旋紧加油口盖。

2　2号进入驾驶室，打开点火开关，起动发动机并保持运转3~5min之后，关闭点火开关。

提示：机油加注后，使发动机运转一段时间，主要目的是填充润滑系统中的储油空间，便于确定油底壳中的实际存油量。

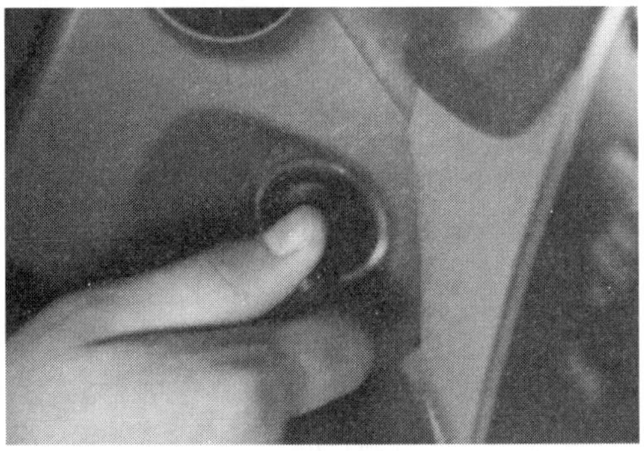

3　1号待发动机停止运转3~5min后，拔出机油标尺，擦净刻度尺的机油，然后将其插回套筒内，确定插入到位后，再次拔出机油标尺，观察油底壳中的油面在刻度尺上显示的位置。如果油面显示于标尺的上下极限刻度线的中间偏上位置，为正常；偏下，则添加适量机油；高于上刻度线，应放出适量机油。

提示：发动机内储油量不适当带来的危害，前文已作说明，不再赘述。

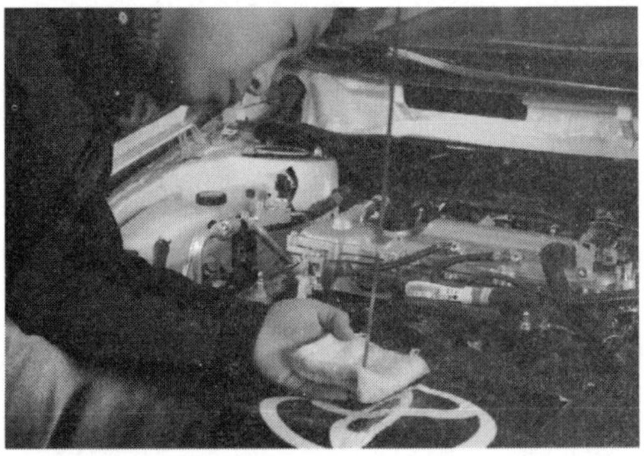

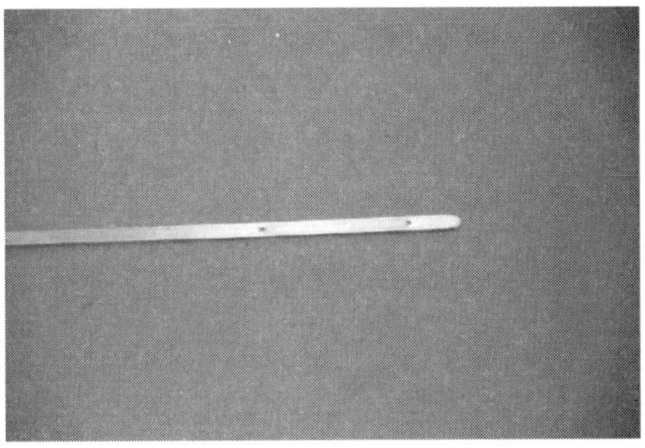

4　1号检查排油塞、机油滤清器等处是否漏油。如有泄漏，修复后车辆才可投入使用。

提示：机油泄漏的检查，非常重要，它往往可以避免一些因疏于检查而导致的相关机械事故发生。

5　2号操纵举升机将车辆平稳降落到地面上。

### 第十三步　安装发动机装饰罩

1　2号将装饰板传递给1号。

2　1号将装饰板安装到车身上。

提示：装饰板是由橡胶材料制成的，通过卡

孔、承座与车身上的销轴、空调系统中的储液干燥器相配合。安装装饰板时，双手握住装饰板的前后端，同时用力但不要过猛，防止折断。

第十四步 整理工位

1号、2号共同拆除护裙，关闭发动机舱盖，擦拭摆放工具，处理废弃物，清洁地面卫生。

提示：作业项目完成后，要搞好工位的清洁、清理、清扫、整理和整顿工作，培养良好的工作习惯。

## 七、考核标准

考核标准表

| 考核时间 | 序号 | 考核项目 | 满分 | 评分标准 | 得分 |
|---|---|---|---|---|---|
| 45min | 1 | 作业前整理工位 | 2 | 整理遗漏酌情扣分 | |
| | 2 | 打开并支撑机舱盖 | 3 | 操作不当扣3分 | |
| | 3 | 安装汽车保护罩 | 4 | 操作不当扣4分 | |
| | 4 | 查找并拆下电动汽油泵熔断丝 | 4 | 查找错误扣4分 | |
| | 5 | 燃油系统卸压 | 6 | 操作不当扣6分 | |
| | 6 | 拆卸发动机罩装饰 | 5 | 操作不当扣5分 | |
| | 7 | 清洁发动机上部 | 4 | 清洁遗漏扣4分 | |
| | 8 | 铺设油管系统的回油管 | 4 | 操作不当扣4分 | |
| | 9 | 拆卸燃油系统的回油管 | 3 | 操作不当扣3分 | |
| | 10 | 连接清洗机上的黑色回油管 | 3 | 操作不当扣3分 | |
| | 11 | 收集清洗燃油 | 6 | 操作不当扣6分 | |
| | 12 | 拆下燃油系统回油管 | 4 | 操作不当扣4分 | |
| | 13 | 连接清洗机上的黄色进油管 | 3 | 操作不当扣3分 | |
| | 14 | 调整供油管路中的压力 | 5 | 操作不当扣5分 | |
| | 15 | 供油管路的泄漏检查 | 4 | 检查遗漏扣4分 | |
| | 16 | 清洗发动机的燃油系统 | 10 | 操作不当扣10分 | |
| | 17 | 拆卸燃油系统进、回油管的连接管 | 4 | 操作不当扣4分 | |
| | 18 | 拆卸清洗机的黑色回油管 | 3 | 操作不当扣3分 | |
| | 19 | 安装燃油机系统的回油管 | 3 | 操作不当扣3分 | |
| | 20 | 拆卸清洗机的进油管 | 3 | 操作不当扣3分 | |
| | 21 | 安装燃油系统的进油管 | 6 | 操作不当扣6分 | |
| | 22 | 安装发电机装饰盖 | 5 | 操作不当扣5分 | |
| | 23 | 发动机运转检查 | 4 | 检查遗漏扣4分 | |
| | 24 | 作业后整理工位 | 2 | 整理遗漏扣2分 | |
| | 25 | 遵守相关安全规范 | 因违规操作造成人身伤害和设备事故的，总分按0分计 | | |
| 分数合计 | | | 100 | | |

# 第六章 电子控制系统

## 第一节 需 用 知 识

### 一、电子控制系统的功用及组成

电子控制系统的功用是根据发动机运转状况和车辆运行状况确定汽油最佳喷射量和最佳点火提前角。此外，还可进行怠速控制、排放控制和故障自诊断等。电子控制系统由传感器、电子控制单元（ECU）、执行器3部分组成，桑塔纳2000GSi型轿车AJR发动机电控燃油喷射系统各部件安装位置如图6-1所示，其控制图如图6-2所示。

电子控制系统的核心是ECU，ECU根据发动机中各种传感器送来的信号控制喷油时间、点火正时等。传感器监测发动机的实际工况，计量各种信号并传输给ECU，ECU输出的各种控制指令由执行器执行。

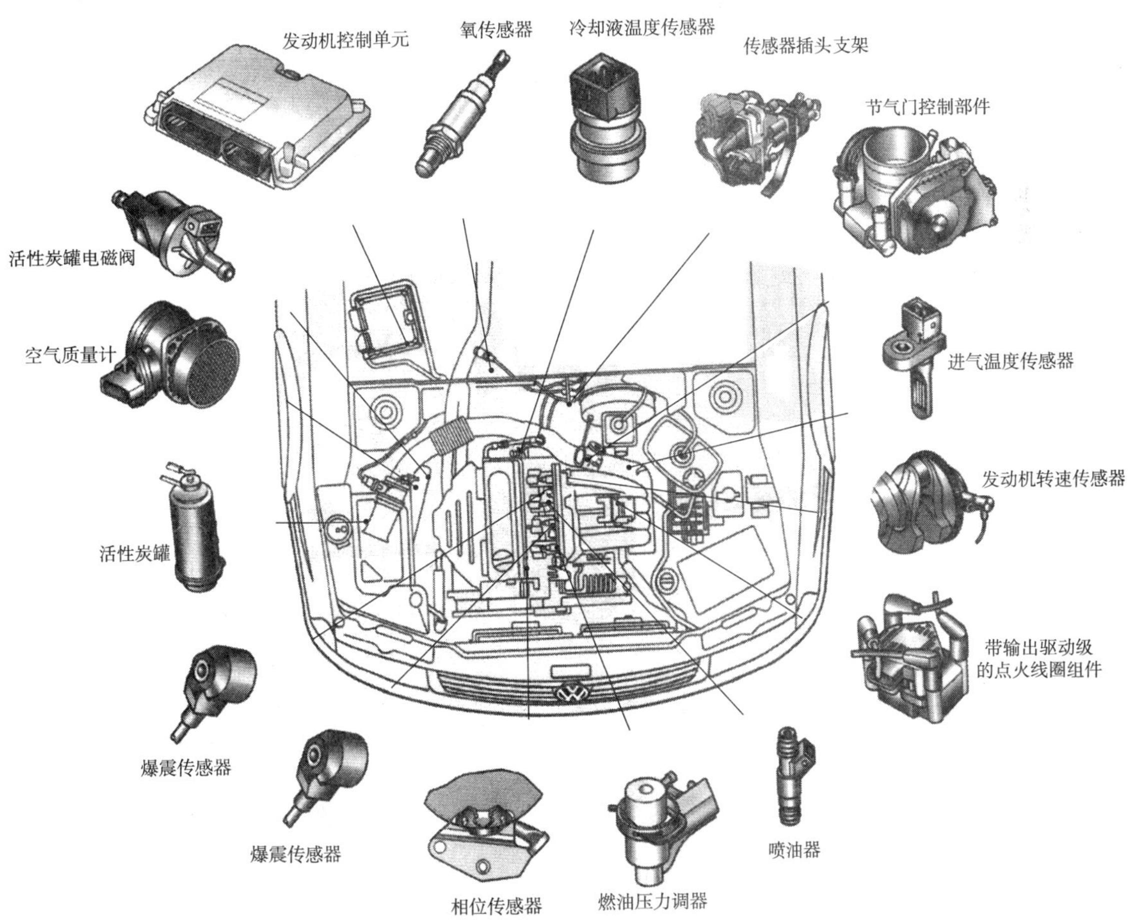


图6-1 电控燃油喷射系统各组件的安装布置图

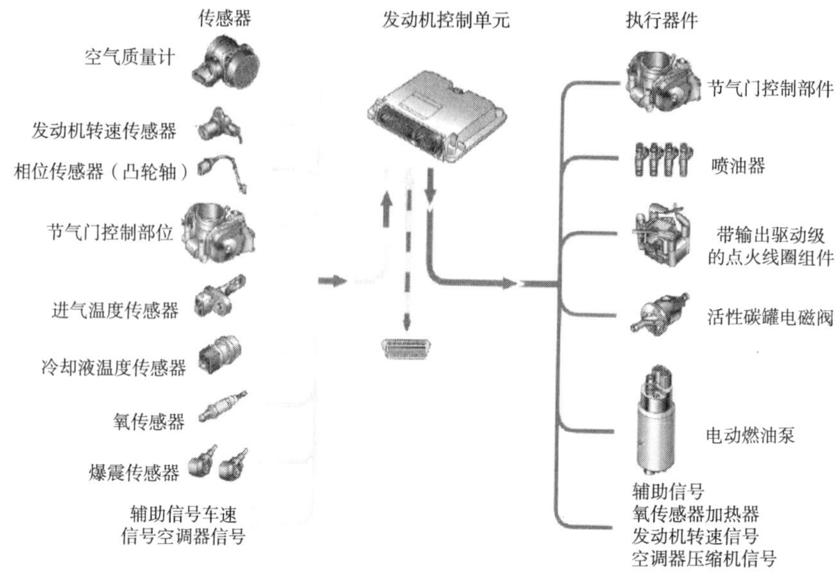


图6-2　桑塔纳2000GSi型轿车AJR发动机电控燃油喷射系统控制图

## 二、电子控制系统部件

### 1 传感器

传感器是用来测量或检测反映发动机运行状态下的各种物理量、电量和化学量等，并将它们转换成计算机能接受的电信号后再送给ECU。常用的传感器主要有空气流量计、进气歧管绝对压力传感器、发动机转速与曲轴位置传感器、温度传感器、节气门位置传感器、氧传感器、爆震传感器等。另外，还有各类开关、继电器等。

（1）空气流量计。空气流量计是测量发动机进气量，是用来确定基本喷油量的主要依据之一。空气流量计设置在空气滤清器与节气门体之间，也有安装在空气滤清器上，还有将空气流量计与节气门体作成一体安装在发动机上。目前常用的是热线式空气流量计和热膜式空气流量计。

①热线式空气流量计。热线式空气流量计的结构如图6-3所示，热线是圆筒内保持100℃的电线，由于进入发动机的空气会冷却热线，测量出热线保持100℃所需的电流，就可以算出空气流量。

这种空气流量计可以直接测量进气空气的质量流量，无需进行进气温度和大气压力修正，无运动部件，进气阻力小，响应特性较好，可正确测出急减速时空气进气量。

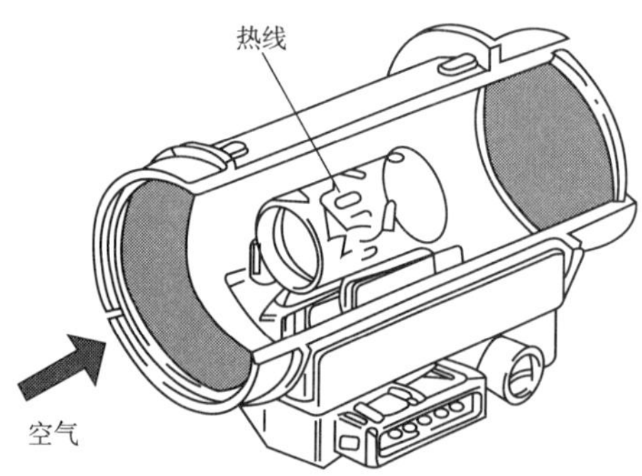


图6-3　热线式空气流量计

②热膜式空气流量计。热膜式空气流量计（图6-4）的结构和工作原理与热线式基本相同，只是将发热体由热线式改为热膜式，热膜是由发热金属铂固定在薄的树脂膜上构成。这种结构可使发热体不直接承受空气流动所产生的作用力，增加了发热体的强度，提高了使用寿命，它的金属网用于产生微观紊流，以使测量信号稳定。由于这些优点，使它的应用更为广泛。

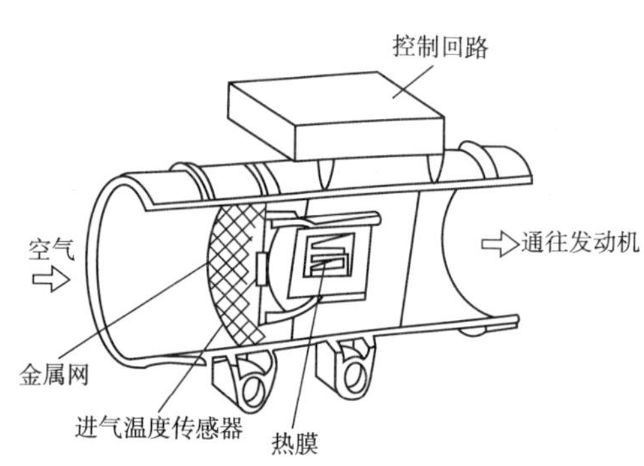


图6-4　热膜式空气流量计

（2）进气歧管绝对压力传感器。电控燃油喷射系统可通过进气歧管压力和发动机转速推算发动机进气量。进气歧管压力的测定靠绝对压力传感器完成。进气歧管绝对压力传感器种类较多，就其信号产生原理可分为半导体压敏电阻式、电容式、膜盒传动的可变电感式和表面弹性波式等。

半导体压敏电阻式压力传感器如图6–5所示，它是利用半导体的压电效应原理制成的，这种传感器是将硅片的周边固定在基座上，再将整体封入一壳体内，并在壳体内形成真空，当通道口与进气管相连接时，进气管内的压力就会使传感器内的膜片产生压力，此时由应变电阻组成的电桥电路就会输出与进气管内压力成比例的电压。由于基准压力是真空的压力，使用这种压力传感器可以测定出绝对压力。该传感器具有体积小、精度高、成本低和可靠性、抗振性好等特点，在现代汽车上得到了广泛应用。

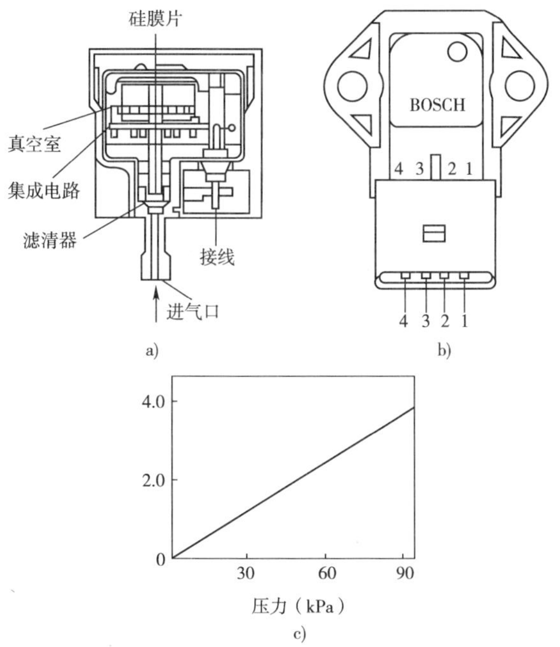


**图6–5 半导体压敏电阻式压力传感器**

由于压力传感器结构和测量原理的要求，压力传感器安装在振动较小的车身处，用一根橡胶管作为取气管与进气总管相连。

（3）发动机转速–与曲轴位置传感器。发动机转速与曲轴位置传感器是提供发动机的转速、曲轴转角位置及汽缸冲程位置信号，以此确定发动机的基本喷油时刻、喷油量及点火时刻。发动机转速与曲轴位置传感器可分为磁电式、光电式和霍尔式3种类型。此外，就其安装部位来看，有的安装在曲轴前端，有的安装在凸轮轴前端或分电器内以及飞轮上。车型不同，所采用的结构形式有所不同，所以也有曲轴位置传感器或凸轮轴位置传感器之说，两者的原理和结构形式基本相同，只是安装位置有所区别而已。

磁电式曲轴转速传感器（图6–6）负责采集曲轴转角位置和发动机转速信号。在曲轴上有一个靶轮，靶轮上有60个齿，传感器对它进行扫描。当靶轮经过传感器时，产生一个变电压信号，其频率随发动机转速变化而变化，控制单元根据交变电压的频率识别发动机的转速。在靶轮上有一处缺两个齿，感应传感器扫描到该处，1缸活塞处于上止点前72°，它是作为控制单元识别曲轴转角位置的基准标记。

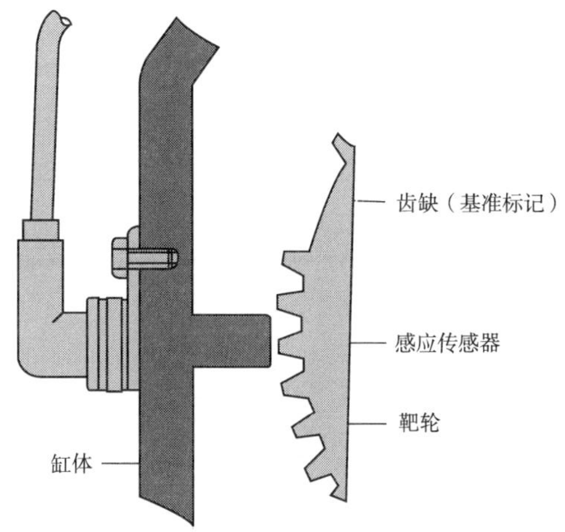


**图6–6 曲轴转速传感器**

（4）温度传感器。温度传感器有冷却液温度传感器、进气温度传感器与排气温度传感器等，这些传感器多安息采用的是负温度系数的热敏电阻式温度传感器，即热敏电阻的阻值随温度的升高而减小。

冷却液温度传感器（图6–7）用来检测发动机冷却液温度，该值用于喷油量和点火时刻的修正。当发动机冷却液温度改变时，传感器向控制单元输送的信号电压也发生改变，从而可获得冷却液的温度状态。

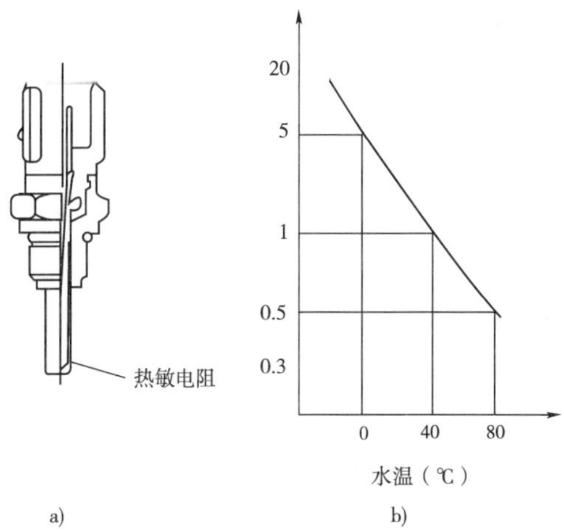


**图6–7 冷却液温度传感器**

（5）节气门位置传感器。节气门位置传感器通常装在节气门体上，可同时把节气门开度、怠速、大负荷等信号转换成电压信号送至ECU中，以便控制系统根据发动机的各种工况对其喷油量及点火提前角进行最优控制。

线性输出型节气门位置传感器的结构如图6–8a）所示，在传感器上安装了两个与节气门联动的电刷触头，其中一个电刷触头在印刷电路基片上的滑片电阻上滑动，利用电阻值的变化，测得与节气门开度对应的线性输出电压，根据输出的电压值，可知节气门的开度。另一个电刷触头在节气门关闭时与怠速触点IDL接触。IDL信号主要给ECU提供怠速信号，用于断油控制和点火提前角修正。节气门开度输出信号VTA则使ECU对喷油量进行控制，随着节气门开度的增大，节气门开度输出电压线性增大，如图6–8b）所示。

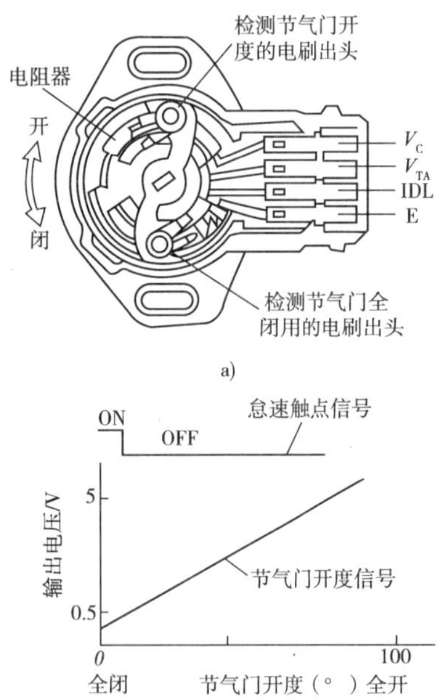


**图6–8　线性输出型节气门位置传感器**

（6）氧传感器。氧传感器（图6–9）是用锆元素制成的元件，其内外表面涂上一层白金作为电极，内外表面分别与外界空气和废气接触。如果废气中没有氧气，氧化锆内外表面电极间的电动势就会迅速增大，根据这种变化，来准确地检测出可燃混合气是否达到了理论可燃混合气浓度，并向ECU提供可燃混合气浓度的反馈信号，以此控制可燃混合气浓度在理想范围之内。

（7）爆震传感器。爆震传感器（图6–10）利用受压后电压改变的压电元件来检测发动机是否发生爆震的传感器，它可有效地抑制发动机爆震现象的发生。爆震传感器将检测出来的爆震程度传给ECU，ECU可及时对发动机的点火提前角进行反馈控制，来实现发动机点火时刻的闭环控制。

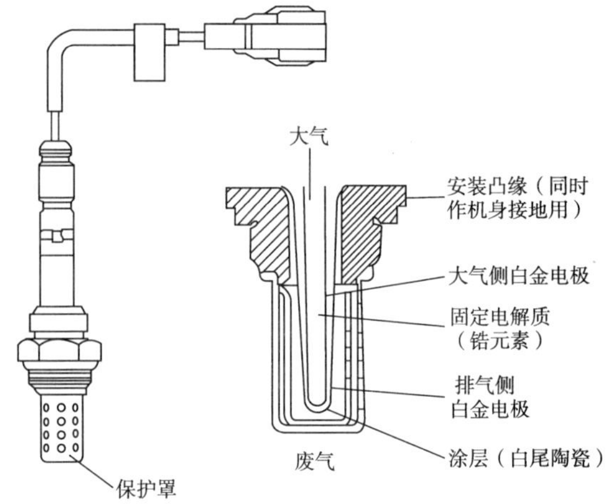


**图6–9　氧传感器**

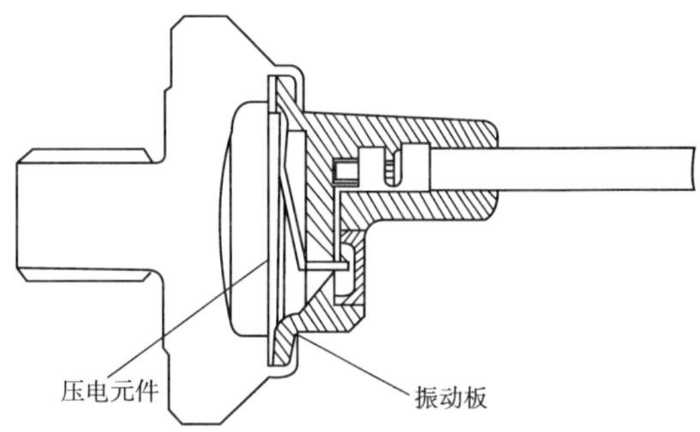


**图6–10　爆震传感器的结构**

## 三、控制单元

电子控制单元常用ECU表示。在发动机控制系统中，ECU的主要功能是根据发动机运转状况和车辆运行状态对发动机进行精确的控制。

ECU的主要部件是微型电子计算机（简称微机），可实现多功能的高精度集中控制。ECU的基本结构如图6–11所示，主要由输入回路、A/D转换器（模拟信号/数字信号转换器）、微机和输出回路组成，是对汽油喷射、点火正时、怠速、进气及排放等进行综合控制的发动机管理系统。

（1）输入回路。输入回路对各种输入信号进行预处理，一般包括去杂波，把正弦波转换成矩形波及电平转换等。

（2）A/D转换器。由于微机只能识别数字信号，A/D转换器将模拟信号转换成数字信号后，才能输至微机中进行处理。

（3）微机。微机主要由中央处理器（CPU）、存储器、输入/输出装置等组成。微机的功能是根据发动机工作的需要，把各种传感器送来的信号用内存的程序（微机处理的顺序）和数据进行运算处理，并把处理结果（如燃油喷射控制信号、点火控制信号等）送往输出回路。

（4）输出回路。输出回路是微机与执行元件之间的连接桥梁，其主要功用是将微机的处理结果放大，生成可以驱动执行元件工作的控制信号。输出回路一般采用的是功率晶体管，根据微机的指令通过功率晶体管的导通与截止来控制执行元件的搭铁回路。控制喷油器的输出回路如图6-12所示，当功率晶体管导通时，喷油器通电喷油；当功率晶体管截止时，喷油器断电停油。

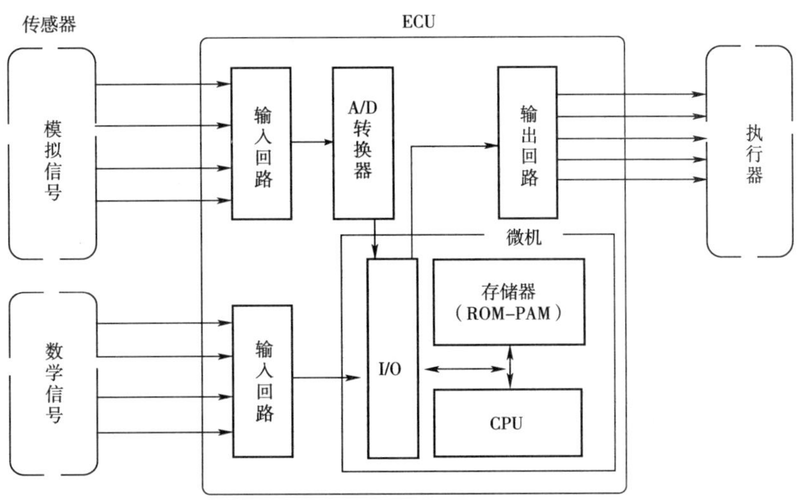


图6-11　发动机电子控制装置的基本结构

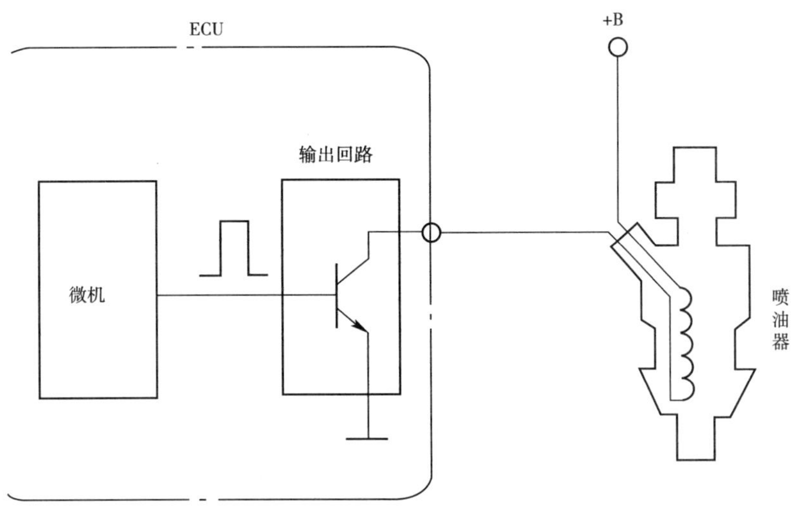


图6-12　控制喷油器的输出回路

# 第二节　常见维修项目

## 任务一　检查和更换氧传感器

### 一、技术标准与要求

（1）安装与1ZR型发动机电控系统配套使用的氧传感器。

（2）1ZR型发动机电控系统采用的氧传感器的更换里程为80000km。

（3）使用金德KT600专用检测仪检测或车用万用表氧传感器性能。

（4）发动机水温达到80℃以上时，方可进行氧传感器检查。

（5）1ZR型发动机电控系统采用的氧传感器输出电压为0.1~0.8V。

（6）1ZR型发动机电控系统采用4线式氧传感器。

## 二、实训时间：40min

## 三、实训教学目标

（1）了解检查和更换氧传感器的重要性。
（2）熟悉氧传感器的类型和基本工作原理。
（3）掌握检查和更换氧传感器的操作技能。

## 四、实训器材

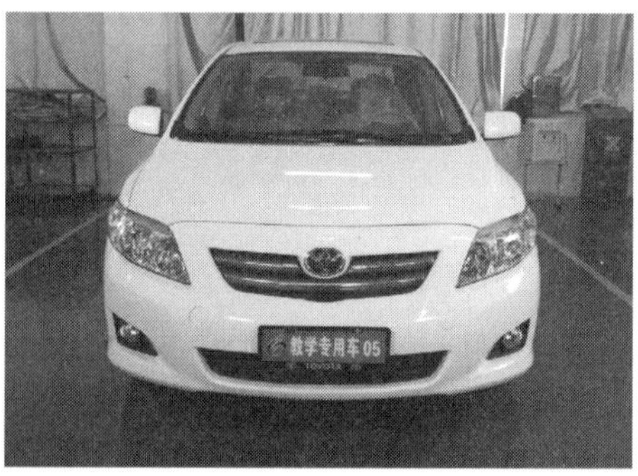

丰田卡罗拉整车

SHL-Y-J-30CB剪式举升机

专用扳手

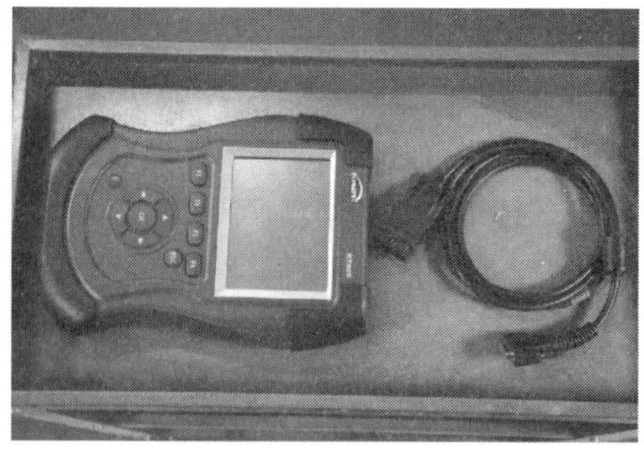
金德KT600检测仪

## 五、教学组织

（1）教学组织形式：

每辆车安排4名学生参与实训，两名学生，一组操作、一组观察学习。

（2）学生站位分工和要求：

两名学生一组，按照1号、2号进行编号，1号为主，2号为辅助。

（3）实训教师职责：

讲解操作步骤和注意事项；下达“操作开始”口令；工位间巡视、检查、指导和纠正错误。

（4）学生职责变换：

2名学生实行职责变换制度，即第一遍1号为主，2号辅助；第二遍2号为主，1号辅助。

## 六、操作步骤

### 第一步　事前准备工作

1　车辆进入工位前，参训学生将工位卫生清理干净，排除障碍物，准备好相关的工具、物品等。

提示：培养良好的工作习惯，做好事前准备，有利于安全操作和提高工作效率。

2　将车辆停驻在举升机平台的中央位置。

提示：车辆停驻于举升机平台的中央位置，为车辆的安全举升做好准备。

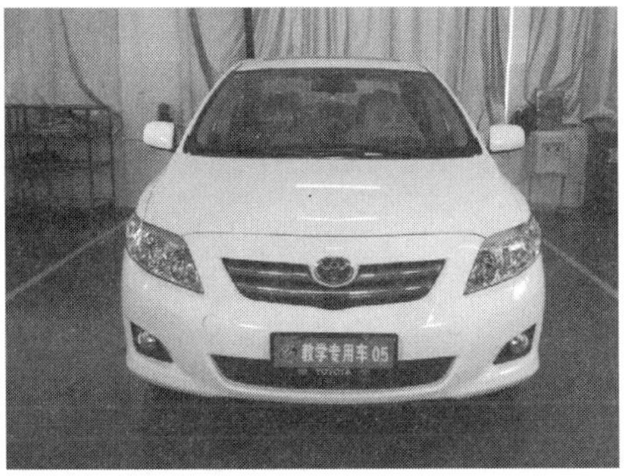

3　1号打开门锁。

提示：用遥控钥匙打开电动门锁，为进入驾驶室操作做好准备。

4　1号和2号共同安装车轮挡块。

提示：为保证车辆在工位上可靠停驻，防止出现溜滑，造成安全事故，要安装车轮挡块。

5　2号安装尾气收集管。

提示：为防止尾气污染环境，保护人体健康，要安装尾气收集管。

6　2号打开车门。

提示：左手拉车门把手打开车门带好三件套，准备进入车辆。

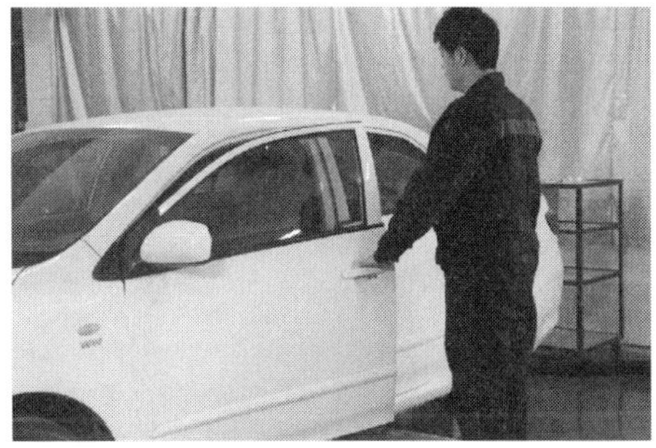

7　2号拉起发动机罩释放杆。

提示：拉起发动机罩释放杆时，用力不要过猛，否则容易导致释放杆盖损坏。

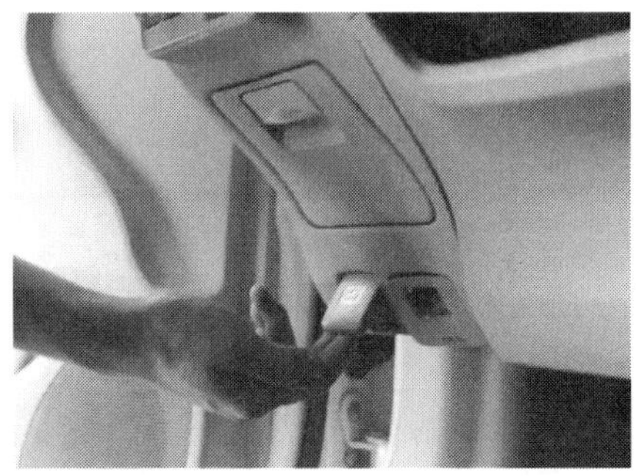

8　2号安装转向盘套。

提示：转向盘套是由薄塑料制成的，极易破损。安装转向盘套时，不要生拉硬拽，否则会造成转向盘套破损。

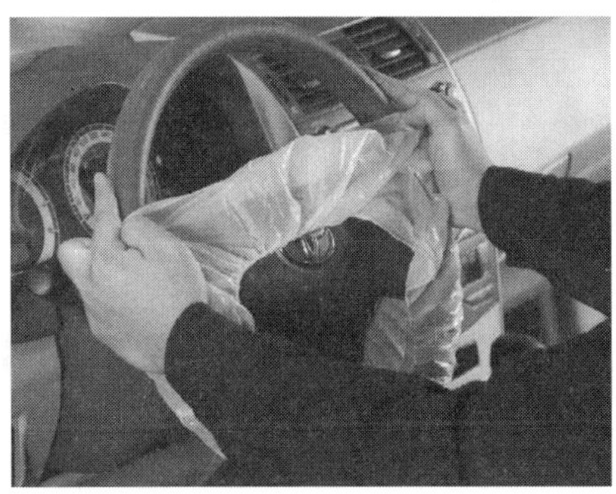

9　2号安装地板垫。

提示：铺设地板垫的主要目的是便于清除维修人员带入驾驶室内的脏物与杂物，保持驾驶室内地板清洁。

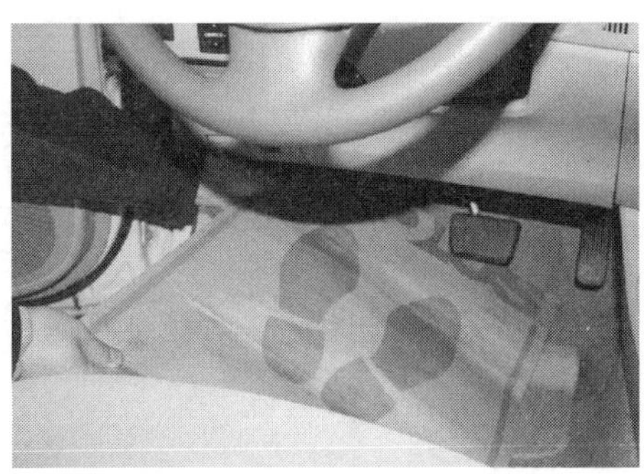

*10* 2号安装座椅套。

**提示：**安装座椅套时，用力要均匀，拉齐座椅套，使之整齐、美观。

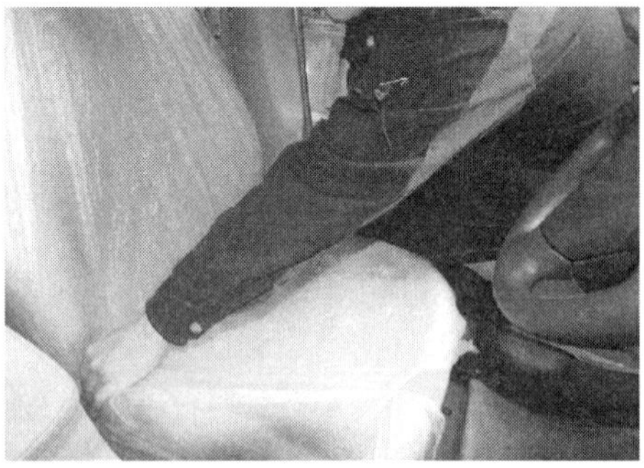

*11* 2号工位将点火开关旋至“ON”,打开主驾驶侧电动车窗。

**提示：**打开主驾驶电动车窗，是为了车内通风以及当钥匙掉在车里时可以打开车门。

*12* 2号将变速杆置于P挡。

**提示：**发动机带挡操作属于违规操作，危险性极大。因此，发动机起动前应将变速杆置于P挡。

*13* 2号拉紧驻车制动杆。

**提示：**为保证车辆在工位上的可靠停驻，防止出现溜滑，造成安全事故，因此，要拉紧驻车制动杆。

*14* 2号检查驻车制动器指示灯是否点亮，及挡位指示是否显示P挡。

**提示：**检查驻车制动器指示灯是否点亮，及挡位指示是否显示P挡，可以培养学生通过观察仪表指示灯来检查车辆工况的习惯。

*15* 1号打开发动机舱盖，从固定卡上脱开发动机舱盖支撑杆。

**提示：**支撑杆固定夹如有损坏，要换用新品，否则车辆行驶中会产生异响。

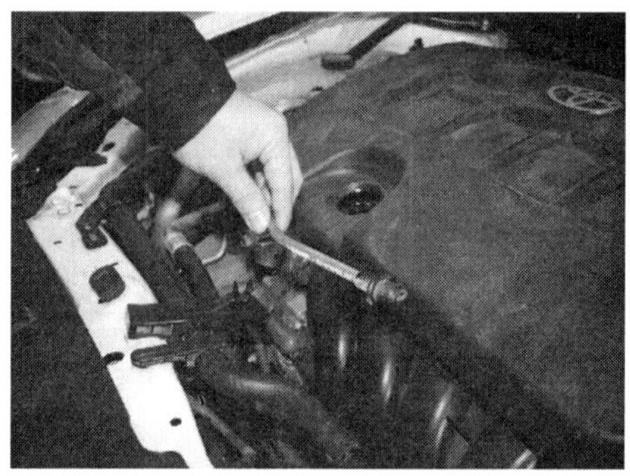

*16* 1号支撑牢固发动机舱盖。

**提示：**用支撑杆支撑发动机舱盖时，要保证接触可靠，否则，发动机舱盖滑落会造成人身伤害。

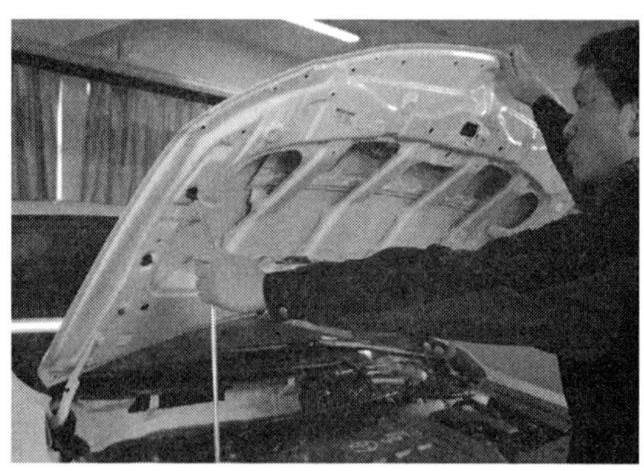

*17* 1号把护裙粘贴在汽车左、右侧翼子板上，要求将翼子板全部覆盖。护裙的上边沿粘贴到排水槽的内侧，前端至侧灯处，后端至车门与翼子板结合缝隙。

**提示：**

（1）粘贴护裙的主要目的是保护操作中能够接触到的翼子板车漆。

（2）护裙是通过磁铁吸附在翼子板上的，因此，粘贴时，当护裙接近翼子板，感觉到吸力后，要稍稍提起护裙，使护裙轻轻与翼子板贴合，不允许听到接触碰撞声。

18 1号把护裙粘贴在汽车的正前面，要求将车头前部、前照灯总成、保险杠全部覆盖。

提示：在车的前方操作时，护裙用于保护易划伤的零部件表面和车漆。

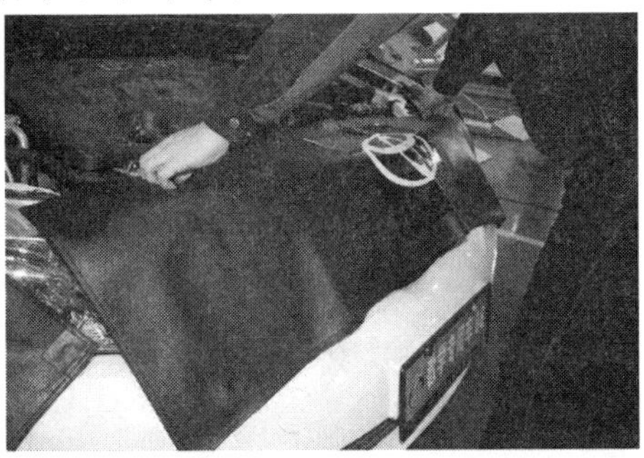

### 第二步 预热发动机

1 2号进入驾驶室，横向摆动变速杆，确认变速器置于P挡位置。

提示：发动机起动之前，应将变速杆置于P挡位置。

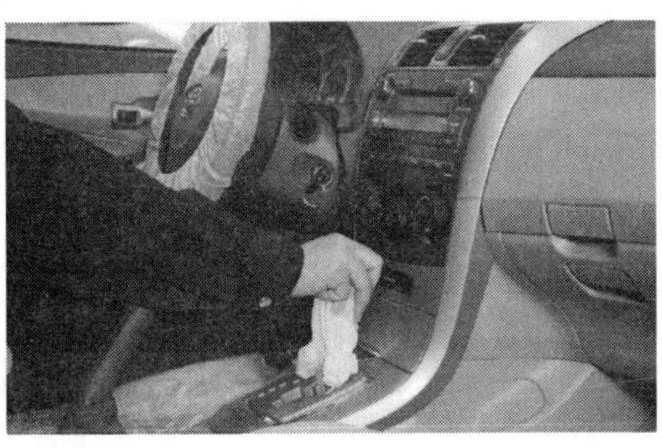

2 1号检查冷却液液面。

提示：如果储液罐中的冷却液液位在“FULL”和“LOW”之间，则冷却液液位是合适的。如果液位低，须加注冷却液。

3 1号检查发动机冷却液液位。

提示：如果冷却液标尺上的冷却液液位在“FULL”和“LOW”之间，则冷却液液位是合适的。如果液位低，须加冷却液。

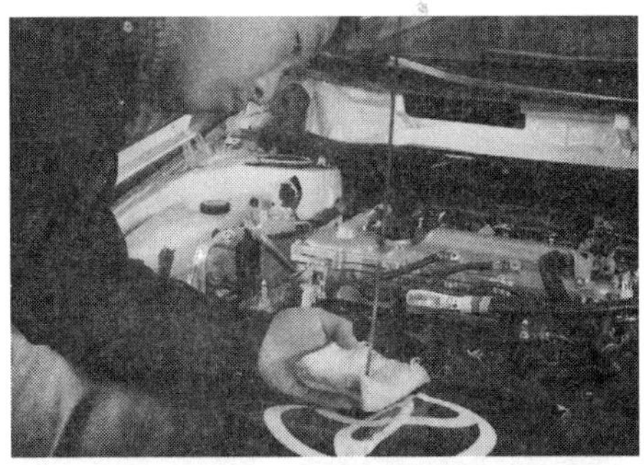

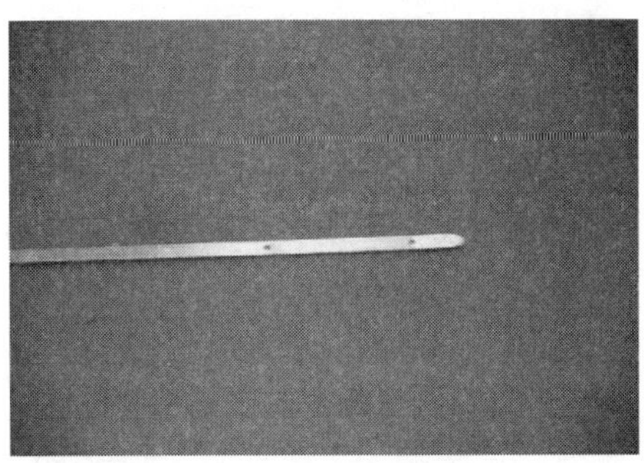

4 2号打开点火开关，起动发动机并保持怠速运转3~5min。其间观察水温表指示数值的变化，当水温达到60~70℃时关闭点火开关，停止发动机运转。

提示：

（1）提高发动机温度使冷却液黏度变小，有利于发动机内的冷却液排放彻底。

（2）起动发动机时，1号、2号配合口令是“起动”和“正常”。注意发动机起动器安全确认。

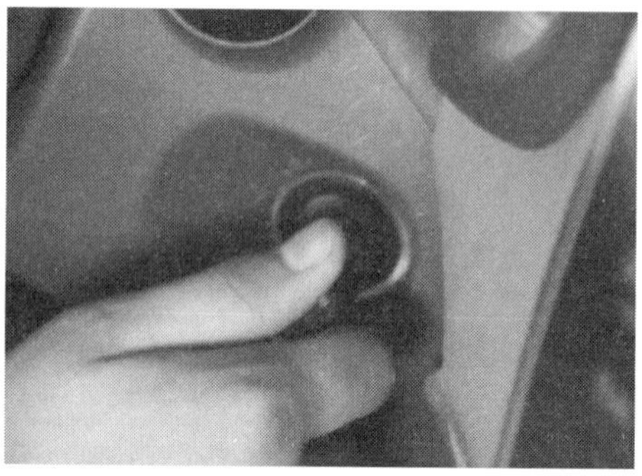

### 第三步　拆卸前刮水臂

1　1号取下前刮水臂端盖。

提示：注意拆卸时不要破坏油漆。

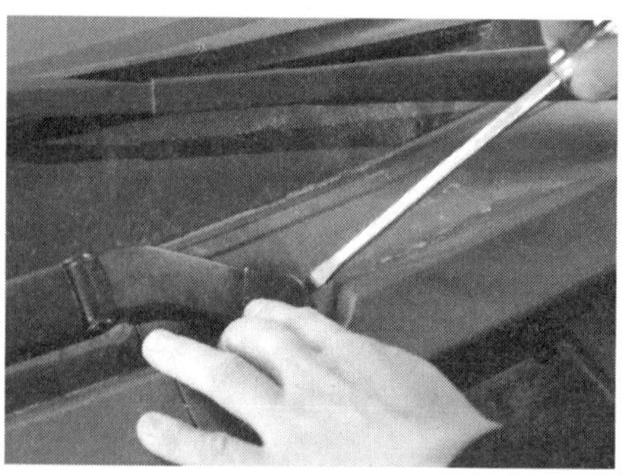

2　2号将棘爪扳手、接杆、14#套筒传递给1号。

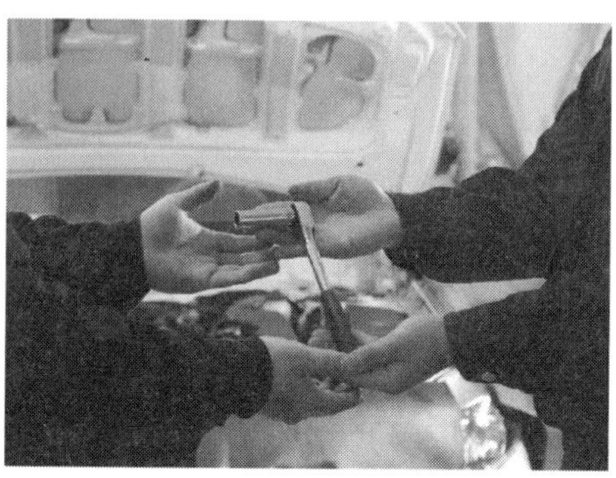

3　1号拆卸前刮水臂螺栓。

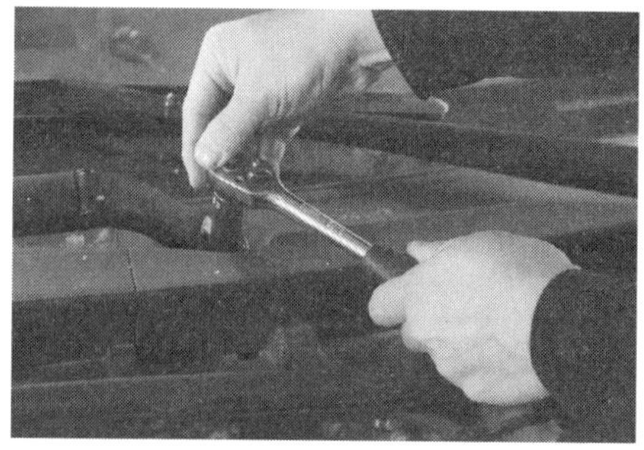

4　取下前刮水臂与刮水片总成。

提示：拆卸时先将刮水器拉到垂直位置，然后取下。

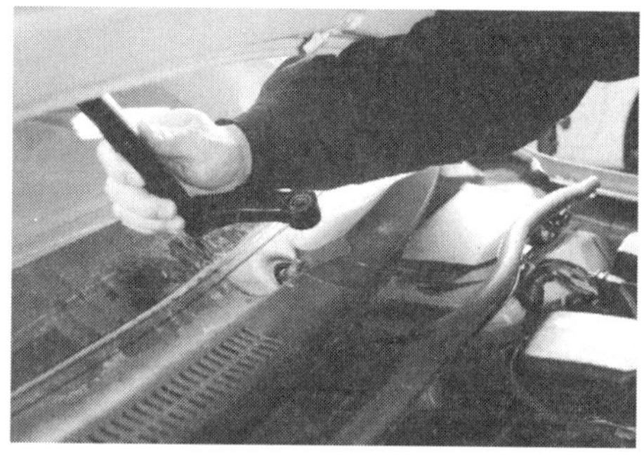

### 第四步　拆卸密封条

1　1号拆卸发动机罩至前围上的密封条。

2　1号将发动机罩至前围上的密封条传递给2号。

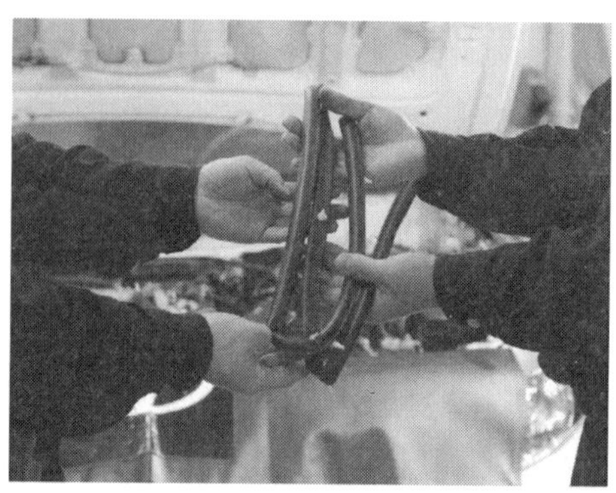

## 第五步 拆卸通风栅板

1 1号拆卸右前围板上通风栅板。

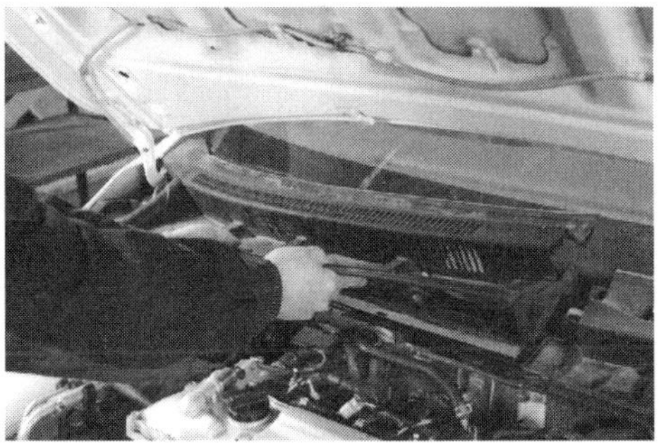

2 1号拆卸左前围板上通风栅板。

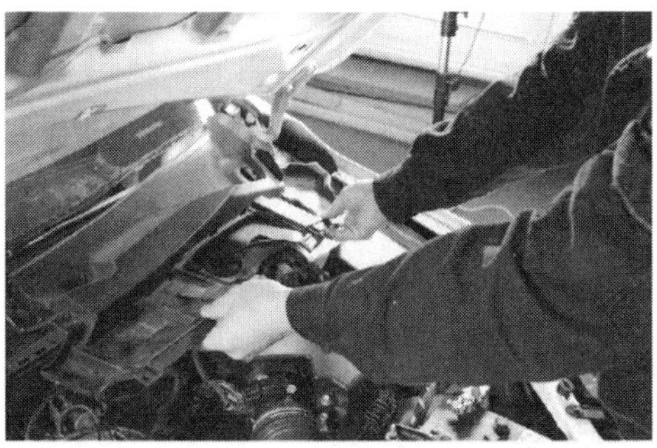

## 第六步 拆卸风窗玻璃刮水器电动机及连杆总成

1 1号拔下刮水器电动机插头。

2 2号将棘爪扳手、接杆、10#套筒传递给1号。

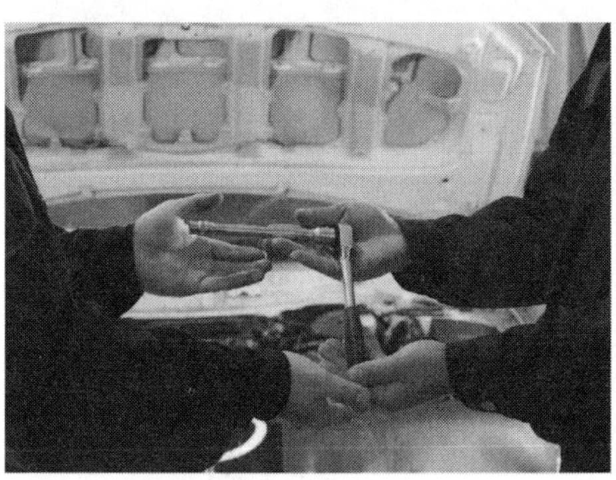

3 1号拆卸风窗玻璃刮水器电动机及连杆总成。

4 1号取下风窗玻璃刮水器电动机及连杆总成。

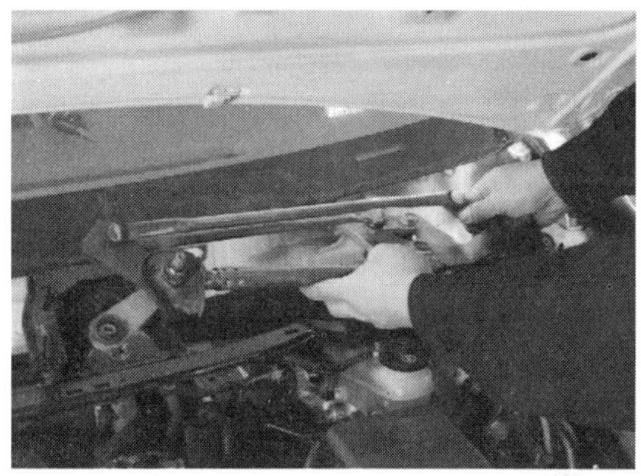

5 1号将风窗玻璃刮水器电动机及连杆总成传递给2号。

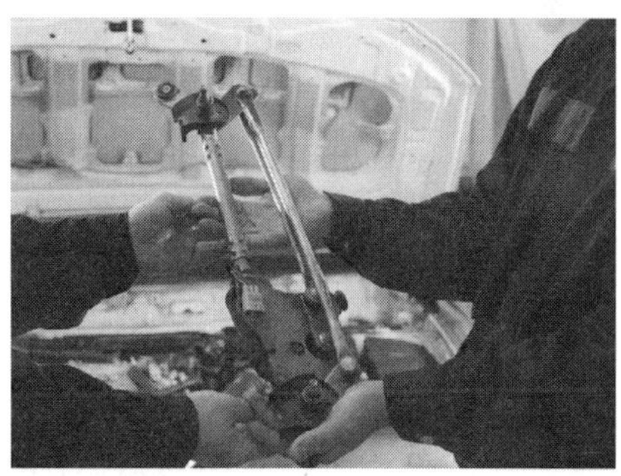

6 2号将风窗玻璃刮水器电动机及连杆总成放到零件车上。

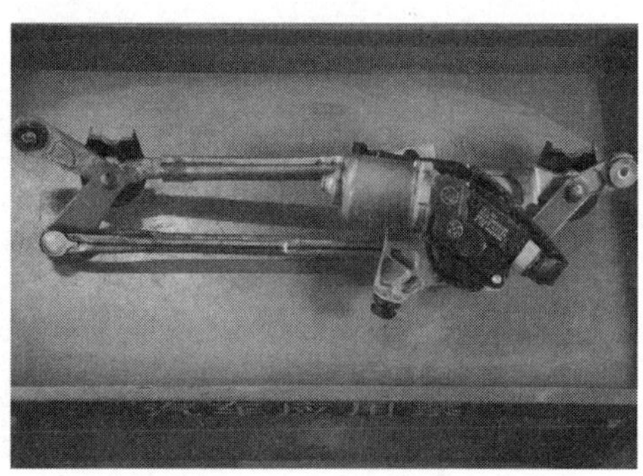

### 第七步　拆卸前围上外板

1　2号将棘爪扳手、接杆、10#套筒传递给1号。

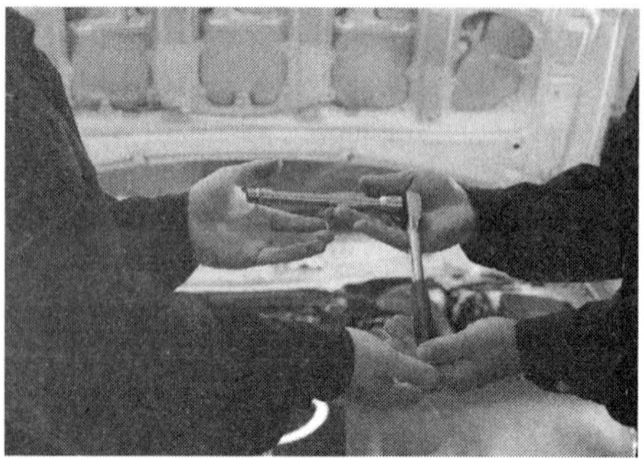

2　1号拆卸前围上外板。

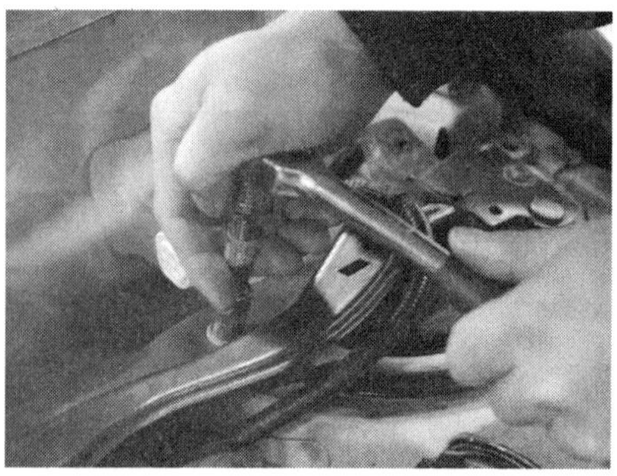

3　1号取下前围上外板。

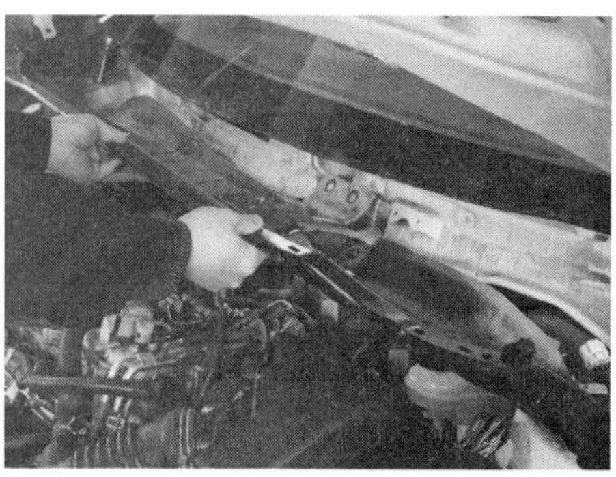

### 第八步　拆卸加热型氧传感器（S1）

1　1号拔下加热型氧传感器（S1）的插头。

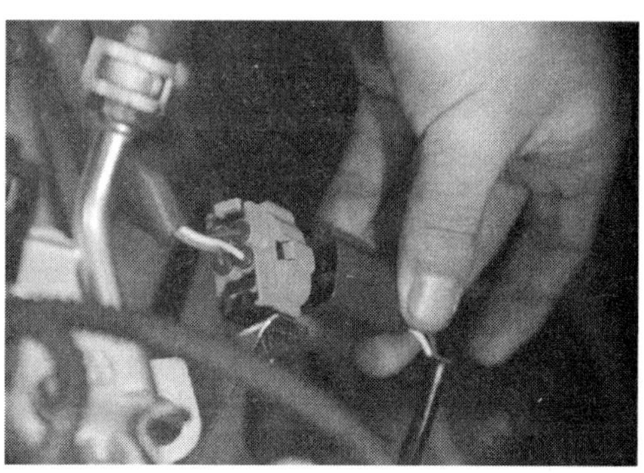

2　2号将拆卸氧传感器的专用扳手传递给1号。

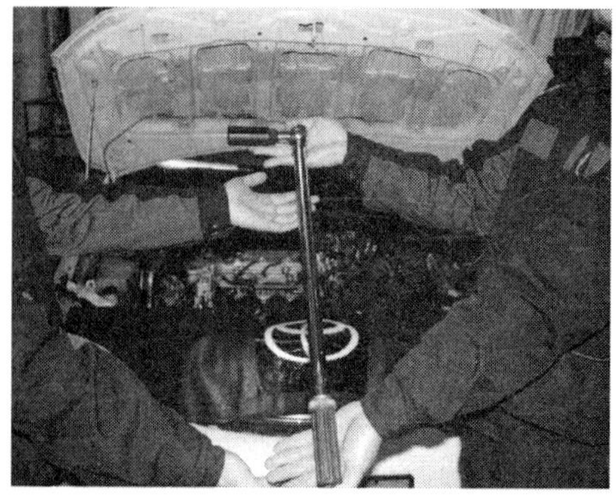

3　1号拆卸氧传感器（S1）。

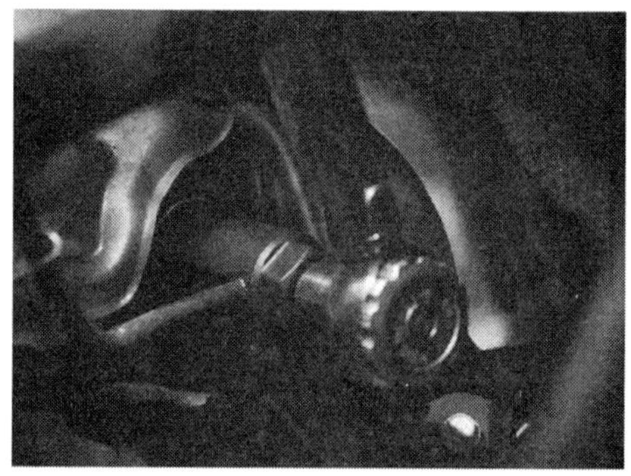

4　1号将氧传感器（S1）传递给2号。

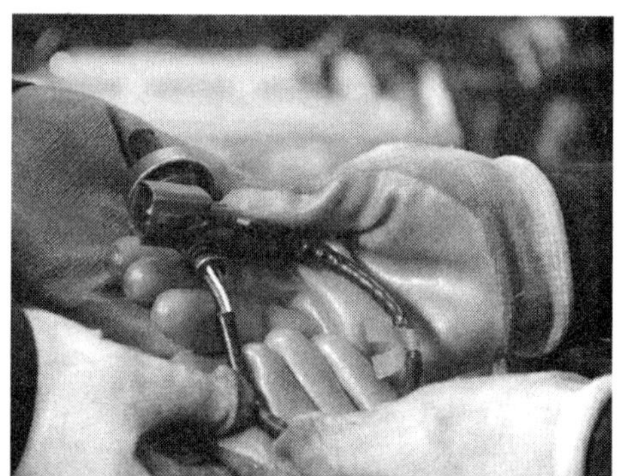

5　2号将氧传感器（S1）放置到零件车上。

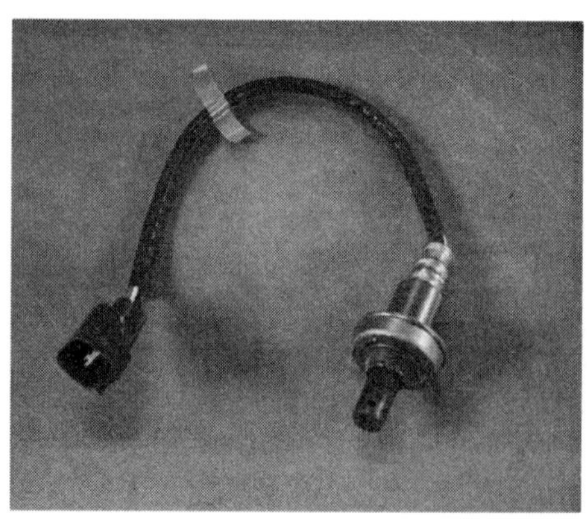

### 第九步 加热型氧传感器（S1）外观检查

1号观察氧传感器外壳上的通气孔是否堵塞，陶瓷芯是否破裂。若是，则更换氧传感器。

提示：氧传感器的通气孔堵塞，锆管内外的氧离子因不能够作游离运动而产生电动势，即氧传感器无信号电压输出。当氧传感器的陶瓷破裂，锆管内外相通时，氧传感器失效。

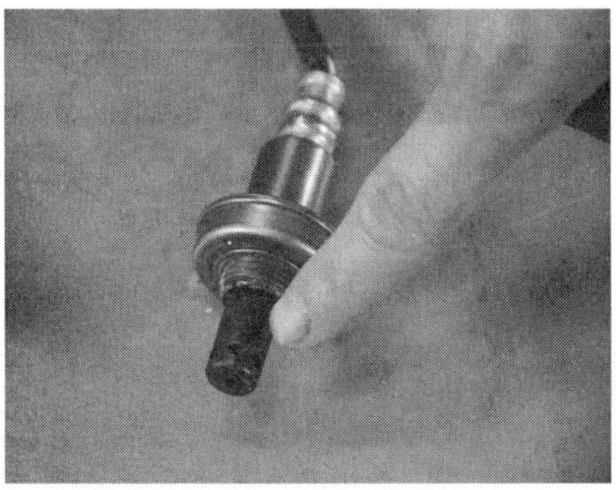

### 第十步 用万用表检测加热型氧传感器（S1）

1号根据下表检测电阻。

提示：标准电阻

| 检测仪连接 | 条 件 | 规定状态 |
|---|---|---|
| 1（HT）—2（+B） | 20℃ | 1.8～3.4Ω |
| 1（HT）—4（AF） | 无 | 无穷大 |

如果不符合规定，则更换氧传感器。

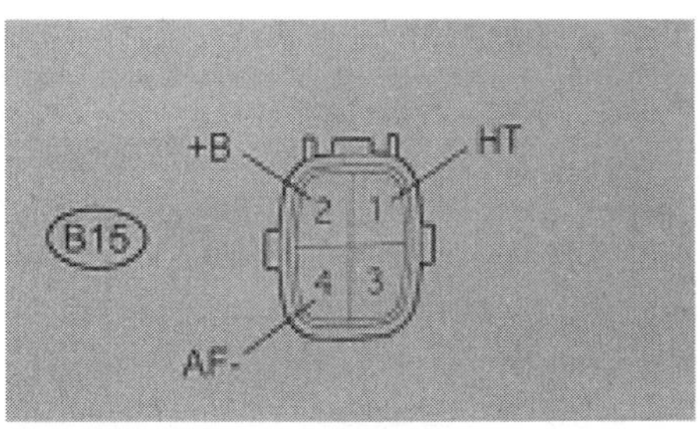


### 第十一步 安装加热型氧传感器（S1）

1 1号用手拧紧加热型氧传感器（S1）。

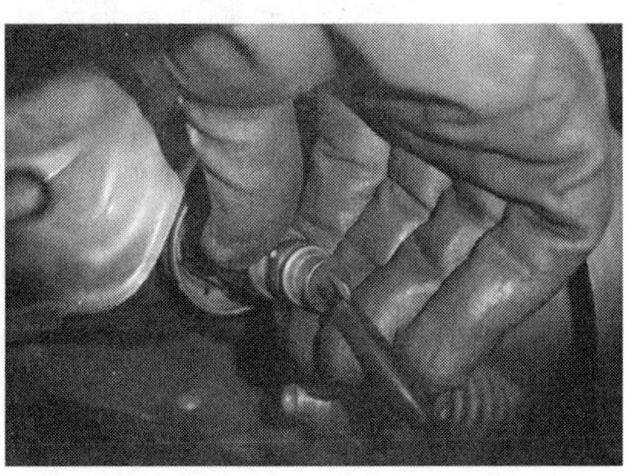

2 1号用预紧力扳手拧紧。

提示：规定拧紧力矩为44N·m.

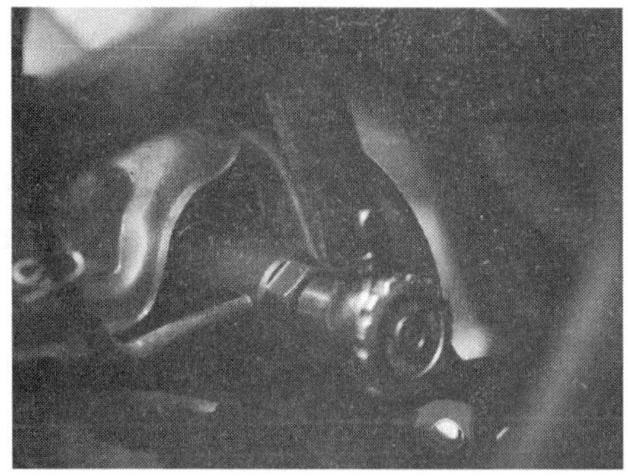

3 1号连接加热型氧传感器（S1）的插头。

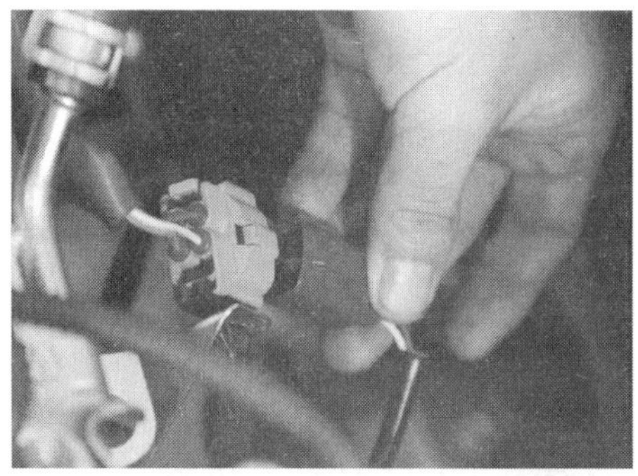

### 第十二步 安装前围上外板

1 1号安装前围上外板。

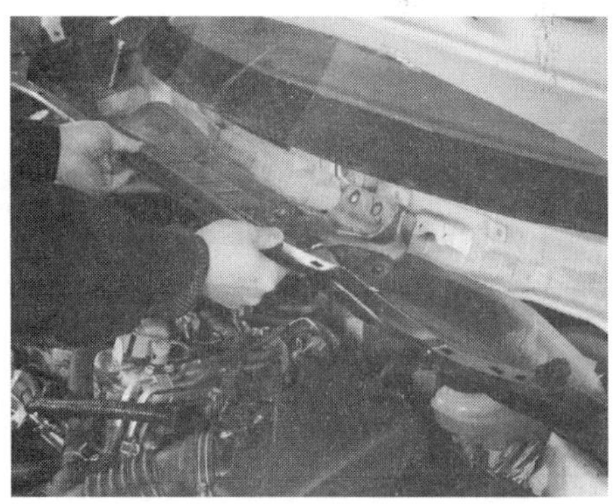

2 2号将棘爪扳手、接杆、10#套筒传递给1号。

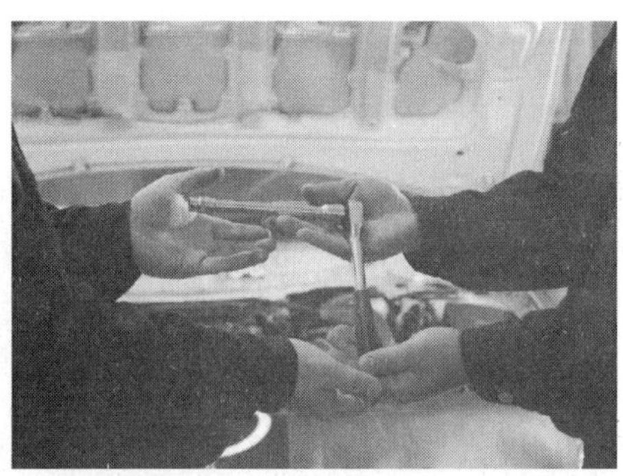

3 1号安装前围上外板。

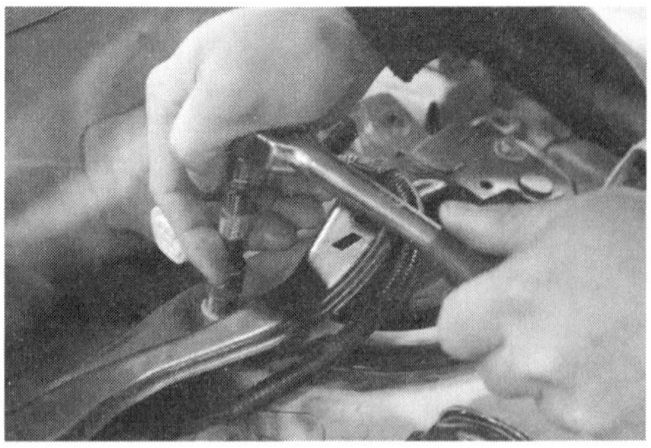

## 第十三步　安装风窗玻璃刮水器电动机及连杆总成

1　2号将风窗玻璃刮水器电动机及连杆总成传递给1号。

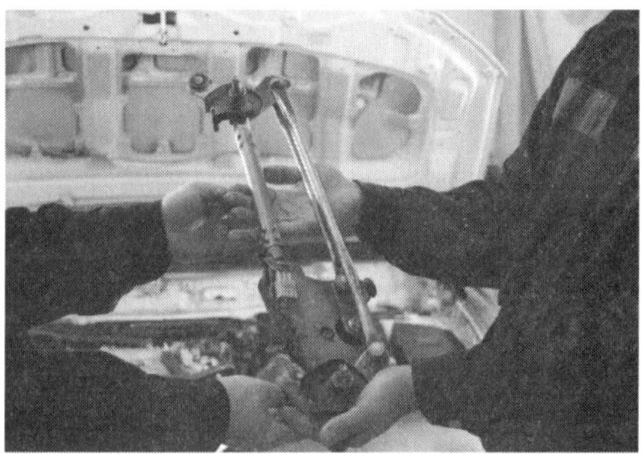

2　1号安装风窗玻璃刮水器电动机及连杆总成。

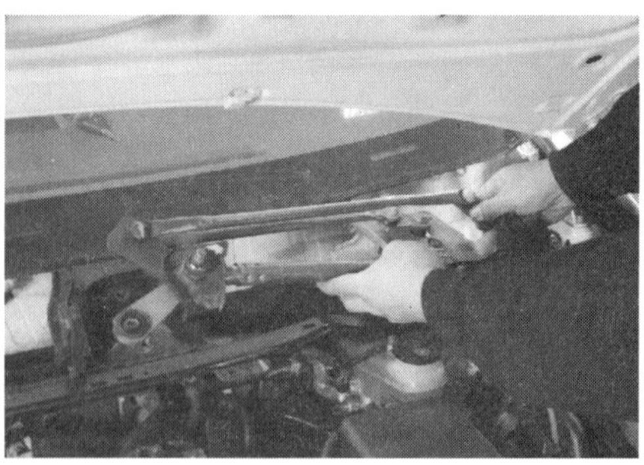

3　2号将棘爪扳手、接杆、10#套筒传递给1号。

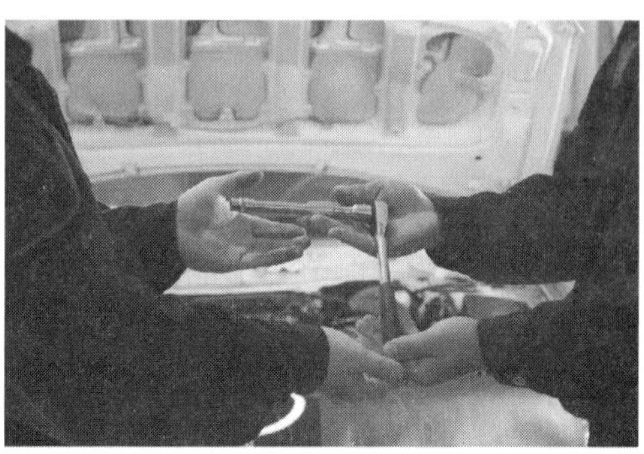

4　1号拧紧风窗玻璃刮水器电动机及连杆总成。

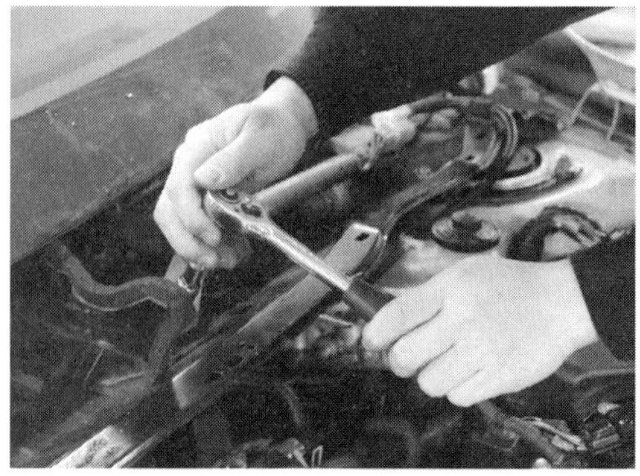

5　1号连接刮水器电动机插头。

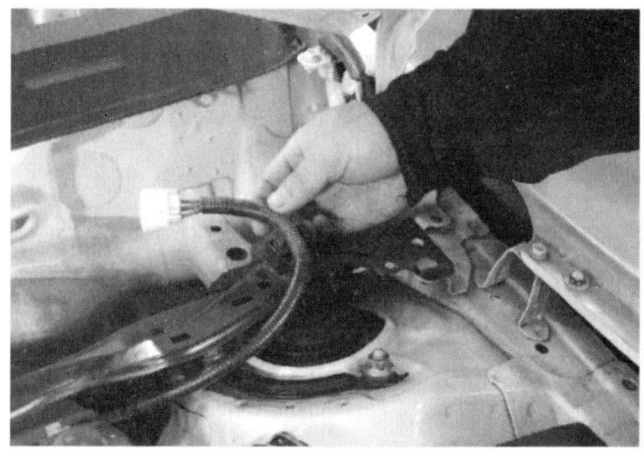

## 第十四步　安装通风栅板

1　1号安装左前围板上通风栅板。

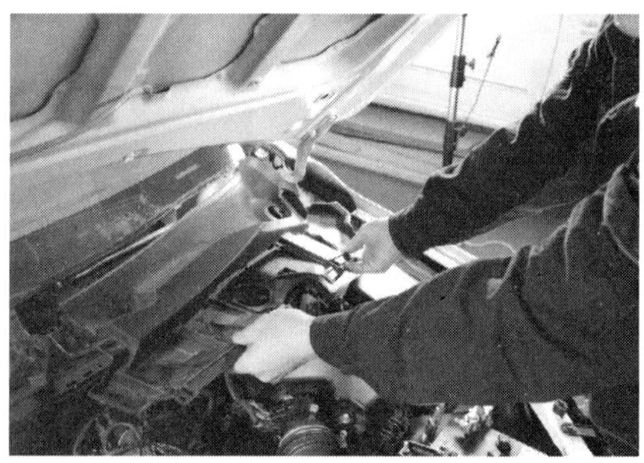

2　1号安装右前围板上通风栅板。

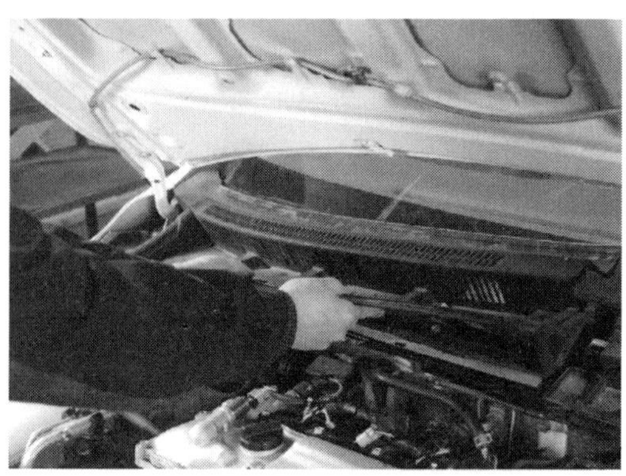

### 第十五步　安装密封条

1　1号将发动机罩至前围上的密封条传递给2号。

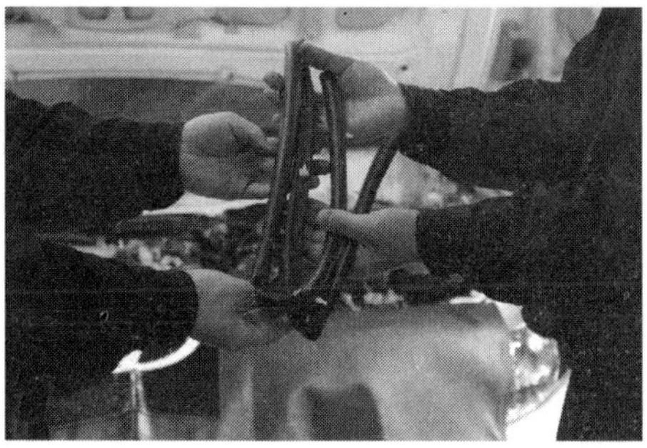

2　1号安装发动机罩至前围上的密封条。

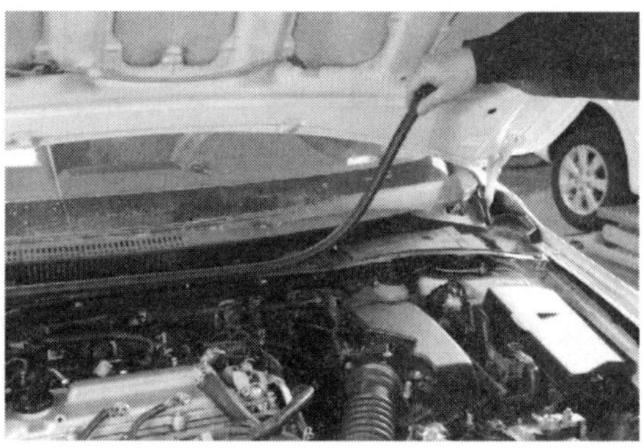

### 第十六步　安装前刮水臂

1　1号安装前刮水臂与刮水片总成。

提示：安装时先将刮水器拉到垂直位置，然后安装。

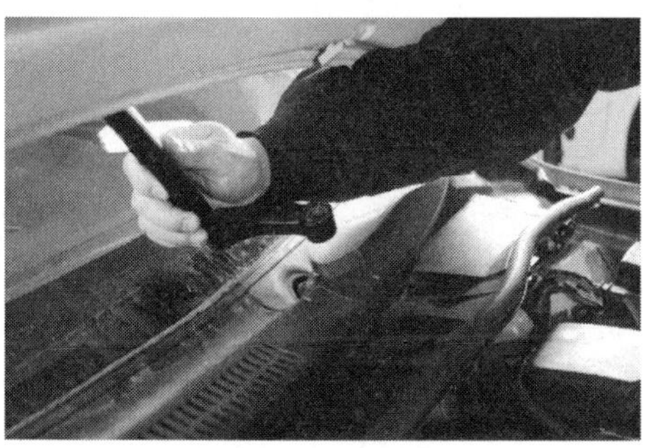

2　2号将棘爪扳手、接杆、14#套筒传递给1号。

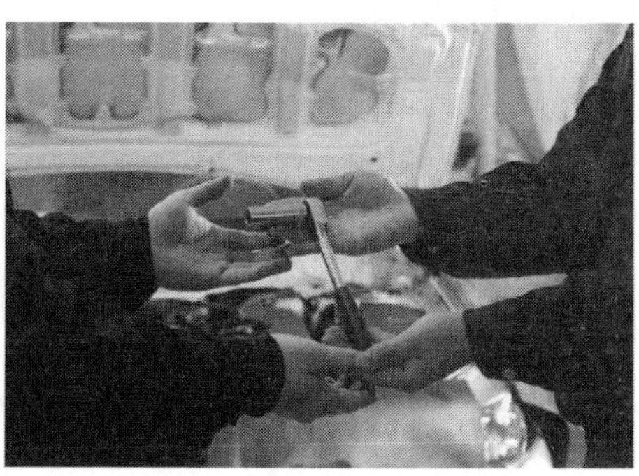

3　1号安装前刮水臂螺栓。

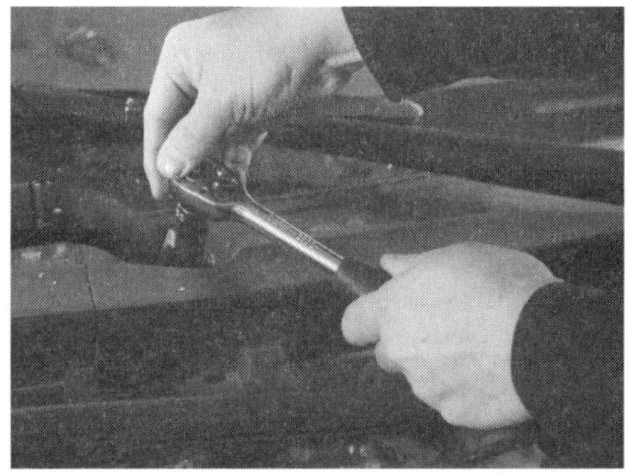

4　1号安装前刮水臂端盖。

提示：注意安装时不要破坏油漆。

### 第十七步　连接金德KT600检测仪

1　1号打开车门进入车辆。

2　1号用手打开仪表盘左侧下方的诊断座防护罩。

提示：诊断座防护罩仅需轻轻向上抬，严禁用力打开。

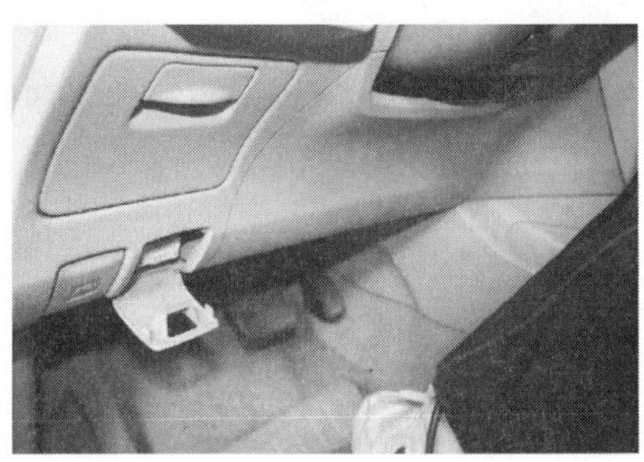

3　2号将金德KT600检测仪传递给1号。

提示：检测仪式是一种精密且贵重仪器，在传递、接收和使用过程中，要小心谨慎，交接可靠，轻拿轻放，以免造成损伤而导致重大经济损失。

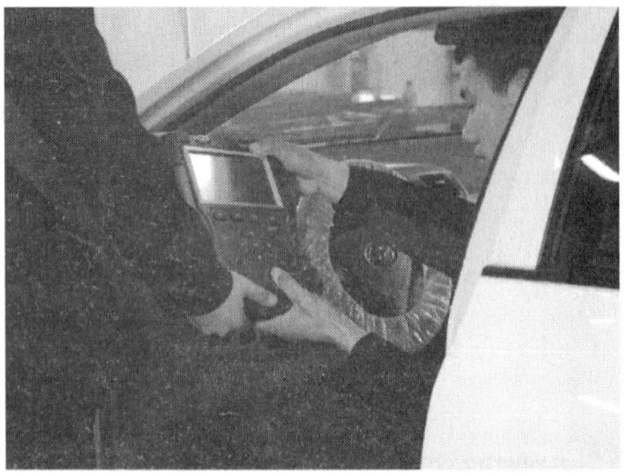

4　2号将检测仪的传输导线传递给1号。

提示：传输导线严禁剧烈弯折或作他用，应注意保管和使用。

5　1号确认检测仪传输导线接头一端的插针和安装方向。

提示：传输导线与检测仪连接时，插头和插孔之间有严格相对位置规定。传输导线的形状既是安装方向的标记。

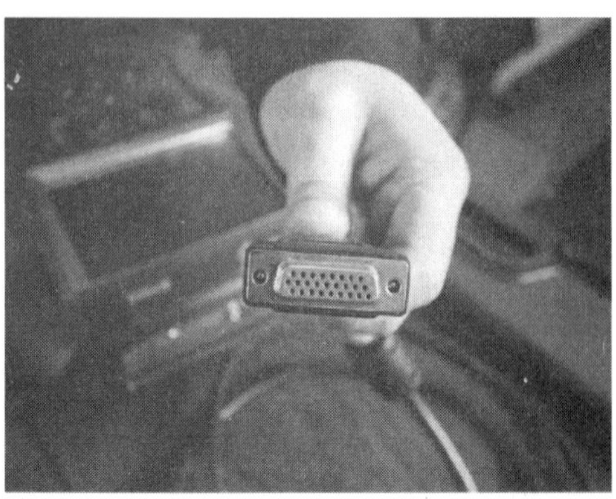

6　1号将传输线上的插孔与检测仪上的插座所对应的连接标记对齐后，将插孔安插到插座上，这样把传输线与检测仪连接起来。

提示：两者连接时，要对齐安装记号且插到位。严禁生插硬推，违规操作。

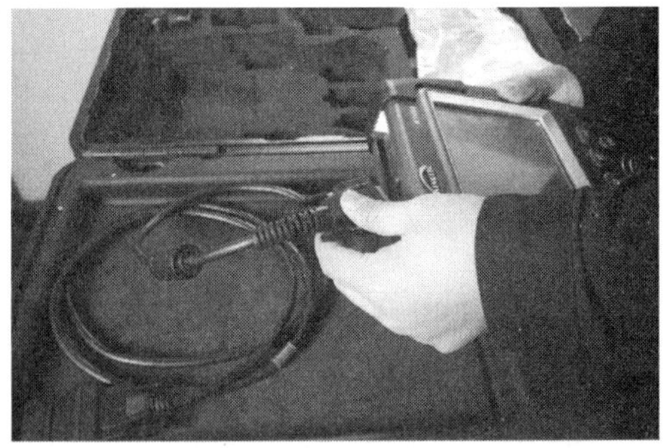

7　1号将检测仪固定在转向盘中央。

提示：将检测仪后部固定支架打开，固定在转向盘中央，确认固定平稳。

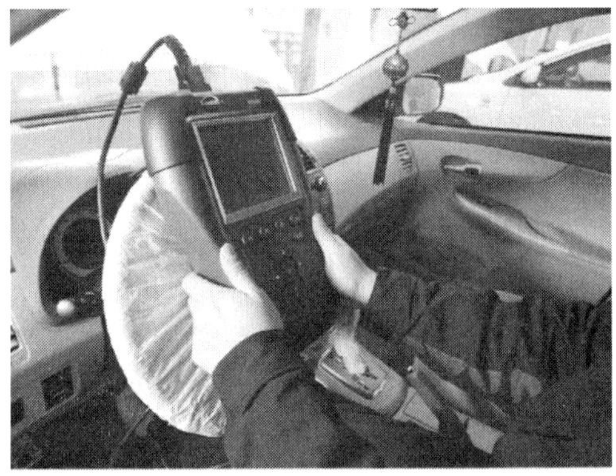

8　1号将传输线的扁平插头按照插座方向方向，插入诊断座孔内。这样传输线和发动机电控单元的诊断座连接起来。

提示：传输线的插头要安装到位且可靠。否则，将影响数据传递。

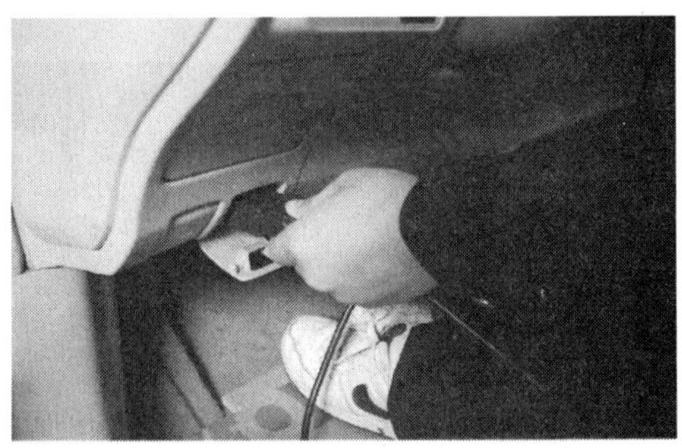

## 第十八步　读取数据流

1　1号打开点火开关。

*2*　1号连接金德KT600检测仪，打开点火开关，按下金德KT600检测仪开关键，打开金德KT600检测仪。

**提示：**按住开关键约2~3min。

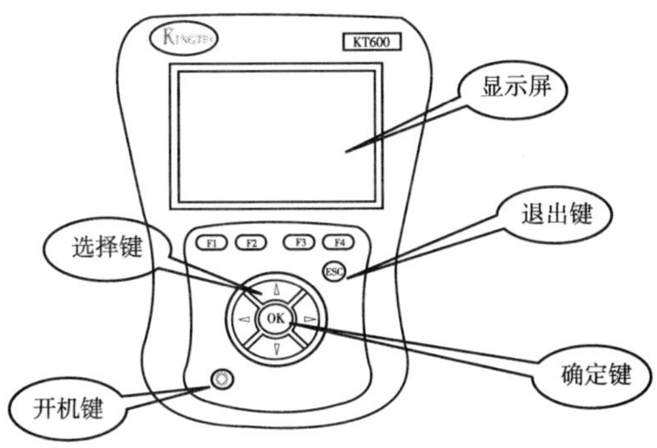


*3*　1号打开金德KT600检测仪，进入待机页面。

*4*　1号进入故障测试界面，选择“TOYOTA”。

*5*　进入检测仪“TOYOTA”菜单，选择车型，“带CAN系统车型”。

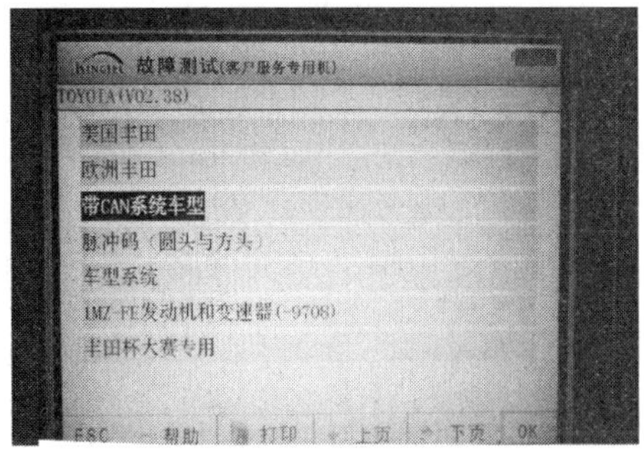


*6*　进入检测仪“CAN系统车型”菜单，选择汽车型号，“COROLLA（卡罗拉）”。

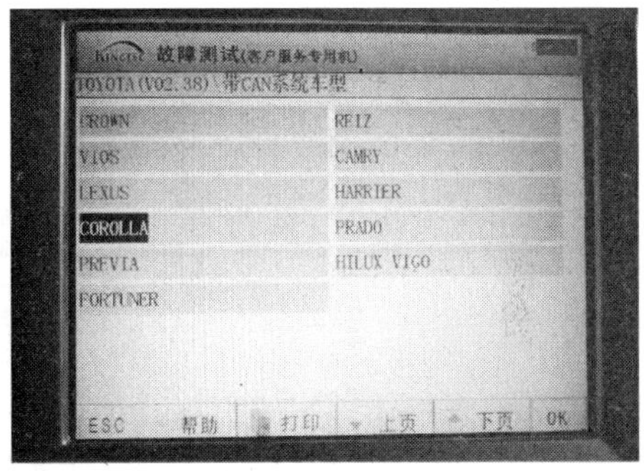


*7*　进入检测仪“COROLLA”菜单，选择“COROLLA（GL）”。

**提示：**GL为豪华型（Grande，Lux）。

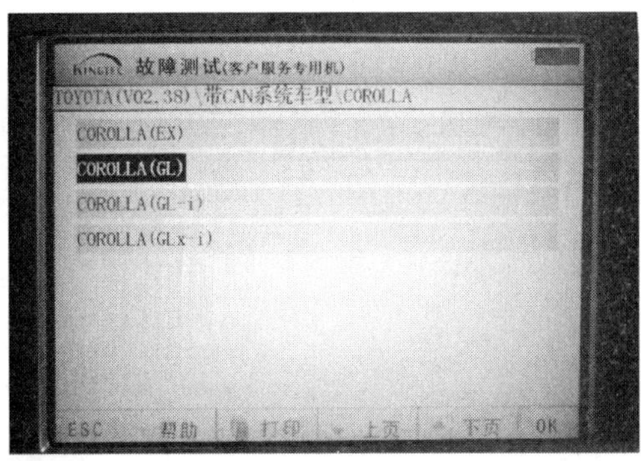


*8*　进入检测仪“COROLLA(GL)”菜单，选择“ENGINE AND ECT”。

**提示：**ENGINE为发动机；ECT为发动机冷却液温度传感器。

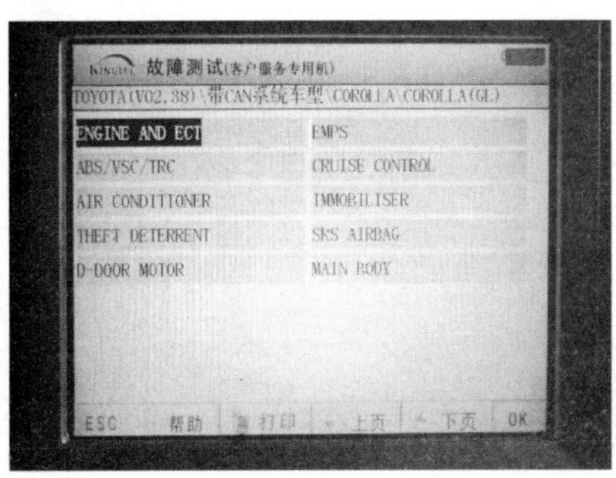

9 进入“ENGINE AND ECT”菜单，选择读取数据流。

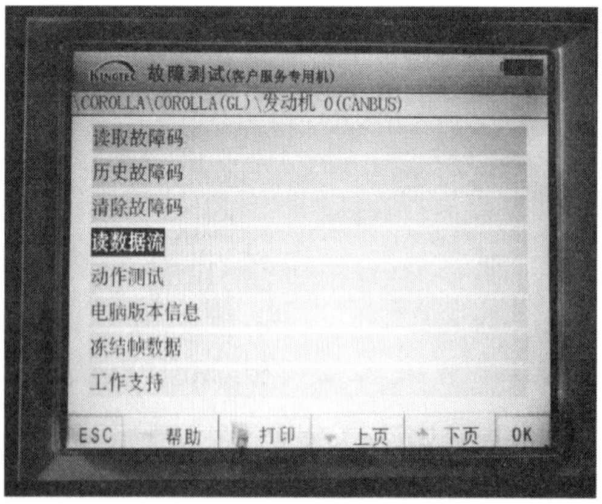


10 进入“读取数据流”菜单，选择“主要数据流”。

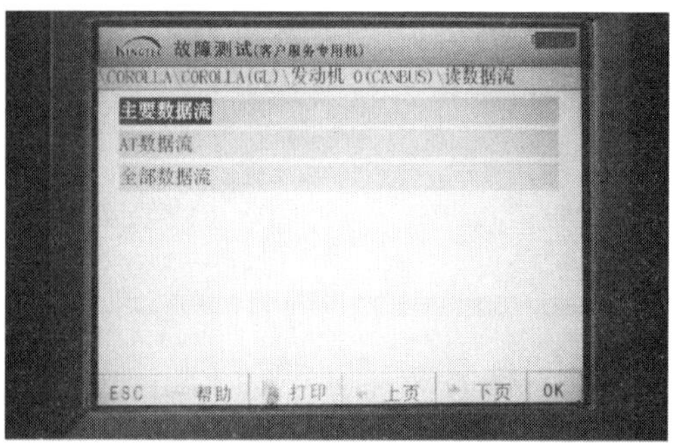


11 进入“主要数据流”菜单。

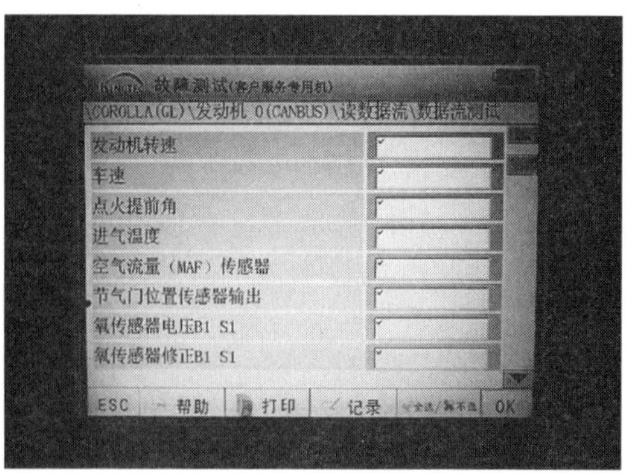


12 1号起动发动机。

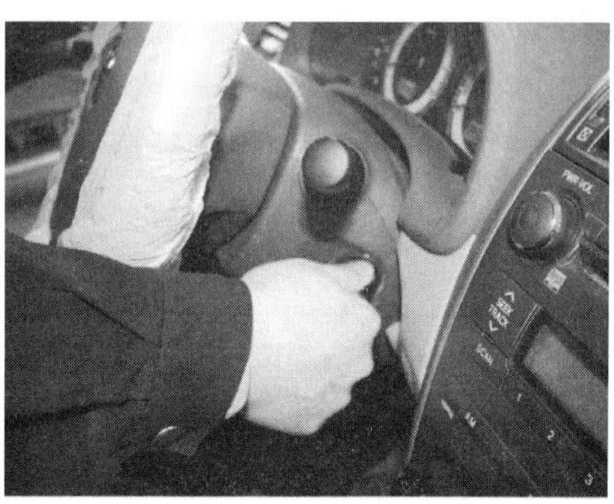

13 金德KT600检测仪开始读取数据流。

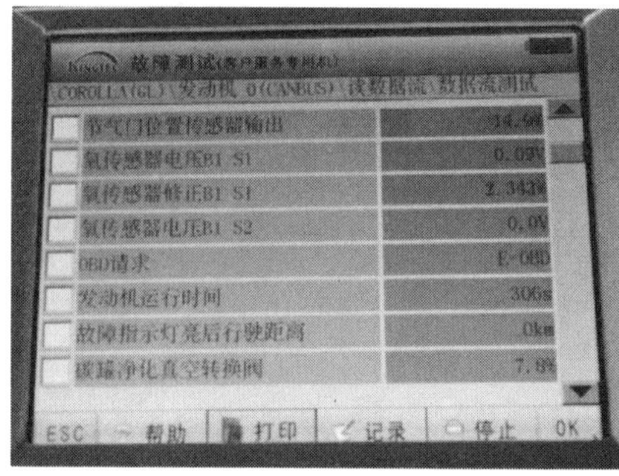


14 1号操作“停止键”，并记录当前数据流，如果显示数据正常，则表示冷却液温度传感器更换完毕。

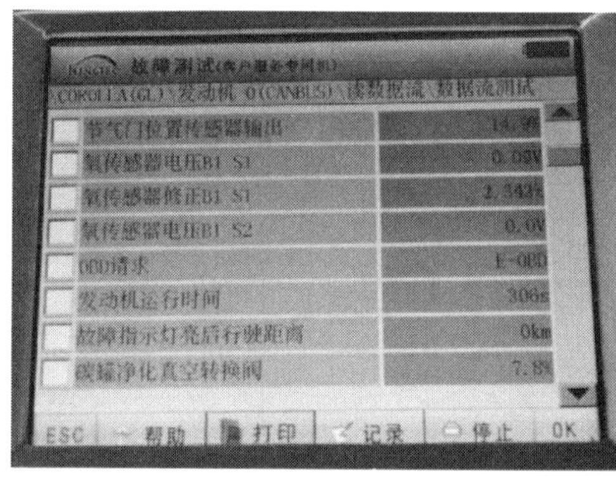


### 第十九步　取下金德KT600检测仪

1 1号关闭点火开关，停止发动机运转并将检测仪传输导线的两连接端，用手取下。

**提示：**取下传输导线两连接端插头时，要用手捏紧插头处并向上用力拔出插头。严禁采用直接拉拔导线或摆晃插头的方法，取下插头。

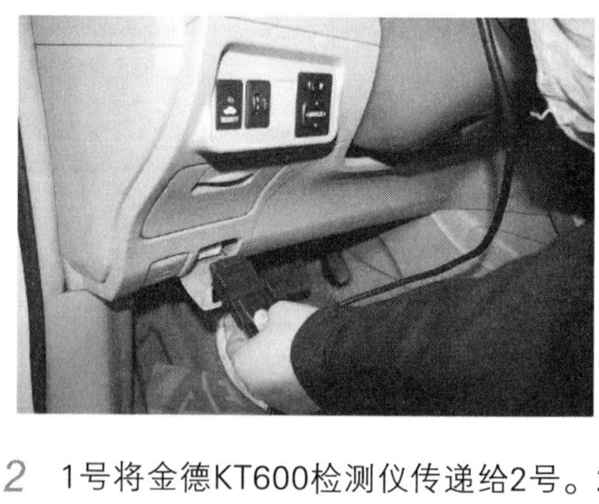

2 1号将金德KT600检测仪传递给2号。2号将其放置于包装盒内。

**提示：**传递、接收和使用检测仪的要求，请参阅前文说明，不再赘述。检测仪要妥善保管，防振动、防重压。

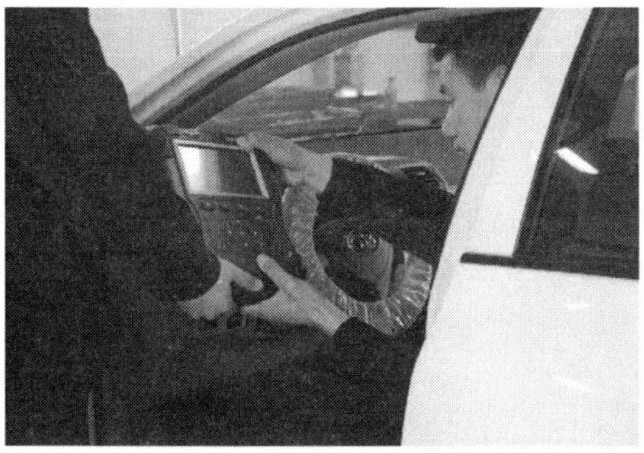

3 1号将传输导线传递给2号。

**提示**：传输导线严禁剧烈弯折或作他用，应注意保管和使用。

4 1号将仪表盘左侧下方的诊断座防护罩安装到位。

**提示**：防护罩用于保护电控系统诊断座。即可防止尘埃、潮湿空气等污染侵蚀诊断座，有避免杂物损伤诊断座。因此，防护罩出现破损，要换新品，并且保证安装到位。

### 第二十步 整理工位

1 1号取下转向盘套、变速杆套、座套和地板垫，传递给2号。2号将其放置在包装袋中。

**提示**：保护罩用薄塑料制成，易破损，所以拆装时要注意保护，以增加使用次数。

2 1号、2号共同拆除护裙；关闭发动机机舱盖；擦拭摆放工具；处理废弃物；清洁地面卫生。

**提示**：作业项目完成后，要搞好工位的清洁，整理和整顿工作，培养良好的工作习惯。

## 七、考核标准

考核标准表

| 考核时间 | 序号 | 考核项目 | 满分 | 评分标准 | 得分 |
|---|---|---|---|---|---|
| 40min | 1 | 作业前清理工位 | 2 | 整理遗漏酌情扣分 | |
| | 2 | 安装保护罩 | 3 | 操作不当酌情扣分 | |
| | 3 | 车辆停驻 | 2 | 操作不当扣2分 | |
| | 4 | 打开并支撑发动机舱盖 | 3 | 操作不当扣3分 | |
| | 5 | 拆卸转速器传感器、发电机、爆震传感器、氧传感器的连接器 | 3 | 操作不当扣3分 | |
| | 6 | 升降车辆 | 4 | 操作不当扣4分 | |

续上表

| 考核时间 | 序号 | 考核项目 | 满分 | 评分标准 | 得分 |
|---|---|---|---|---|---|
| 40min | 7 | 拆卸氧传感器 | 5 | 操作不当扣5分 | |
| | 8 | 氧传感器外观检查 | 5 | 操作不当扣5分 | |
| | 9 | 万用表检查氧传感器 | 20 | 操作不当扣20分 | |
| | 10 | 安装氧传感器 | 7 | 操作不当扣7分 | |
| | 11 | 安装转速传感器、发电机、爆震传感器、氧传感器的连接器 | 5 | 操作不当扣5分 | |
| | 12 | 发动机预热 | 3 | 操作不当扣3分 | |
| | 13 | 连接KT600检查仪 | 6 | 操作不当扣6分 | |
| | 14 | 检测氧传感器 | 15 | 操作不当扣15分 | |
| | 15 | 取下检测仪 | 3 | 操作不当扣3分 | |
| | 16 | 安装诊断座防护罩 | 2 | 操作不当扣2分 | |
| | 17 | 作业后整理工位 | 2 | 整理遗漏扣2分 | |
| | 18 | 遵守相关安全规定 | 因违规操作造成人身和设备事故的，总分按0分计 | | |
| 分数合计 | | | 100 | | |

# 任务二　检查和更换冷却液温度传感器

## 一、技术标准与要求

（1）安装与1ZR型发动机电控系统配套使用的冷却液温度传感器。

（2）1ZR型发动机采用的是热敏式NTC冷却液温度传感器。

（3）1ZR型发动机冷却液温度传感器（℃/Ω）：20℃时，电阻值为2320~2590Ω；80℃时，电阻值为310~326Ω。

## 二、实训时间：45min

## 三、实训教学目标

（1）了解检查和更换冷却液温度传感器的重要性。

（2）熟悉冷却液温度传感器的类型和工作原理。

（3）掌握检查和更换冷却液温度传感器的操作技能。

## 四、实训器材

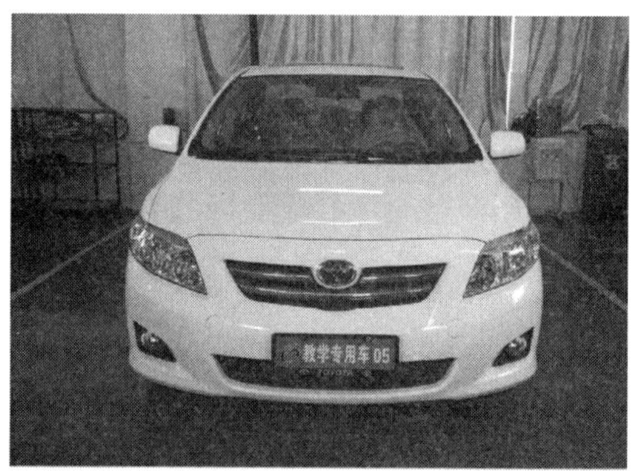


丰田卡罗拉整车

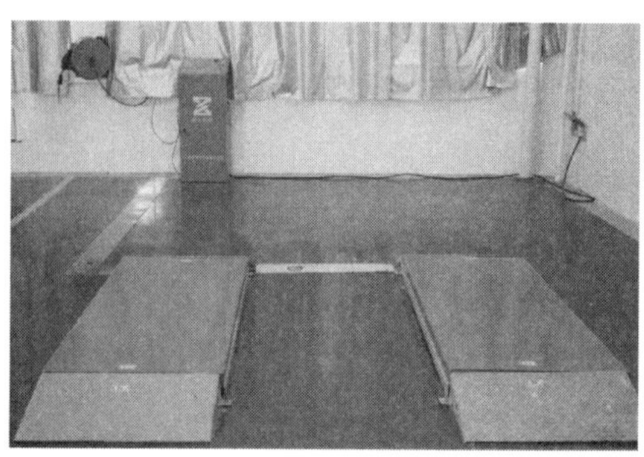

举升机

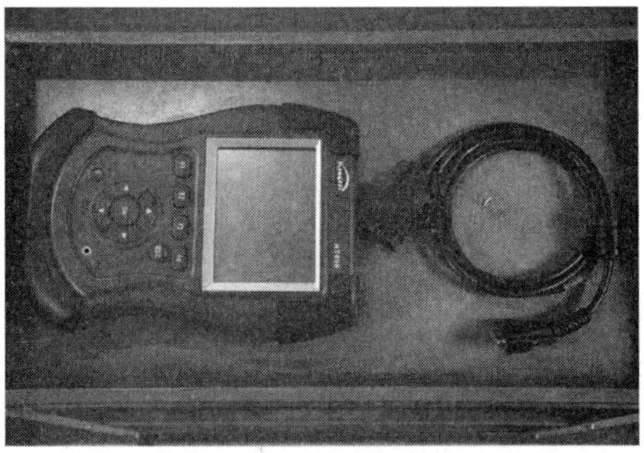

金德KT600检测仪

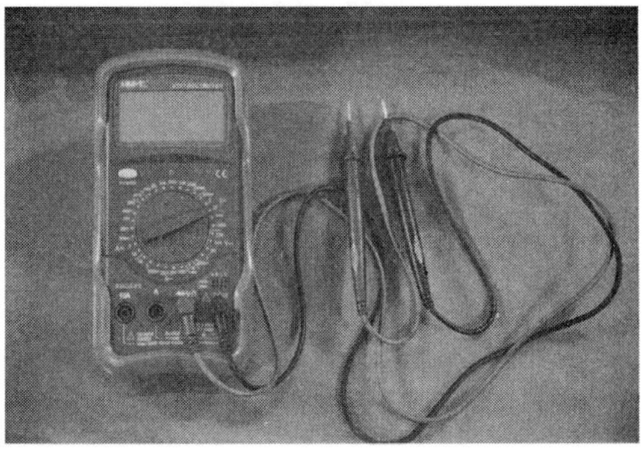

车用万用表

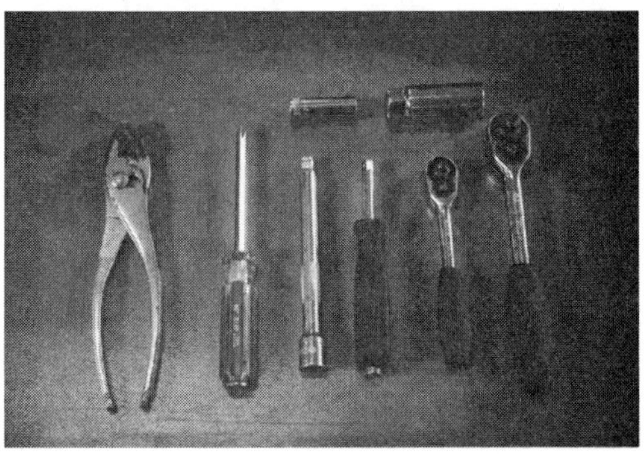

常用工具

## 五、教学组织

（1）教学组织形式：

每辆车安排4名学生参与实训，两名学生一组，一组操作，一组观察学习。

（2）学生站位分工和要求：

两名学生一组，按照1号、2号进行编号，1号为主，2号为辅助。

（3）实训教师职责：

讲解操作步骤和注意事项；下达“操作开始”口令；工位间巡视、检查、指导和纠正错误。

（4）学生职责变换：

2名学生实行职责变换制度，即第一遍1号为主，2号辅助；第二遍2号为主，1号辅助。

## 六、操作步骤

### 第一步 事前准备工作

1 车辆进入工位前，参训学生将工位卫生清理干净，排除障碍物，准备好相关的工具、物品等。

**提示：** 培养良好的工作习惯，做好事前准备，有利于安全操作和提高工作效率。

2 将车辆停驻在举升机平台的中央位置。

**提示：** 车辆停驻于举升机平台的中央位置，为车辆的安全举升做好准备。

3 1号打开门锁。

**提示：** 用遥控钥匙打开电动门锁，为进入驾驶室操作做好准备。

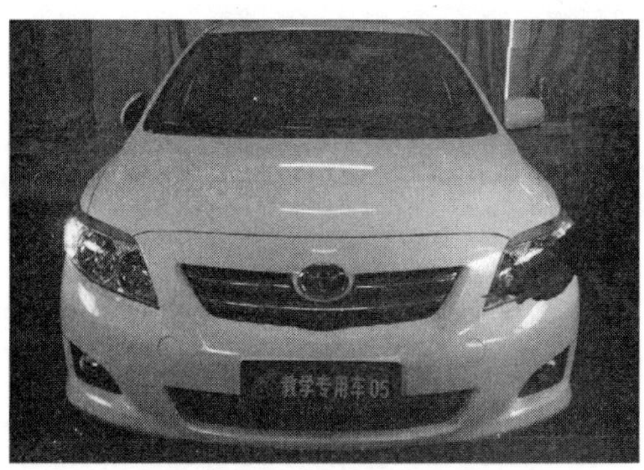

4　1号和2号共同安装车轮挡块。

**提示：**为保证车辆在工位上可靠停驻，防止出现溜滑，造成安全事故，要安装车轮挡块。

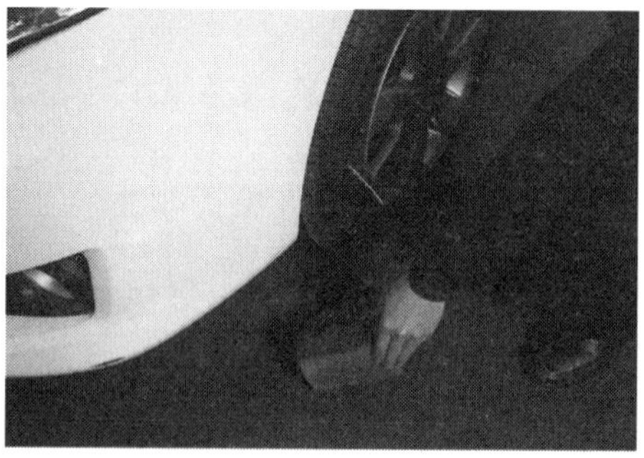

5　2号安装尾气收集管。

**提示：**为防止尾气污染环境，保护人体健康，要安装尾气收集管。

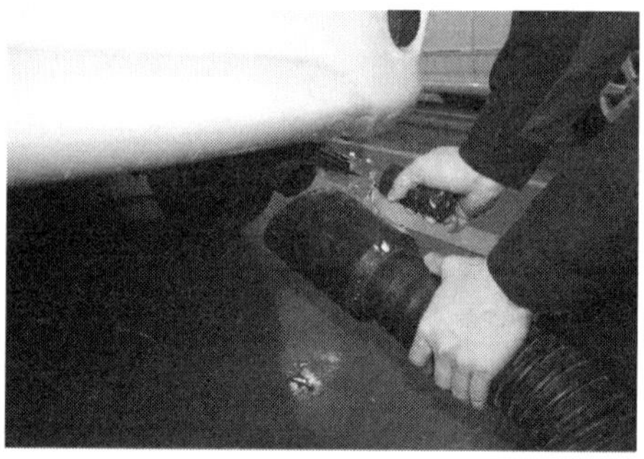

6　2号打开车门。

**提示：**左手拉车门把手打开车门，带好三件套，准备进入车辆。

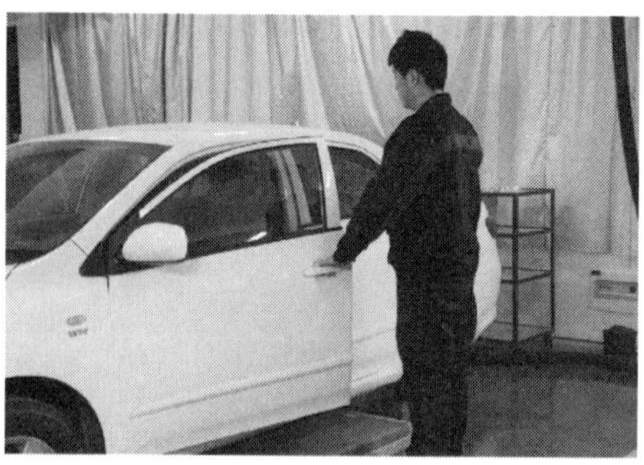

7　2号拉起发动机罩释放杆。

**提示：**拉起发动机罩释放杆时，用力不要过猛，否则容易导致释放杆盖损坏。

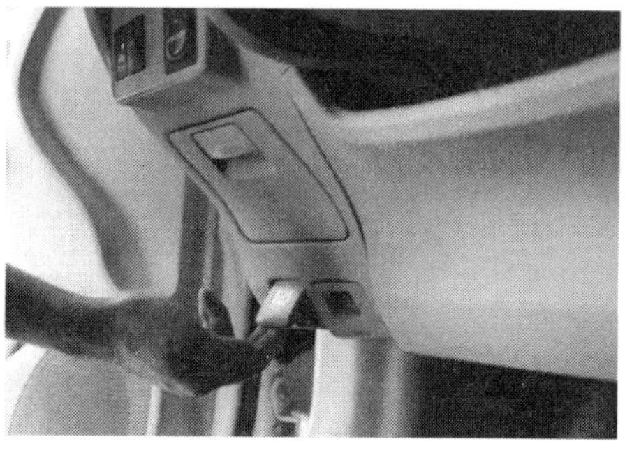

8　2号安装转向盘套。

**提示：**转向盘套是由薄塑料制成的，极易破损。安装转向盘套时，不要生拉硬拽，否则会造成转向盘套破损。

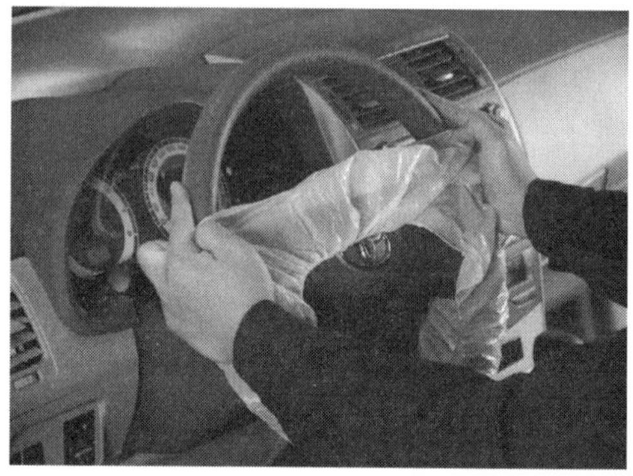

9　2号安装地板垫。

**提示：**铺设地板垫的主要目的是便于清除维修人员带入驾驶室内的脏物与杂物，保持驾驶室内地板清洁。

10　2号安装座椅套。

**提示：**安装座椅套时，用力要均匀，拉齐座椅套，使之整齐、美观。

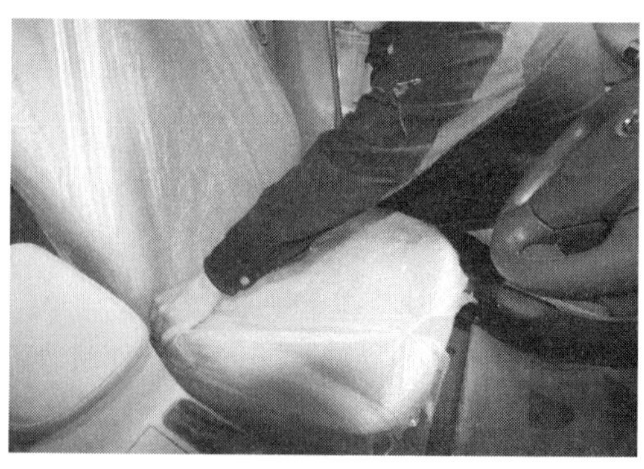

11　2号将点火开关旋至“ON”,打开主驾驶侧电动车窗。

**提示：**打开主驾驶侧电动车窗，是为了车内通风以及当钥匙掉在车里时可以打开车门。

12 2号将变速杆置于P挡。

**提示:** 发动机带挡操作属于违规操作，危险性极大。因此，发动机起动前应将变速杆置于P挡。

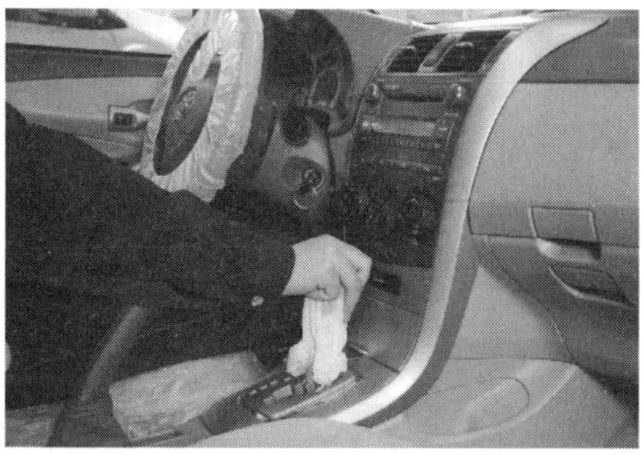

13 2号拉紧驻车制动杆。

**提示:** 为保证车辆在工位上的可靠停驻，防止出现溜滑，造成安全事故，因此，要拉紧驻车制动杆。

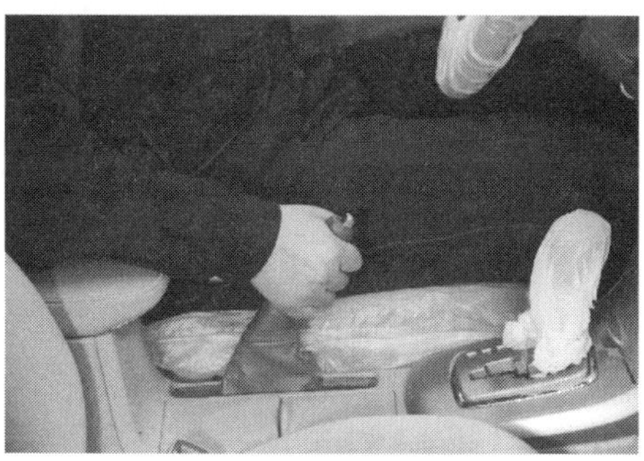

14 2号检查驻车制动器指示灯是否点亮，及挡位指示是否显示P挡 。

**提示:** 检查驻车制动器指示灯是否点亮，及挡位指示是否显示P挡，可以培养学生通过观察仪表指示灯来检查车辆工况的习惯。

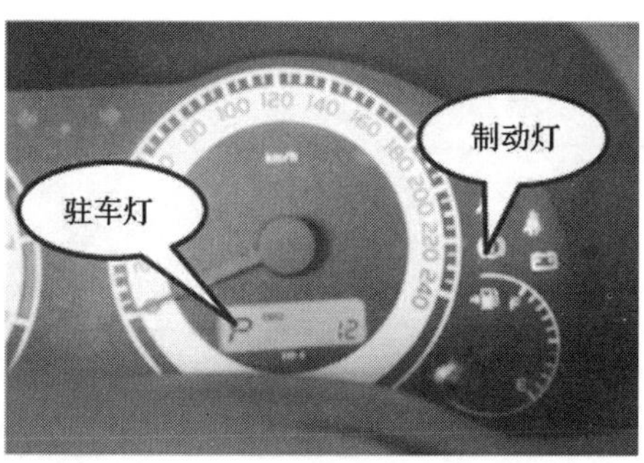


15 1号打开发动机舱盖，从固定卡上脱开发动机舱盖支撑杆。

**提示:** 支撑杆固定夹如有损坏，要换用新品，否则车辆行驶中会产生异响。

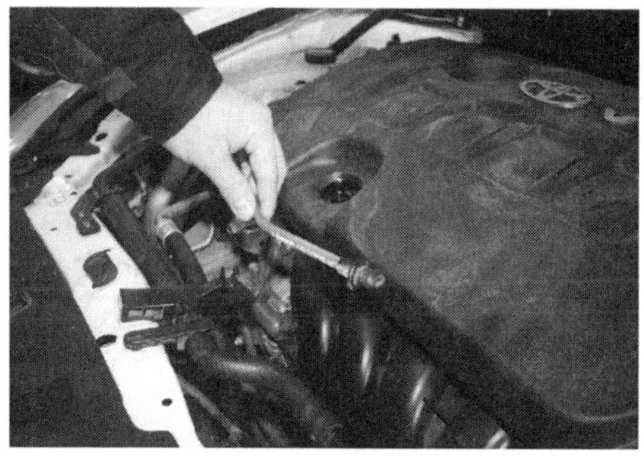

16 1号支撑牢固发动机舱盖。

**提示:** 用支撑杆支撑发动机舱盖时，要保证接触可靠，否则，发动机舱盖滑落会造成人身伤害。

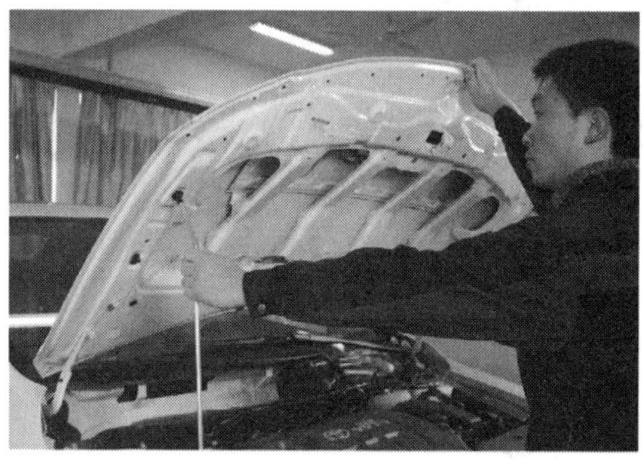

17 1号把护裙粘贴在汽车左、右侧翼子板上，要求将翼子板全部覆盖。护裙的上边沿粘贴到排水槽的内侧，前端至侧灯处，后端至车门与翼子板结合缝隙。

**提示:**

（1）粘贴护裙的主要目的是保护操作中能够接触到的翼子板车漆。

（2）护裙是通过磁铁吸附在翼子板上的，因此，粘贴时，当护裙接近翼子板，感觉到吸力后，要稍稍提起护裙，使护裙轻轻与翼子板贴合，不允许听到接触碰撞声。

18　1号把护裙粘贴在汽车的正前面，要求将车头前部、前照灯总成、保险杠全部覆盖。

提示：在车的前方操作时，护裙用于保护易划伤的零部件表面和车漆。

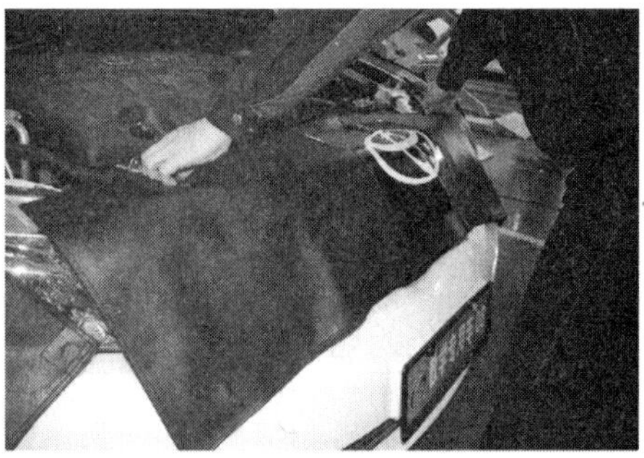

## 第二步　预热发动机

1　2号进入驾驶室，横向摆动变速杆，确认变速器处于P挡位置。

提示：发动机起动之前，应将变速杆置于P挡位置。

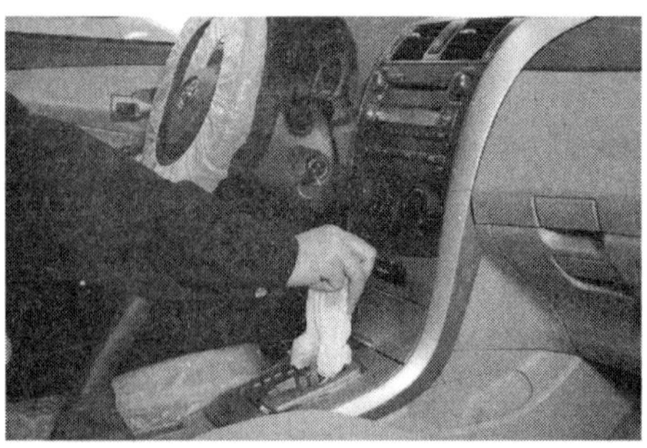

2　1号检查冷却液液面。

提示：如果储液罐中的冷却液液位在“FULL”和“LOW”之间，则冷却液液位是合适的。如果液位低，须加注冷却液。

3　1号检查发动机冷却液液位。

提示：如果冷却液标尺上的冷却液液位在“FULL”和“LOW”之间，则冷却液液位是合适的。如果液位低，须加冷却液。

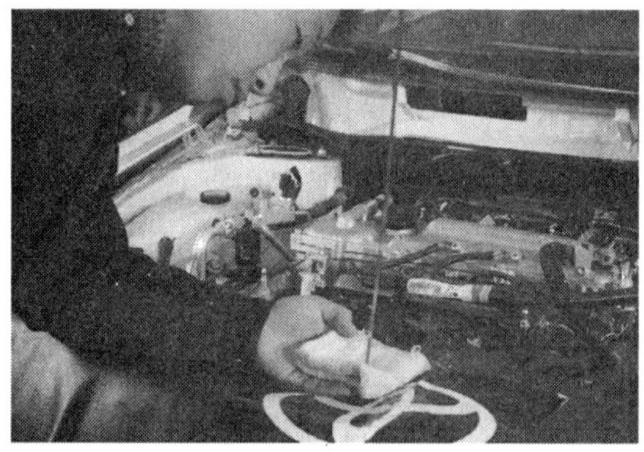

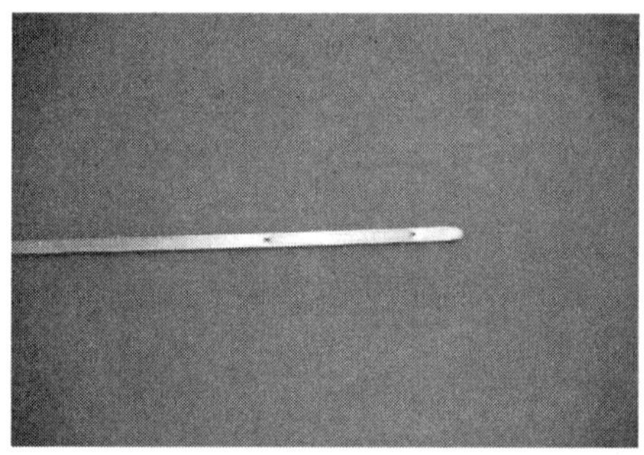

4　2号打开点火开关，起动发动机并保持怠速运转3～5min。其间观察水温表指示数值的变化，当水温达到60～70℃时关闭点火开关，停止发动机运转。

提示：

（1）提高发动机温度使冷却液黏度变小，有利于发动机内的冷却液排放彻底。

（2）起动发动机时，1号、2号配合口令是“起动”和“正常”。注意发动机起动器安全确认。

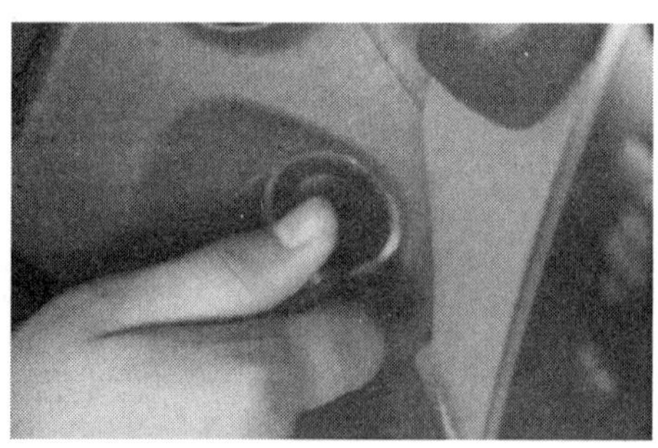

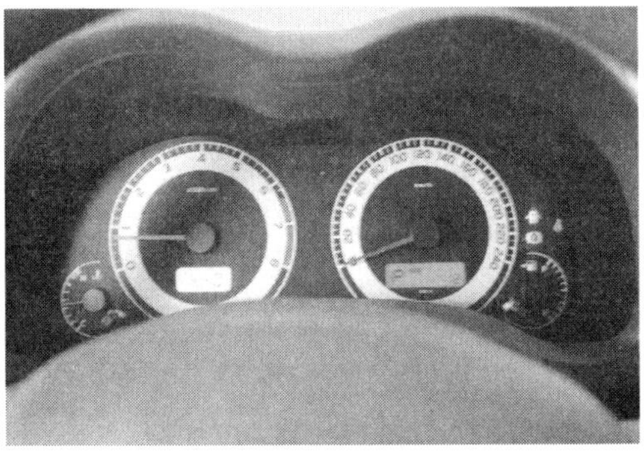

### 第三步 检漏

1号检查冷却系统的软管是否有鼓包、裂纹和接口泄漏；散热器、暖风水箱、水泵、膨胀箱、汽缸垫、汽缸体和汽缸盖的水堵是否泄漏。

**提示：**当发动机工作温度达到常温后，冷却系统中的压力升高，此时一些泄漏点会暴露出来。为了防止更换新的冷却液后出现泄漏，应做好事前检查。发现泄漏点，要修复检查之后，再加注新的冷却液。

### 第四步 排放冷却液

*1* 1号用手缓慢旋松冷却液膨胀箱盖，并施加一定的下压力，当感觉到系统压力释放殆尽后，重新旋紧膨胀箱盖。

**提示：**

（1）这样做的主要目的是释放冷却系统中的压力，防止直接拆卸下的水管排放冷却液时，高温高压液体喷溅，造成人员烫伤事故。

（2）释放冷却系统压力时，要带上防护手套，以防烫伤手。

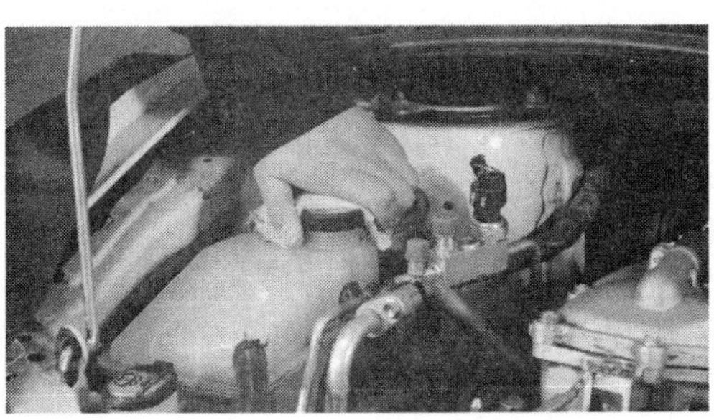

*2* 1号和2号放置橡胶垫块。

**提示：**放置橡胶垫块时，应注意位置合理距举升机平板10cm左右，放置平整。

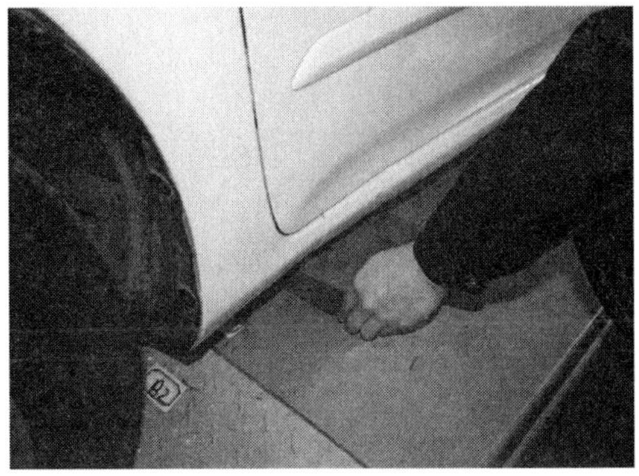

*3* 2号操纵举升机，车轮举升到离地面10cm处。

**提示：**车轮举升到离地面10cm处，是为了检查车辆的稳定性做准备。

*4* 1号和2号一起检查车辆的稳定性。

**提示：**检查车辆的稳定性，是为了保证车辆的安全举升。

*5* 2号操纵举升机，将车辆举升到目标高度后，可靠停驻，方可进入车下作业。

**提示：**严禁重载举升；严禁有乘员；严禁晃动车辆；严禁车下站人或穿梭。

6　2号将接水盆放置于散热器的下方，正对于下水管与散热器出水接口处。

7　1号用手拧松冷却液排放塞。

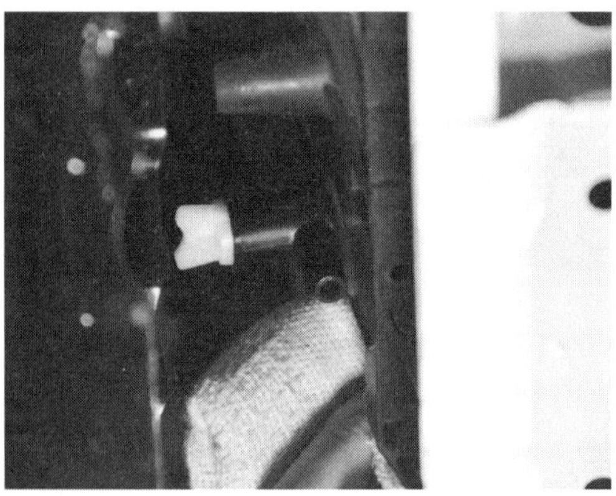

8　排放冷却液。

提示：冷却液有毒，使用中严禁嘴吸和接触皮肤。若溅入眼中要立即用水冲洗，必要时到医院进行处理。

## 第五步　拆卸膨胀水箱

1　2号将鲤鱼钳传递给1号。

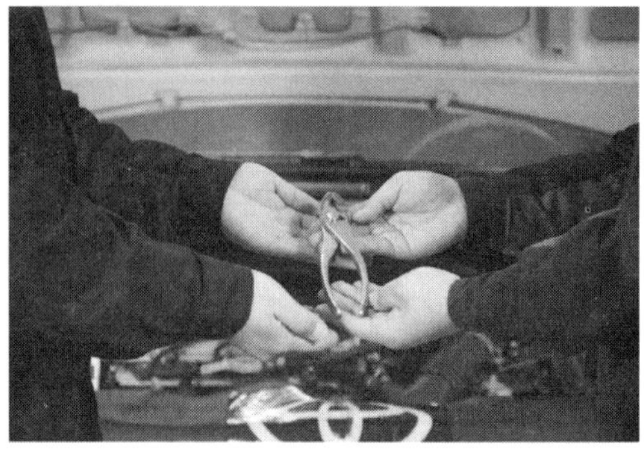

2　1号用鲤鱼钳松掉卡箍。

提示：有上下两处要松，注意不要破坏橡胶软管和卡箍。

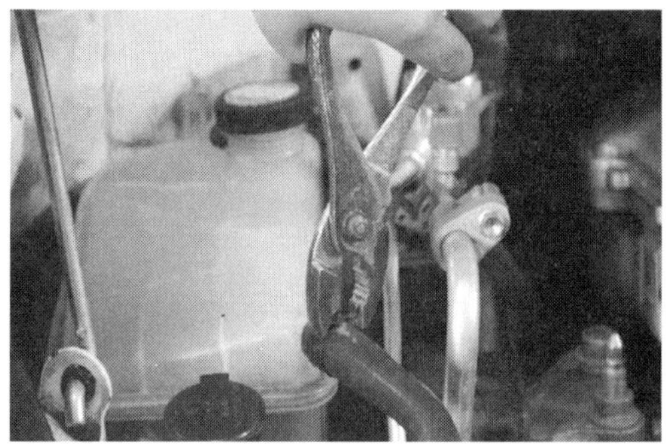

3　断开软管与膨胀水箱。

提示：冷却液有毒，使用中严禁嘴吸和接触皮肤。若溅入眼中要立即用水冲洗，必要时到医院进行处理。

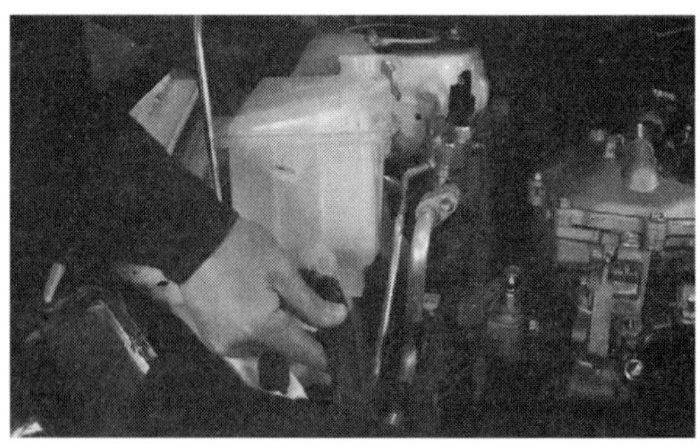

4　2号将10#扳手传递给1号。

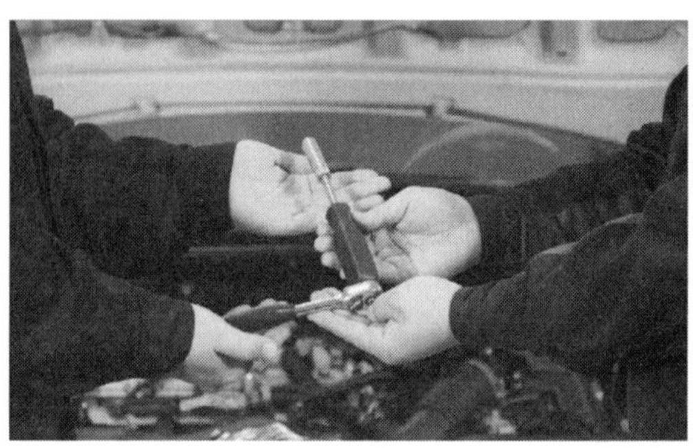

5 1号用10#扳手松掉膨胀水箱固定螺栓。

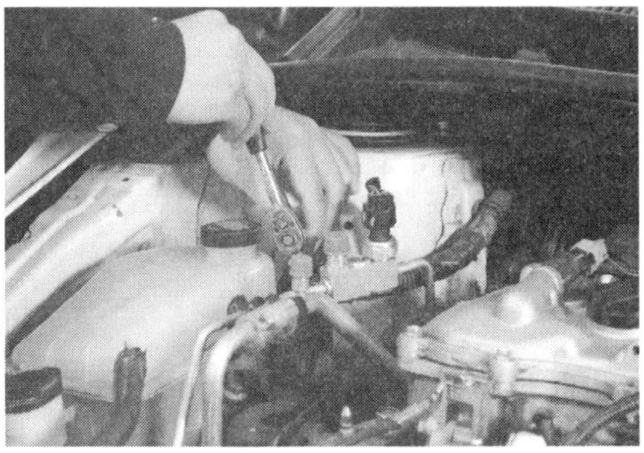

6 1号将膨胀水箱取下并传递给2号。

7 2号将膨胀水箱内的剩余冷却液倒尽，放到零件车上。

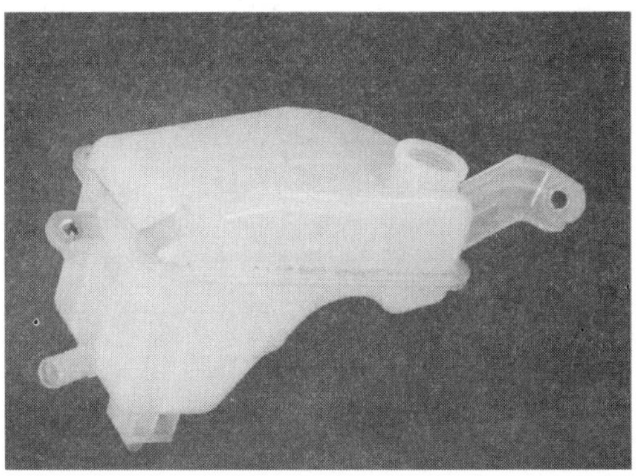

### 第六步 拆卸空气滤清器总成

1 1号去除空气滤清器卡子。

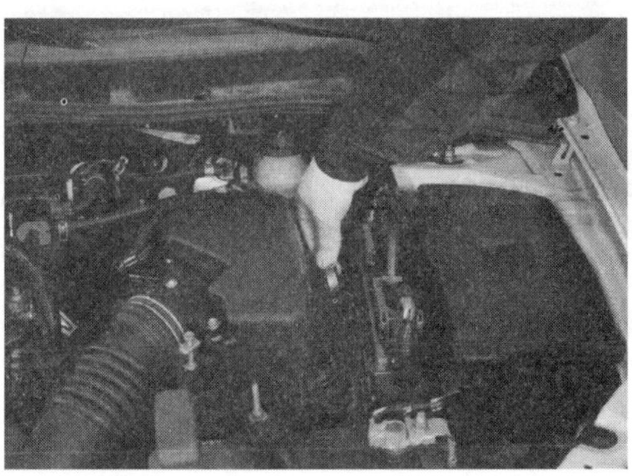

2 1号取出空气滤清器。

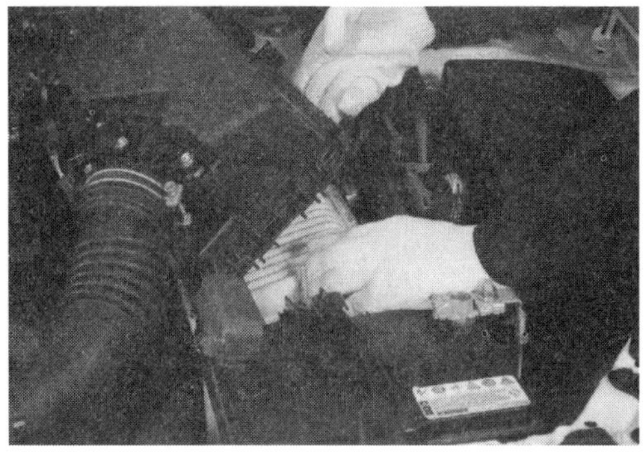

3 1号将空气滤清器传递给2号，2号将空气滤清器放置于指定位置。

4 1号断开质量空气流量计。

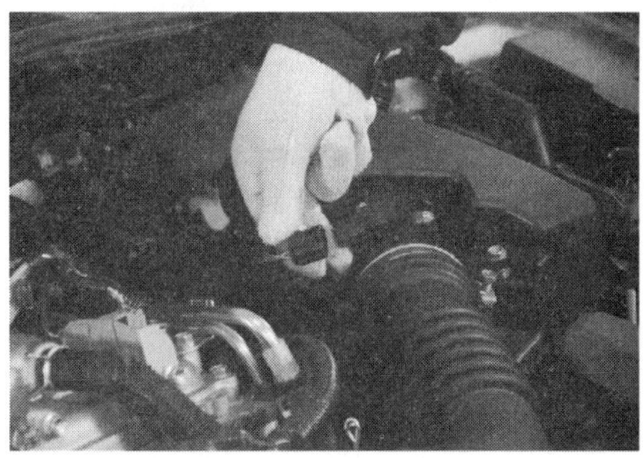

5 2号将十字螺丝刀传递给1号。

6 1号拆卸进气管接头与空气滤清器连接的卡箍，并取下进气管接头前端。

7 1号将空气滤清器盖分总成拆下。

8 1号将空气滤清器盖分总成传递给2号，2号将空气滤清器盖分总成放置于指定位置。

9 1号拆下与发动机连接的通风软管。

10 1号拆卸进气管接头与节气门连接的卡箍。

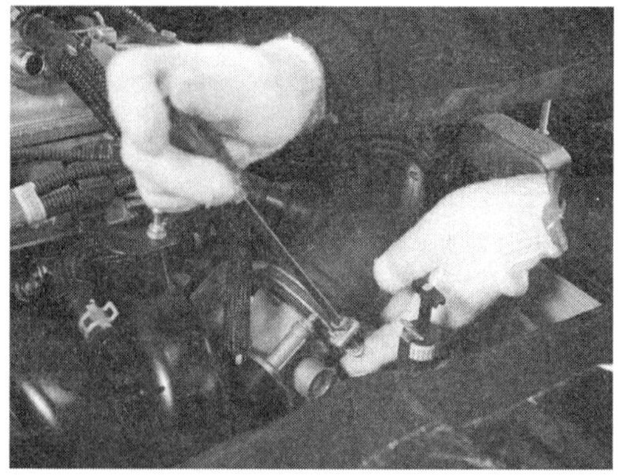

11 1号拆下进气管接头。

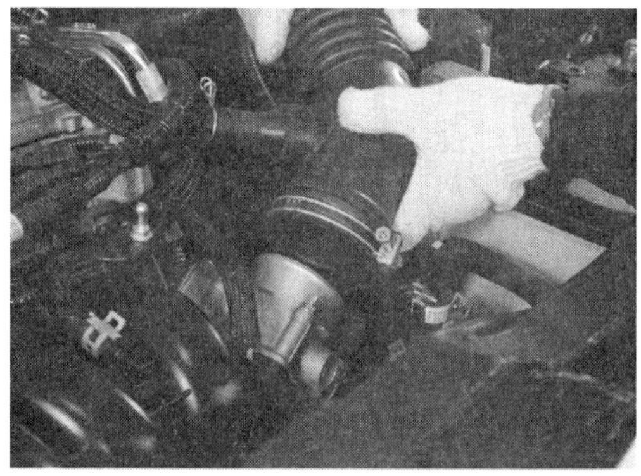

12 1号将进气管接头传递给2号，2号将进气管放置于指定位置。

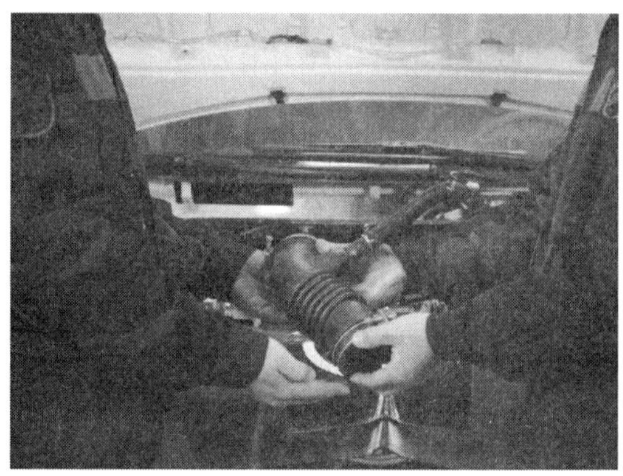

13 2号将10#扳手传递给1号。

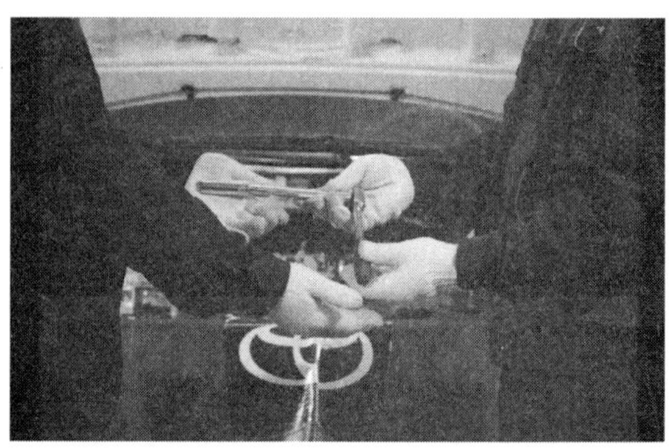

14 1号用10#扳手拆卸空气滤清器壳上的三颗固定螺栓。

15　1号取下空气滤清器壳后线束固定卡子螺栓。

16　1号用10#扳手取下进气管固定螺栓。

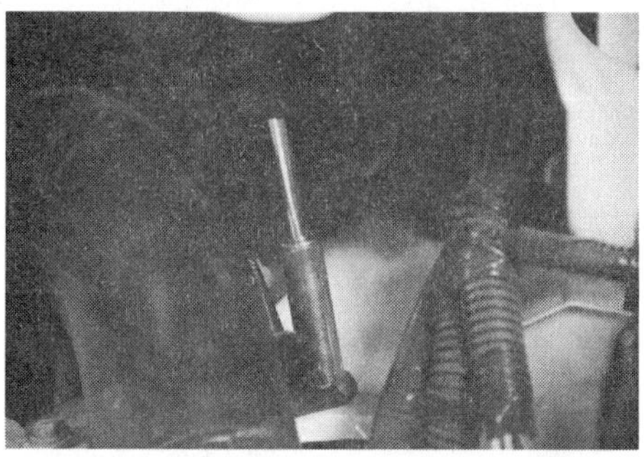

17　1号分解进气管与空气滤清器壳。

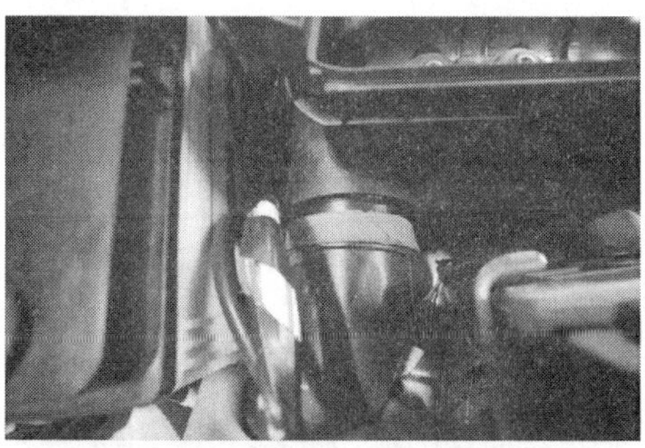

18　1号取下空气滤清器壳。

19　1号将空气滤清器壳传递给2号，2号将空气滤清器壳放置指定位置。

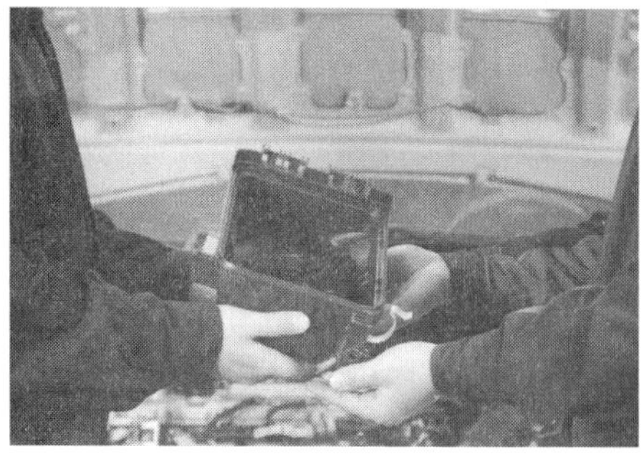

### 第七步　拆卸发动机冷却液温度传感器

1　1号拔下冷却液温度传感器连接器。

2　2号将专用工具传递给1号。

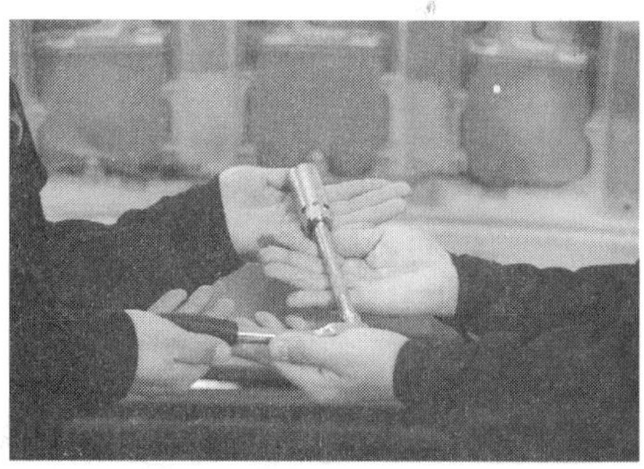

3　1号用专用工具拆卸发动机冷却液温度传感器。

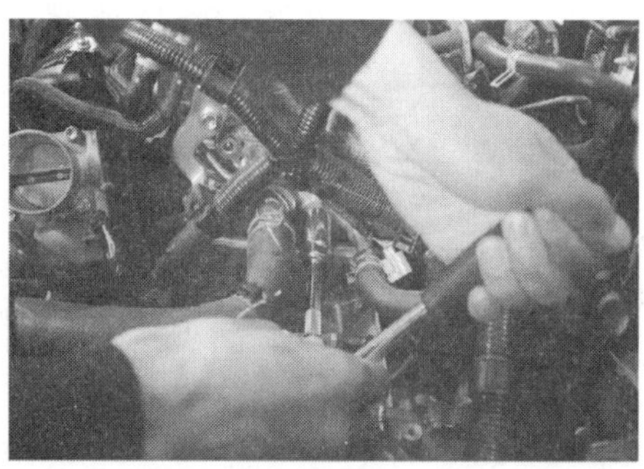

4　1号将发动机冷却液温度传感器传递给2号，2号将其放置在指定位置。

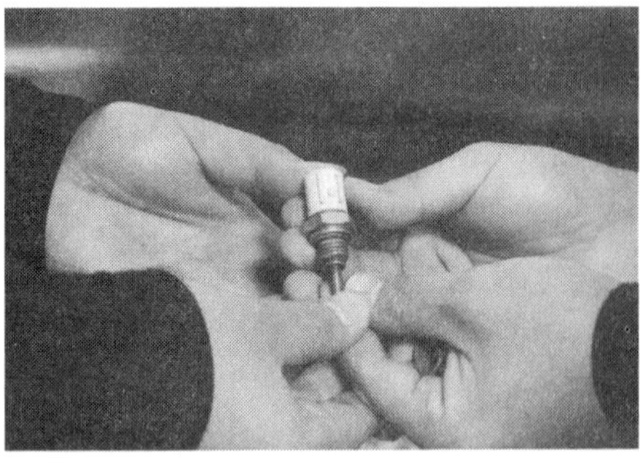

### 第八步　检查发动机冷却液温度传感器

检查发动机冷却温度传感器：

根据下表中的值测量电阻。

| 检测仪连接 | 条　件 | 规定状态 |
| --- | --- | --- |
| 1-2 | 20℃（68℉） | 2.32~2.59kΩ |
|  | 80℃（176℉） | 0.310~0.326 kΩ |

提示：在水中检查发动机冷却液温度传感器时，不要让水进入端子，检查后，应干燥传感器。如果结论不符合规定，则更换冷却液温度传感器。

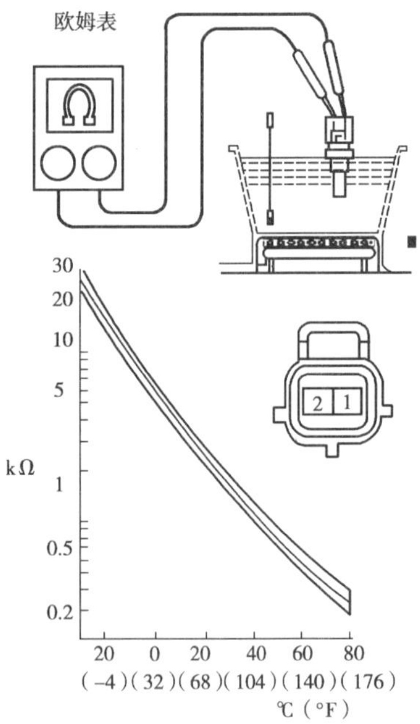


### 第九步　安装发动机冷却液温度传感器

1　2号将发动机冷却液温度传递给1号。

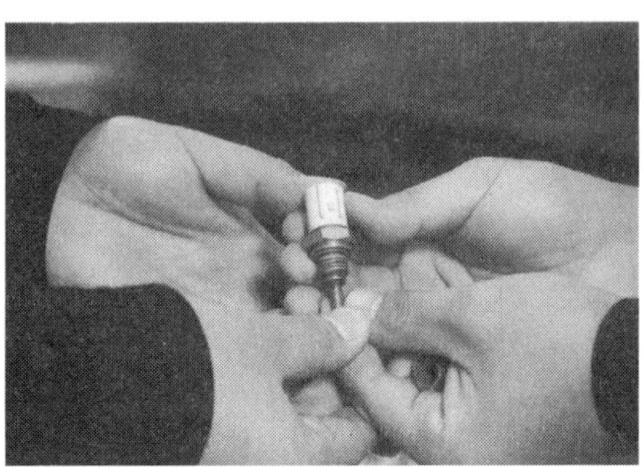

2　1号将发动机冷却液温度传感器用手安装在发动机缸体上。

3　2号将专用工具传递给1号。

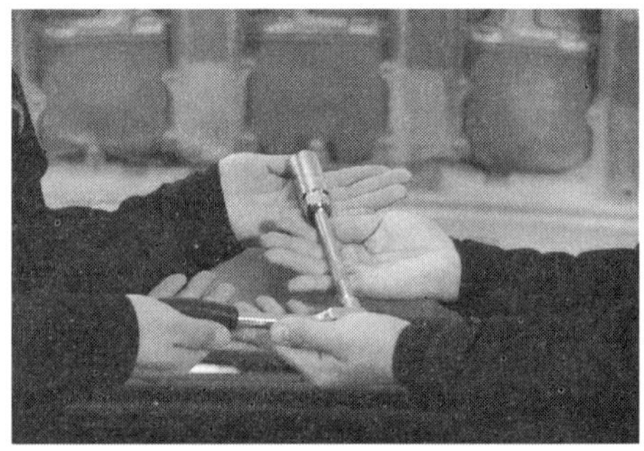

4　1号用专用工具紧固发动机冷却液温度传感器。

提示：规定拧紧力矩20N·m

5　1号连接发动机冷却液温度传感器连接器。

### 第十步　安装空气滤清器总成

1　2号将空气滤清器壳传递给1号。

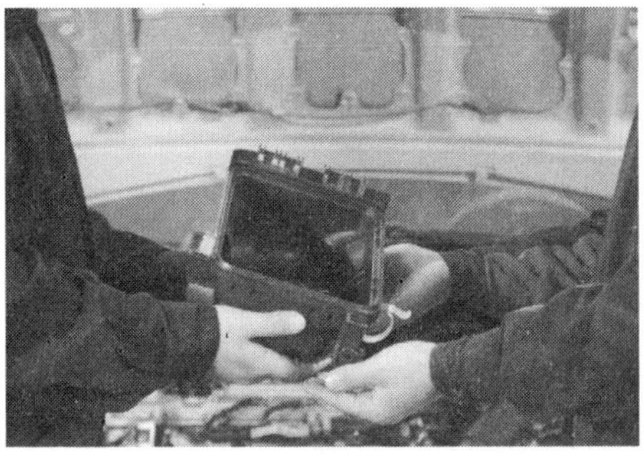

2　1号将空气滤清器壳安装在空气滤清器支架上。

提示：安装时注意方向

3　1号将空气滤清器盖与进气管连接。

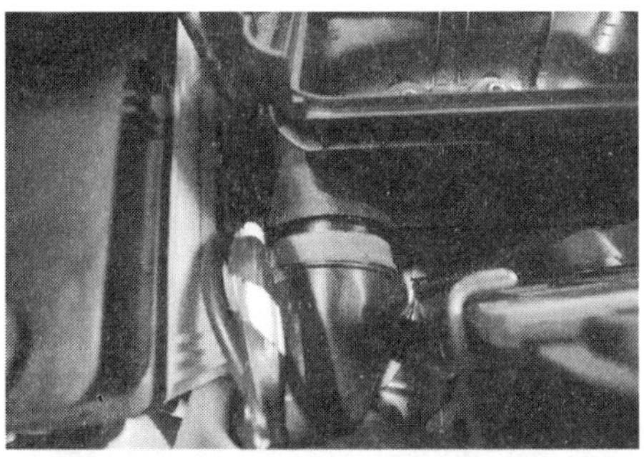

4　2号将10#扳手传递给1号。

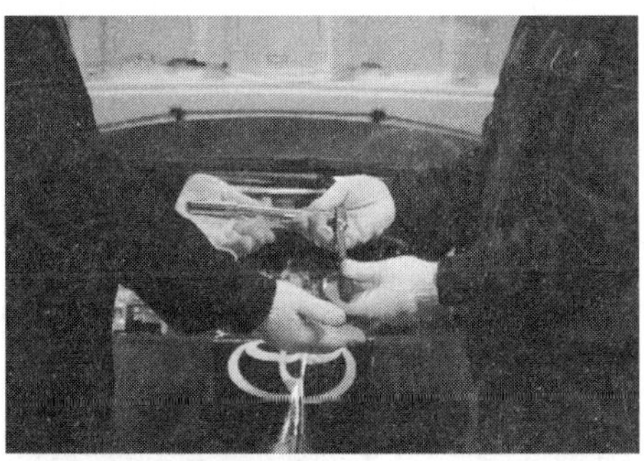

5　1号用10#扳手固定进气管螺栓。

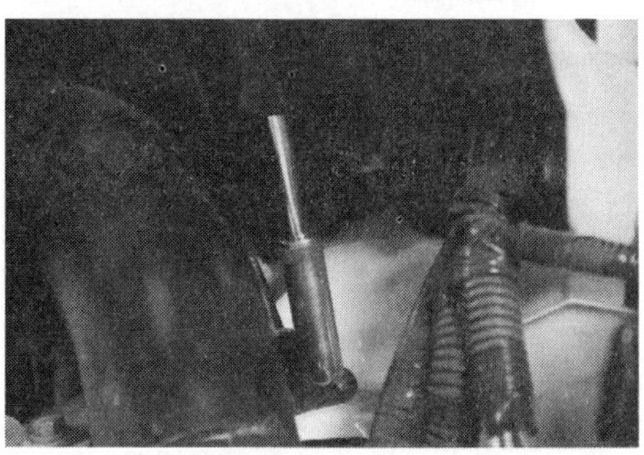

6　1号固定空气滤清器壳后线束固定卡子螺栓。

7　1号用10#扳手固定空气滤清器壳螺栓。

8　2号将进气管接头传递给1号。

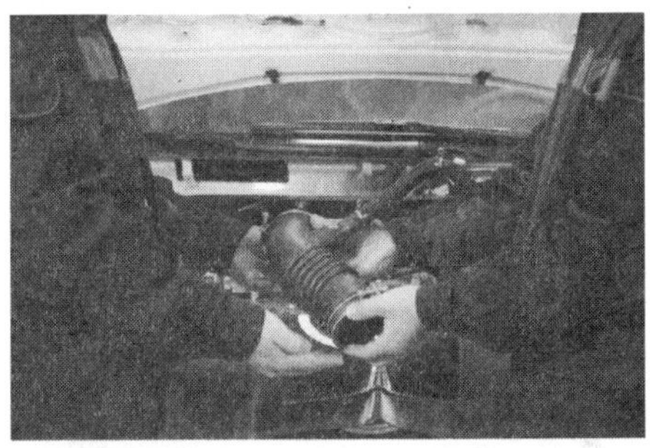

9　1号安装进气管接头，并固定进气管接头与节气门之间的卡箍。

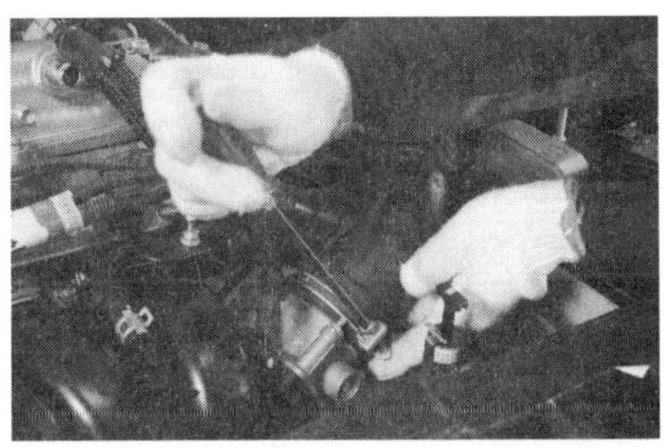

10　1号连接进气管接头与发动机之间的通风软管。

11 2号将空气滤清器盖分总成传递给1号

12 1号安装空气滤清器盖分总成。

13 1号固定进气管接头与空滤分盖之间的卡箍。

14 2号将空气滤清器传递给1号。

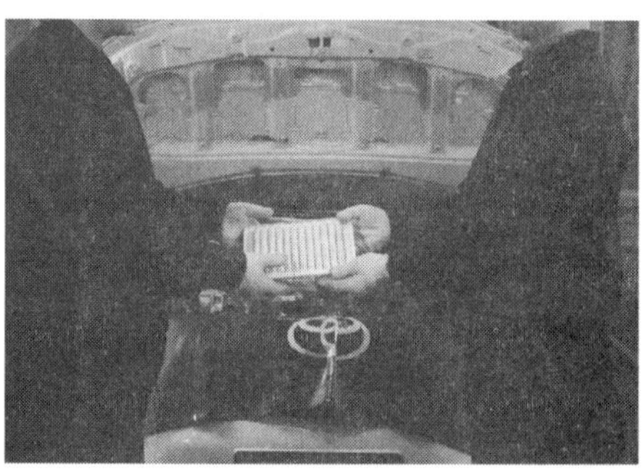

15 1号安装空气滤清器。

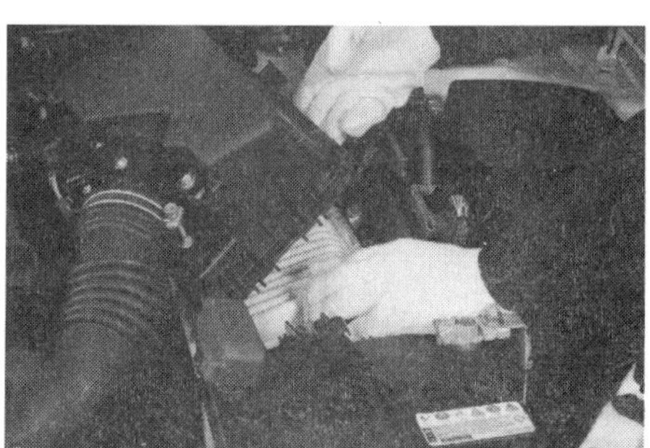

16 1号固定空气滤清器分盖总成。

## 第十一步 安装膨胀水箱

1 2号将膨胀水箱传递给1号。

2 1号连接膨胀水箱与软管。

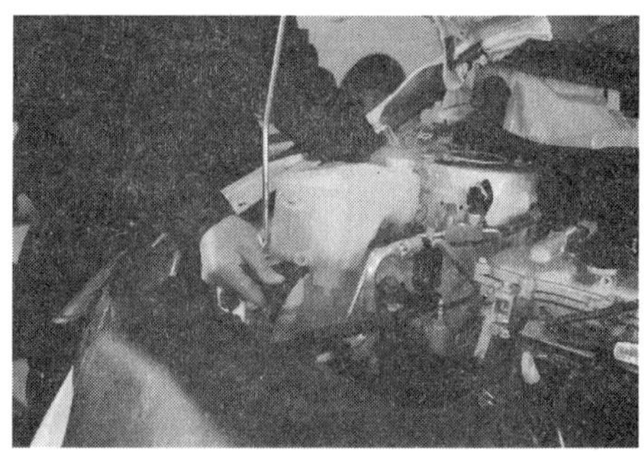

3 2号将10#扳手传递给1号。

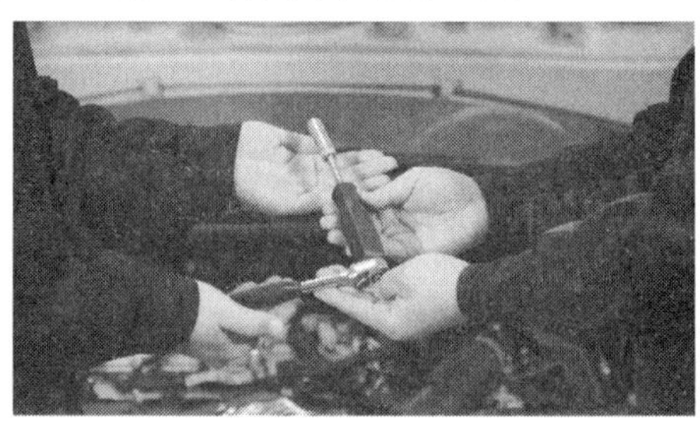

4 1号固定膨胀水箱。

### 第十二步 加注冷却液

1 1号用棉纱擦净膨胀水箱周围的油污和脏物。

提示：注意保持良好的操作习惯。

2 2号将冷却液传递给1号。

3 1号旋下冷却液桶盖，然后一手握住桶上的手柄，一手托住桶的底部，对准冷却液加注口，稍稍倾斜冷却液桶，缓缓将冷却液倒入发动机内。

提示：加注冷却液时，动作要舒缓，不要过急，防止冷却液洒到发动机的外面。

4 当冷却系统的液量不足，膨胀箱中的液面下降缓慢或停止下降时，2号用手反复捏压散热器的上下水管。液面下降后，1号继续加注，如此反复进行，直到膨胀箱内的液面位于上下刻度线的中间位置不再变化为止。

提示：反复捏压散热器的上下水管，目的是排除冷却系统内的空气

5 1号检查冷却液液面。

提示：如果储液罐中的冷却液液位在“FULL”和“LOW”之间，则冷却液液位是合适的。如果液位低，须加注冷却液。

### 第十三步 连接金德KT600检测仪

1 1号打开车门进入车辆。

2 1号用手打开仪表盘左侧下方的诊断座防护罩。

提示：诊断座防护罩仅需轻轻向上抬，严谨用力

打开。

3 2号将金德KT600检测仪传递给1号。

提示：检测仪式是一种精密且贵重仪器，在传递、接收和使用过程中，要小心谨慎，交接可靠，轻拿轻放，以免造成损伤而导致重大经济损失。

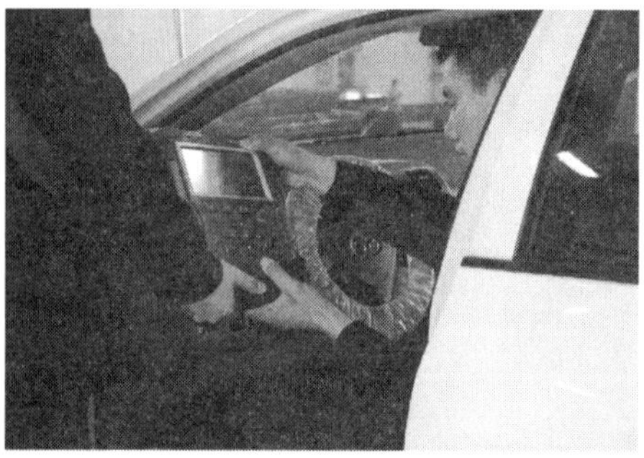

4 2号将检测仪的传输导线传递给1号。

提示：传输导线严禁剧烈弯折或作他用，应注意保管和使用。

5 1号确认检测仪传输导线接头一端的插针和安装方向。

提示：传输导线与检测仪连接时，插头和插孔之间有严格相对位置规定。传输导线的形状既是安装的标记。

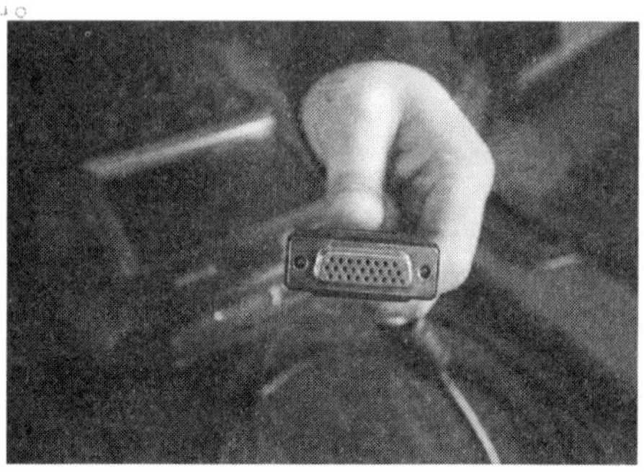

6 1号将传输线上的插孔与检测仪上的插座所对应的连接标记对齐后，将插孔安插到插座上，这样把传输线与检测仪连接起来。

提示：两者连接时，要对齐安装记号且插到位。严禁生插硬推，违规操作。

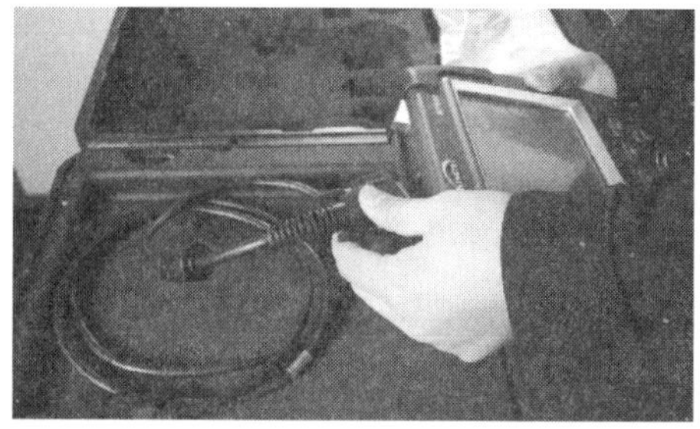

7 1号将检测仪固定在转向盘中央。

提示：将检测仪后部固定支架打开，固定在转向盘中央，确认固定平稳。

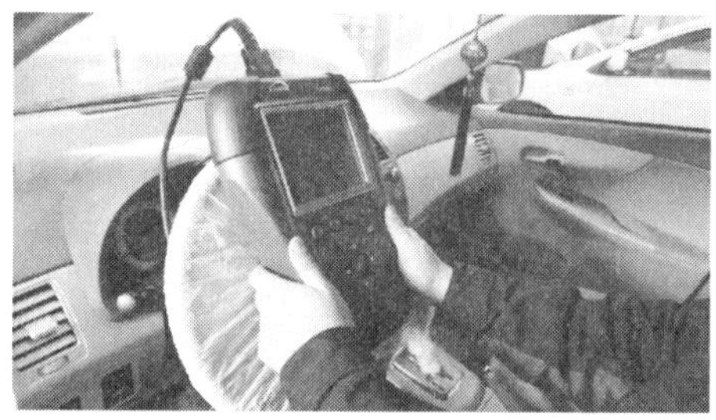

8 1号将传输线的扁平插头按照插座方向方向，插入诊断座孔内。这样传输线和发动机电控单元的诊断座连接起来。

提示：传输线的插头要安装到位且可靠。否则，将影响数据传递。

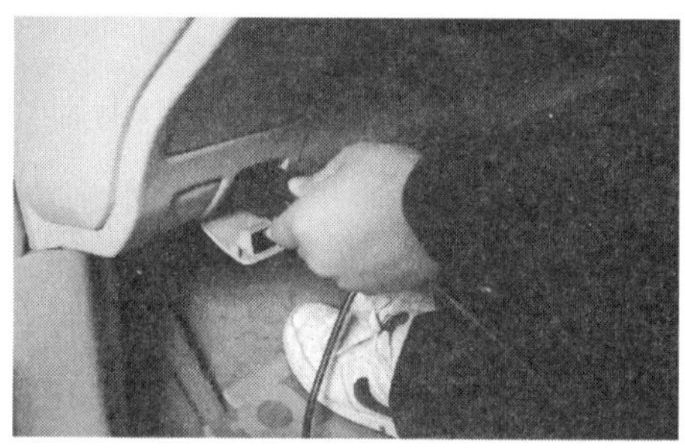

### 第十四步　读取数据流

1 1号打开点火开关。

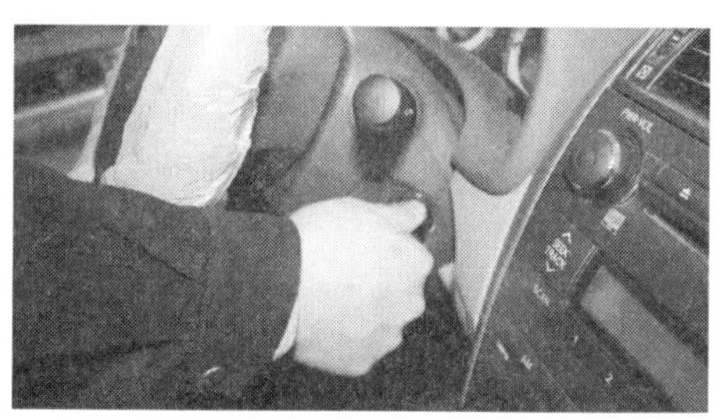

2　1号连接金德KT600检测仪，打开点火开关，按下金德KT600检测仪开关键，打开金德KT600检测仪。

提示：按住开关键约2~3min。

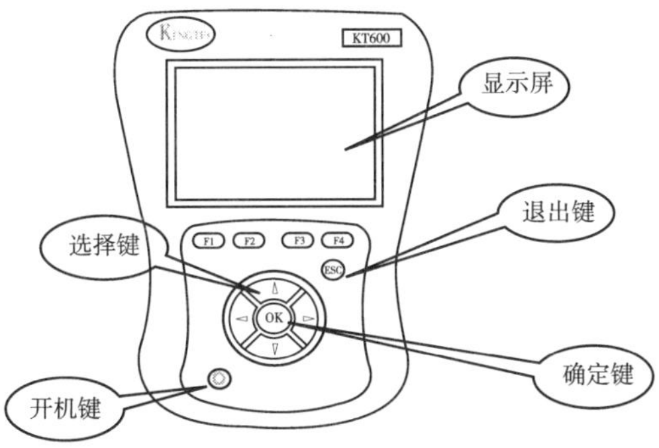


3　1号打开金德KT600检测仪，进入待机页面。

4　1号进入故障测试界面，选择“TOYOTA”。

5　进入检测仪“TOYOTA”菜单，选择车型，“带CAN系统车型”。

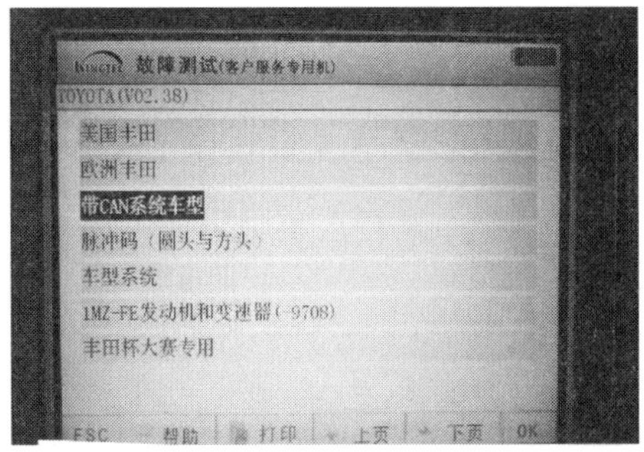


6　进入检测仪“CAN系统车型”菜单，选择汽车型号，“COROLLA（卡罗拉）”。

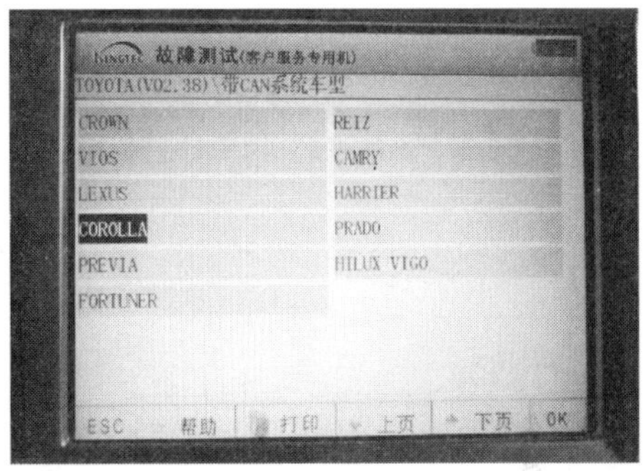


7　进入检测仪“COROLLA”菜单，选择“COROLLA（GL）”。

提示：GL为豪华型（Grande, Lux）

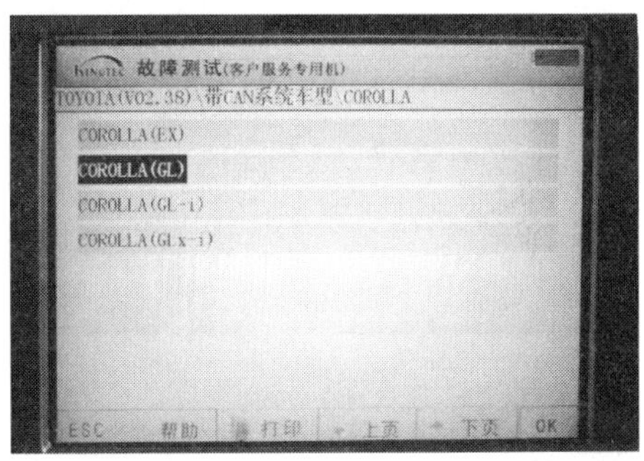


8　进入检测仪“COROLLA(GL)”菜单，选择“ENGINE AND ECT”。

提示：ENGINE：　发动机
　　　ECT：发动机冷却液温度传感器

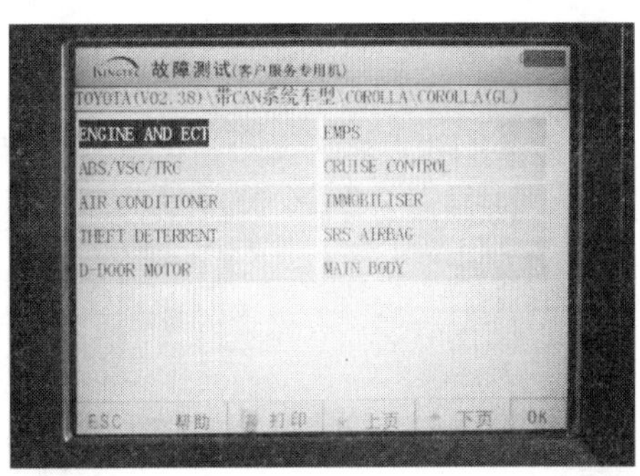


9　进入“ENGINE AND ECT”菜单，选择读取数据流。

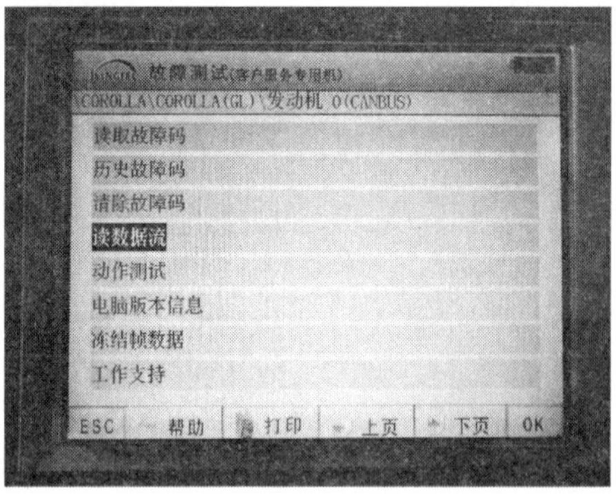


10　进入“读取数据流”菜单，选择“主要数据流”。

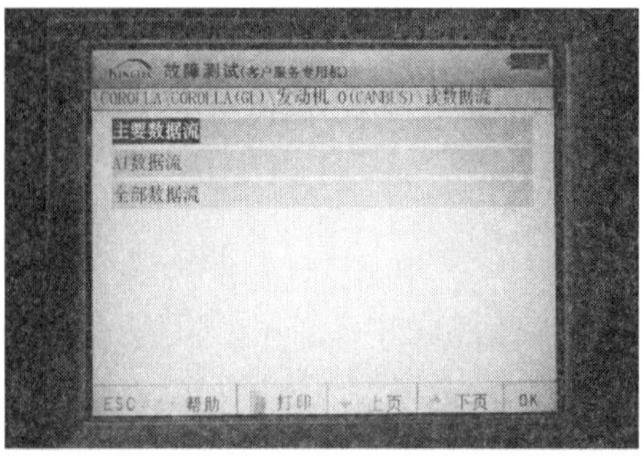


11　进入“主要数据流”菜单。

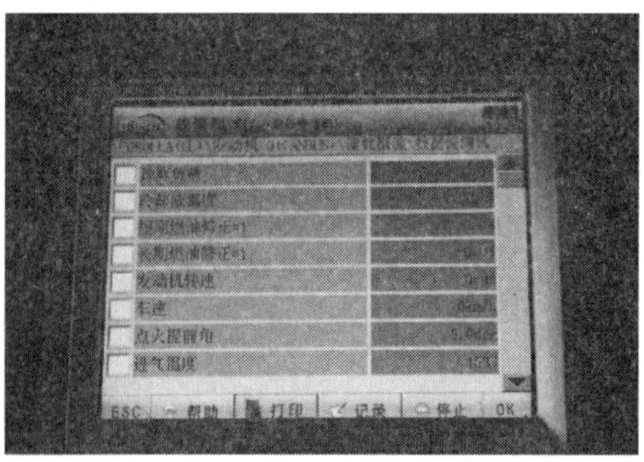

12　1号起动发动机。

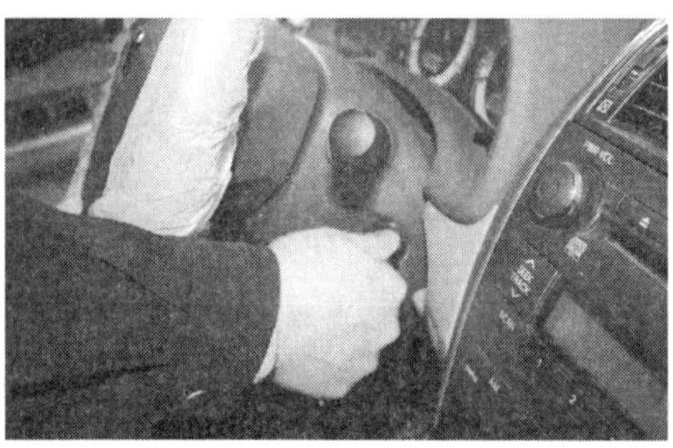

13　金德KT600检测仪开始读取数据流。

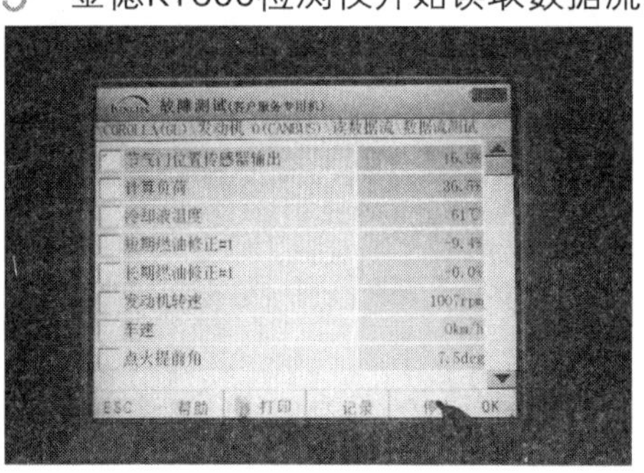


14　1号按下“停止”键，并记录当前数据流，如果显示数据正常，则表示冷却液温度传感器更换完毕。

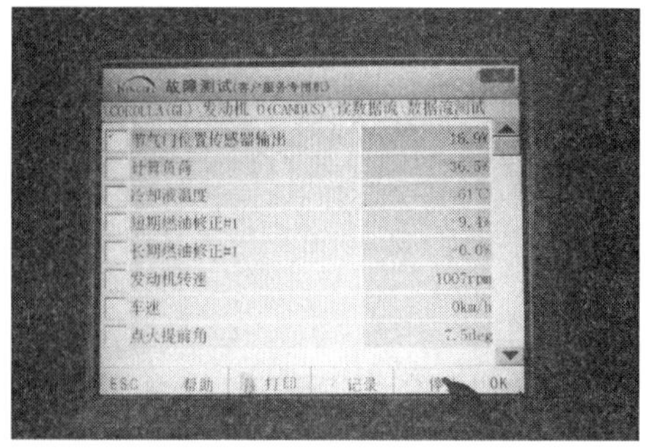


### 第十五步　取下金德KT600检测仪

1　1号关闭点火开关，停止发动机运转并将检测仪传输导线的两连接端，用手取下。

**提示：**取下传输导线两连接端插头时，要用手捏紧插头处并向上用力拔出插头。严禁采用直接拉拔导线或摆晃插头的方法取下插头。

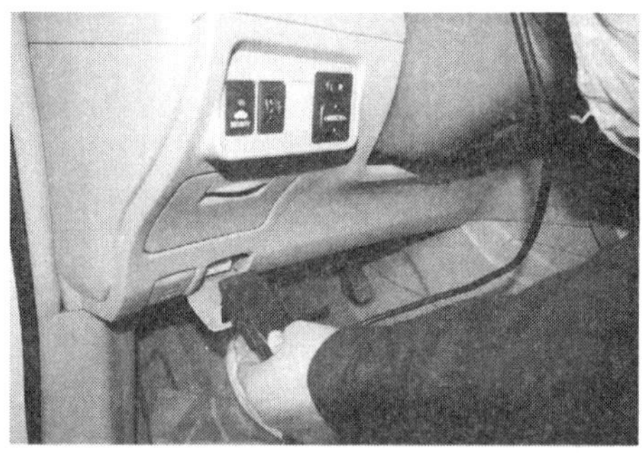

2　1号将金德KT600检测仪传递给2号，2号将其放置于包装盒内。

**提示：**传递、接收和使用检测仪的要求，请参阅前文说明，不再赘述。检测仪要妥善保管、防震动、防重压。

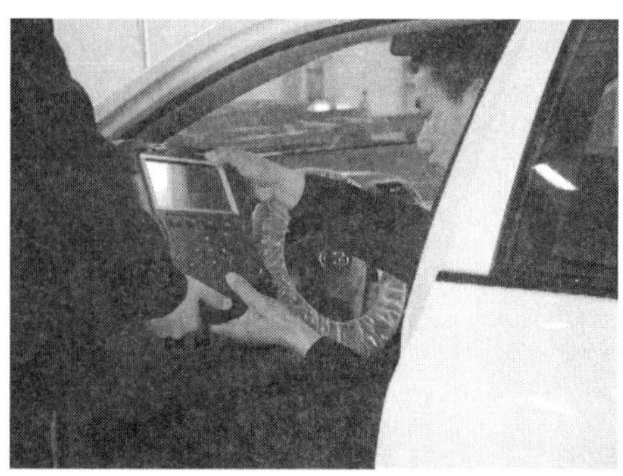

3　1号将传输导线传递给2号。

**提示：**传输导线严禁剧烈弯折或作他用，应注意保管和使用。

*4*　1号将仪表盘左侧下方的诊断座防护罩安装到位。

**提示：**防护罩用于保护电控系统诊断座。即可防止尘埃、潮湿空气等污染侵蚀诊断座，又避免杂物损伤诊断座。因此，防护罩出现破损，应更换新品，并且保证安装到位。

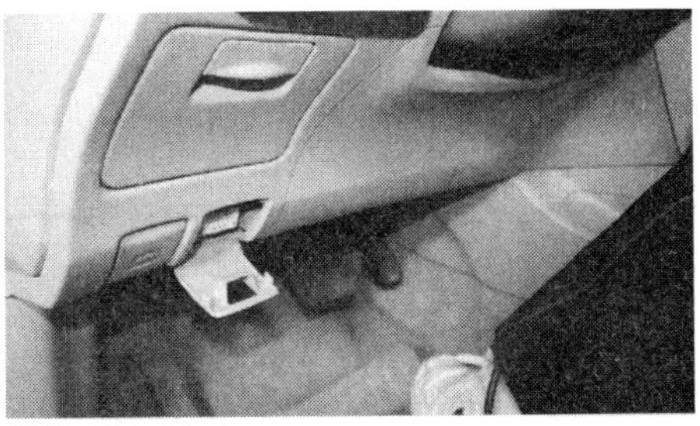

### 第十六步　整理工位

*1*　1号取下转向盘套、变速杆套、座套和地板垫，传递给2号。2号将其放置在包装袋中。

**提示：**保护罩用薄塑料制成，易破损。所以拆装时注意保护，以增加使用次数。

*2*　1号和2号共同拆除护裙，关闭发动机机舱盖；擦拭摆放工具，处理废弃物，清洁地面卫生。

**提示：**作业项目完成后，要搞好工位的清洁，整理和整顿工作，培养良好的工作习惯。

## 七、考核标准

考核标准表

| 考核时间 | 序　号 | 考核项目 | 满　分 | 评分标准 | 得　分 |
|---|---|---|---|---|---|
| 45min | 1 | 作业前清理工位 | 2 | 整理遗漏酌情扣分 | |
| | 2 | 安装保护罩 | 5 | 操作不当酌情扣分 | |
| | 3 | 车辆停驻 | 2 | 操作不当位扣2分 | |
| | 4 | 打开并支撑机舱盖 | 3 | 操作不当扣3分 | |
| | 5 | 排放冷却液 | 5 | 操作不当扣5分 | |
| | 6 | 拆卸水温传感器 | 7 | 操作不当扣7分 | |
| | 7 | 万用表检查传感器电阻 | 23 | 操作不当扣23分 | |
| | 8 | 检查密封圈 | 5 | 检查不当扣5分 | |
| | 9 | 安装冷却液温度传感器 | 10 | 操作不当扣10分 | |
| | 10 | 连接KT600检测仪 | 6 | 操作不当扣6分 | |
| | 11 | 检测冷却液温度传感器 | 23 | 操作不当扣23分 | |
| | 12 | 取下检测仪 | 5 | 操作不当扣5分 | |
| | 13 | 安装诊断座防护罩 | 2 | 操作不当扣2分 | |
| | 14 | 作业后整理工位 | 2 | 整理遗漏酌情扣分 | |
| | 15 | 遵守相关安全规范 | 因违反操作造成人身和设备事故的，总分按0分计 | | |
| 分数合计 | | | 100 | | |

# 任务三　检测故障指示灯（自诊断）

## 一、技术标准与要求

（1）正确连接和使用金德KT600检测仪。

（2）偶发性故障或部分他生故障，清除故障代码后消失；永久性故障或部分他生故障，在排除故障且清除故障代码后，故障代码才消失。

## 二、实训时间：30min

## 三、实训教学目标

（1）了解发动机电控系统故障查询的重要性。

（2）熟悉金德KT600检测仪的正常连接和使用方法。

（3）掌握1ZR型发动机电控系统故障查询和清除的操作技能。

## 四、实训器材

丰田卡罗拉轿车

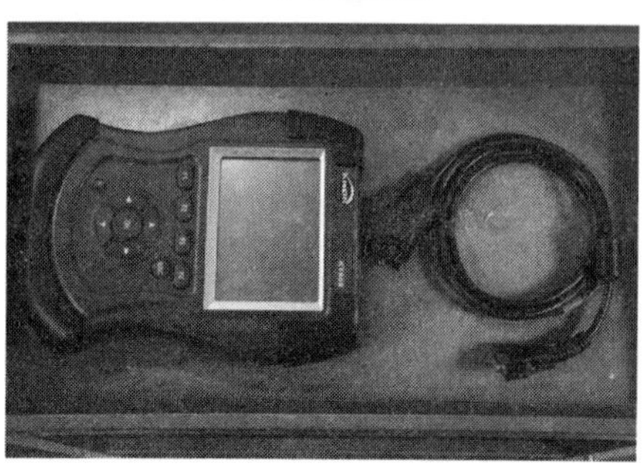

金德K600检测仪

## 五、教学组织

（1）教学组织形式：

每辆车安排4名学生参与实训，两名学生一组，一组操作，一组观察学习

（2）学生站位分工和要求：

两名学生一组，按照1号，2号进行编号，1号为主，2号为辅助

（3）实训教师职责：

讲解操作步骤和注意事项：下达“操作开始”口令：工位间巡视、检查、指导和纠正错误。

（4）学生职责变换：

2名学生实行职责变换制度，即第一遍1号为主，2号辅助：第二遍2号为主，1号辅助。

## 六、操作步骤

### 第一步　事前准备工作

1 车辆进入工位前，参训学生将工位卫生清理干净，排除障碍物，准备好相关的工具、物品等。

提示：培养良好的工作习惯，做好事前准备，有利于安全操作和提高工作效率。

2 将车辆停驻在举升机平台的中央位置。

提示：车辆停驻于举升机平台的中央位置，为车辆的安全举升做好准备。

3 1号打开门锁。

**提示：** 用遥控钥匙打开电动门锁，为进入驾驶室操作做好准备

4　1号和2号共同安装车轮挡块。

**提示：** 为保证车辆在工位上可靠停驻，防止出现溜滑，造成安全事故，要安装车轮挡块。

5　2号安装尾气收集管。

**提示：** 为防止尾气污染环境，保护人体健康，要安装尾气收集管。

6　2号打开车门。

**提示：** 左手拉车门把手打开车门，带好三件套，准备进入车辆。

7　2号拉起发动机罩释放杆。

**提示：** 拉起发动机罩释放杆时，用力不要过猛，否则容易导致释放杆盖损坏。

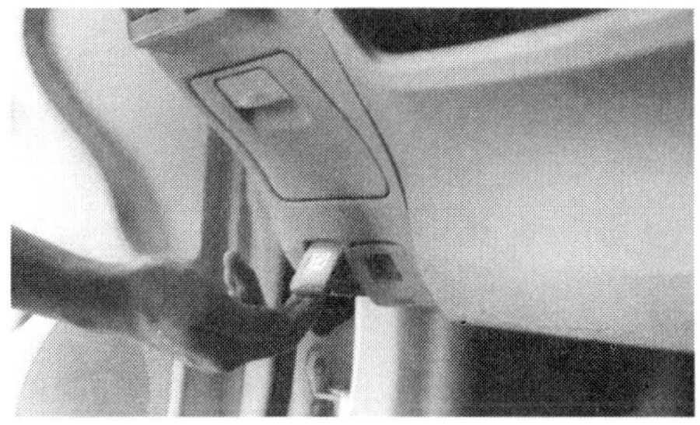

8　2号安装转向盘套。

**提示：** 转向盘套是由薄塑料制成的，极易破损。安装转向盘套时，不要生拉硬拽，否则会造成转向盘套破损。

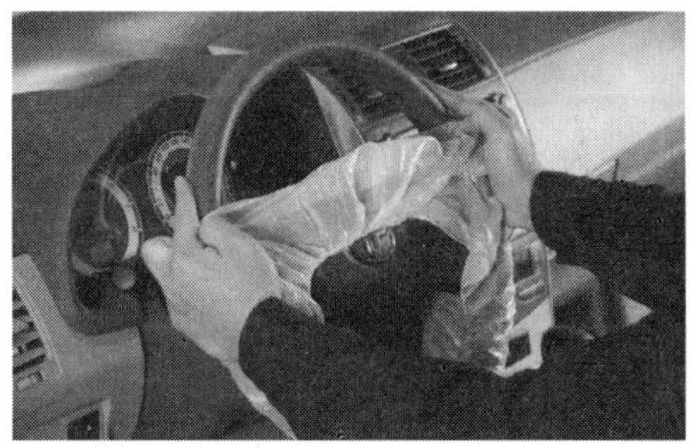

9　2号安装地板垫。

**提示：** 铺设地板垫的主要目的是便于清除维修人员带入驾驶室内的脏物与杂物，保持驾驶室内地板清洁。

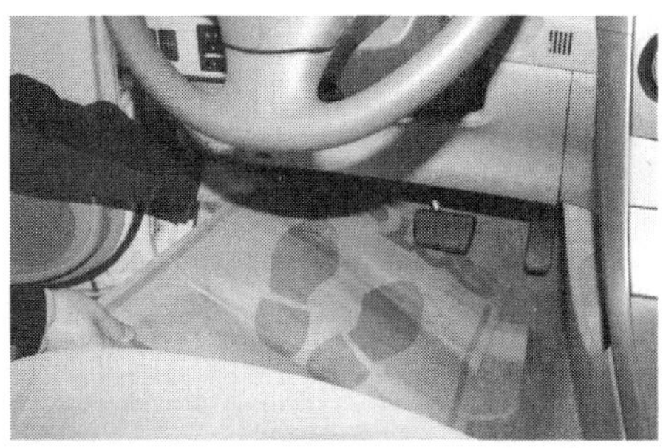

10　2号安装座椅套。

**提示：** 安装座椅套时，用力要均匀，拉齐座椅套，使之整齐、美观。

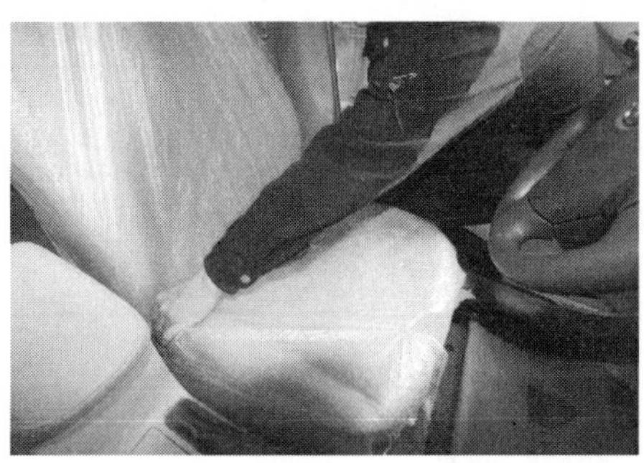

11 2号将点火开关旋至“ON”,打开主驾驶侧电动车窗。

提示：打开主驾驶侧电动车窗，是为了车内通风以及当钥匙掉在车里时可以打开车门。

12 2号将变速杆置于P挡。

提示：发动机带挡操作属于违规操作，危险性极大。因此，发动机起动前应将变速杆置于P挡。

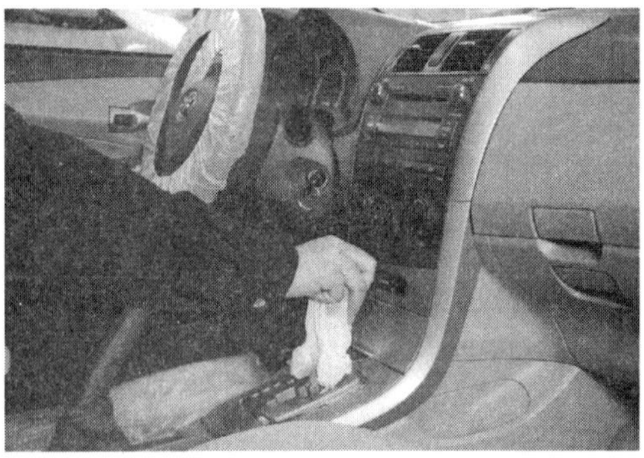

13 2号拉紧驻车制动杆。

提示：为保证车辆在工位上的可靠停驻，防止出现溜滑，造成安全事故，因此，要拉紧驻车制动杆。

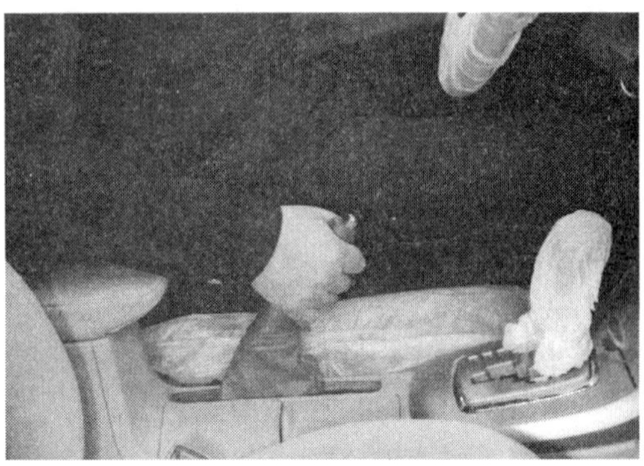

14 2号检查驻车制动器指示灯是否点亮，及挡位指示是否显示P挡。

提示：检查驻车制动器指示灯是否点亮，及挡位指示是否显示P挡，可以培养学生通过观察仪表指示灯来检查车辆工况的习惯。

15 1号打开发动机舱盖，从固定卡上脱开发动机舱盖支撑杆。

提示：支撑杆固定夹如有损坏，要换用新品，否则车辆行驶中会产生异响。

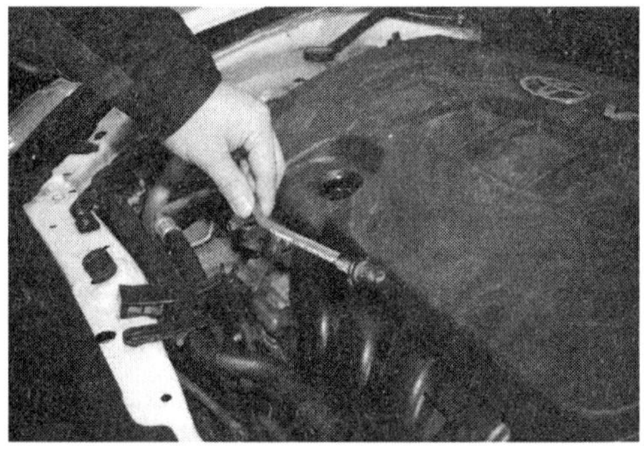

16 1号支撑牢固发动机舱盖。

提示：用支撑杆支撑发动机舱盖时，要保证接触可靠，否则，发动机舱盖滑落会造成人身伤害。

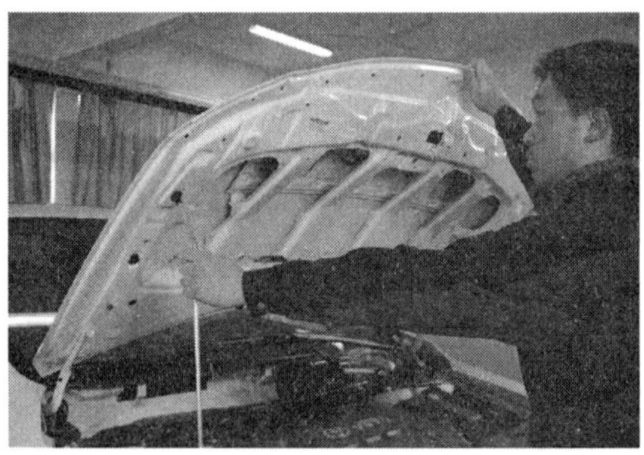

17 1号把护裙粘贴在汽车左、右侧翼子板上，要求将翼子板全部覆盖。护裙的上边沿粘贴到排水槽的内侧，前端至侧灯处，后端至车门与翼子板结合缝隙。

提示：

（1）粘贴护裙的主要目的是保护操作中能够接触到的翼子板车漆。

（2）护裙是通过磁铁吸附在翼子板上的，因此，粘贴时，当护裙接近翼子板，感觉到吸力后，要稍稍提起护裙，使护裙轻轻与翼子板贴合，不允许听到接触碰撞声。

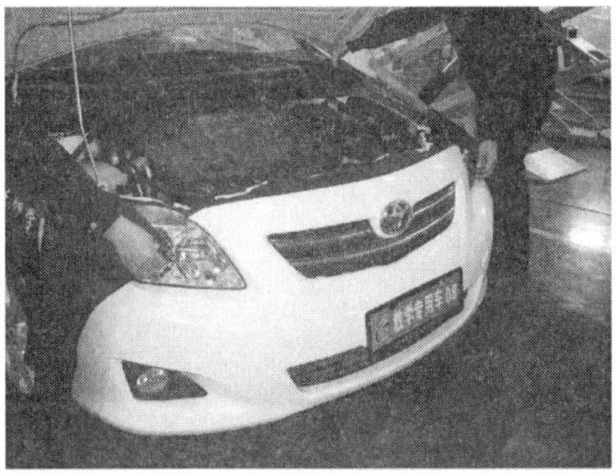

18　1号工位把护裙粘贴在汽车的正前面，要求将车头前部、前照灯总成、保险杠全部覆盖。

提示：在车的前方操作时，护裙用于保护易划伤的零部件表面和车漆。

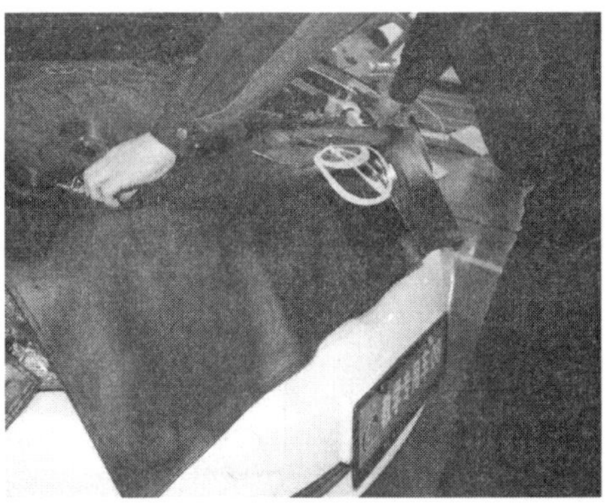

### 第二步　连接金德KT600检测仪

1　1号打开车门进入车辆。

2　1号用手打开仪表盘左侧下方的诊断座防护罩。

提示：诊断座防护罩仅需轻轻向上抬，严谨用力打开。

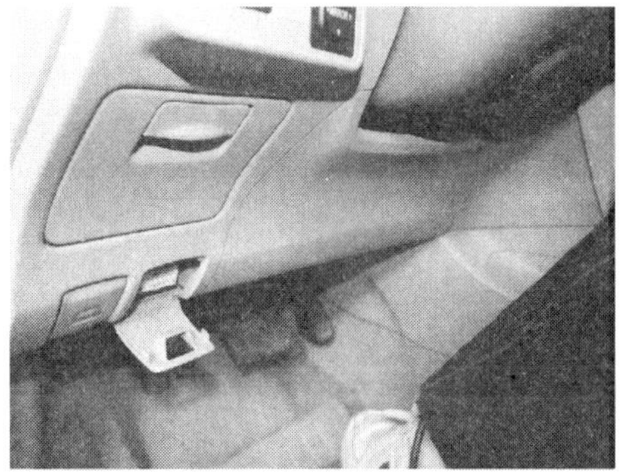

3　2号将金德KT600检测仪传递给1号。

提示：检测仪式是一种精密且贵重仪器，在传递、接收和使用过程中，要小心谨慎，交接可靠，轻拿轻放，以免造成损伤而导致重大经济损失。

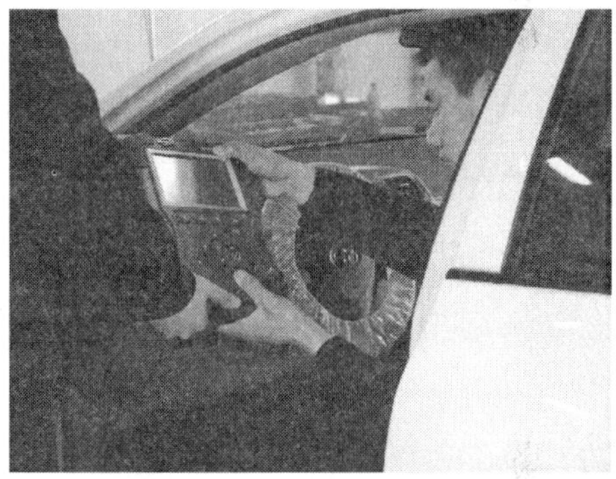

4　2号将检测仪的传输导线传递给1号。

提示：传输导线严禁剧烈弯折或作他用，应注意保管和使用。

5　1号确认检测仪传输导线接头一端的插针和安装方向。

提示：传输导线与检测仪连接时，插头和插孔之间有严格相对位置规定。传输导线的形状既是安装的标记。

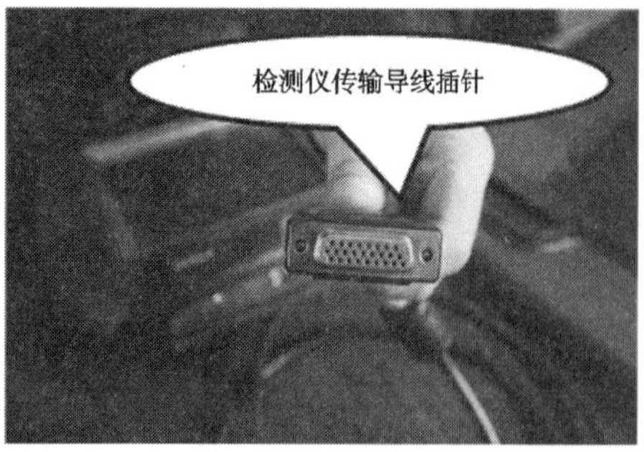


6　1号将传输线上的插孔与检测仪上的插座所对应的连接标记对齐后，将插孔安插到插座上，这样把传输线与检测仪连接起来。

提示：两者连接时，要对齐安装记号且插到位。严禁生插硬推，违规操作。

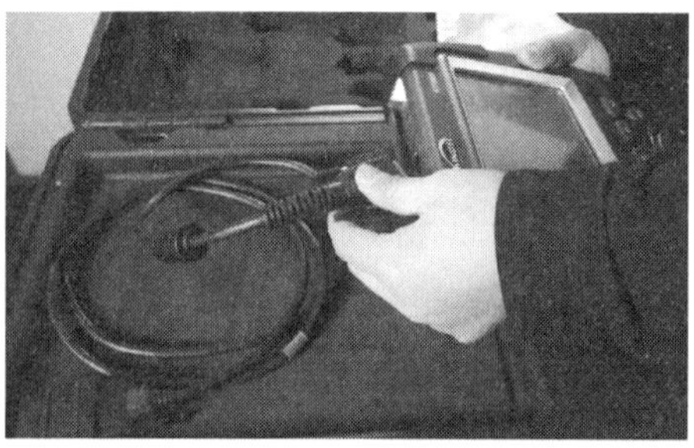

7　1号将检测仪固定在转向盘中央。

提示：将检测仪后部固定支架打开，固定在转向盘中央，确认固定平稳。

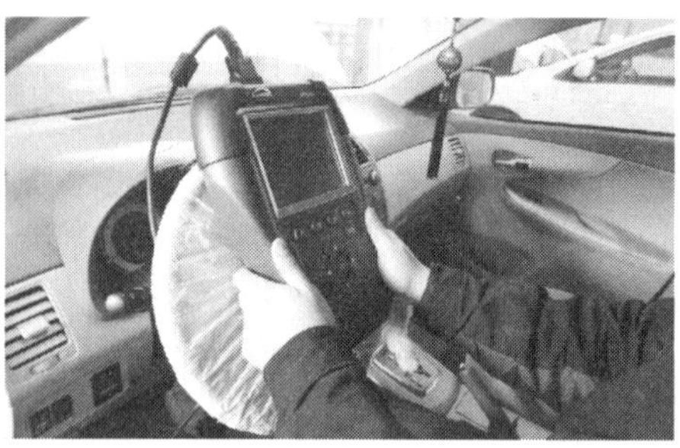

8　1号将传输线的扁平插头按照插座方向方向，插入诊断座孔内。这样传输线和发动机电控单元的诊断座连接起来。

提示：传输线的插头要安装到位且可靠。否则，将影响数据传递。

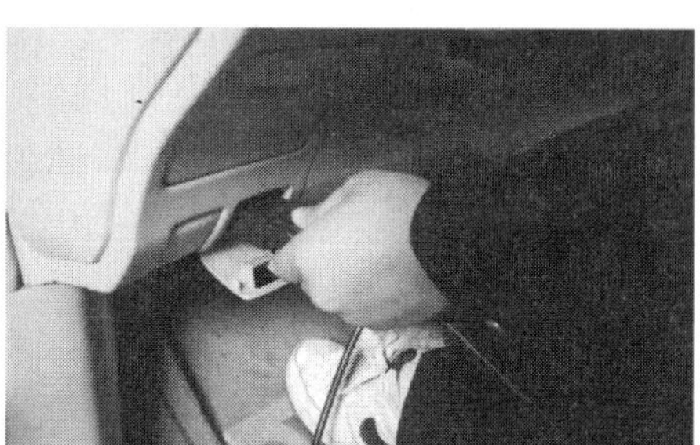

## 第三步　查询和清除故障码

1　1号打开点火开关，启动，仪表盘上故障灯常亮。

提示：车辆自诊断系统诊断出故障将点亮故障指示灯，并保持常亮状态。

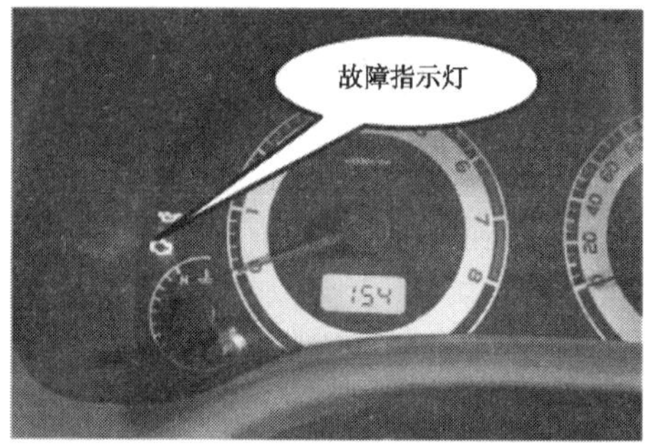


2　1号连接金德KT600检测仪，打开点火开关，按下金德KT600检测仪开关键，打开金德KT600检测仪。

提示：按住开关键约2~3min。

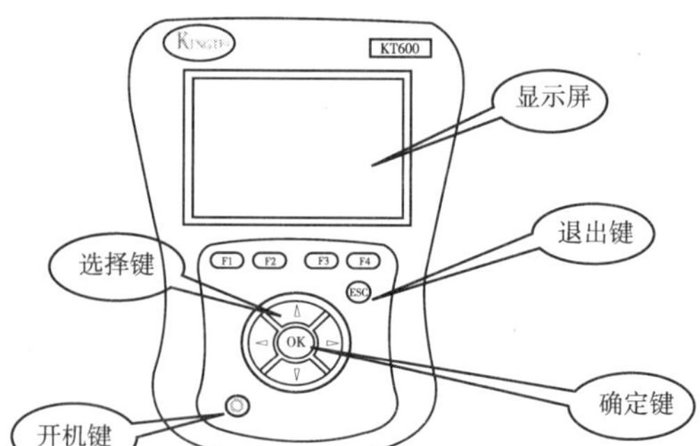


3　1号打开金德KT600检测仪开关键，进入故障测试界面，选择“TOYOTA”。

4 进入检测仪“TOYOTA”菜单，选择车型，“带CAN系统车型”。

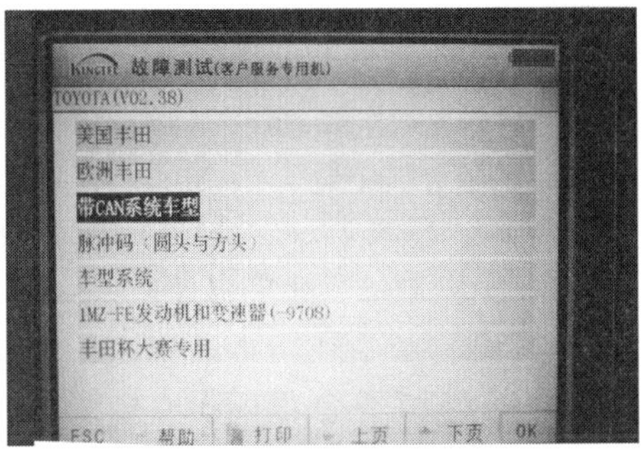


5 进入检测仪“CAN系统车型”菜单，选择汽车型号，“COROLLA（卡罗拉）”。

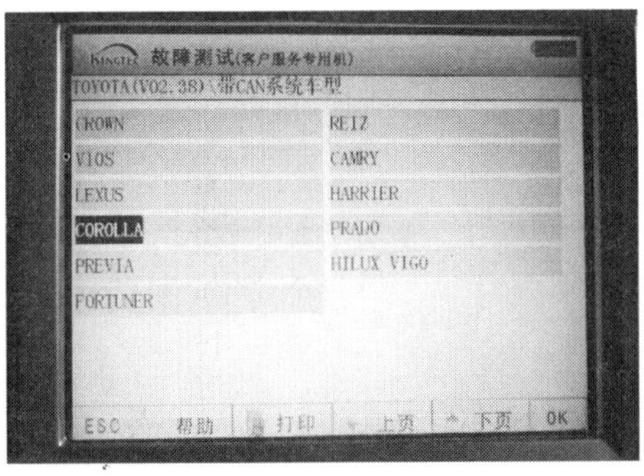


6 进入检测仪“COROLLA”菜单，选择“COROLLA（GL）”。

**提示：** GL为豪华型（Grande, Lux）

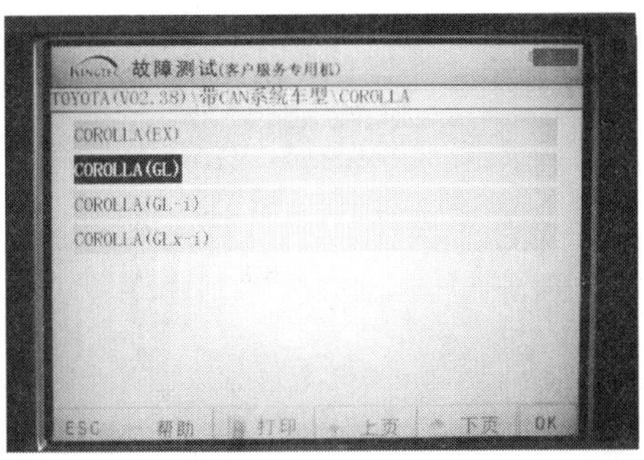


7 进入检测仪“COROLLA(GL)”菜单，选择“ENGINE AND ECT”。

**提示：** ENGINE： 发动机

ECT：发动机冷却液温度传感器

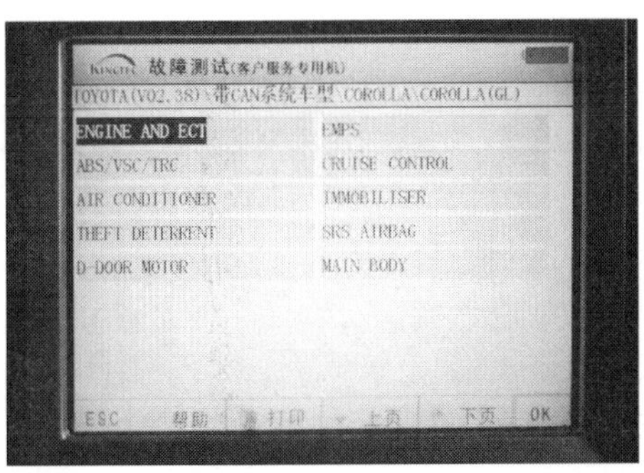


8 进入检测仪“ENGINE AND ECT”菜单，选择“读取故障码”。

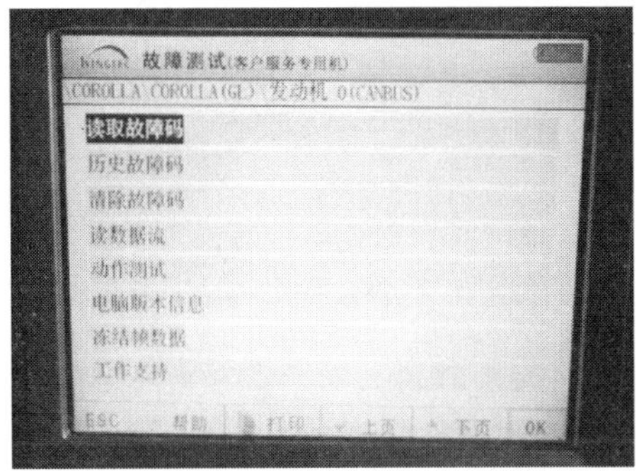


9 进入检测仪“读取故障码”，显示故障码代码和故障内容。

**提示：** 故障码一般有故障代码与故障内容组成。读取故障码并记录。

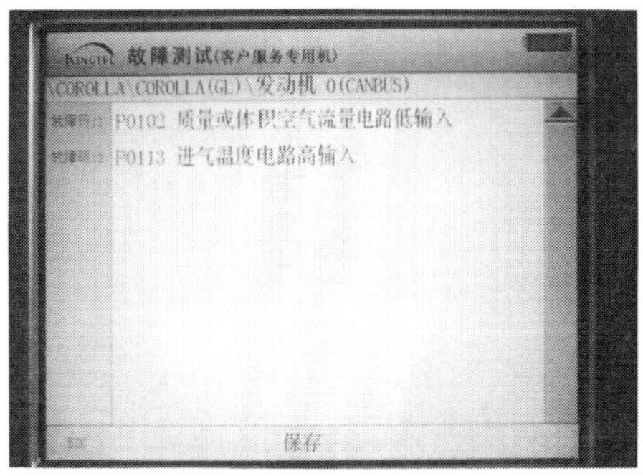


10 返回界面，选择“清除故障码”。

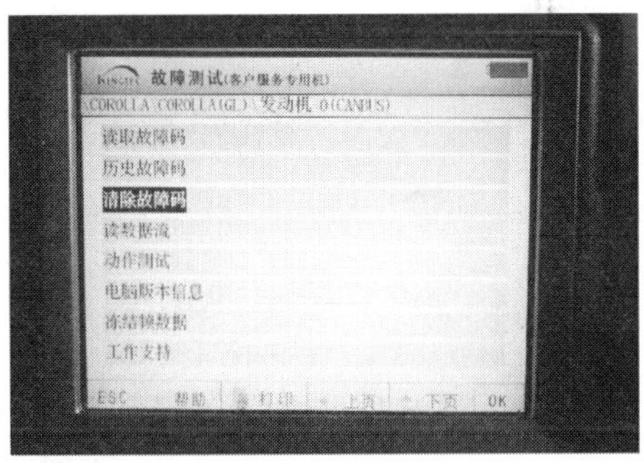


11 清除故障码。

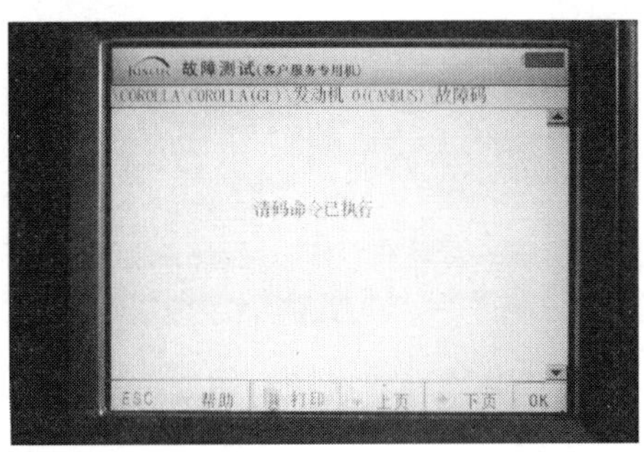


12 1号将检测仪返回至待机界面，起动发动机。

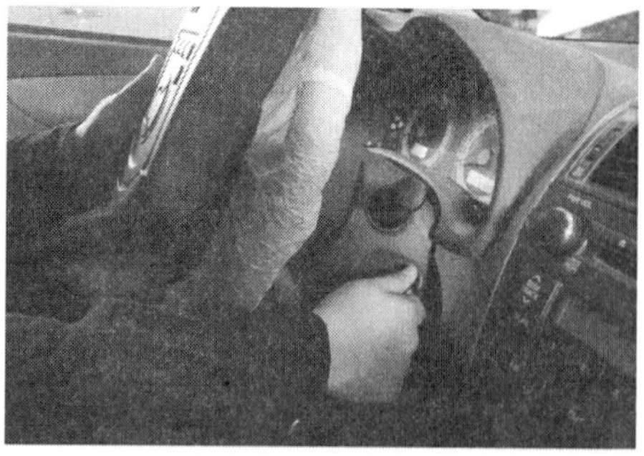

13　1号重新进入金德KT600检测仪至读取故障码，对车辆故障进行复检。

提示：重新进入检测仪，读取故障码，确认故障码已经清除。

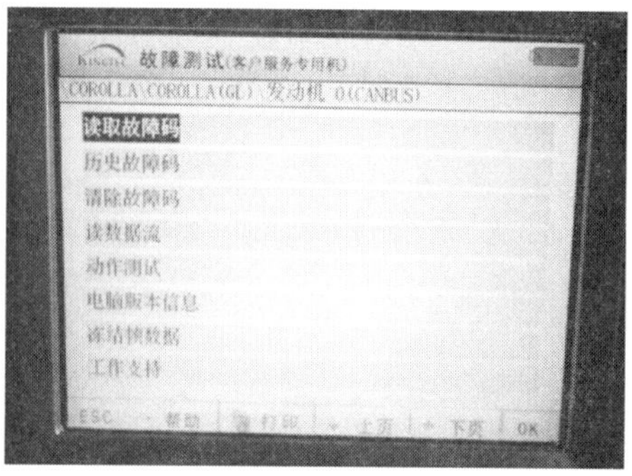


14　进入检测仪“读取故障码”菜单，重新读取故障码，系统正常。

15　仪表盘上故障灯已消失，故障彻底消除。

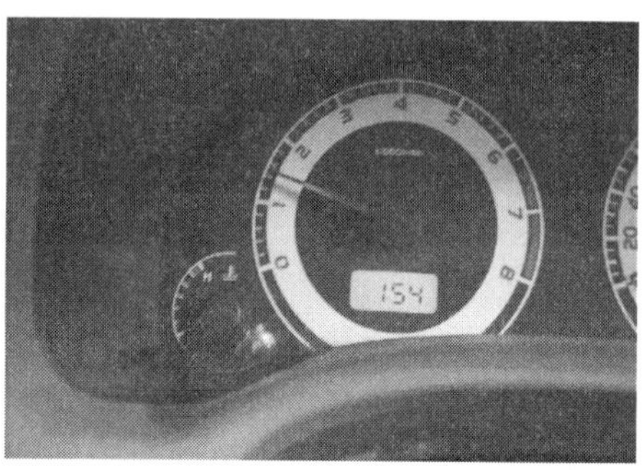

16　1号将金德KT600检测仪退至待机界面，关闭点火开关。

提示：必须将检测仪退至待机状态，再关闭点火开关。否则检测仪将损坏。

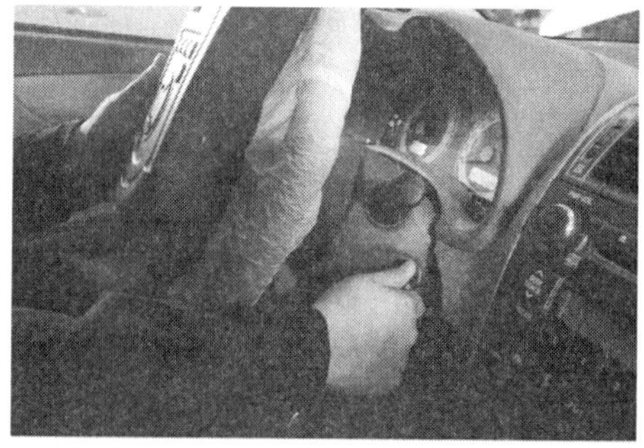

## 第四步　取下金德KT600检测仪

1　1号关闭点火开关，停止发动机运转并将检测仪传输导线的两连接端，用手取下。

提示：取下传输导线两连接端插头时，要用手捏紧插头处并向上用力拔出插头。严禁采用直接拉拔导线或摆晃插头的方法，取下插头。

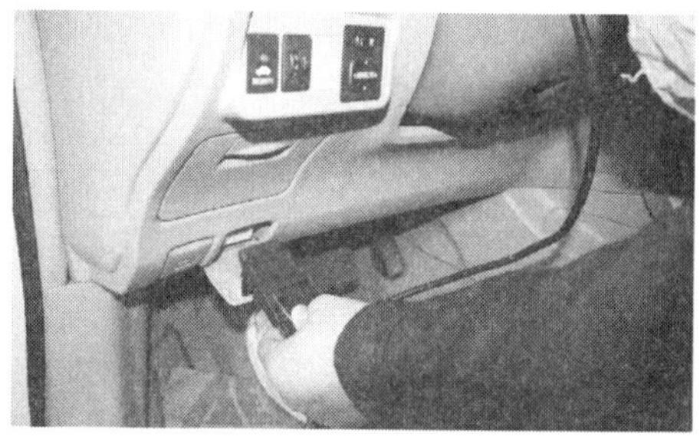

2　1号将检测仪传递给2号。2号将其放置于包装盒内。

提示：传递、接收和使用检测仪的要求，请参阅前文说明，不再赘述。检测仪要妥善保管，防振动、防重压。

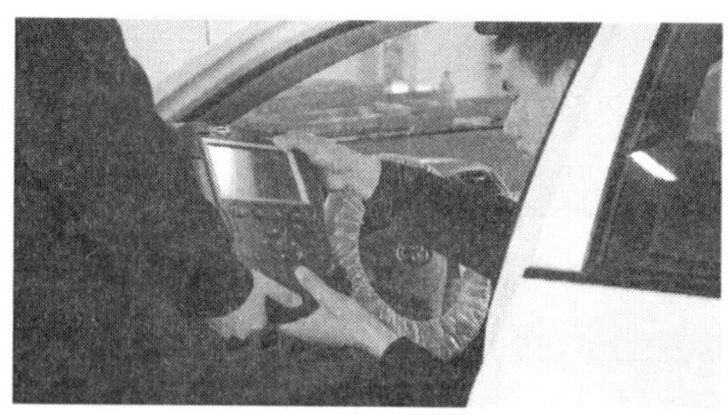

3　1号将传输导线传递给2号。

提示：传输导线严禁剧烈弯折或作他用，应注意保管和使用。

4　1号将仪表盘左侧下方的诊断座防护罩安装到位。

提示：防护罩用于保护电控系统诊断座。即可防止尘埃、潮湿空气等污染侵蚀诊断座，有避免杂物损伤诊断座。因此，防护罩出现破损，要换新品，并且保证安装到位。

**第五步　整理工位**

1号取下转向盘套、变速杆套、座套和地板垫，传递给2号。2号将其放置在包装袋中。

提示：保护罩用薄塑料制成，易破损。所以拆装时注意保护，以增加使用次数。

## 七、考核标准

考核标准表

| 考核时间 | 序　号 | 考核项目 | 满　分 | 评分标准 | 得　分 |
|---|---|---|---|---|---|
| 30min | 1 | 安装保护罩 | 5 | 操作不当酌情扣分 | |
| | 2 | 拆卸诊断插孔防护罩 | 5 | 操作不当扣5分 | |
| | 3 | 连接电缆线和检测仪 | 10 | 操作不当扣10分 | |
| | 4 | 连接电缆线和诊断仪插座 | 10 | 操作不当扣10分 | |
| | 5 | 查询故障信息 | 30 | 操作不当扣30分 | |
| | 6 | 清除故障代码 | 25 | 操作不当扣25分 | |
| | 7 | 取下检测仪 | 10 | 操作不当扣10分 | |
| | 8 | 安装诊断插孔防护罩 | 5 | 操作不当扣5分 | |
| | 9 | 遵守相关安全规范 | 因违反操作造成人身和设备事故的，总分按0分计 | | |
| 分数合计 | | | 100 | | |

# 任务四　检查和更换节气门位置传感器

## 一、技术标准与要求

（1）安装与1ZR型发动机配套使用的节气门位置传感器。

（2）节气门电位计插头端子1和2在20℃（68℉）情况下，电阻为0.3至100Ω。

（3）正确使用金德KT600检测仪读取数据流。

（4）节气门位置传感器在点火开关于ON位置，节气门全开标准电压为0.5~1.2V，节气门全关标准电压为3.2~4.8V。

## 二、实训时间：90min

## 三、实训教学目标

（1）了解检查和更换节气门位置传感器的重要性。

（2）熟悉节气门位置传感器的类型和工作原理。

（3）熟悉1ZR型发动机采用的节气门位置传感器的结构。

（4）掌握更换节气门位置传感器的操作技能。

## 四、实训器材

丰田卡罗拉整车

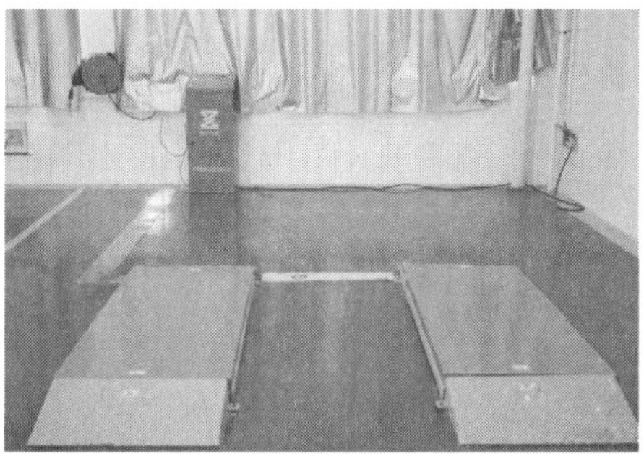

举升机

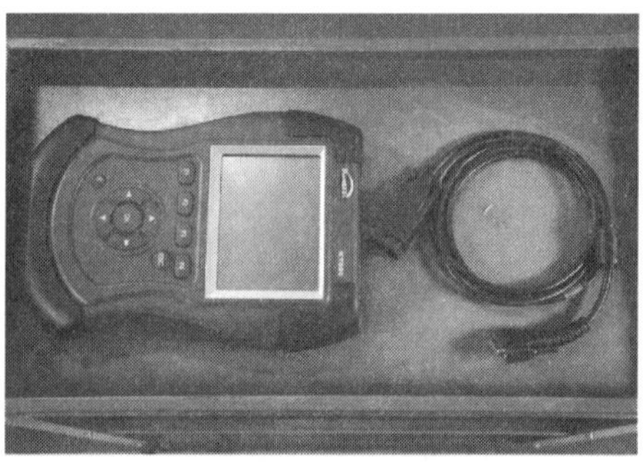

金德KT600检测仪

节气门体

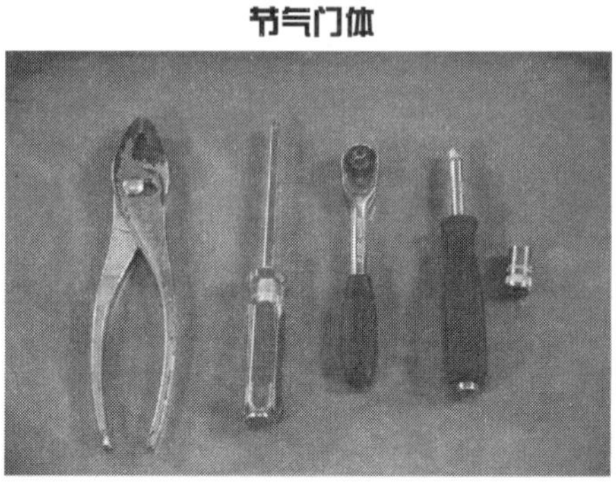

常用工具

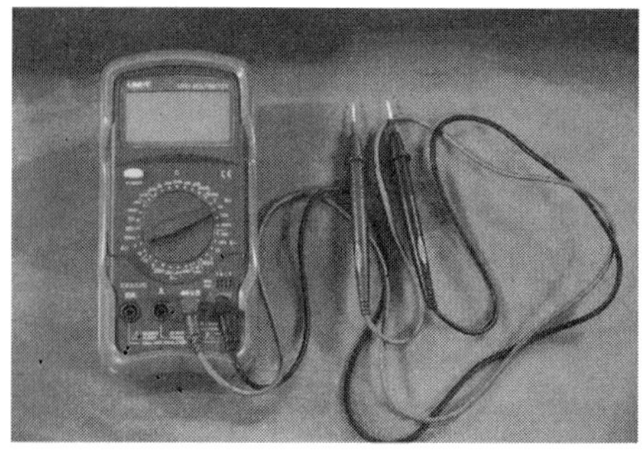

万用表

## 五、教学组织

（1）教学组织形式：

每辆车安排4名学生参与试训，两名学生一组，一组操作，一组观察学习。

（2）学生站位分工和要求：

两名学生一组，按照1号、2号进行编号，1号为主，2号为辅助。

（3）使训教师职责：

讲解操作步骤和注意事项；下达“操作开始”口令；工位间巡视、检查、指导和纠正错误。

（4）学生职责变换：

2名学生实行职责变换制度，即第一遍1号为主，2号辅助；第二遍2号为主，1号辅助。

## 六、操作步骤

### 第一步　事前准备工作

1　车辆进入工位前，参训学生将工位卫生清理干净，排除障碍物，准备好相关的工具、物品等。

提示：培养良好的工作习惯，做好事前准备，有利于安全操作和提高工作效率。

2　将车辆停驻在举升机平台的中央位置。

提示：车辆停驻于举升机平台的中央位置，为车辆的安全举升做好准备。

3 1号打开门锁。

提示：用遥控钥匙打开电动门锁，为进入驾驶室操作做好准备

4 1号和2号共同安装车轮挡块。

提示：为保证车辆在工位上可靠停驻，防止出现溜滑，造成安全事故，要安装车轮挡块。

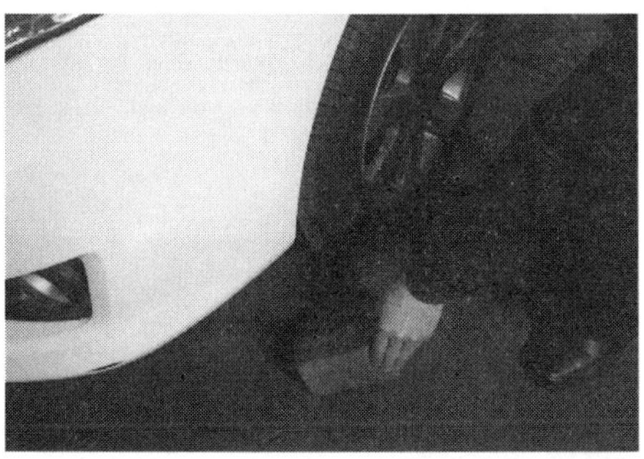

5 2号安装尾气收集管。

提示：为防止尾气污染环境，保护人体健康，要安装尾气收集管。

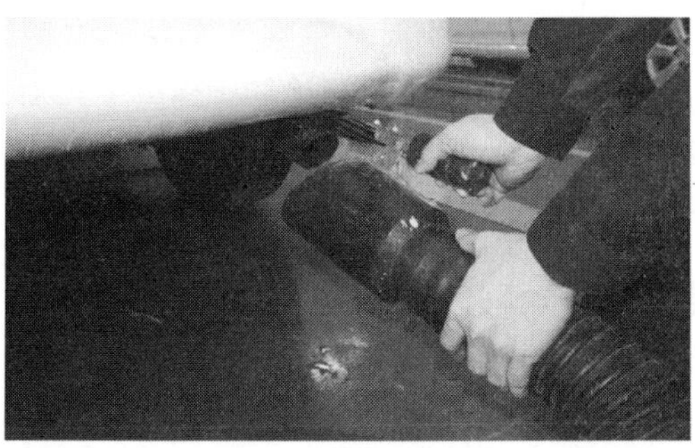

6 2号打开车门。

提示：左手拉车门把手打开车门，带好三件套，准备进入车辆。

7 2号拉起发动机罩释放杆。

提示：拉起发动机罩释放杆时，用力不要过猛，否则容易导致释放杆盖损坏。

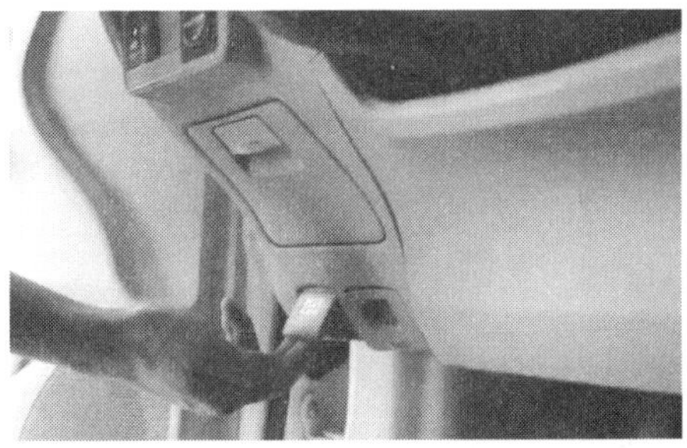

8 2号安装转向盘套。

提示：转向盘套是由薄塑料制成的，极易破损。安装转向盘套时，不要生拉硬拽，否则会造成转向盘套破损。

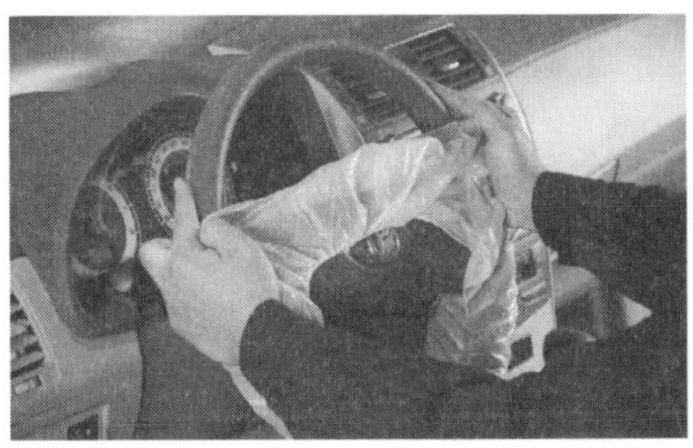

9 2号安装地板垫。

提示：铺设地板垫的主要目的是便于清除维修人员带入驾驶室内的脏物与杂物，保持驾驶室内地板清洁。

10　2号安装座椅套。

提示：安装座椅套时，用力要均匀，拉齐座椅套，使之整齐、美观。

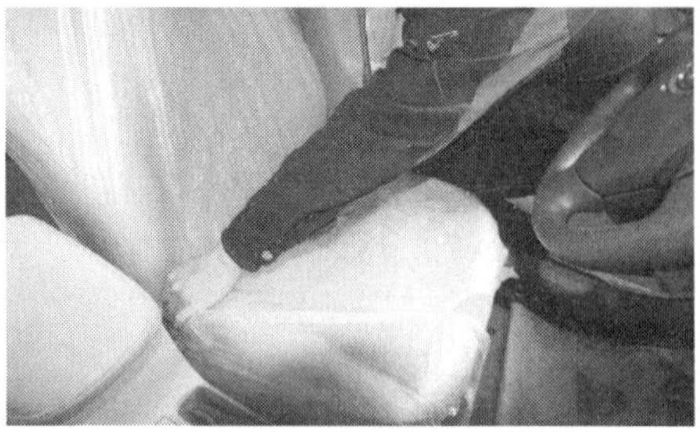

11　2号将点火开关旋至“ON”，打开主驾驶侧电动车窗。

提示：打开主驾驶侧电动车窗，是为了车内通风以及当钥匙掉在车里时可以打开车门。

12　2号将变速杆置于P挡。

提示：发动机带挡操作属于违规操作，危险性极大。因此，发动机起动前应将变速杆置于P挡。

13　2号拉紧驻车制动杆。

提示：为保证车辆在工位上的可靠停驻，防止出现溜滑，造成安全事故，因此，要拉紧驻车制动杆。

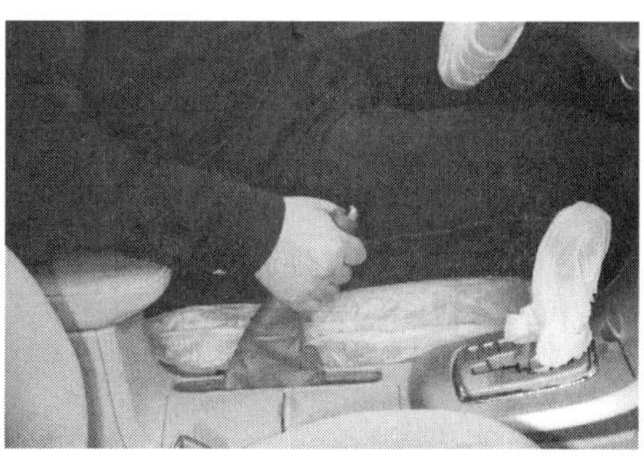

14　2号检查驻车制动器指示灯是否点亮，及挡位指示是否显示P挡。

提示：检查驻车制动器指示灯是否点亮，及挡位指示是否显示P挡，可以培养学生通过观察仪表指示灯来检查车辆工况的习惯。

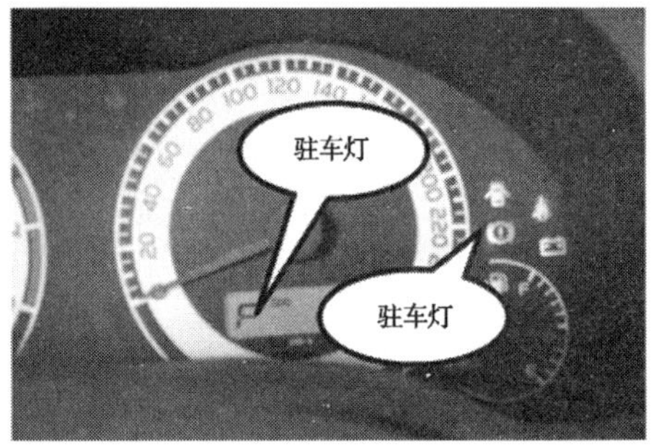


15　1号打开发动机舱盖，从固定卡上脱开发动机舱盖支撑杆。

提示：支撑杆固定夹如有损坏，要换用新品，否则车辆行驶中会产生异响。

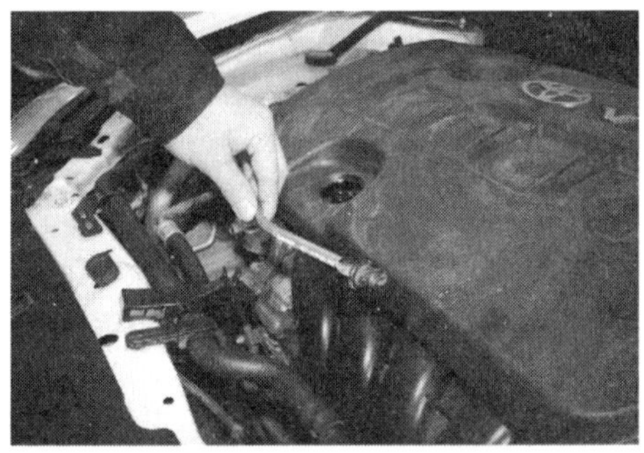

16　1号支撑牢固发动机舱盖。

提示：用支撑杆支撑发动机舱盖时，要保证接触可靠，否则，发动机舱盖滑落会造成人身伤害。

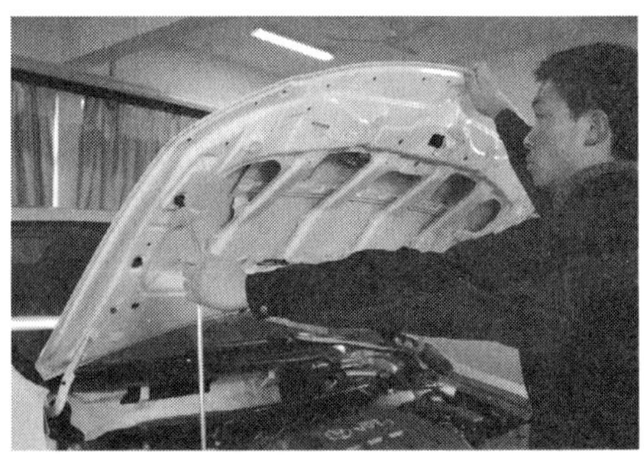

17　1号把护裙粘贴在汽车左、右侧翼子板上，要求将翼子板全部覆盖。护裙的上边沿粘贴到排水槽的内侧，前端至侧灯处，后端至车门与翼子板结合缝隙。

提示：

（1）粘贴护裙的主要目的是保护操作中能够接触到的翼子板车漆。

（2）护裙是通过磁铁吸附在翼子板上的，因此，粘贴时，当护裙接近翼子板，感觉到吸力后，要稍稍提起护裙，使护裙轻轻与翼子板贴合，不允许听到接触碰撞声。

*18*　1号把护裙粘贴在汽车的正前面，要求将车头前部、前照灯总成、保险杠全部覆盖。

提示：在车的前方操作时，护裙用于保护易划伤的零部件表面和车漆。

### 第二步　预热发动机

*1*　2号工位进入驾驶室，横向摆动变速杆，确认变速杆处于P挡位置。

提示：发动机起动之前，应将变速杆置于P挡位置。

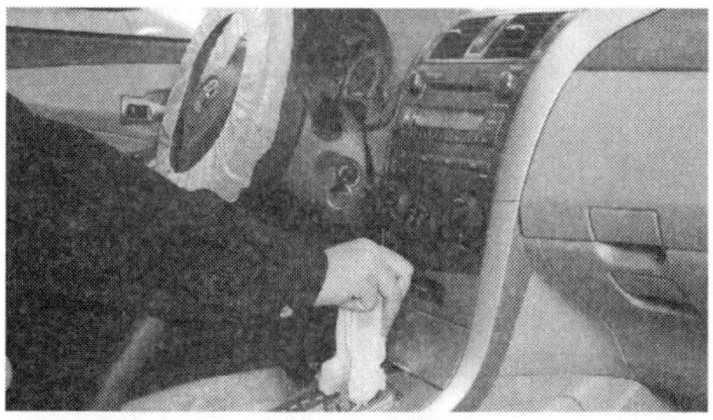

*2*　1号检查冷却液液面。

提示：如果储液罐中的冷却液液位在“FULL”和“LOW”之间，则冷却液液位是合适的。如果液位低，须加注冷却液。

*3*　1号检查发动机冷却液液位。

提示：如果冷却液标尺上的冷却液液位在“FULL”和“LOW”之间，则冷却液液位是合适的。如果液位低，须加冷却液。

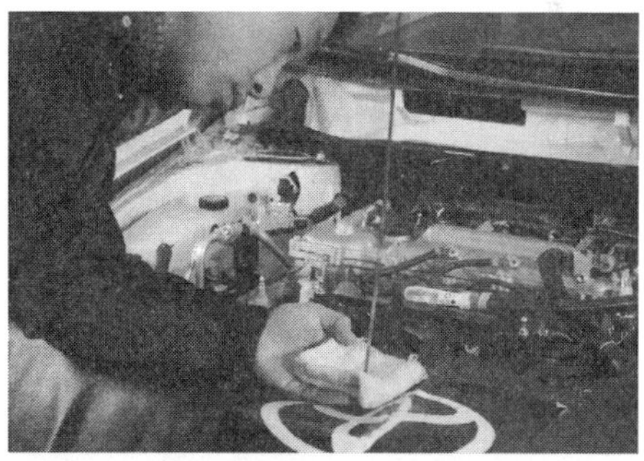

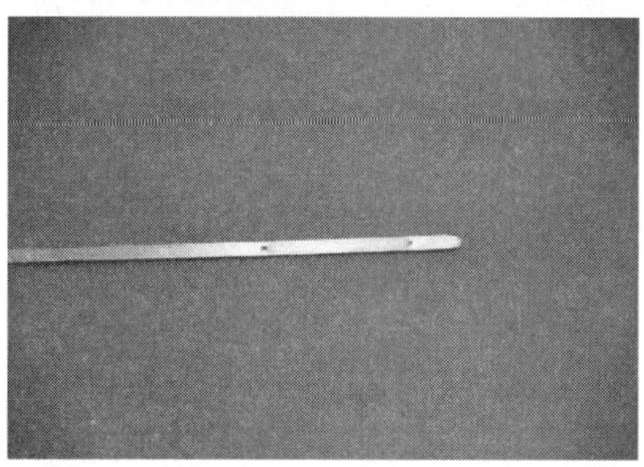

*4*　2号打开点火开关，起动发动机并保持怠速运转3~5min。其间观察水温表指示数值的变化，当水温达到60~70℃时关闭点火开关，停止发动机运转。

提示：

（1）提高发动机温度使冷却液黏度变小，有利于发动机内的冷却液排放彻底。

（2）起动发动机时，1号、2号配合口令是“起动”和“正常”。注意发动机起动器安全确认。

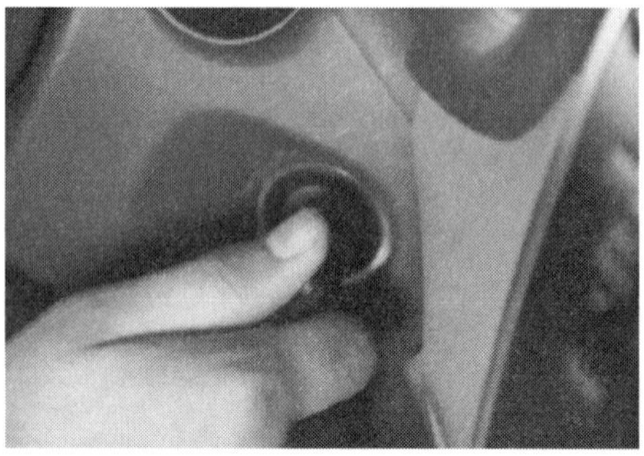

## 第三步　检漏

1号检查冷却系统的软管是否有鼓包、裂纹和接口泄漏；散热器、暖风水箱、水泵、膨胀箱、汽缸垫、汽缸体和汽缸盖的水堵是否泄漏。

提示：当发动机工作温度达到常温后，冷却系统中的压力升高，此时一些泄漏点会暴露出来。为了防止更换新的冷却液后出现泄漏，应做好事前检查。发现泄漏点，要修复检查之后，再加注新的冷却液。

## 第四步　排放冷却液

1　1号用手缓慢旋松冷却液膨胀箱盖，并施加一定的下压力，当感觉到系统压力释放殆尽后，重新旋紧膨胀箱盖。

提示：

（1）这样做的主要目的是释放冷却系统中的压力，防止直接拆卸水管排放冷却液时，高温高压液体喷溅，造成人员烫伤事故。

（2）释放冷却系统压力时，要带上防护手套，以防烫伤手。

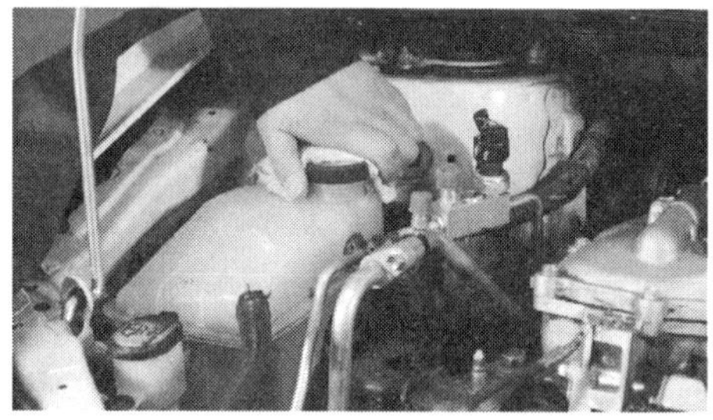

2　1号和2号放置橡胶垫块。

提示：放置橡胶垫块时，应注意位置合理距举升机平板10cm左右，放置平整。

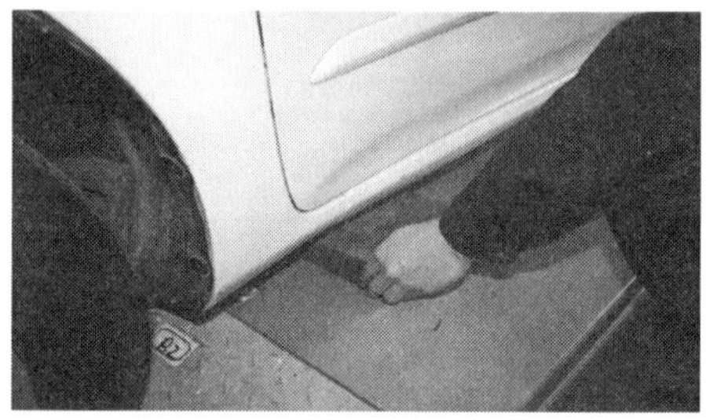

3　2号操纵举升机，车轮举升到离地面10cm处。

提示：车轮举升到离地面10cm处，是为了检查车辆的稳定性做准备。

4　1号和2号一起检查车辆的稳定性。

提示：检查车辆的稳定性，是为了保证车辆的安全举升。

5 2号操纵举升机，将车辆举升到目标高度后，可靠停驻，方可进入车下作业。

**提示：**严禁重载举升；严禁有乘员；严禁晃动车辆；严禁车下站人或穿梭。

6 2号将接水盆放置于散热器的下方，正对于下水管与散热器出水接口处。

7 1号用手拧松冷却液排放塞。

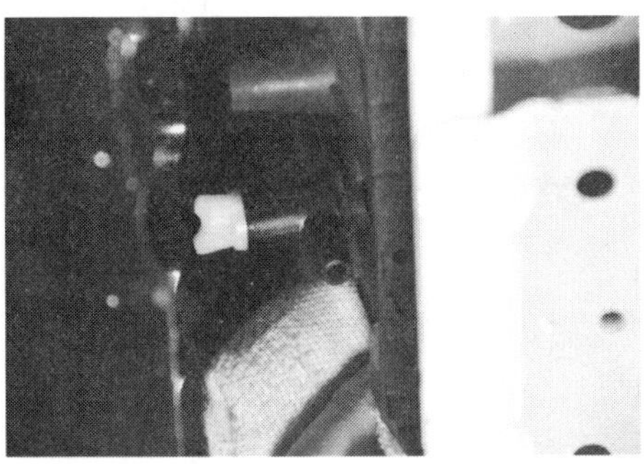

8 排放冷却液。

**提示：**冷却液有毒，使用中严禁嘴吸和接触皮肤。若溅入眼中要立即用水冲洗，必要时到医院进行处理。

### 第五步 拆卸膨胀水箱

1 2号将鲤鱼钳传递给1号。

2 1号用鲤鱼钳松掉卡箍。

**提示：**有上下两处要松，注意不要破坏橡胶软管和卡箍。

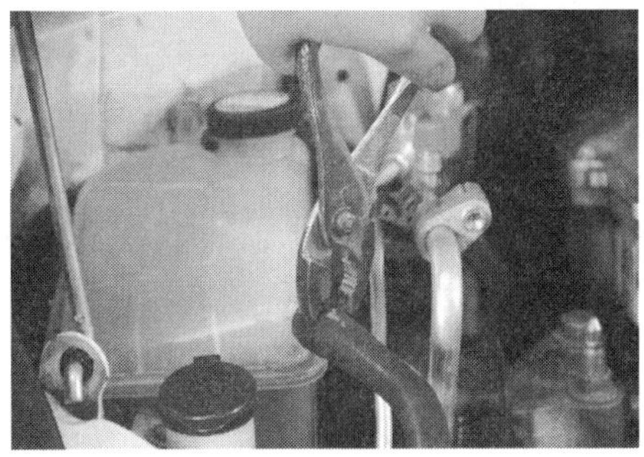

3 断开软管与膨胀水箱。

**提示：**冷却液有毒，使用中严禁嘴吸和接触皮肤。若溅入眼中要立即用水冲洗，必要时到医院进行处理。

4 2号将10#扳手传递给1号。

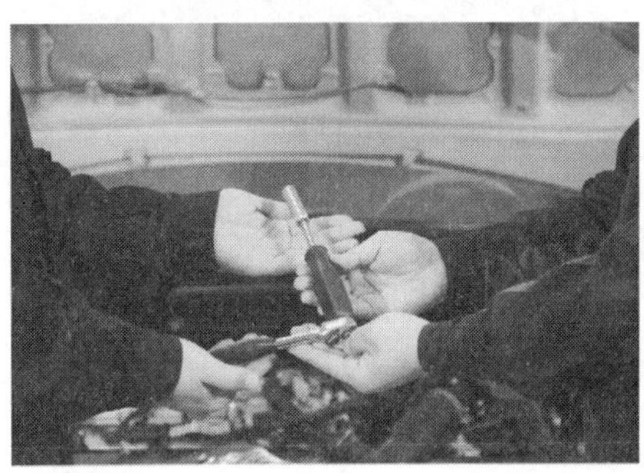

5　1号用10#扳手松掉膨胀水箱固定螺栓。

6　1号将膨胀水箱取下并传递给2号。

7　2号将膨胀水箱内的剩余冷却液倒尽，放到零件车上。

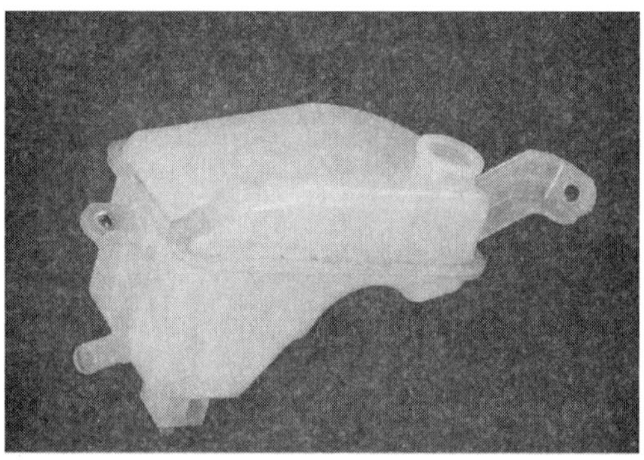

### 第六步　拆卸空气滤清器盖、进气管接头

1　1号去除空气滤清器卡子。

2　1号取出空气滤清器。

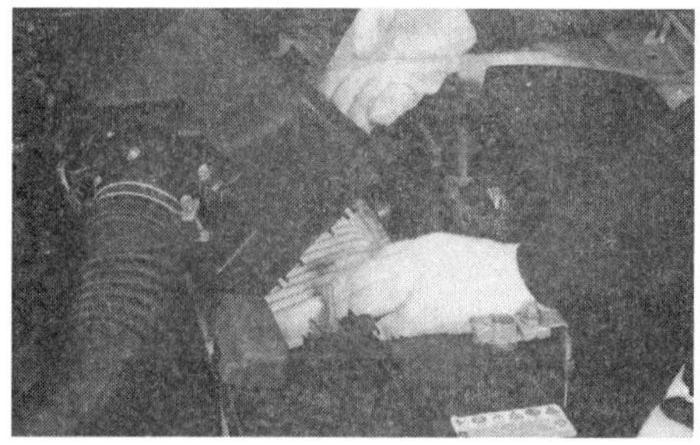

3　1号将空气滤清器传递给2号，2号将空气滤清器放置于指定位置。

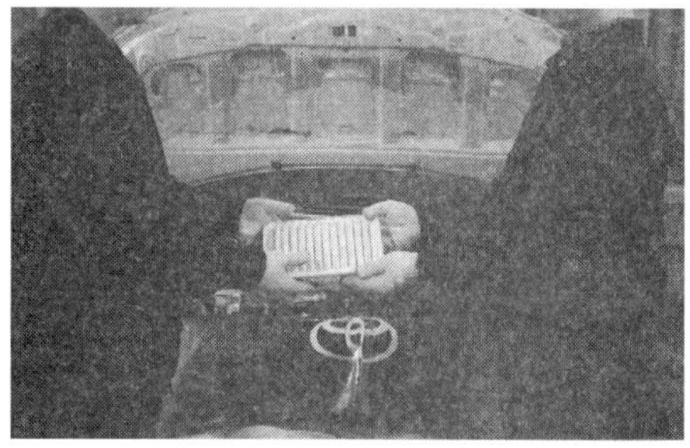

4　1号断开质量空气流量计。

5　2号将十字螺丝刀传递给1号。

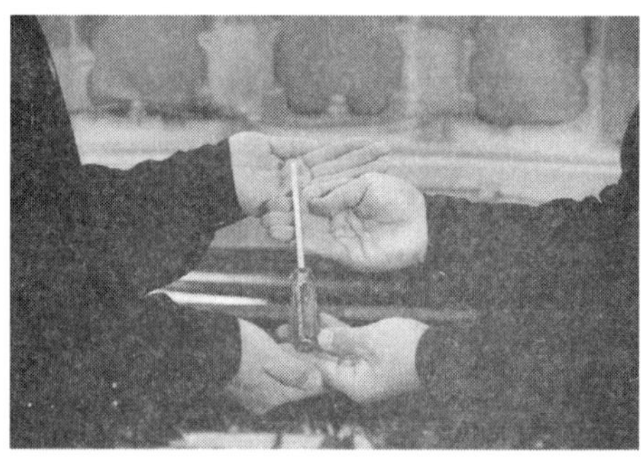

6　1号拆卸进气管接头与空气滤清器连接的卡箍，并取下进气管接头前端。

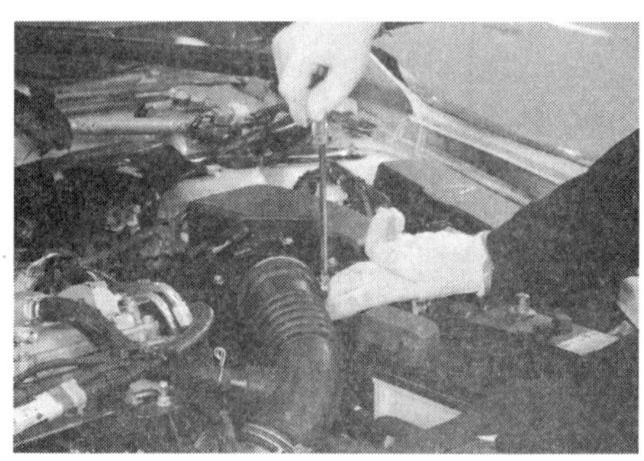

7　1号将空气滤清器盖分总成拆下。

8　1号将空气滤清器盖分总成传递给2号，2号将空气滤清器盖分总成放置于指定位置。

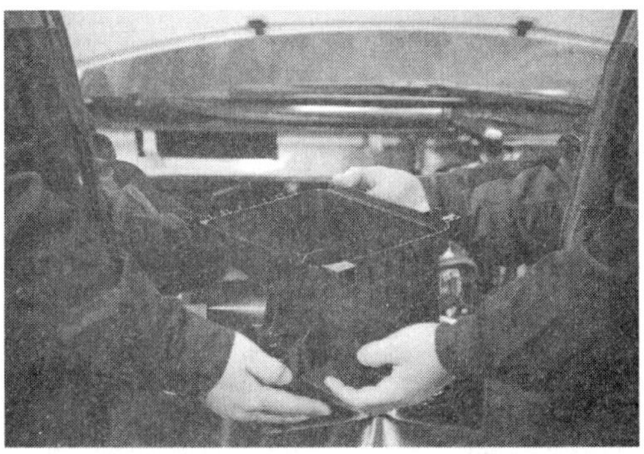

9　1号拆下与发动机连接的通风软管。

10　1号拆卸进气管接头与节气门连接的卡箍。

11　1号拆下进气管接头。

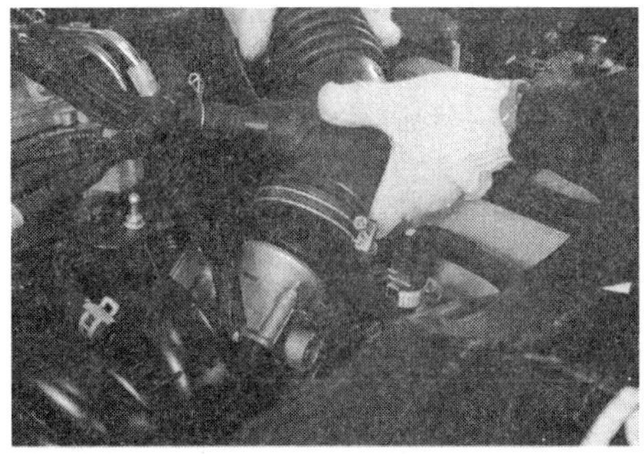

12　1号将进气管接头传递给2号，2号将进气管放置于指定位置。

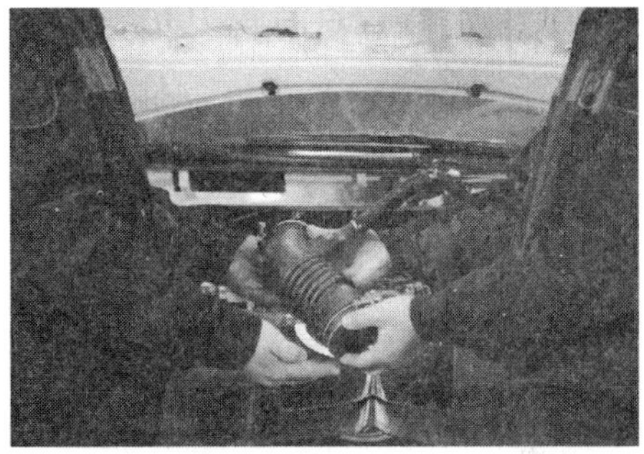

### 第七步　拆卸节气门体

1　2号确认点火开关处于关闭状态。

**提示：**拆装电器元件的电插头时要保持点火开关关闭状态。否则，电器元件产生的自感电动势容易损坏发动机电控单元。

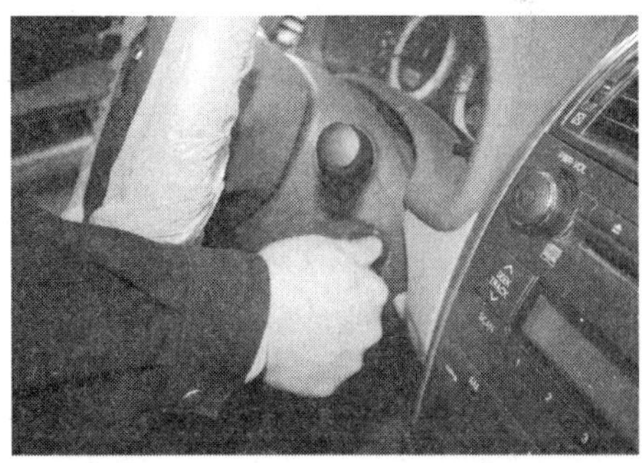

2　1号断开节气门位置传感器。

**提示：**拔下电插头时，拇指和食指按压卡片，同时用力向上拔即可。禁止使用螺丝刀等类似器具别撬，以免损坏电插头。

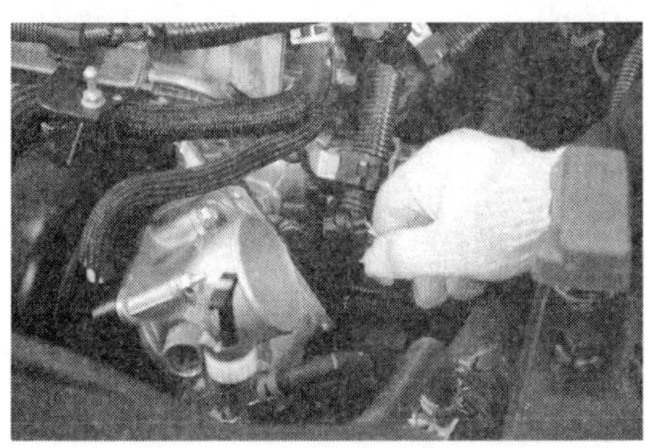

3　1号用手取下碳管电磁阀与节气门体连接端的通风软管。

4　2号将鲤鱼钳传递给1号。

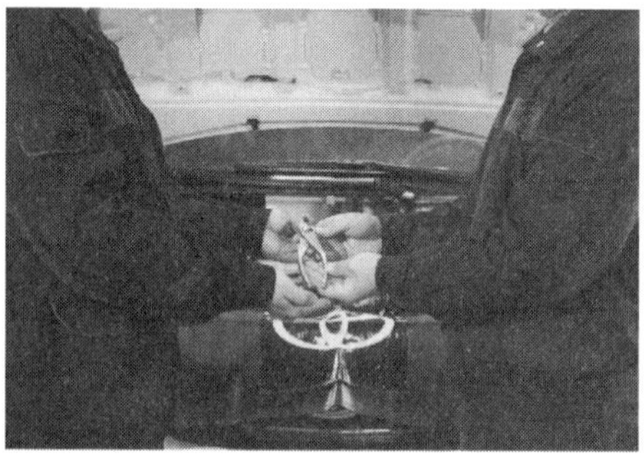

5　1号使用鲤鱼钳拆卸节气门体下方的两个预热水管。

提示：预热水管为防止节气门与轴缝隙中在冬季结冰而设置，保证节气门及其位置传感器在寒冷季节能够正常工作。

6　2号将10#扳手传递给1号。

7　1号用10#扳手拆卸节气门上两个螺栓和两个螺母。

提示：先用棘爪扳手对角卸去节气门螺栓上的力，再依次拧松节气门螺栓，并取下。

8　1号用手取下节气门。

提示：如果节气门体与座粘接牢固，不容易取下时，可选用木质锤柄轻轻敲击震动，同时要用手扶住节气门，以防止其掉落损伤。

9　1号将节气门体传递给2号。2号将节气门体放到指定位置。

10　1号取下节气门衬垫。

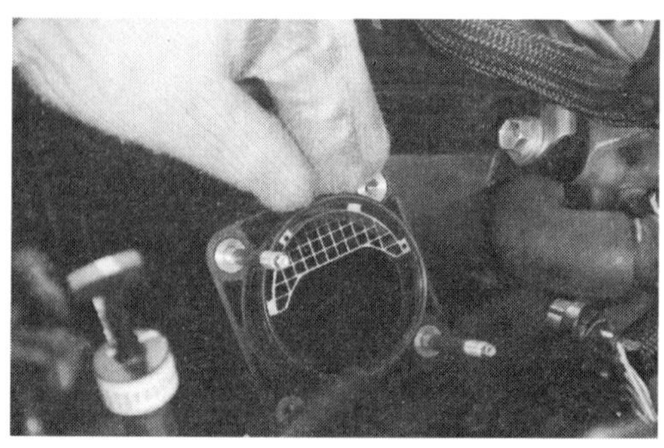

### 第八步 检查节气门位置传感器

检查节气门体：根据下表中的值测量电阻。

标准电阻

| 检测仪连接 | 条件 | 规定状态 |
|---|---|---|
| 1（m-）-2（m+） | 20℃（68℉） | 0.3至100Ω |

如果结果不符合，则更换节气门体。

提示：1ZR型发动机采用的节气门位置传感器不允许单独更换，一旦出现故障，需与节气门整体更换。

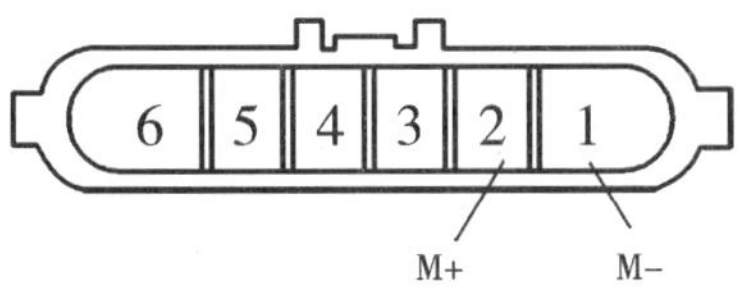


### 第九步 安装节气门体

1 1号使用棉纱将节气门体及其承座平面清理干净。

提示：节气门体及其承座平面，要保持清洁、平整。如果平面上黏附有残余衬垫，可使用刮刀刮除，但不允许在平面上留下划痕。

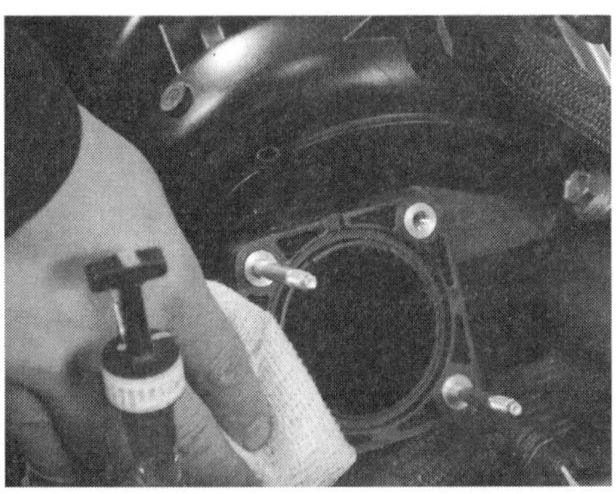

2 1号将新的衬垫安装在进气歧管内。

提示：节气门体和座之间的衬垫用于补偿两节合面间的平面度误差，起到密封作用。

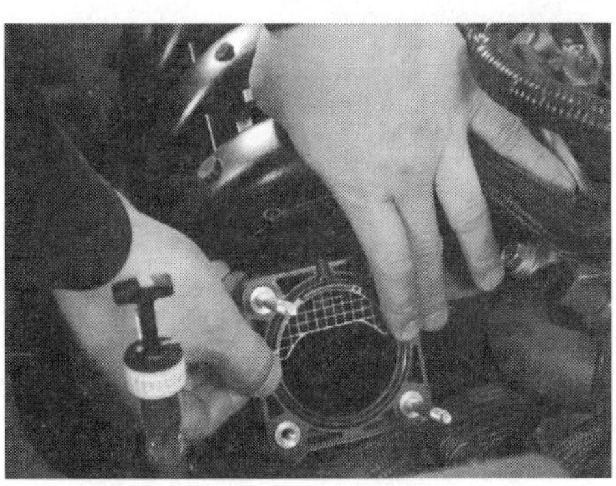

3 2号将节气门体传递给1号。

4 1号将节气门体安装在进气歧管上。

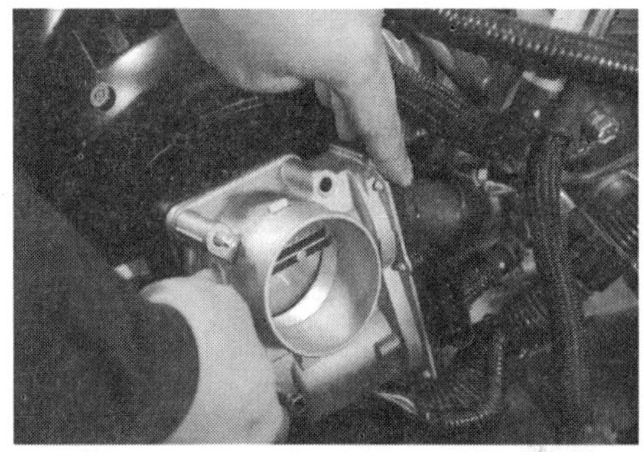

5 1号使用10mm扳手，按照对角线顺序，将节气门体的固定螺栓拧紧。

提示：规定拧紧力矩为10N·m。

6 1号用拇指和食指捏紧节气门位置传感器插头，将其推入插孔中。

提示：安装电插头时，要首先确认插头和插孔的对应安装位置，同时要将电插头插接到位，应听到锁止声响。若操作不当，将导致电路连接器损伤以及节气门位置传感器正常不工作。

7 1号连接碳管电磁阀与节气门体连接端的通风软管。

8 1号用手连接节气门下方的两个预热水管，并用鲤鱼钳安装预热水管卡箍。

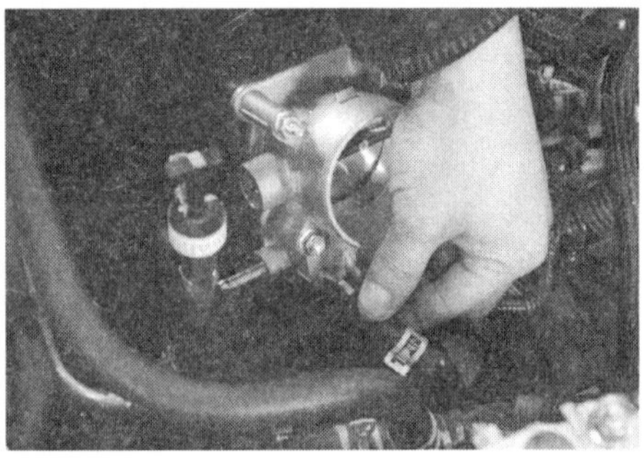

## 第十步 安装空气滤清器盖、进气管接头

1 2号将进气管接头传递给1号，并将其连接到节气门上。

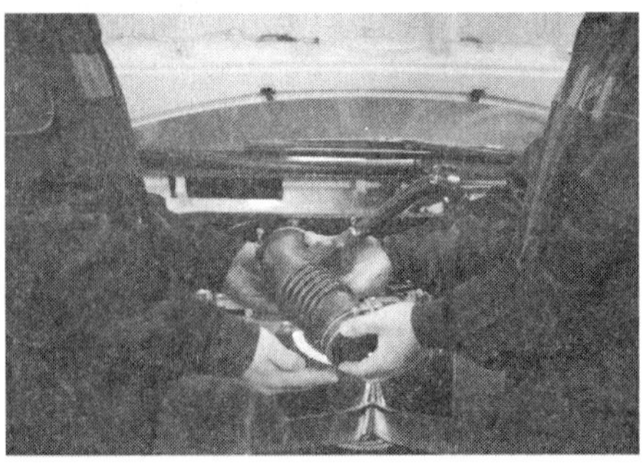

2 2号将十字螺丝刀传递给1号。

3 1号安装进气管接头，并固定进气管接头与节气门之间的卡箍。

4 1号连接进气管接头与发动机之间的通风软管。

5 2号将空气滤清器盖分总成传递给1号

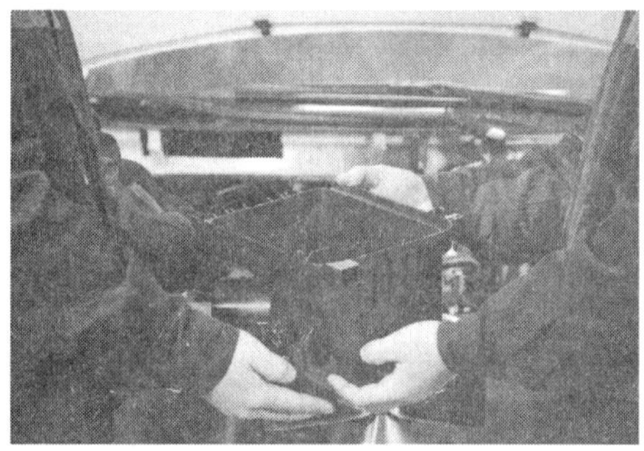

6 1号安装空气滤清器盖分总成。

7 1号固定进气管接头与空滤分盖之间的卡箍。

8　2号将空气滤清器传递给1号。

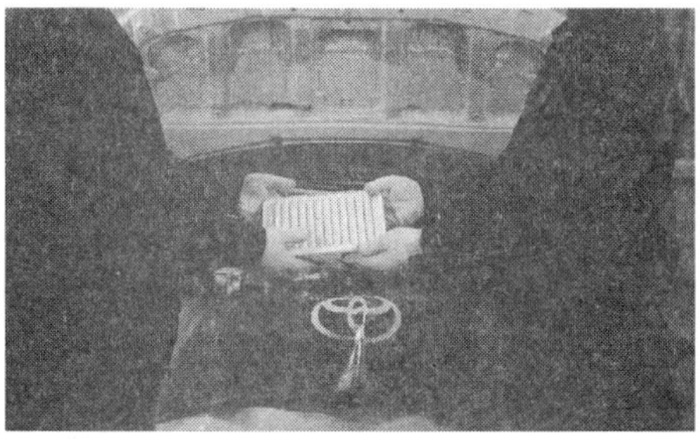

9　1号安装空气滤清器。

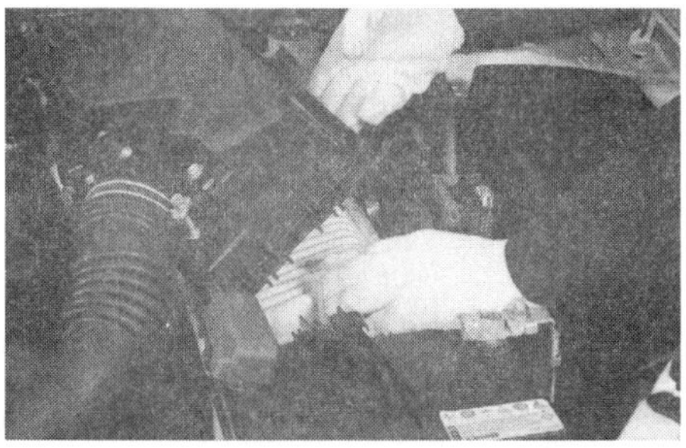

10　1号固定空气滤清器分盖总成。

### 第十一步　安装膨胀水箱

1　2号将膨胀水箱传递给1号。

2　1号连接膨胀水箱与软管。

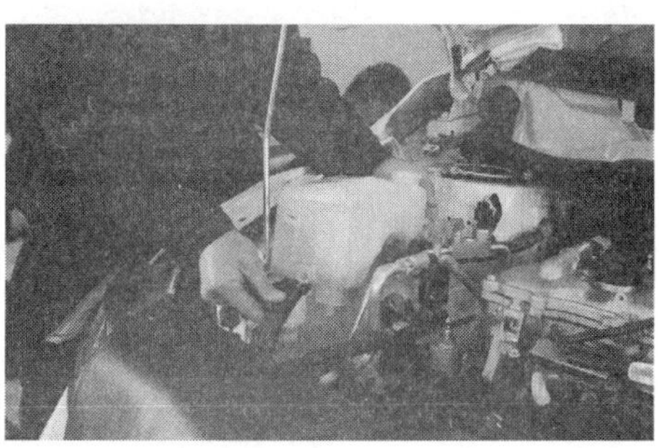

3　2号将10#扳手传递给1号。

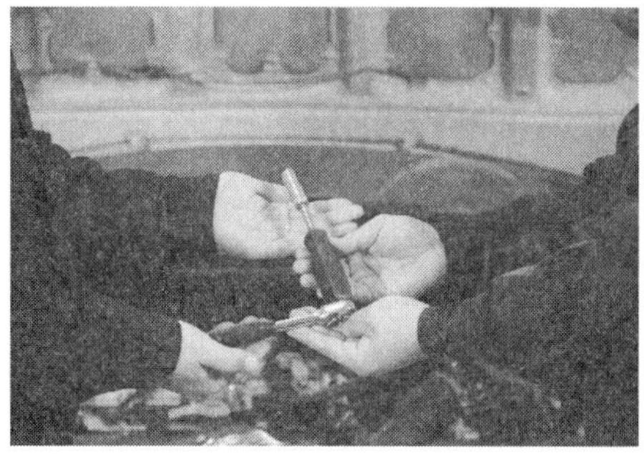

4　1号固定膨胀水箱。

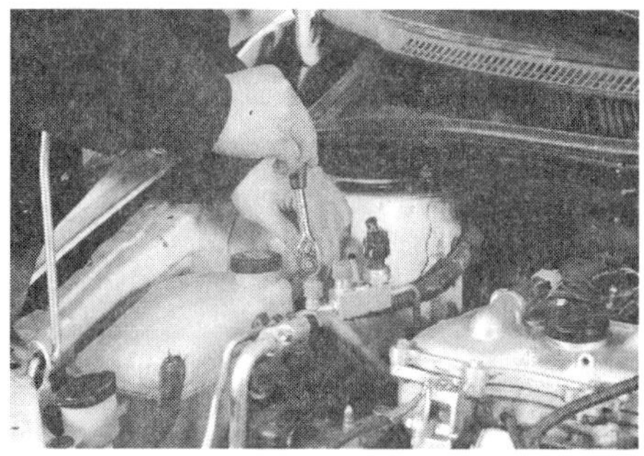

### 第十二步　加注冷却液

1　1号用棉纱擦净膨胀水箱周围的油污和脏物。

提示：注意保持良好的操作习惯。

2　2号将冷却液传递给1号。

3　1号旋下冷却液桶盖，然后一手握住桶上的手柄，一手托住桶的底部，对准冷却液加注口，稍稍倾斜冷却液桶，缓缓将冷却液倒入发动机内。

提示：加注冷却液时，动作要舒缓，不要过急，防止冷却液洒到发动机的外面。

4　当冷却系统的液量不足，膨胀箱中的液面下降缓慢或停止下降时，2号用手反复捏压散热器的上下水管。液面下降后，1号继续加注，如此反复进行，直到膨胀箱内的液面位于上下刻度线的中间位置不再变化为止。

提示：反复捏压散热器的上下水管，目的是排除冷却系统内的空气

5　1号检查冷却液液面。

提示：如果储液罐中的冷却液液位在“FULL”和“LOW”之间，则冷却液液位是合适的。如果液位低，须加注冷却液。

### 第十三步　连接金德KT600检测仪

1　1号打开车门进入车辆。

2　1号用手打开仪表盘左侧下方的诊断座防护罩。

提示：诊断座防护罩仅需轻轻向上抬，严谨用力打开。

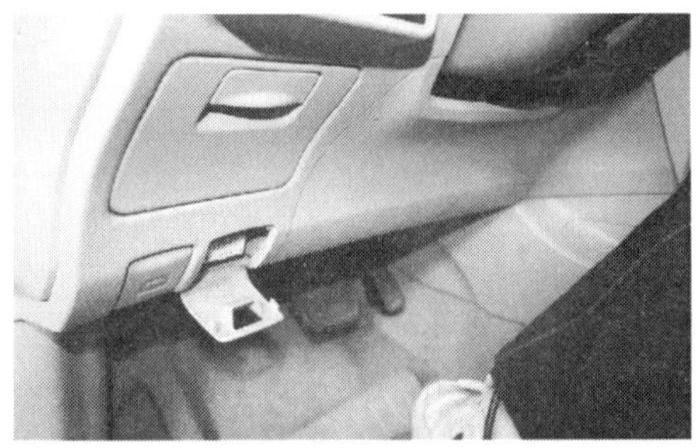

3　2号将金德KT600检测仪传递给1号。

提示：检测仪式是一种精密且贵重仪器，在传递、接收和使用过程中，要小心谨慎，交接可靠，轻拿轻放，以免造成损伤而导致重大经济损失。

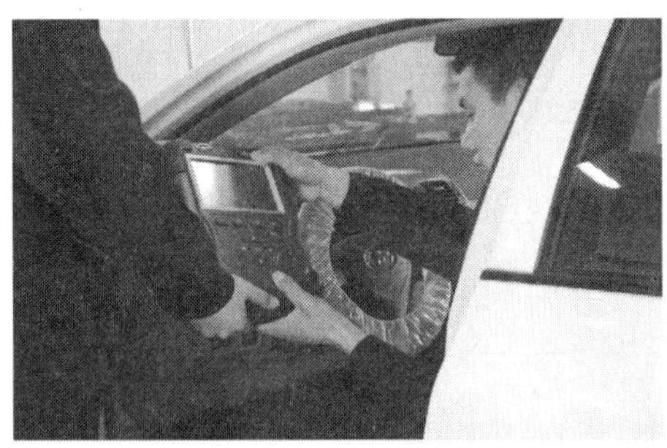

4　2号将检测仪的传输导线传递给1号。

提示：传输导线严禁剧烈弯折或作他用，应注意保管和使用。

5　1号确认检测仪传输导线接头一端的插针和安装方向。

提示：传输导线与检测仪连接时，插头和插孔之间有严格相对位置规定。传输导线的形状既是安装的标记。

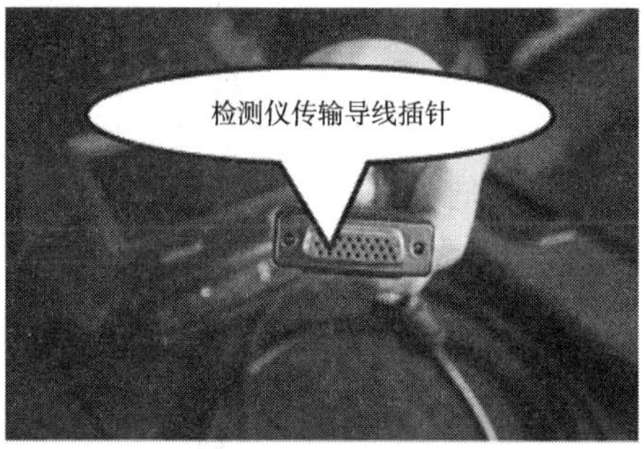


6　1号将传输线上的插孔与检测仪上的插座所对应的连接标记对齐后，将插孔安插到插座上，这样把传输线与检测仪连接起来。

提示：两者连接时，要对齐安装记号且插到位。严禁生插硬推，违规操作。

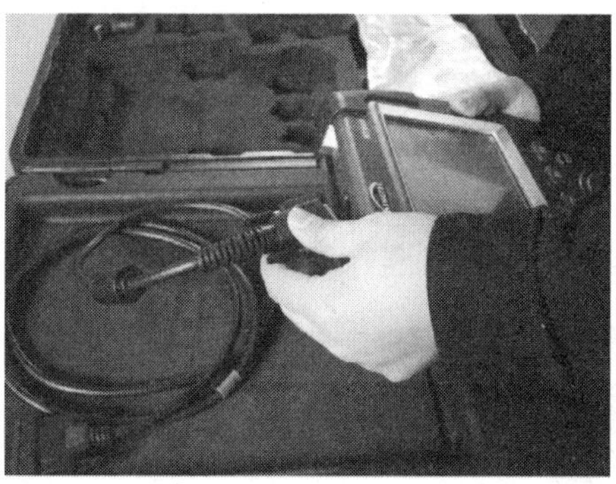

7　1号将检测仪固定在转向盘中央。

提示：将检测仪后部固定支架打开，固定在转向盘中央，确认固定平稳。

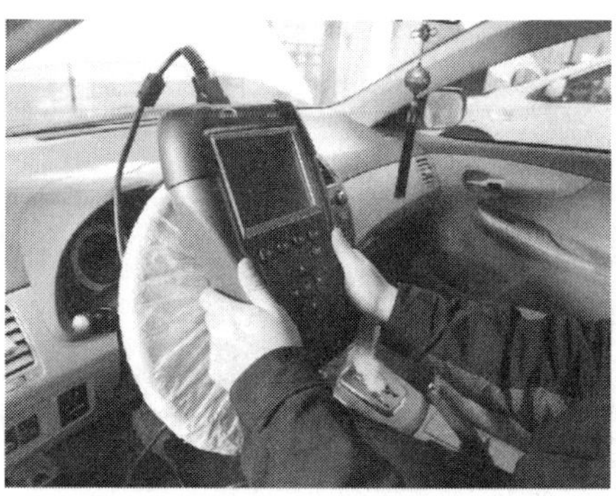

8　1号将传输线的扁平插头按照插座方向方向，插入诊断座孔内。这样传输线和发动机电控单元的诊断座连接起来。

提示：传输线的插头要安装到位且可靠。否则，将影响数据传递。

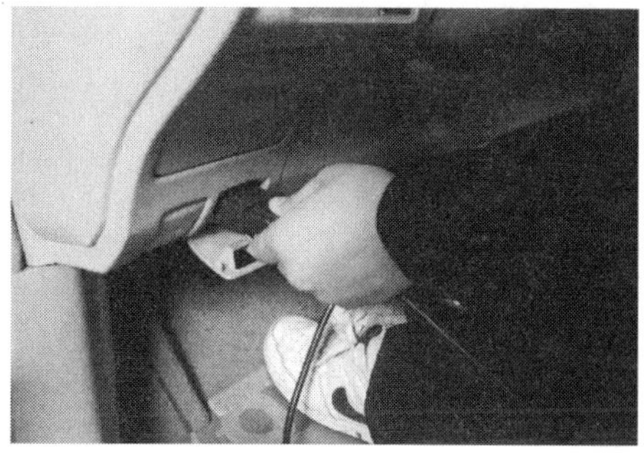

### 第十四步　读取数据流

1　1号打开点火开关。

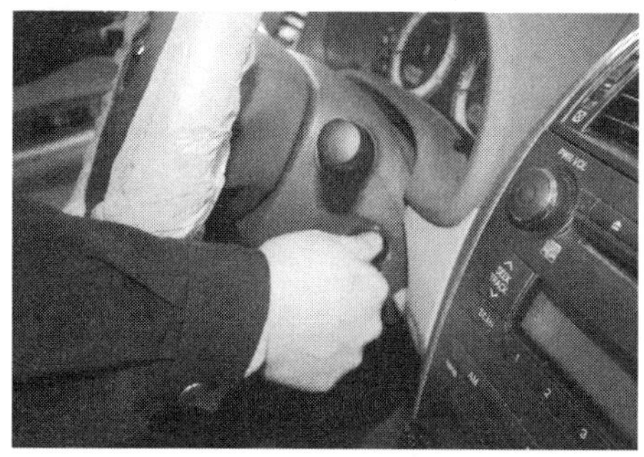

2　1号连接金德KT600检测仪，打开点火开关，按下金德KT600检测仪开关键，打开金德KT600检测仪。

提示：按住开关键约2~3min。

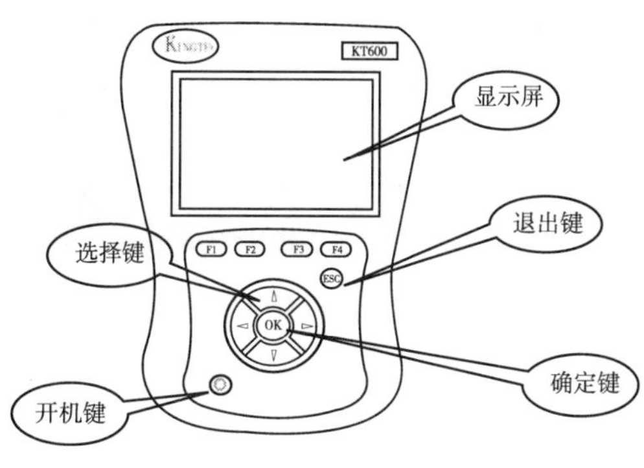

3　1号打开金德KT600检测仪，进入待机页面。

4　1号进入故障测试界面，选择“TOYOTA”。

5　进入检测仪“TOYOTA”菜单，选择车型，“带CAN系统车型”。

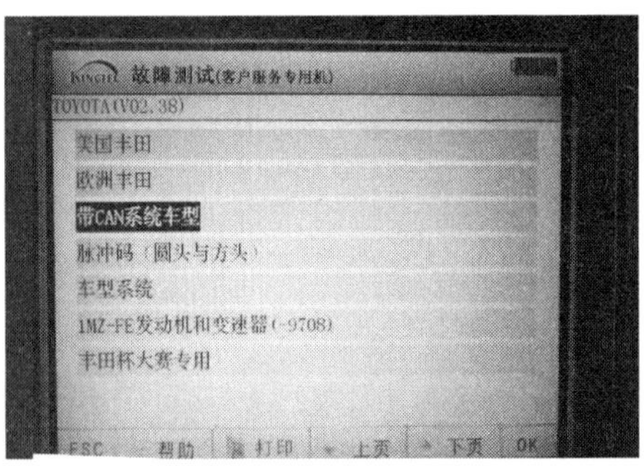


6　进入检测仪“CAN系统车型”菜单，选择汽车型号，“COROLLA（卡罗拉）”。

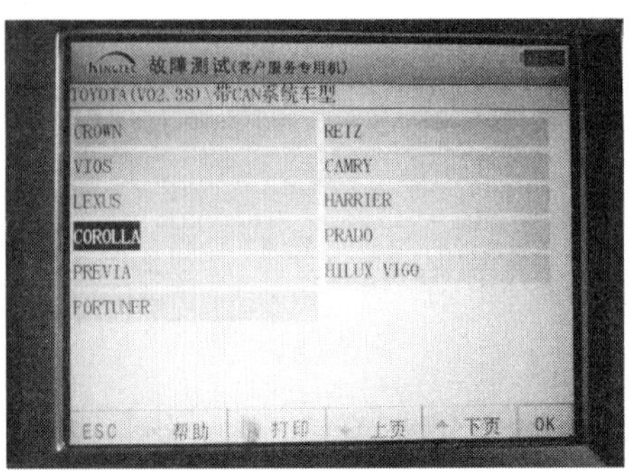


7　进入检测仪“COROLLA”菜单，选择“COROLLA（GL）”。

提示：GL为豪华型（Grande，Lux）

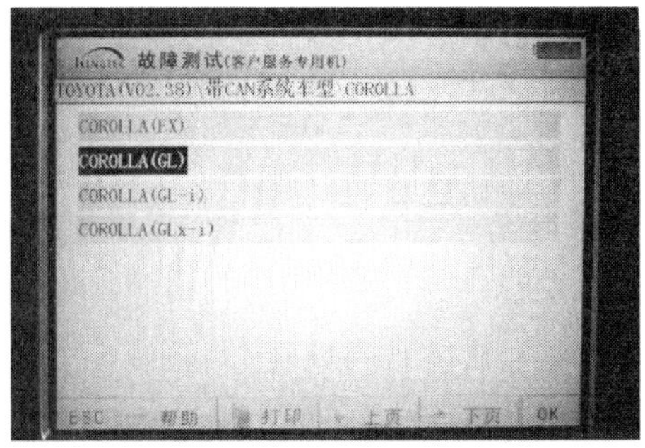


8　进入检测仪“COROLLA(GL)”菜单，选择“ENGINE AND ECT”。

提示：ENGINE：发动机
ECT：发动机冷却液温度传感器

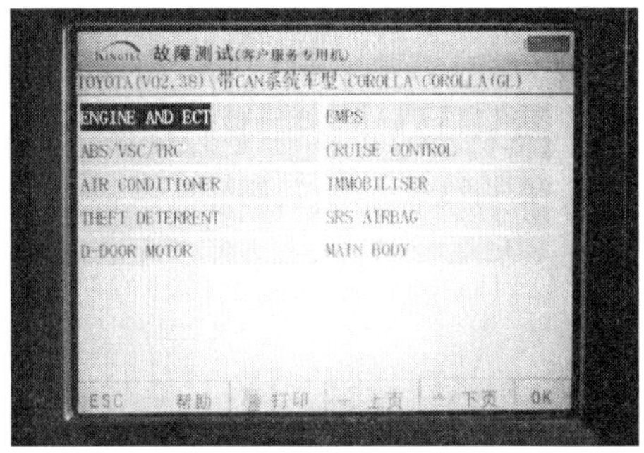


9　进入“ENGINE AND ECT”菜单，选择读取数据流。

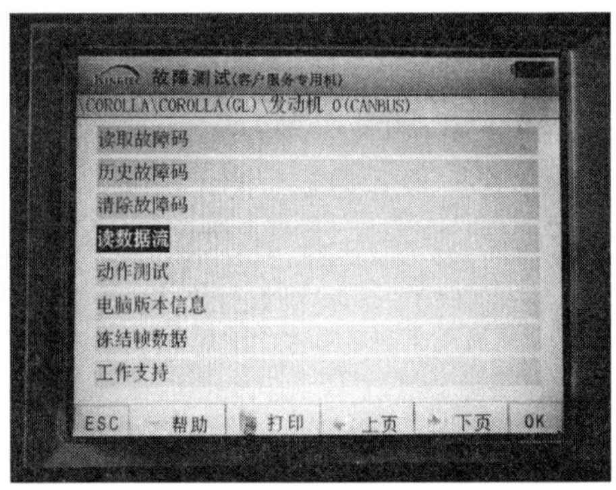


10　进入“读取数据流”菜单，选择“主要数据流”。

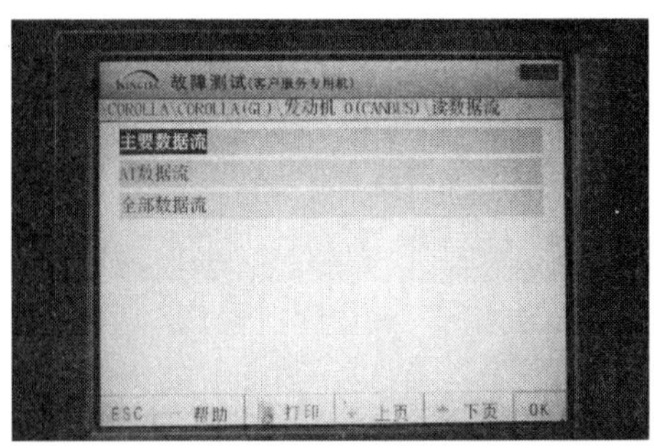


11　进入“主要数据流”菜单，显示屏上显示：发动机转速、车速、点火提前角、进气温度、空气流量（MAF）传感器、节气门位置传感器输

出、氧传感器电压B1 S1、氧传感器修正B1 S1等多个可读取项目。

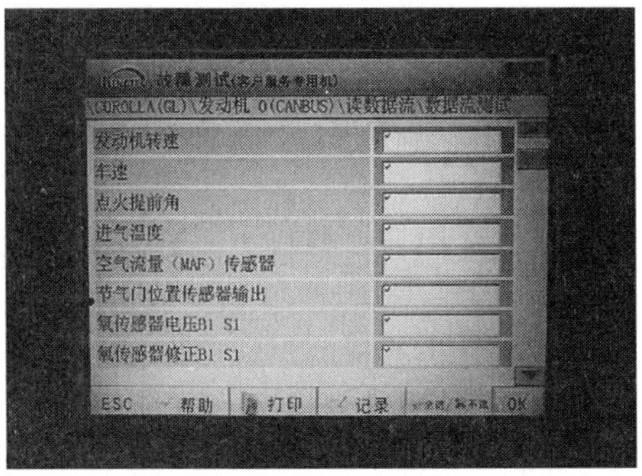


*12*　1号起动发动机，保持怠速运转。

*13*　金德KT600检测仪开始读取数据流。

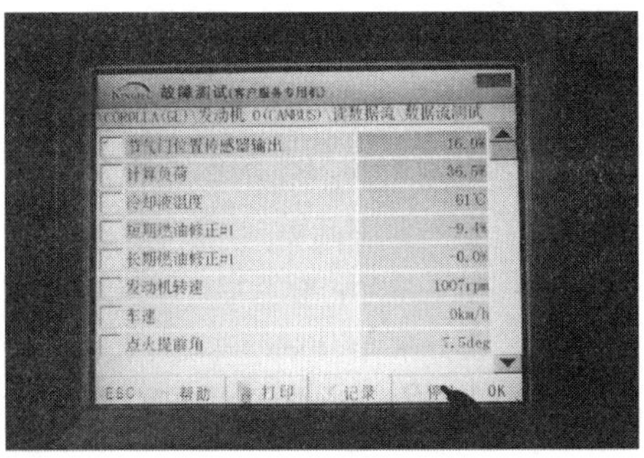


*14*　1号按下“停止”键，并记录当前数据流，如果显示数据正常，则表示节气门位置传感器正常。

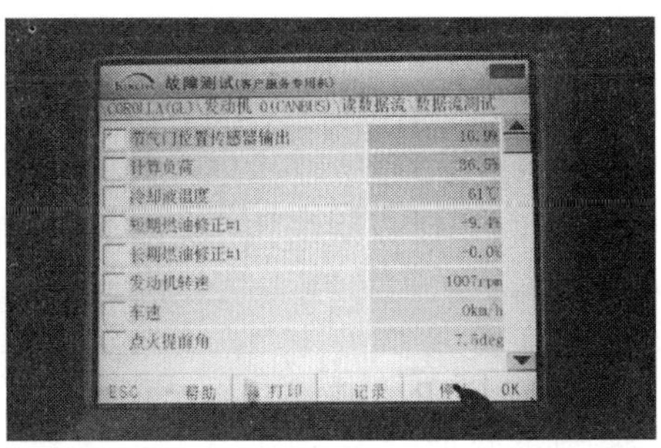


### 第十五步　取下金德KT600检测仪

*1*　1号关闭点火开关，停止发动机运转并将检测仪传输导线的两连接端，用手取下。

**提示：**取下传输导线两连接端插头时，要用手捏紧插头处并向上用力拔出插头。严禁采用直接拉拔导线或摆晃插头的方法，取下插头。

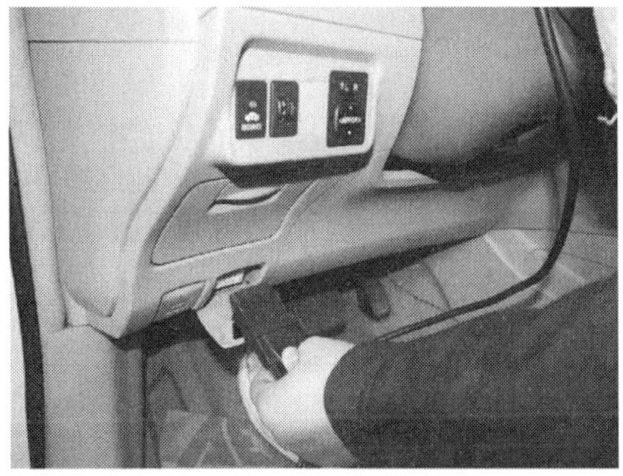

*2*　1号将检测仪传递给2号。2号将其放置于包装盒内。

**提示：**传递、接收和使用检测仪的要求，请参阅前文说明，不再赘述。检测仪要妥善保管，防振动、防重压。

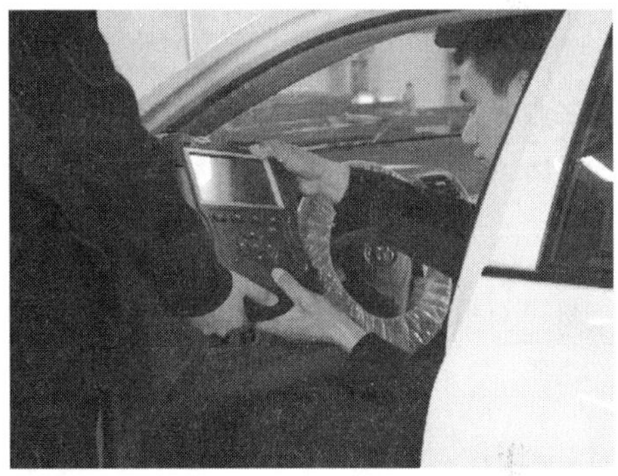

*3*　1号将传输导线传递给2号。

**提示：**传输导线严禁剧烈弯折或作他用，应注意保管和使用。

*4*　1号将仪表盘左侧下方的诊断座防护罩安装到位。

**提示：**防护罩用于保护电控系统诊断座。即可防止尘埃、潮湿空气等污染侵蚀诊断座，有避免杂物损伤诊断座。因此，防护罩出现破损，应更换新品，并且保证安装到位。

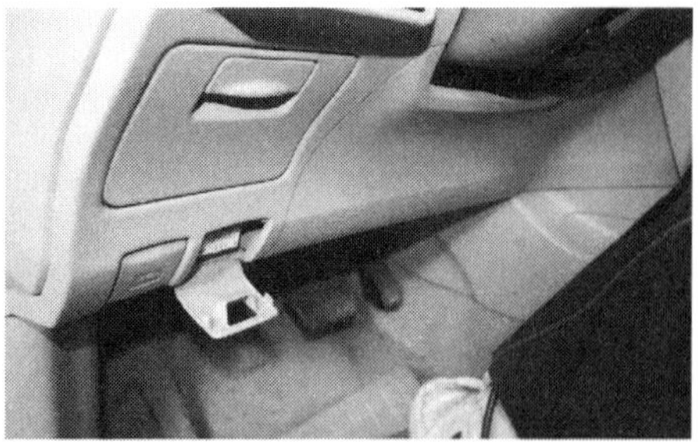

### 第十六步　整理工位

*1*　1号取下转向盘套、变速杆套、座套和地板垫，传递给2号。2号将其放置在包装袋中。

提示：保护罩用薄塑料制成，易破损。所以拆装时注意保护，以增加使用次数。

*2*　1号、2号共同拆除护裙，关闭发动机机舱盖，擦拭摆放工具，处理废弃物，清洁地面卫生。

提示：作业项目完成后，要搞好工位的清洁，整理和整顿工作，培养良好的工作习惯。

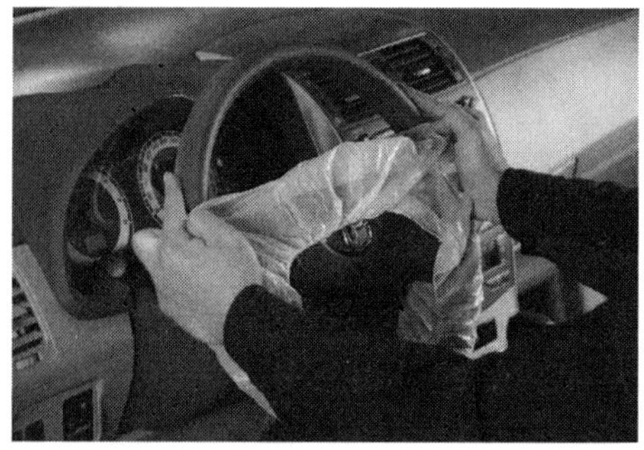

## 七、考核标准

考核标准表

| 考核时间 | 序号 | 考核项目 | 满分 | 评分标准 | 得分 |
|---|---|---|---|---|---|
| 90min | 1 | 作业前整理工位 | 2 | 整理遗漏酌情扣分 | |
| | 2 | 打开并支撑机舱盖 | 3 | 操作不当扣3分 | |
| | 3 | 安装保护罩 | 3 | 操作不当扣3分 | |
| | 4 | 排放冷却液 | 4 | 操作不当扣4分 | |
| | 5 | 举升、降落车辆 | 5 | 操作不当扣5分 | |
| | 6 | 拆装发动机装饰罩 | 4 | 操作不当扣4分 | |
| | 7 | 拆装空滤器盖 | 2 | 操作不当扣2分 | |
| | 8 | 拆装进气管 | 7 | 操作不当扣7分 | |
| | 9 | 拆装气门拉线 | 10 | 操作不当扣10分 | |
| | 10 | 拆装节气门拉线支架 | 2 | 操作不当扣2分 | |
| | 11 | 拆装空气流量传感器电插头 | 3 | 操作不当扣3分 | |
| | 12 | 拆装炭罐电磁阀、油压调节真空阀 | 2 | 操作不当扣2分 | |
| | 13 | 拆装节气门体和节气门位置传感器 | 15 | 操作不当扣15分 | |
| | 14 | 拆装预热水管 | 6 | 操作不当扣6分 | |
| | 15 | 加注冷却液 | 3 | 操作不当扣3分 | |
| | 16 | 连接KT600检测仪 | 4 | 操作不当扣4分 | |
| | 17 | 节气门位置基本设定 | 15 | 操作不当扣15分 | |
| | 18 | 取下KT600检测仪 | 4 | 操作不当扣4分 | |
| | 19 | 发动机运行检查 | 4 | 检查遗漏扣4分 | |
| | 20 | 作业后清理工位 | 2 | 整理遗漏酌情扣分 | |
| | 21 | 遵守相关安全规范 | 因违规操作造成人身伤害和设备事故的，总分按0分计 | | |
| 分数合计 | | | 100 | | |

# 第七章　点火系统

## 第一节　需用知识

按点火方式的不同，点火系统可分为传统点火系统、电子点火系统和计算机控制点火系统。

### 一、传统点火系统

点火系统的作用是将汽车电源提供的低压电转变为高压电，并按照发动机各缸的点火顺序和点火时刻的要求，适时准确的将高压电送至各缸的火花塞，使火花塞跳火，点燃汽缸内的可燃混合气体。

#### 1 传统点火系统的组成

传统点火系的组成如图7-1所示，主要由电源、点火开关、点火线圈、分电器（包括断电器、配电器、电容器和点火提前角调节装置等）、火花塞、附加电阻及附加电阻短接装置、高低压导线等部件组成。

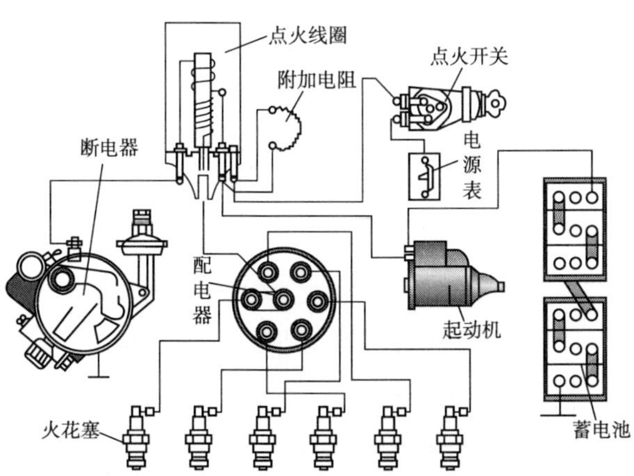


图7-1　传统点火系统的组成

#### 2 传统点火系统的工作原理

在传统点火系统中，蓄电池或发电机供给12V低电压，经点火线圈和断电器转变为高电压，再经配电器分送到各缸火花塞，使电极间产生电火花。

传统点火系的工作原理如图7-2所示。发动机工作时，断电器轴连同凸轮一起在发动机凸轮轴的驱动下旋转。凸轮转动时，断电器触点交替地闭合和打开。当触点闭合时，接通点火线圈初级绕组的电路，电流从蓄电池正极→电流表→点火开关→点火线圈“+”接线柱→附加电阻$R_f$→点火线圈初级绕组→断电器触点→搭铁→蓄电池负极。初级电路在点火线圈的铁芯中产生磁场，并因铁芯的作用而加强。当断电器凸轮将活动触点打开时，初级电路被切断，初级电流迅速消失，它所形成的磁场也随之消失，两个绕组中的磁通量发生变化，这样在两个绕组中就会感应出电动势。由于次级绕组的匝数多，在次级绕组中就感应出15～20kV的电动势，足以击穿火花塞的电极间隙，产生电火花点燃可燃混合气。高压电流由点火线圈的次级绕组→附加电阻$R_f$→点火开关→电流表→蓄电池→搭铁→火花塞的侧电极→火花塞中心电极→配电器的侧接线插孔→分火头→点火线圈次级绕组另一侧，构成回路。发动机工作时，上述过程周而复始的重复进行，若要发动机停止工作，只要断开点火开关，切断初级电路即可。

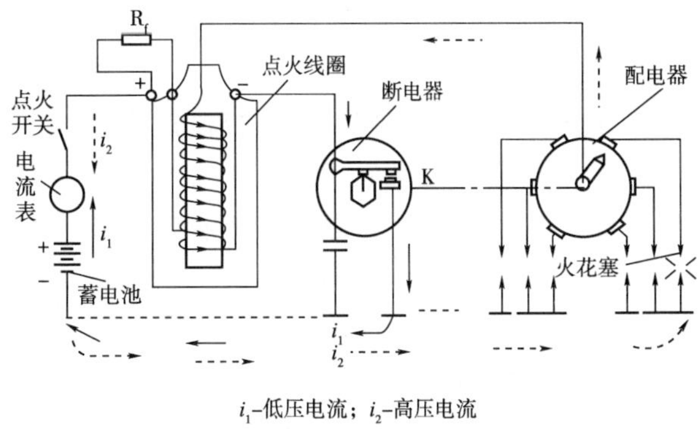


图7-2　传统点火系统的工作原理

## 二、电子点火系统

传统点火系统因断电器触点会磨损、烧蚀，间隙发生改变，造成点火正时不对、感应高压电降低、不点火及排气污染、寿命短，经常需要保养调整等问题。因此现代汽车基本上都采用了电子点火系统（也称半导体点火系统），它是利用晶体三极管的开关作用，取代传统点火系统中的断电器触点，以控制通点火线圈初级电路的通断，使点火系统工作。

电子点火系统的工作过程与传统点火系统基本一致。根据信号发生器的原理，电子点火系统可分为磁感应式电子点火系统、霍尔式电子点火系统和光电式电子点火系统。

### 1 磁感应式电子点火系统

磁感应式电子点火系统又称为磁脉冲式电子点火系统，由磁感应式分电器（内装磁感应式点火信号发生器）、点火控制器、专用点火线圈、火花塞等部件组成，如图7-3所示。

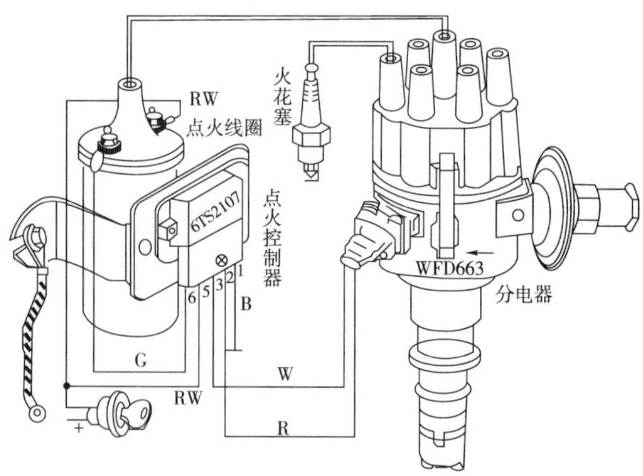


图7-3 磁感应式电子点火系统

（1）磁感应式点火信号发生器。磁感应式点火信号发生器的功用是产生信号电压，输出给点火控制器，通过点火控制器来控制点火系统的工作，其工作原理如图7-4所示。信号发生器在分电器内，主要由转子、感应线圈和永久磁铁等组成。

信号发生器的转子是由分电器轴带动的，转子上的凸齿数与发动机的汽缸数相等，转子每转过一个凸齿，感应线圈中的感应电动势正好变化一个周期，即转子每旋转90° 产生一个交变信号，转子每旋转一周，便产生4个交变信号；该信号输出给点火控制器，通过点火控制器来控制点火系统的工作。

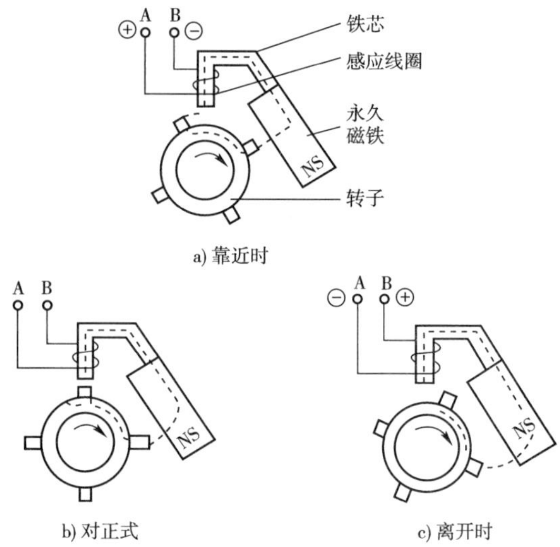


图7-4 磁感应信号发生器工作原理

（2）点火控制器。点火控制器也称为点火模块，其由整形电路、放大电路和开关电路集成而成，如图7-5所示，点火控制器起到了开关的作用，控制点火系统初级电路的通断。

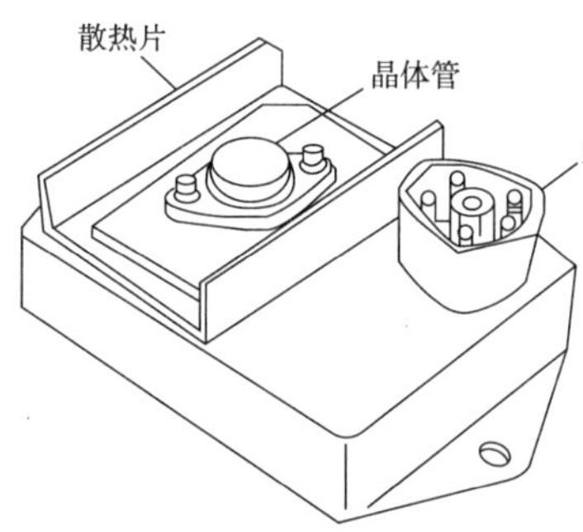


图7-5 点火控制器

### 2 霍尔式电子点火系统

霍尔式点火系统利用霍尔元件的霍效应产生点火信号，通过点火控制器控制点火线圈的通、断。霍尔式点火系统由分电器、霍尔点火信号发生器、点火控制器、高能点火线圈、高压线、火花塞等组成，如图7-6所示。

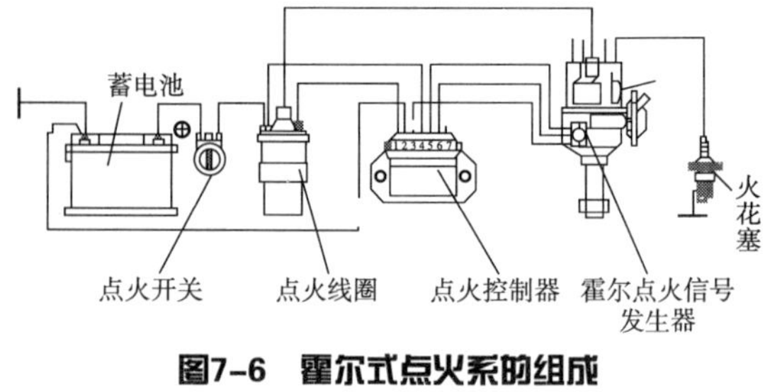


图7-6 霍尔式点火系的组成

霍尔式点火信号传感器结构如图7-7所示。发动机每完成一个工作循环，曲轴转两周，分电器轴及触发叶轮转一周，霍尔元件被交替地隔磁4次，因而随之产生4次霍尔电压。由于霍尔元件产生的霍尔电压为毫伏级，因此霍尔点火信号发生器输出的信号电压是把微弱的霍尔电压经放大、脉冲整形、变换后以矩形脉冲输出的电压。放大及转换信号由霍尔集成电路来完成。

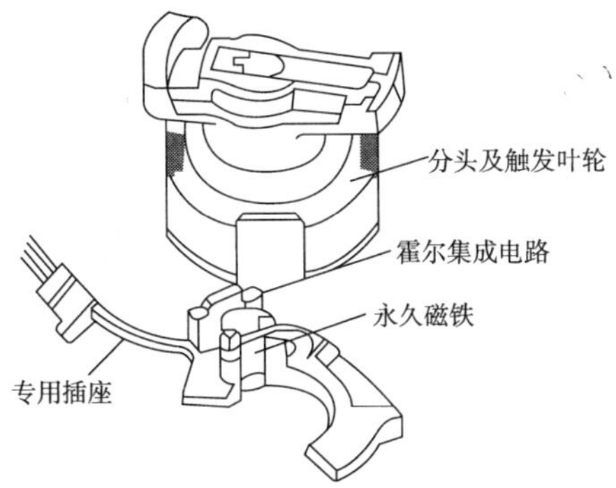


图7-7 霍尔信号发生器的结构

### 3 光电式电子点火系统

光电式点火系统如图7-8所示。在分电器内装有遮光盘、光触发器和放大器。

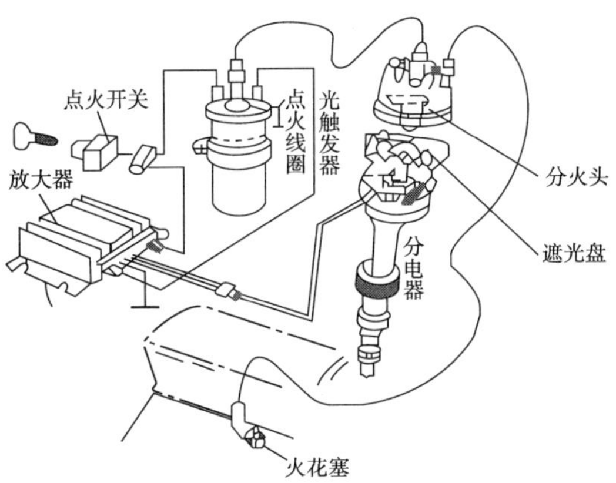


图7-8 光电式点火系统的组成

光电式点火系统的核心元件是光电式信号发生器，主要由光源（发光二极管）、光接收器（光敏三极管）和遮光盘3部分构成，如图7-9所示。

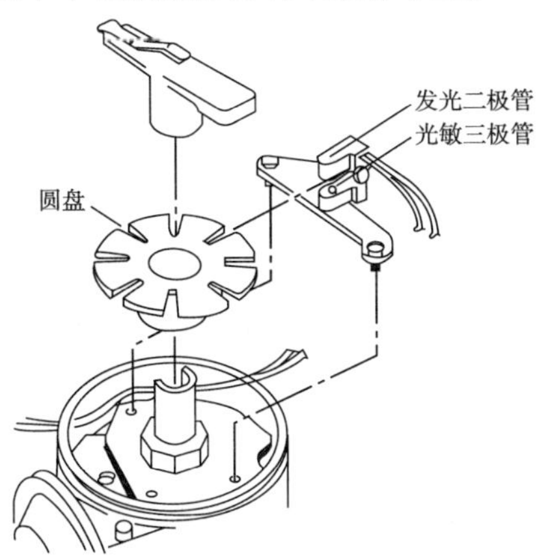


图7-9 光电式信号发生器的结构

其工作原理为：使用一发光二极管（LED）及一感光的光敏三极管以产生电压信号。信号转子为一有槽的圆盘，随分电器轴旋转，当槽对正信号发生器时，LED的光束触及光敏三极管，使其产生电压送出信号；遮光时无信号产生，如图7-10所示。

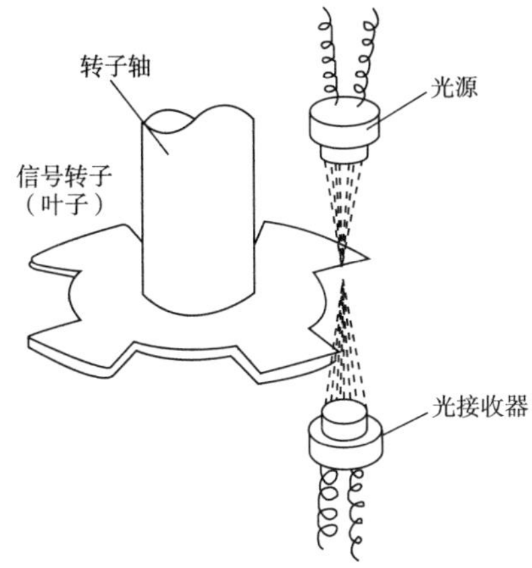


图7-10 光电传感器工作原理示意图

## 三、计算机控制点火系统

现代汽车电控燃油喷射式发动机均已采用微型计算机控制点火系统（ESA），与电子点火系统不同之处为利用微型计算机接收各传感器信号（主要为曲轴位置传感器或凸轮轴位置传感器信号），以进行点火正时、点火提前及发动机在各种运转状况时的点火时间修正。

计算机控制点火系统的组成示意图如图7-11所示，ECU接收曲轴位置传感器、空气流量计、冷却液温度传感器等的信号，以进行点火时间的控制与修正。计算机控制点火系统各部分的功用见表7-1。

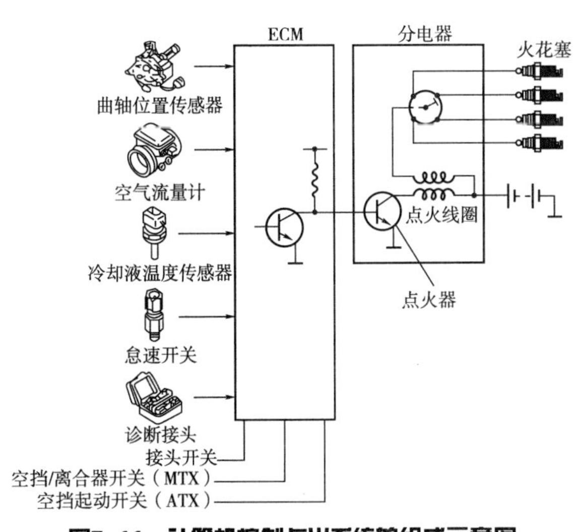


图7-11 计算机控制点火系统的组成示意图

计算机控制点火系统的组成及功用　　表7-1

| 组成 | | 功能 |
|---|---|---|
| 传感器 | 空气流量计 | 检测进气量（负荷）信号输入ECU，点火系统的主控制信号 |
| | 进气歧管绝对压力传感器 | |
| | 曲轴位置传感器 | 检测曲轴转角（转速）信号输入ECU，点火系统的主控制信号 |
| | 凸轮轴位置传感器 | 检测凸轮轴转角信号输入ECU，点火系统的主控制信号 |
| | 节气门位置传感器 | 检测节气门开度信号输入ECU，点火系统的主控制信号 |
| | 冷却液温度传感器 | 检测冷却液温度信号输入ECU，点火系统的主控制信号 |
| | 启动开关 | 向ECU输入发动机正在气动中的信号，点火提前角的修正信号 |
| | 空调开关（A/C） | 向ECU输入空调的工作信号，点火提前角的修正信号 |
| | 进气温度传感器 | 检测进气温度信号输入ECU，点火提前角的修正信号 |
| | 空挡起动开关 | 检测自动变速器P挡或N挡信号输入ECU，点火提前角的修正信号 |
| | 爆震传感器 | 检测发动机的爆震信号输入ECU，点火提前角的修正信号 |
| | 发动机负荷信号 | 检测发动机的负荷信号输入ECU，点火提前角的修正信号 |
| 执行器 | 点火控制器 | 根据ECU输出的点火控制信号控制点火线圈初级电路的通断，产生次级高压，同时，向ECU反馈点火确认信号 |
| | ECU | 根据各传感器输入的信号，计算出最佳的点火提前角，并将点火控制信号输送给点火控制器 |

# 第二节　常见维修项目

## 任　务　检查、清洁或更换火花塞

### 一、技术标准与要求

（1）安装与1ZR型发动机配套使用的火花塞。

（2）1ZR型发动机火花塞检查、更换的时间和行使里程规定：

10000km或半年（无TWC车辆）检查一次；40000km或2辆更换一次。

火花塞检查、更换间隔周期，因车型而异，请参阅该车型的维修手册。

（3）1ZR型发动机旧火花塞中心电极和侧电极的间隙值极限为1.3mm；新火花塞中心电极和侧电极的间隙值极限为1.0～1.1mm。

（4）1ZR型发动机火花塞的紧固力矩为20N·m。

（5）1ZR型发动机火花塞中心电极与壳体间绝缘电阻值为10MΩ以上。

### 二、实训时间：30min

### 三、实训教学目标

（1）了解检查、清洁或更换火花塞的重要性。

（2）熟悉火花塞的结构和类型。

（3）掌握检查、清洁或更换火花塞的操作技能。

### 四、实训器材

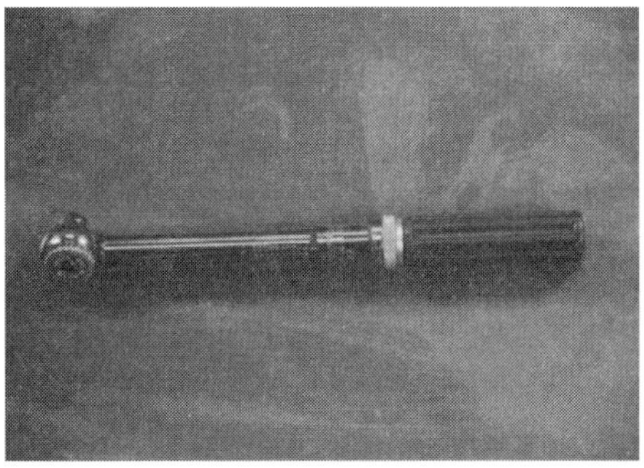

预紧力扳手

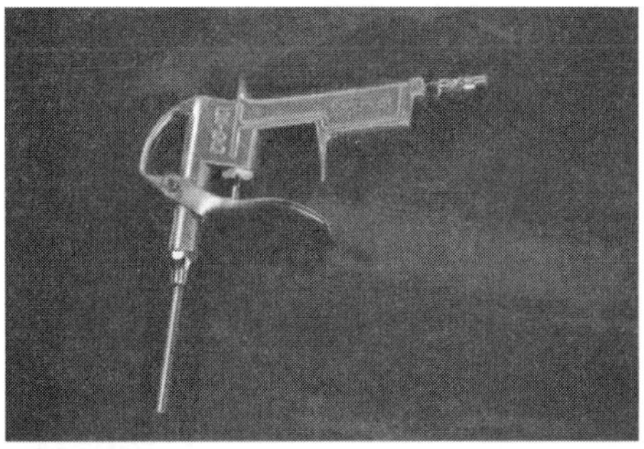

吹气枪

厚薄规

其他工具及器材：丰田卡罗拉型轿车，接杆、棘轮扳手。

## 五、教学组织

（1）教学组织形式：

每辆车安排4名学生实训，两名学生一组。一组操作，一组观察学习。

（2）学生站位分工要求：

两名学生一组，按照1号、2号进行编号。1号为主，2号为辅助。

（3）实训教师职责：

讲解操作步骤和注意事项；下达“操作开始”口令；工位间巡视、检查、指导和纠正错误。

（4）学生职责变换：

两名学生实行职责变换制度，即第一遍1号为主，2号辅助；第二遍2号为主，1号辅助。

## 六、操作步骤

### 第一步　事前准备

1　车辆进入工位前，参训学生将工位卫生清理干净，排除障碍物，准备好相关的工具、物品等。

提示：培养良好的工作习惯，做好事前准备，有利于安全操作和提高工作效率。

2　将车辆停驻在举升机平台的中央位置。

提示：车辆停驻于举升机平台的中央位置，为车辆的安全举升做好准备。

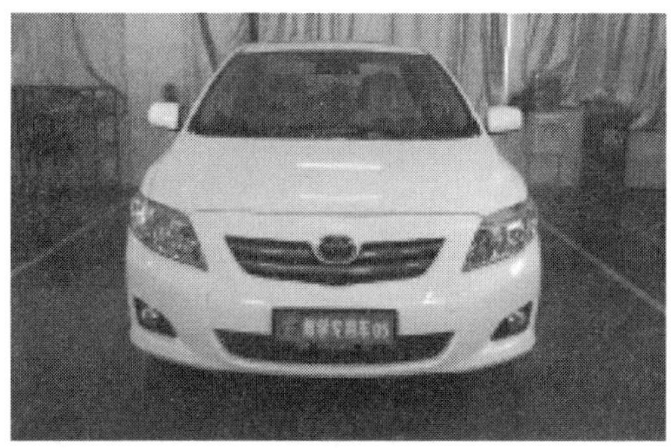

3　1号打开门锁。

提示：用遥控钥匙打开电动门锁，为进入驾驶室操作做好准备。

4　1号和2号共同安装车轮挡块。

提示：为保证车辆在工位上可靠停驻，防止出现溜滑，造成安全事故，要安装车轮挡块。

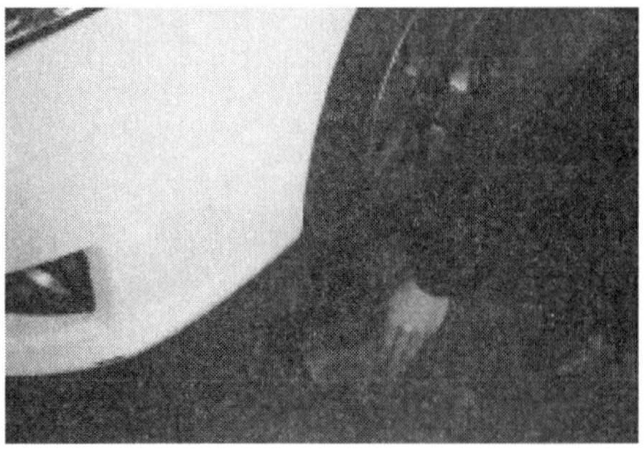

5　2号安装尾气收集管。

**提示：**为防止尾气污染环境，保护人体健康，要安装尾气收集管。

6　2号打开车门。

**提示：**左手拉车门把手打开车门，带好三件套，准备进入车辆。

7　2号工位拉起发动机罩释放杆。

**提示：**拉起发动机罩释放杆时，用力不要过猛，否则容易导致释放杆盖损坏。

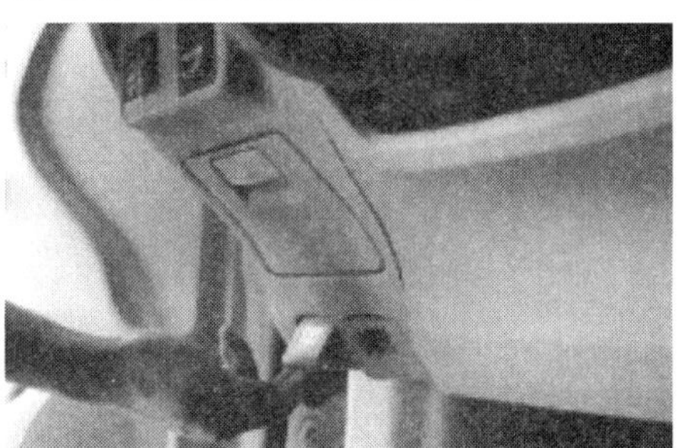

8　2号安装地板垫。

**提示：**铺设地板垫的主要目的是便于清除维修人员带入驾驶室内的脏物与杂物，保持驾驶室内地板清洁。

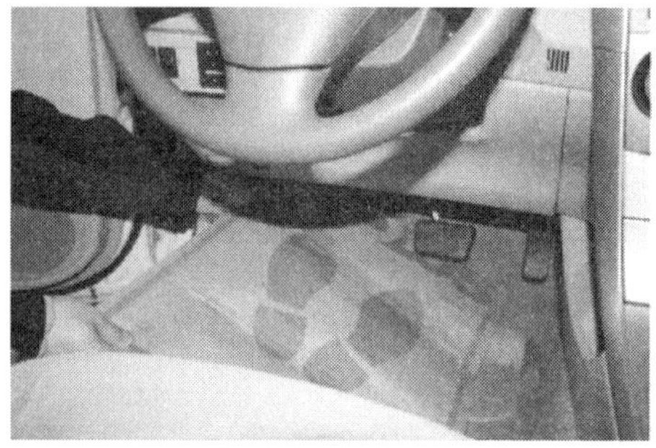

9　2号安装座椅套。

**提示：**安装座椅套时，用力要均匀，拉齐座椅套，使之整齐、美观。

10　2号安装转向盘套。

**提示：**转向盘套是由薄塑料制成的，极易破损。安装转向盘套时，不要生拉硬拽，否则会造成转向盘套破损。

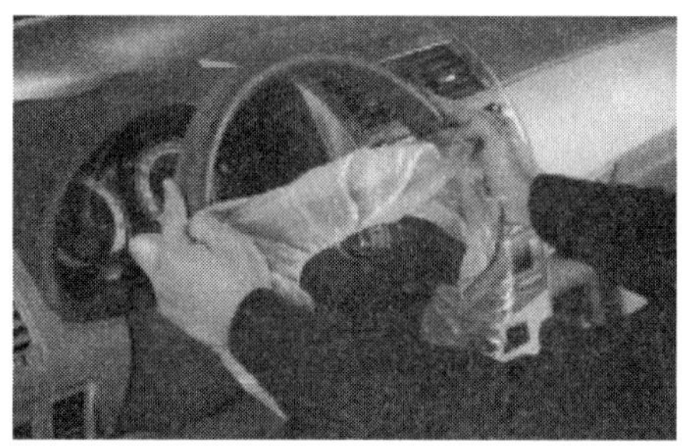

11　2号将点火开关旋至“ON”,打开主驾驶侧电动车窗。

**提示：**打开主驾驶侧电动车窗，是为了车内通风以及当钥匙掉在车里时可以打开车门。

12　2号将变速杆置于P挡。

**提示：**发动机带挡操作属于违规操作，危险性极大。因此，发动机起动前应将变速杆置于P挡。

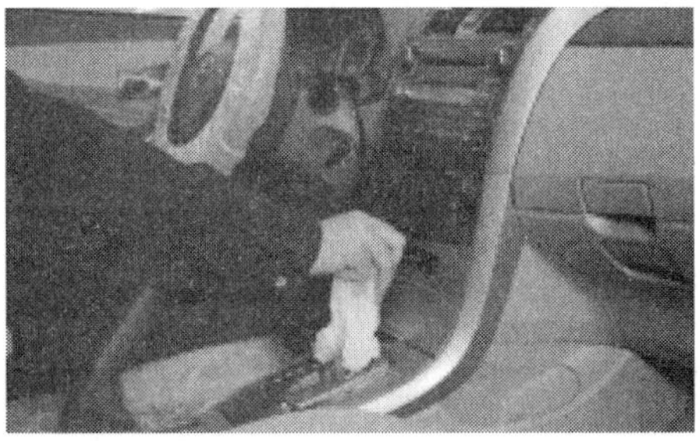

13　2号拉紧驻车制动杆。

提示：为保证车辆在工位上的可靠停驻，防止出现溜滑，造成安全事故，因此，要拉紧驻车制动杆。

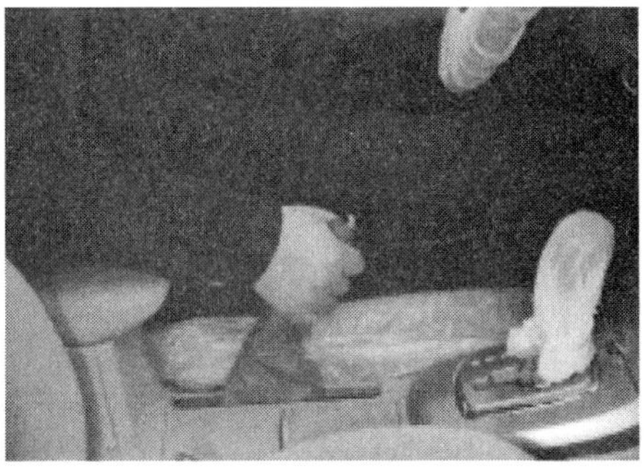

## 第二步　预热发动机

1　2号进入驾驶室，横向摆动变速杆挡位，确认其处于空挡位置。

提示：发动机起动之前，应将变速杆置于N挡或P挡位置。

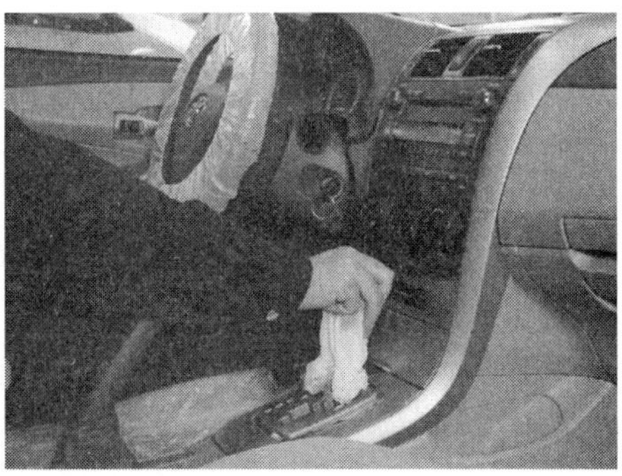

2　1号检查冷却液液面。

提示：如果储液罐中的冷却液液位在“FULL”和“LOW”之间，则冷却液液位是合适的。如果液位低，须加注冷却液。

3　1号检查发动机机油液位。

提示：如果机油标尺上的机油液位在3/4之间，则机油液位是合适的。如果液位低，须加机油。

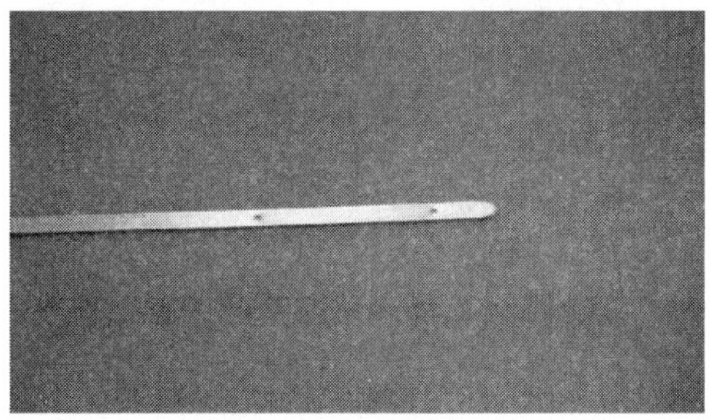

4　2号打开点火开关，起动发动机并保持怠速运转3～5min。其间观察水温表指示数值的变化，当水温达到60～70℃时关闭点火开关，停止发动机运转。

提示：

（1）提高发动机温度使冷却液黏度变小，有利于发动机内的冷却液排放彻底。

（2）起动发动机时，1号、2号配合口令是“起动”和“正常”。注意发动机起动器安全确认。

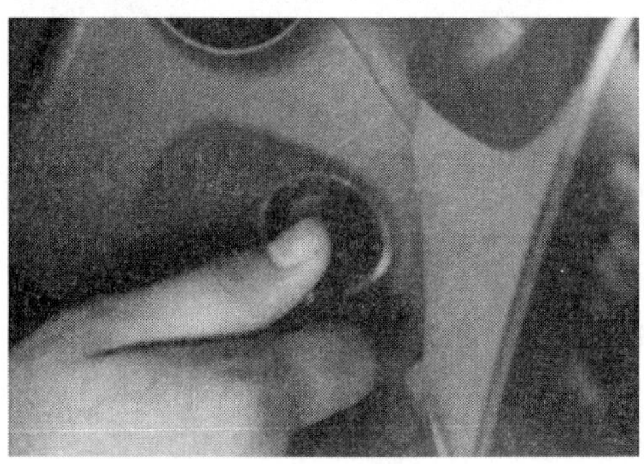

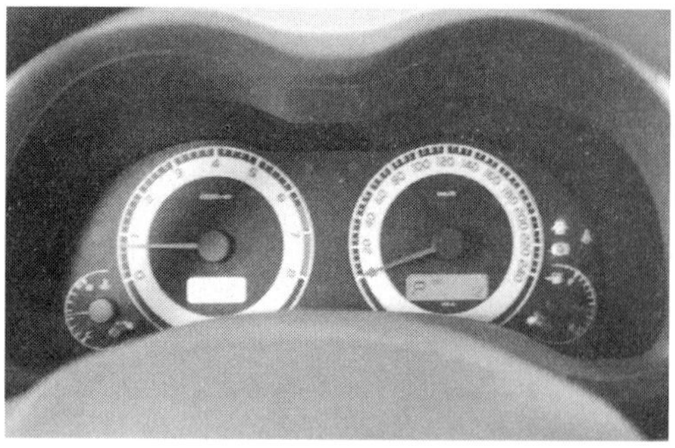

### 第三步　拆卸发动机装饰罩

1　1号用手取下空气滤清器附近的装饰板。

提示：装饰板是由橡胶材料制成的，通过卡孔、承座与车身上的销轴、空调系统中的储液干燥器相配合。取下装饰板时，双手握住装饰板的前后端，同时用力但不要过猛，防止折断。

2　1号将装饰板传递给2号。

3　2号将装饰板摆放在零件车上。

### 第四步　清洁发动机上部

1　2号将吹气枪传递给1号。

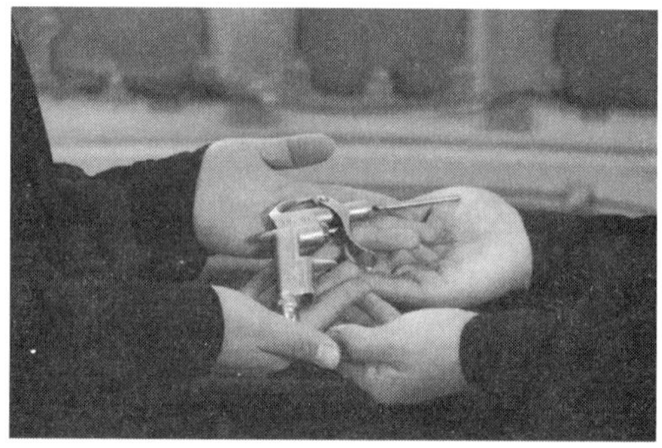

2　1号使用吹气枪将发动机上部的尘埃等杂物清理干净。

提示：将发动机上部的尘土、杂物清理干净，是规范操作的基本要求。

### 第五步　拔下各缸喷油器插头

1号拔下各缸喷油器电插头。

提示：

（1）拔下电插头时，拇指和食指按压卡片，同时用力向上拔即可。禁止使用螺丝刀等类似器具撬动，以免损坏电插头。

（2）拔下喷油器电插头的主要目的是在检测发动机汽缸压力的过程中，禁止喷油器向汽缸内喷射燃油，导致燃油浪费和冲刷汽缸壁。

（3）取下电器元件的电插头时要保持点火开

关关闭状态。

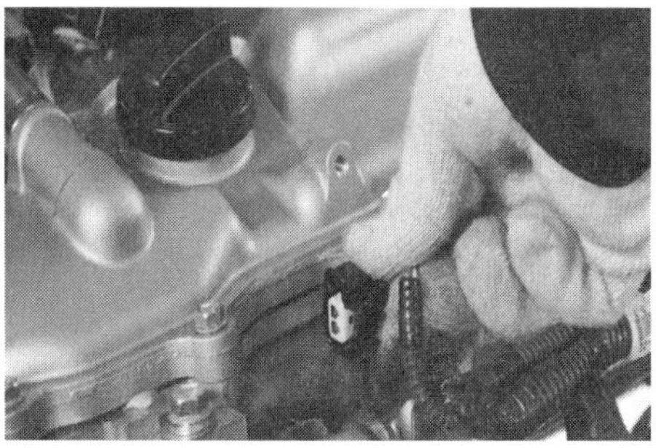

### 第六步 拆卸点火线圈

1 1号拔下安装在点火线圈上的插头。

提示：

（1）点火线圈根据发动机控制单元ECU进行点火并产生高压电。

（2）插头与插脚间配合较紧，拔出插头时较为困难，要先用手压下限位器，然后用力向外拉。严禁使用器具别撬或外拉时摇晃插头，容易导致空气流量传感器和插头的损坏。

2 2号将10#扳手传递给1号。

3 1号使用10#扳手拆下点火线圈。

4 1号取下点火线圈

提示：取下时应做好顺序标记。

5 点火线圈放到零件车上。

提示：应将点火线圈零件排放整齐。

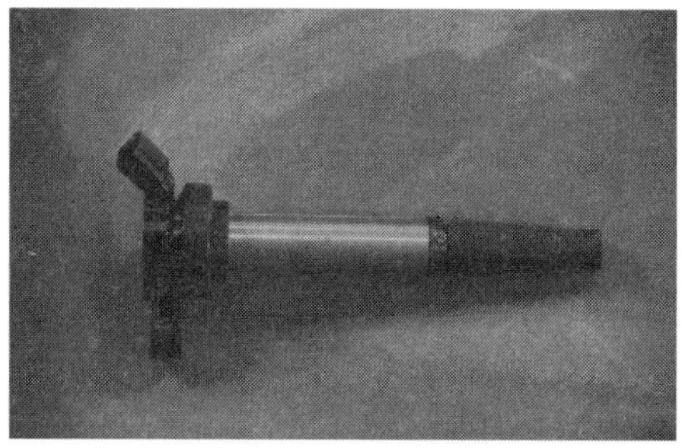

### 第七步 拆卸火花塞

1 2号将火花塞拆装扳手传递给1号。

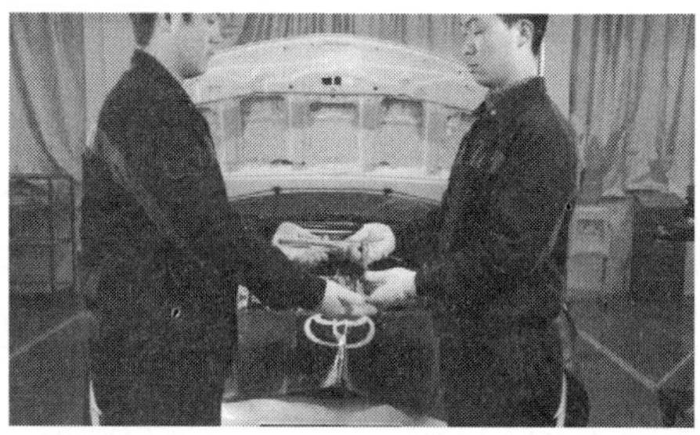

2 1号使用火花塞拆装套筒套装于火花塞的外壳螺方上。

提示：将扳手套装在火花塞上时，要保证套筒和火花塞螺方对正，同时注意工具不要碰伤喷油器的电插头。

3 1号使用火花塞拆装扳手旋松火花塞。

提示：注意旋松火花塞时工具的用力方向，防止损伤螺纹孔中的螺纹。一旦损伤，则更换汽缸盖。

4　1号使用手旋松火花塞。

提示：为防止滑牙，必须用手拧松，培养手感。

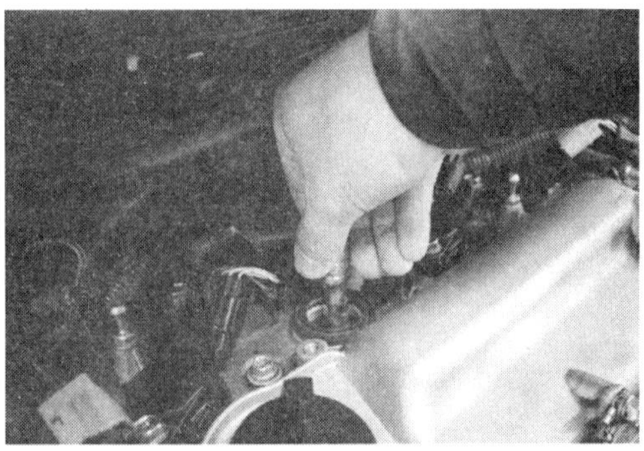

5　1号依次取出各缸火花塞并传递给1号。

提示：火花塞扳手的套筒内有橡胶套，用于固定火花塞，便于火花塞带出或放入承孔。

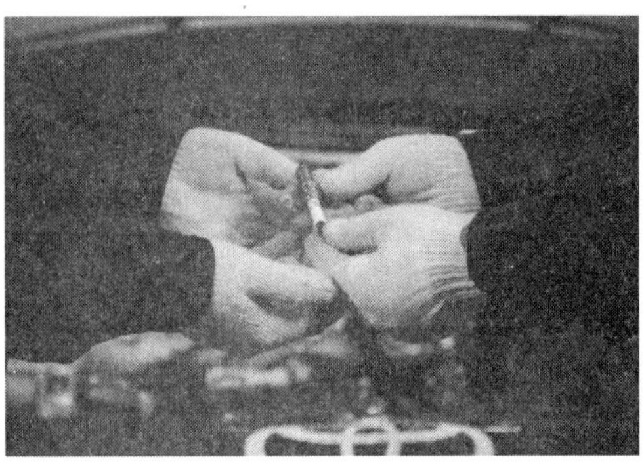

6　将拆下的4个缸的火花塞和点火线圈放到零件车上。

提示：应将点火线圈零件排放整齐。

### 第八步　辨别火花塞电极颜色

1号目视检查火花塞电极的烧蚀情况，并观察火花塞电极的色泽。

提示：火花塞电极的色泽，在一定程度上说明了发动机汽缸内气体的燃烧状况。如电极为灰白色，说明缸内气体燃烧良好；电极为碳黑色，说明缸内气体燃烧状况差，电极上黏附有积碳，说明发动机有烧机油现象存在。

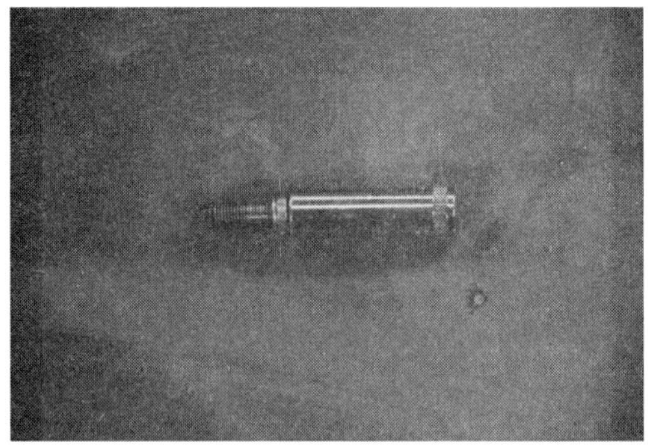

### 第九步　清洁火花塞

1　1号使用铜丝刷清除火花塞中心电极和侧电极上附着的积碳等污物。

提示：

（1）火花塞电极上的积碳等污物，在发动机工作时，会变成炽热物，容易引发混合气的异常燃烧现象——早燃，该现象对发动机的机件损伤严重，并且影响到发动机的正常使用性能。

（2）火花塞电极上的污物常用的清理方法有两种：用铜丝刷或细纱布；专用火花塞积碳清洗仪。

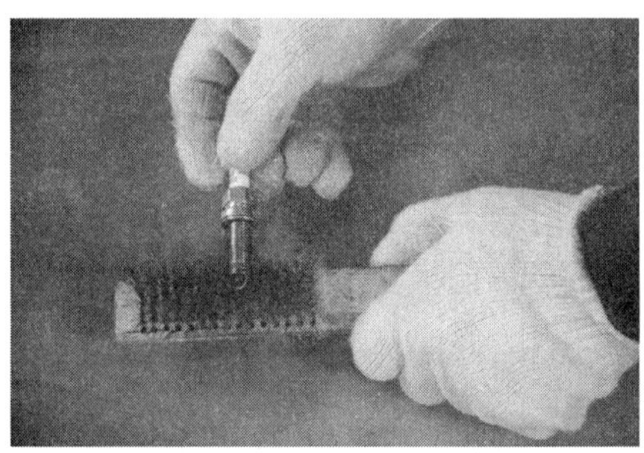

2　1号使用铂金砂条清理电极间的积碳等污物。

提示：电极间的积碳会降低高压电火花的击穿能量，使点火性能下降，降低发动机的起动性能、影响到发动机的动力性和经济性。另外，应分析火花塞产生积碳的原因。

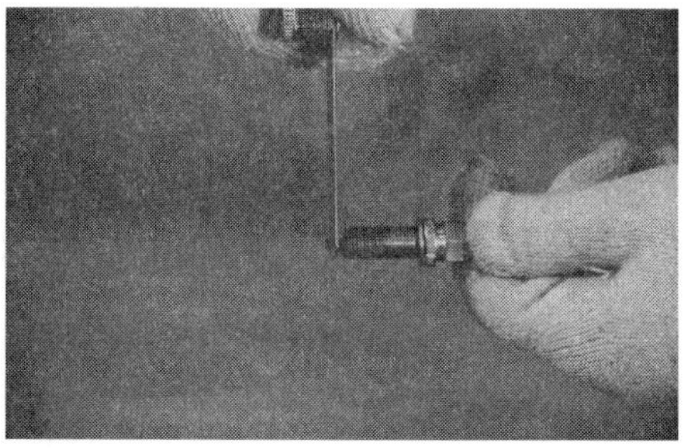

### 第十步　测量、调整火花塞电极间隙

1　1号使用厚薄规测量中央电极和侧电极之间的间隙值。

提示：使用厚薄规进行电极间隙测量时，选择的规片厚度要适当，以轻轻拉动规片感觉稍有阻力为宜，然后读取规片厚度值，即电极间隙值。

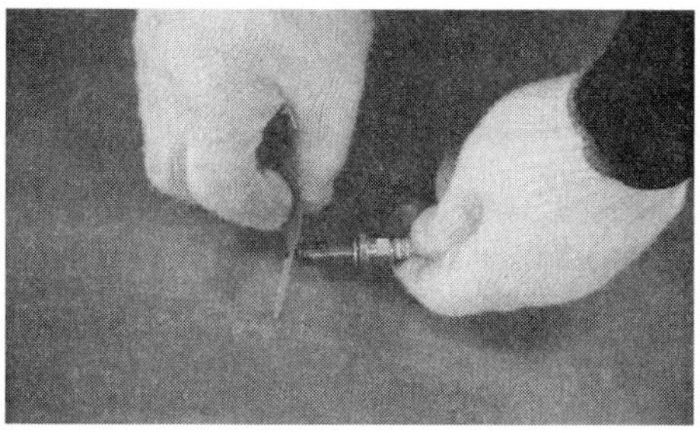

2　1号将火花塞电极间隙调整到规定值。

提示：

（1）调整火花塞电极间隙时，如条件允许使用专用调整工具，或使用尖嘴钳进行调整。有些类型的火化塞不需要调整电机间隙，只需定期更换，如铂金头火花塞、铱金头火花塞等。

（2）发动机用火花塞的电极间的间隙值为：1.0～1.1mm。若间隙过大，需要放电电压高；若间隙过小，需要放电电压低。以上两种情况说明，电极间隙过大或过小均会影响发动机的点火性能。

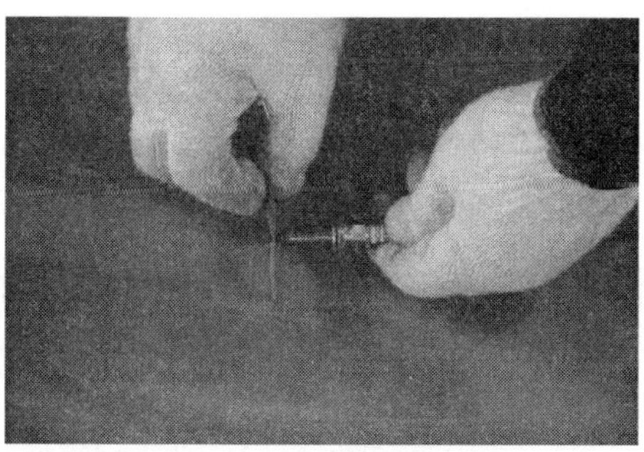

### 第十一步　检查点火线圈

检查点火线圈。

提示：火花塞套管、螺栓盖、连接弹簧无损坏，否则更换。

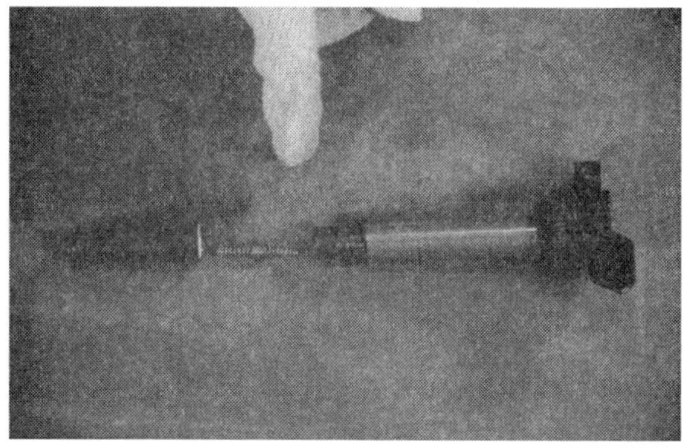

### 第十二步　安装火花塞

1　2号将火花塞拆装扳手传递给1号。

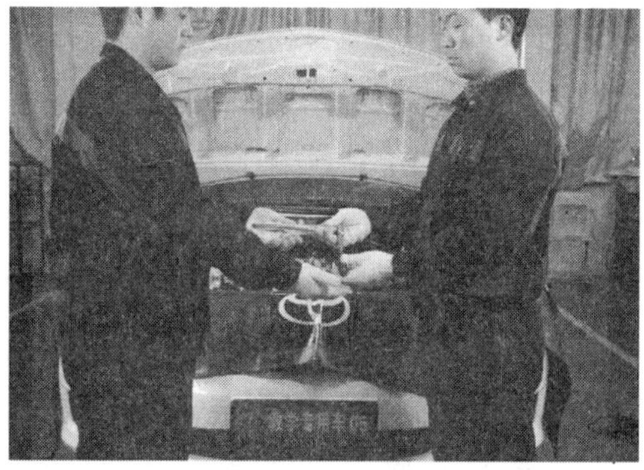

2　1号使用火花塞拆装套筒套装于火花塞的外壳螺方上。

提示：火花塞的检查不再赘述。

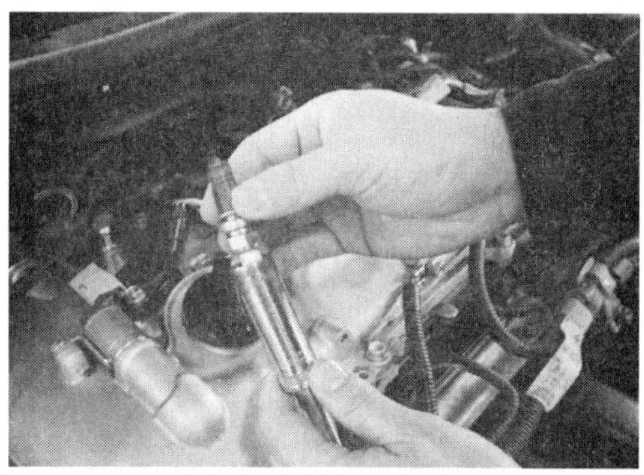

3　1号使用手旋紧火花塞。

提示：安装火花塞时，其螺纹是否对正，完全依靠经验或感觉，这一点应在实践中去体会。

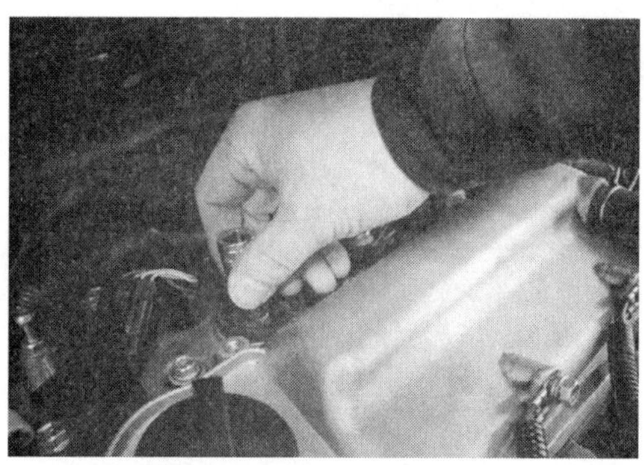

4　2号将预紧力扳手传递给1号。

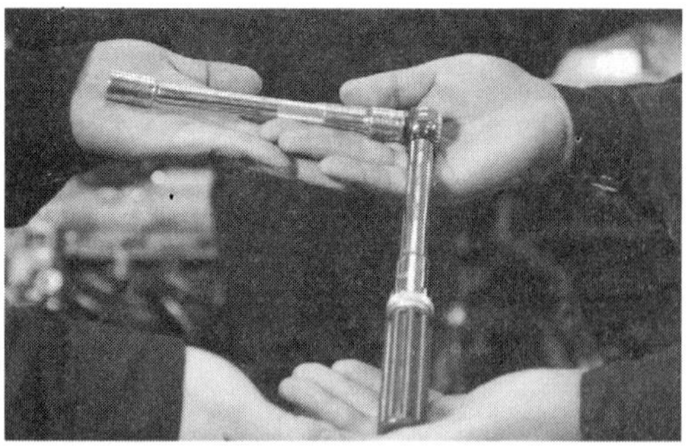

5　用紧力扳手按规定力矩拧紧火花塞。

提示：火花塞拧紧力矩为20N·m。

### 第十三步　安装点火线圈

1　2号将点火线圈传递给1号。

2　1号安装点火线圈。

提示：安装时注意方向。

3　2号将10#扳手传递给1号。

4　1号使用10#扳手拧紧点火线圈

提示：点火线圈拧紧力矩为10N·m。

5　连接点火线圈插头。

提示：点火线圈根据发动机控制单元ECU进行点火并产生高压电。

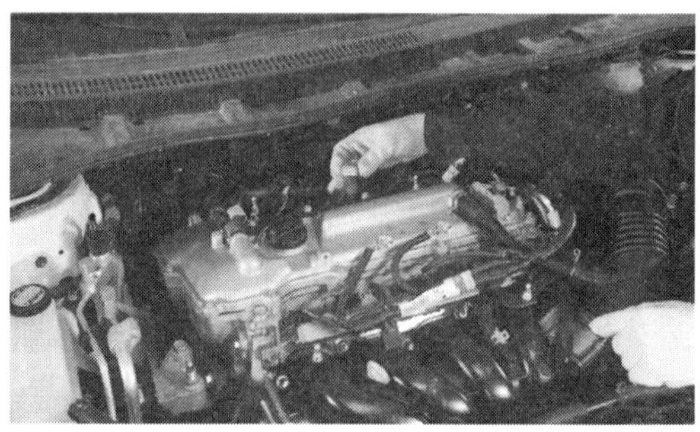

### 第十四步　连接各缸喷油器插头

1号连接各缸喷油器电插头。

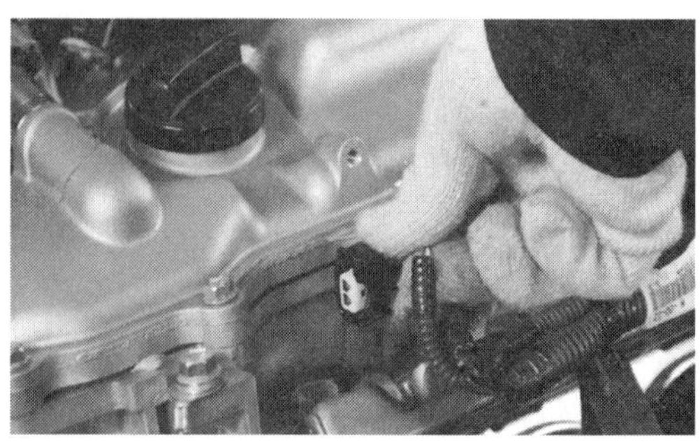

### 第十五步　安装发动机装饰罩

1　2号将装饰板传递给1号。

2　1号将装饰板安装到车身上。

提示：装饰板是由橡胶材料制成的，通过卡孔、承座与车身上的销轴、空调系统中的储液干燥器相配合。安装装饰板时，双手握住装饰板的前后端，同时用力但不要过猛，防止折断。

### 第十六步　整理工位

1号、2号共同拆除护裙，关闭发动机舱盖，擦拭摆放工具，处理废弃物，清洁地面卫生。

提示：作业项目完成后，要搞好工位的清洁、清理、清扫、整理和整顿工作，培养良好的工作习惯。

## 七、考核标准

考核标准表

| 考核时间 | 序　号 | 考核项目 | 满　分 | 评分标准 | 得　分 |
|---|---|---|---|---|---|
| 30min | 1 | 打开并支撑机舱盖 | 3 | 操作不当扣3分 | |
| | 2 | 安装汽车保护罩 | 3 | 操作不当酌情扣分 | |
| | 3 | 检查驻车制动器 | 3 | 检查遗漏扣3分 | |
| | 4 | 检查变速器挡位 | 3 | 检查遗漏扣3分 | |
| | 5 | 报发动机水温 | 3 | 报告错误扣3分 | |
| | 6 | 拆卸发动机装饰罩 | 4 | 操作不当扣4分 | |
| | 7 | 清洁发动机上部 | 3 | 清洁遗漏扣3分 | |
| | 8 | 拆下喷油器电插头 | 5 | 操作不当扣5分 | |
| | 9 | 拆下点火线圈 | 5 | 操作不当扣5分 | |
| | 10 | 拆卸火花塞 | 6 | 操作不当扣6分 | |
| | 11 | 清洁火花塞积碳 | 7 | 操作不当扣7分 | |
| | 12 | 测量电极间隙 | 5 | 报告错误扣5分 | |
| | 13 | 调整电极间隙 | 4 | 操作不当扣4分 | |
| | 14 | 测量电极间隙 | 5 | 操作不当扣5分 | |
| | 15 | 调整电极间隙 | 4 | 操作不当扣4分 | |
| | 16 | 检查火花塞密封垫圈 | 3 | 操作不当扣3分 | |
| | 17 | 检查点火线圈 | 4 | 操作不当扣4分 | |
| | 18 | 安装火花塞 | 6 | 操作不当扣6分 | |
| | 19 | 安装点火线圈 | 6 | 操作不当扣6分 | |
| | 20 | 确认点火线圈的顺序 | 5 | 操作不当扣5分 | |
| | 21 | 安装喷油器电插头 | 6 | 操作不当扣6分 | |
| | 22 | 安装发动机装饰罩 | 4 | 操作不当扣4分 | |
| | 23 | 作业后整理工位 | 4 | 整理遗漏扣4分 | |
| | 24 | 遵守相关安全规范 | 因违规操作造成人身伤害和设备事故的，总分按0分计 | | |
| 分数合计 | | | 100 | | |

# 第八章 冷却系统

## 第一节 需 用 知 识

### 一、冷却系统功用和组成

发动机冷却系统的功用就是使工作中的发动机得到适度的冷却，从而保持发动机在最适宜的温度范围内工作。另外，冷却系统还为暖风系统提供热源。现代汽车多采用封闭式强制循环水冷却系统，即用水泵强制地使冷却水在冷却系统中进行循环流动，使发动机中高温零件的热量先传给冷却液，然后散发到大气中。水冷却系统由水泵、散热器、节温器、冷却风扇、风扇控制机构、水套、膨胀水箱、温度指示器及报警灯等组成。图8-1为桑塔纳2000GSi轿车AJR发动机冷却系统布置图。

发动机工作时，水泵将冷却液压入发动机汽缸体水套，然后流入汽缸盖水套吸收机体的热量。此后冷却液分两路循环（图8-2），一路为大循环，即冷却液流经散热器冷却后，进入装在机体水泵进口处的节温器，流向水泵进水口；另一路为小循环，即冷却液直接进入节温器后的水泵进水口，不经散热器冷却。当冷却液的温度低于85℃时，进行小循环；当冷却液高于85℃时，部分冷却液进行大循环；当冷却液温度达到（102±3）℃时，流经散热器的冷却液全都参加大循环，而小循环是常开的，这样可使冷却系统的温度提高到一个较高的水平，改善发动机的热效率，同时可以确保冷却系统始终有冷却液在循环，保持发动机在最佳温度下工作。

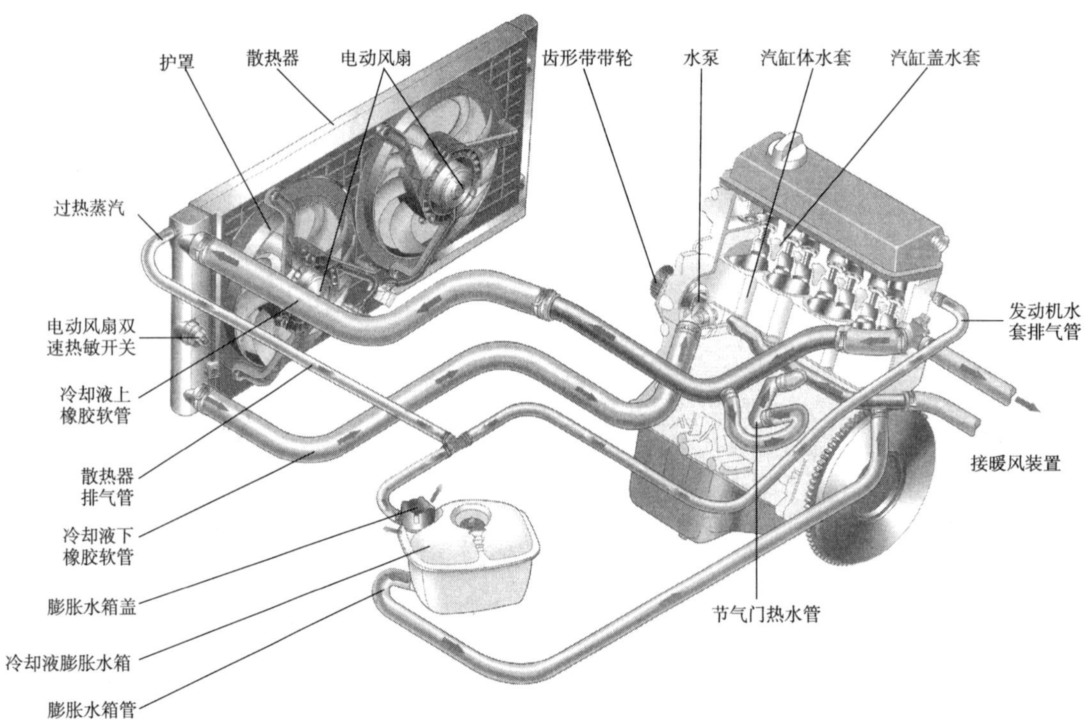


**图8-1 桑塔纳2000GSi轿车AJR发动机冷却系统布置图**

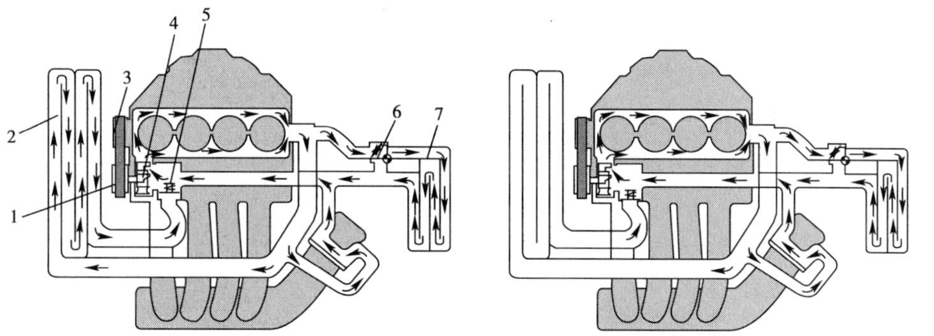


a) 冷却系统的大循环示意图　　a) 冷却系统的小循环示意图

**图8-2 冷却系统的循环示意图**

为了提高燃油雾化程度，利用冷却液的热量对进入进气歧管内的混合气进行预热，车上的暖风装置利用冷却液带出的热量来达到取暖目的。当需要取暖时，打开暖气控制阀，从汽缸体水套流出的部分冷却液可流入暖风热交换器供暖，随后流回水泵。

## 二、冷却液

冷却液是发动机冷却系统中最重要的工作介质，汽车常用的冷却液有水及加有防冻剂的防冻冷却液。

### 1 水冷却液

水冷却液是指直接用水作冷却液，它具有简单、方便的优点。但是，水沸点低、易蒸发，需经常添加。冷却水最好选用软水，即含盐分少的水，如雨水、雪水、自来水等。否则，易在水套内形成水垢，从而降低汽缸盖和汽缸体的传热性能，使发动机过热。水在严寒冬季易结冰，过夜必须放水，否则会因为结冰时体积膨胀，造成胀裂汽缸体、汽缸盖的严重事故。

### 2 防冻冷却液

防冻冷却液主要由防冻剂与水按一定比例混合而成，最常用的防冻剂是乙二醇，乙二醇可降低冰点和提高沸点。冷却液中水与乙二醇的比例不同，其冰点也不同（表8-1）。

有些车型使用的防冻冷却液中还加添有添加剂，添加剂可防止冷却液腐蚀、沉积（水垢）、形成泡沫和过热的作用。

乙二醇型防冻冷却液有不同的牌号，应按汽车使用说明书的规定要求选用和定期更换防冻冷却液（表8-2）。注意：不同牌号的防冻冷却液不可混用。

冷却液冰点与乙二醇质量分数的关系　表8-1

| 冷却液温度（℃） | 乙二醇的质量分数（%） | 水的质量分数（%） |
|---|---|---|
| -10 | 26.4 | 73.6 |
| -20 | 36.2 | 63.8 |
| -30 | 45.6 | 54.4 |
| -40 | 52.3 | 47.7 |
| -50 | 58.0 | 42.0 |
| -60 | 63.1 | 36.9 |

常见发动机冷却液更换周期　表8-2

| 发动机型号 | 冷却液牌号 | 容　量（L） | 更换周期 |
|---|---|---|---|
| 凯越（1.6L）发动机 |  | 7.2 | 每24万km或5年 |
| 卡罗拉（1.6L）发动机 | Toyota Super Life Coolant(丰田高级长效冷却液)或类似的优质乙二烯乙醇型冷却液 | 5.6（手动变速车型）或5.5（自动变速车型） | 每一次行驶16万km，然后每行驶8万km更换一次 |
| 桑塔纳2000GSiAJR发动机 | NO52 774 BO或改进型冷却液NO52 774 CO | 6.0 | 行驶6万km或两年 |

注：行驶里程和年数，以先达到者为准。

### 3 环保和安全注意事项

（1）环境保护。

①冷却液属于对水有轻微污染的物质，因此不允许将冷却液排入地表水域和下水道，作业时只能在防渗的地面上进行。

②废弃的冷却液必须单独盛装，并妥善保管和回收利用。

③沾上冷却液的物品，不得作为生活垃圾处理。

（2）安全措施。

①冷却液对人皮肤有损害，作业时应戴上个人防护装备。

②沾上冷却液的衣服或鞋子，必须立即更换。

③皮肤接触到冷却液，立即用肥皂水彻底冲洗。

④眼睛接触到冷却液，应产即用清水冲洗。

⑤吸入冷却液后，立即大量饮水，并尽快就医。

## 三、冷却系统主要部件的构造

### 1 水泵

水泵的作用是对冷却液加压，强制冷却液在冷却系统中循环流动。现代汽车通常采用离心式水泵。水泵一般在机体外安装，与风扇同轴驱动；也有装在机体内（内藏式）单独驱动的。

离心式水泵主要由壳体、叶轮、泵盖板、水泵轴、支承轴承、水封等组成，如图8-3a)所示。

如图8-3b)所示。当叶轮旋转时，水泵中的水被叶轮带动一起旋转，并在离心力作用下向叶轮边缘甩出，经与叶轮成切线方向的出水管压送到发动机的水套内。与此同时，叶轮中心处造成一定的负压而将水从进水管吸入，如此连续地作用，使冷却水在水路中不断地循环。

### 2 散热器

散热器的功用是使水套中出来的热水得到迅速冷却，以保持发动机的正常水温。散热器的主要组成为上储水室、下储水室、散热器芯（包括冷却管和散热带）和散热器盖等，如图8-4所示。

（1）上储水室和下储水室。上储水室顶部有加水口，平时用散热器盖盖住，并装有进水软管，与发动机上出水管相连。下储水室有出水管，用软管与水泵进水口相连。一般在下储水室中还装有放水阀。由发动机出水管流出的温度较高的热水进入上储水室，经散热器冷却管散热冷却后流入下储水室，由散热器出水管流出后被吸入水泵。

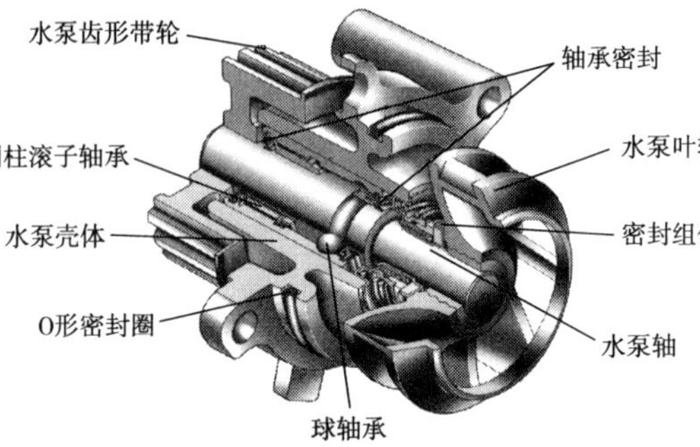

a) 水泵的结构

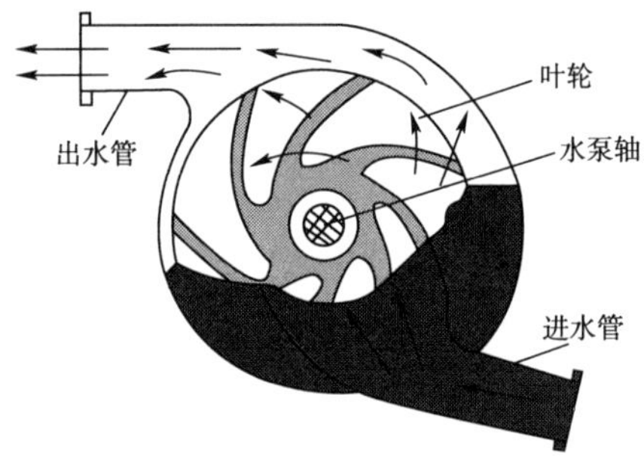

b) 离心式水泵工作原理

图8-3 水泵

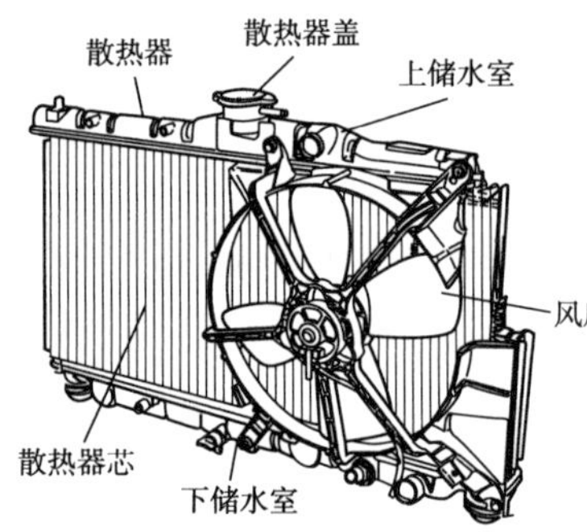

图8-4 散热器的组成

（2）散热器芯。散热器芯由许多扁圆形的冷却管和散热片组成。冷却管焊接在上、下储水室之间，作为冷却水的通道。空气吹过管的外表面，从而使管内流动的水得到冷却。冷却管周围布置了很多散热片，用来增加散热面积，同时增加整个散热器的刚度和强度。

（3）散热器盖。现代汽车发动机多采用封闭式水冷却系统，这种冷却系统的散热器盖装有一个空气阀和一个蒸汽阀，对冷却系统有密封加压作用。发动机处于正常热态时，阀门关闭，可将冷却系统与大气隔开，防止水蒸汽逸出，使系统内压力稍高于大气压力，从而可增高冷却水的沸点，保证发动机在较长时间及较高负荷下工作。如图8–5所示，当散热器中压力升高到一定压力时，蒸汽阀便开启，使水蒸汽从通气孔排出，以防热膨胀压坏散热器芯管；当水温降低，冷却系统中蒸汽凝结为水，散热器内形成一定真空时，空气阀开启，空气从通气孔进入冷却系统，避免压力差将散热器芯管压瘪。

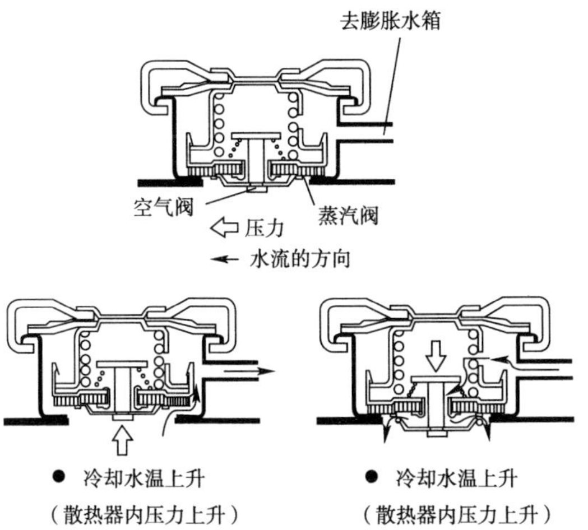


**图8–5 具有空气阀—蒸汽阀的散热器盖**

## ③膨胀水箱

加注防锈、防冻液的汽车发动机常采用膨胀水箱（图8–6）。发动机工作使冷却液温度升高并膨胀，使散热器内压力上升。当压力达到规定值以上时，让一部分冷却液流回膨胀水箱以保持散热器内压力。停车时，冷却液温度降低，散热器内压力下降，膨胀水箱内的冷却液受大气压的作用流回散热器。

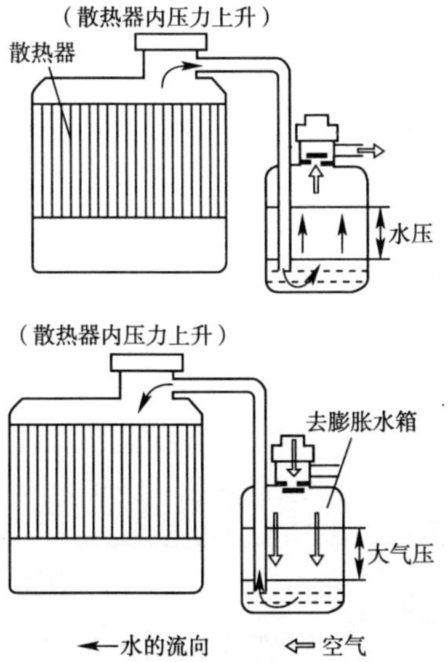


**图8–6 膨胀水箱**

膨胀水箱多用半透明材料（如塑料）制成，透过箱体可直接观察到冷却液的液面高度，无需打开散热器盖，冷却液的液面高度应在MAX与MIN之间（图8–7）。

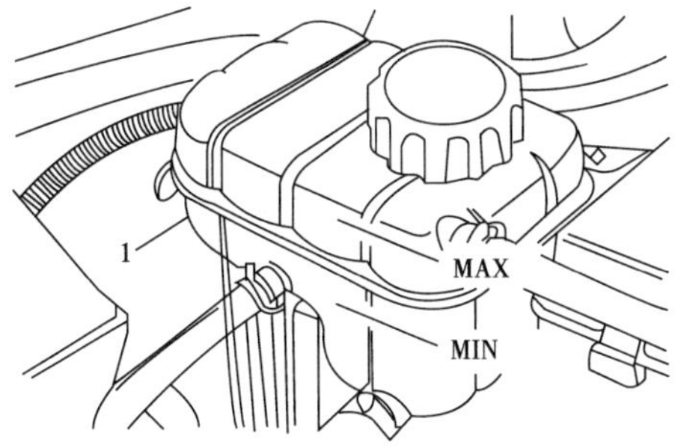


**图8–7 检查冷却液的液面高度**

## ④节温器

节温器安装在冷却水循环的通路中（一般安装在汽缸盖的出水口），根据发动机负荷的大小和水温的高低自动改变水的循环流动路线，以达到调节冷却系统冷却强度的目的。

汽车发动机广泛采用蜡式节温器（图8–8）。节温器推杆的一端固定于支架的中心处，另一端插入胶管的中心孔中。胶管与节温器外壳之间形成的腔体内装有精制石蜡。常温时，石蜡呈固态，阀门压在阀座上，这时阀门关闭了通往散热器的水路，来自发动机缸盖出水口的冷却水经水泵又流回汽缸体水套中进行小循环。当发动机水温升高时，石蜡逐渐变成液态，体积随之增大，迫使橡胶管收缩，从而对推杆上端头产生向上的推力。由于推杆上端固定，故推杆对橡胶管、感应体产生向下的反推力，阀门开启。当发动机水温达到规定温度以上时，阀门全开，来自汽缸盖出水口的冷却水流向散热器，进行大循环。

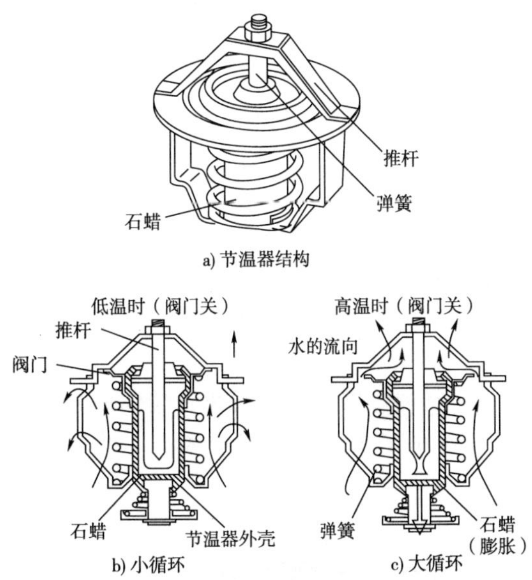


**图8–8 节温器**

### 5 冷却风扇

冷却风扇的功用是提高流经散热器的空气流速和流量，以增强散热器的散热能力并冷却发动机附件。冷却风扇多装在发动机与散热器之间，与水泵同轴驱动。这样，当风扇转动时，对空气产生轴向吸力，空气流从前到后通过散热器芯，从而使散热器芯中的冷却水加速冷却。

风扇的扇风量与风扇的直径、转速、叶片形状、叶片安装角度以及叶片数目有关，目前车用水冷发动机大多数采用轴流式风扇（图8–9）。

在轿车上大多采用电动冷却风扇（图8–10）。电动冷却风扇系统一般由电动冷却风扇温度传感器（水温开关）、风扇、电动机等组成。根据冷却水温度变化，使风扇断续工作，从而提高了整车的经济性能。另外，电动冷却风扇省去了风扇V带轮和发电机轴的驱动V带连接，风扇叶片尺寸和散热器等布置自由度大，具有能耗低，噪声小等优点。

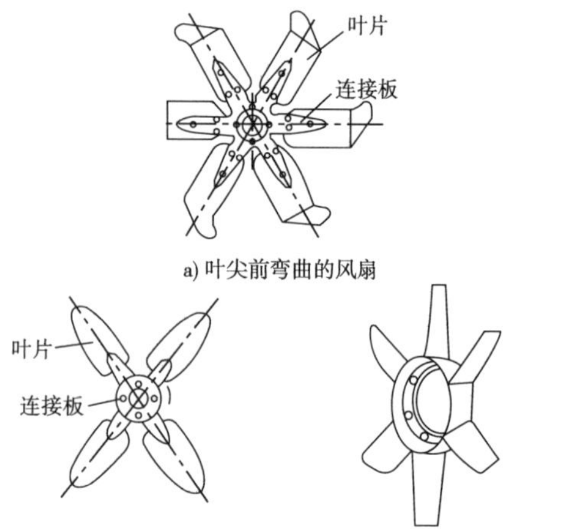

a) 叶尖前弯曲的风扇　b) 尖窄根宽的风扇　c) 尼龙压铸翼形叶片整体

图8–9　风扇形式

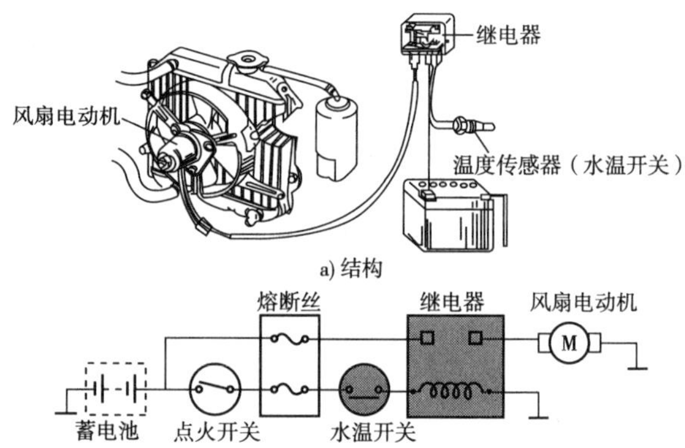

a) 结构　b) 电动机配线图

图8–10　电动风扇的结构

## 第二节　常见维修项目

### 任务一　检查和更换冷却液

#### 一、技术标准与要求

（1）车辆停驻在平坦地面上，常温下更换冷却液。

（2）冷却液的更换间隔为车辆行驶40000km或两年。

（3）冷却液的液位应位于膨胀箱的MIN和MAX刻度线之间。

（4）根据当地气温选配冷却液牌号，冷却液冰点要低于当地最低气温5℃以上。

（5）冷却液有毒，使用中严禁嘴吸和接触皮肤。若溅入眼中要立即用水冲洗，必要时到医院进行处理。

#### 二、实训时间：90min

#### 三、实训教学目标

（1）了解更换发动机冷却液的重要性。

（2）熟悉1ZR发动机冷却系统的组成和工作原理。

（3）熟悉发动机冷却液的各项指标。

（4）掌握更换发动机冷却液的操作要领。

#### 四、实训器材

丰田卡罗拉整车

举升机

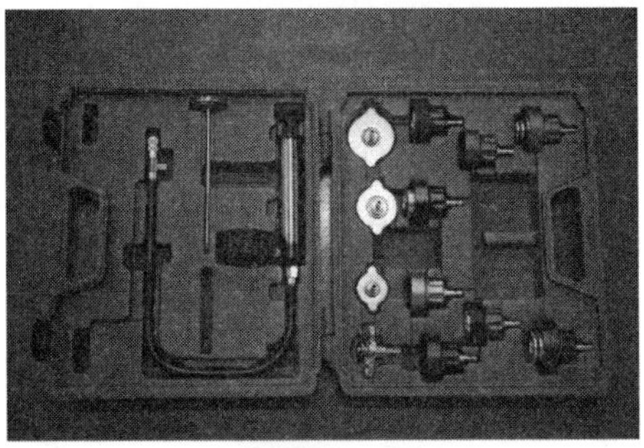

水箱检漏仪

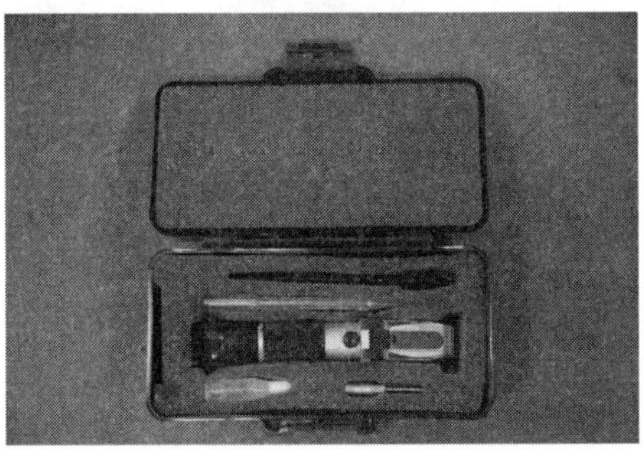

冰点仪

其他工具及器材：鲤鱼钳、漏斗、冷却液、磁力护裙、驾驶室内保护罩、防护手套

## 五、教学组织

（1）教学组织形式：

每辆车安排4名学生实训，两名学生一组，一组操作，一组观察学习。

（2）学生站位分工和要求：

两名学生一组，按照1号、2号进行编号。1号为主，2号为辅助。

（3）实训教师职责：

讲解操作步骤和注意事项：下达“操作开始”口令；工位间巡视、检查、指导和纠正错误。

（4）学生职责变换：

两名学生实行职责变换制度，即第一遍1号为主，2号辅助；第二遍2号为主，1号辅助。

## 六、操作步骤

### 第一步 事前准备

1 车辆进入工位前，参训学生将工位卫生清理干净，排除障碍物，准备好相关的工具、物品等。

提示：培养良好的工作习惯，做好事前准备，有利于安全操作和提高工作效率。

2 将车辆停驻在举升机平台的中央位置。

提示：车辆停驻于举升机平台的中央位置，为车辆的安全举升做好准备。

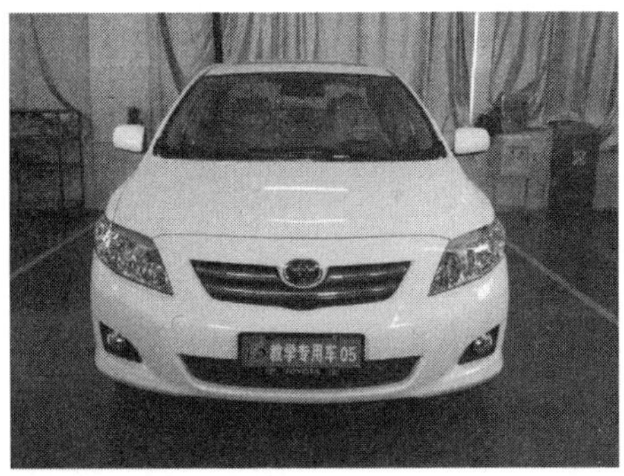


3 2号将变速杆置于P挡。

提示：发动机带挡操作属于违规操作，危险性极大。因此，发动机起动前应将变速杆置于P挡。

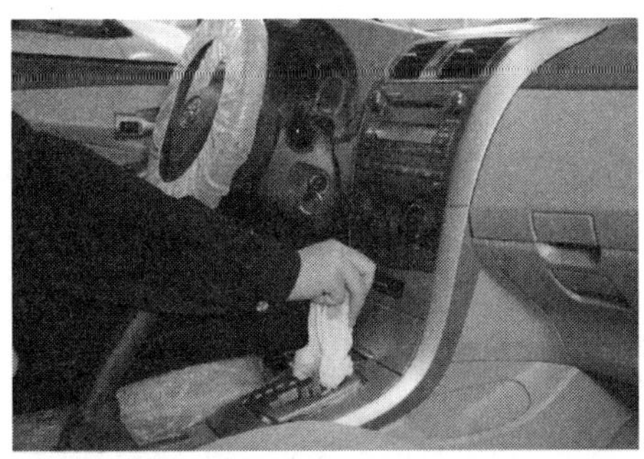

4 1号支撑牢固发动机舱盖。

提示：用支撑杆支撑发动机舱盖时，要保证接触可靠，否则，发动机舱盖滑落会造成人身伤害。

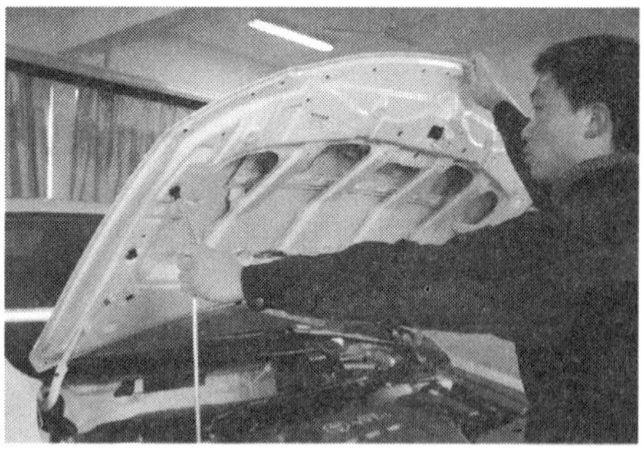

5　1号把护裙粘贴在汽车的正前面，要求将车头前部、前照灯总成、保险杠全部覆盖。

提示：在车的前方操作时，护裙用于保护易划伤的零部件表面和车漆。

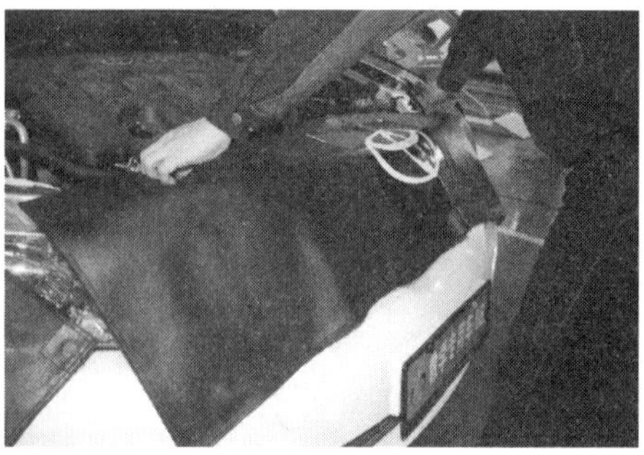

6　2号安装转向盘套。

提示：转向盘套是由薄塑料制成的，极易破损。安装转向盘套时，不要生拉硬拽，否则会造成转向盘套破损。

## 第二步　预热发动机

1　2号进入驾驶室，横向摆动变速杆，确认变速杆处于P挡位置。

提示：发动机起动之前，应将变速杆置于P挡位置。

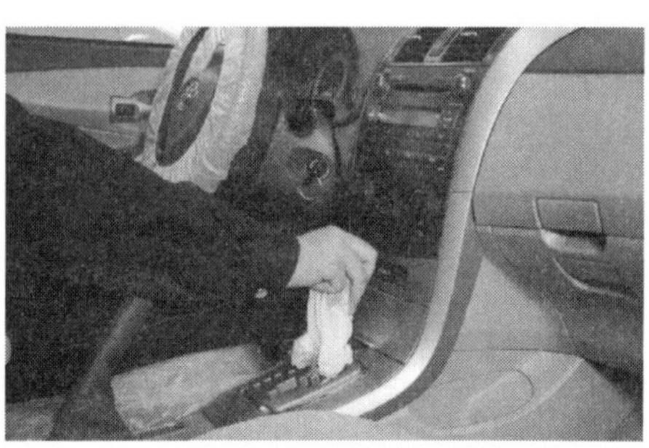

2　1号检查冷却液液面。

提示：如果储液罐中的冷却液液位在“FULL”和“LOW”之间，则冷却液液位是合适的。如果液位低，须加注冷却液。

3　1号检查发动机机油液位。

提示：如果机油标尺上的机油液位在3/4之间，则机油液位是合适的。如果液位低，须加机油。

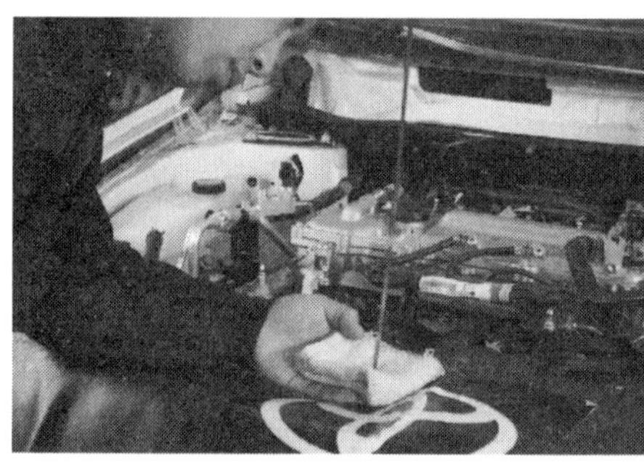

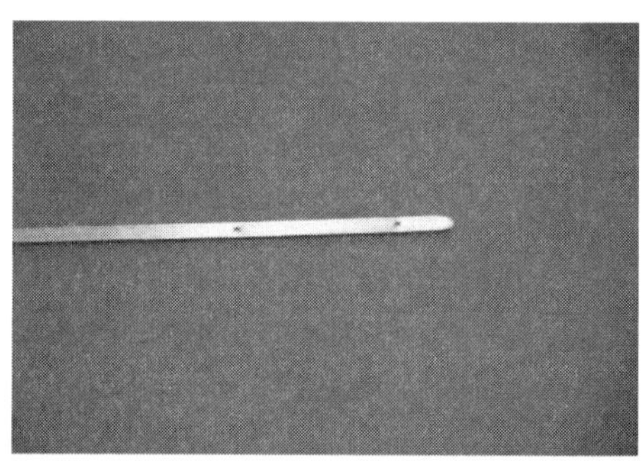

4　2号打开点火开关，起动发动机并保持怠速运转3～5min。其间观察水温表指示数值的变化，当水温达到60～70℃时关闭点火开关，停止发动机运转。

提示：

（1）提高发动机温度使冷却液黏度变小，有利于发动机内的冷却液排放彻底。

（2）起动发动机时，1号、2号配合口令是“起动”和“正常”。注意发动机起动器安全确认。

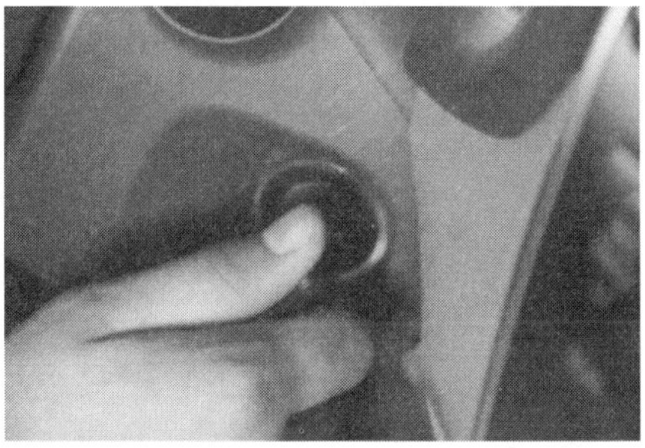

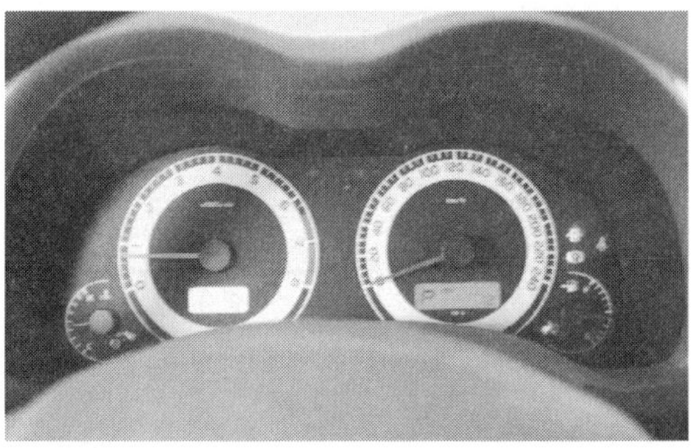

### 第三步　检漏

1号检查冷却系统的软管是否有鼓包、裂纹和接口泄漏；散热器、暖风水箱、水泵、膨胀箱、汽缸垫、汽缸体和汽缸盖的水堵是否泄漏。

提示：当发动机工作温度达到常温后，冷却系统中的压力升高，此时一些泄漏点会暴露出来。为了防止更换新的冷却液后出现泄漏，应做好事前检查。发现泄漏点，要修复检查之后，再加注新的冷却液。

### 第四步　排放冷却液

1　1号用手缓慢旋松冷却液膨胀箱盖，并施加一定的下压力，当感觉到系统压力释放殆尽后，重新旋紧膨胀箱盖。

提示：

（1）这样做的主要目的是释放冷却系统中的压力，防止直接拆卸下的水管排放冷却液时，高温高压液体喷溅，造成人员烫伤事故。

（2）释放冷却系统压力时，要带上防护手套，以防烫伤手。

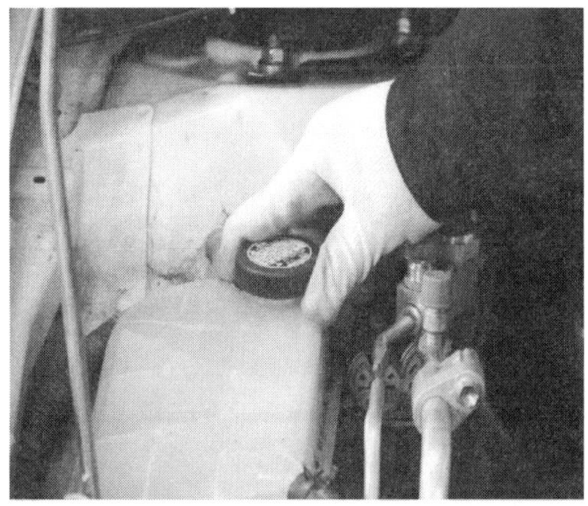

2　1号和2号放置橡胶垫块。

提示：放置橡胶垫块时，应注意位置合理距举升机平板10cm左右，放置平整。

3　2号操纵举升机，车轮举升到离地面10cm处。

提示：车轮举升到离地面10cm处，是为了检查车辆的稳定性做准备。

4　1号和2号一起检查车辆的稳定性。

提示：检查车辆的稳定性，是为了保证车辆的安全举升。

5　2号操纵举升机，将车辆举升到目标高度后，可靠停驻，方可进入车下作业。

**提示：**严禁重载举升；严禁有乘员；严禁晃动车辆；严禁车下站人或穿梭。

6　2号将接水盆放置于散热器的下方，正对于下水管与散热器出水接口处。

7　用手拧松冷却液排放塞。

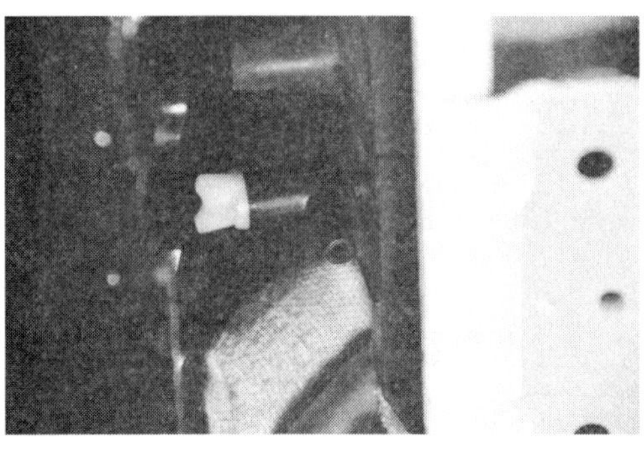

8　排放冷却液。

**提示：**冷却液有毒，使用中严禁嘴吸和接触皮肤。若溅入眼中要立即用水冲洗，必要时到医院进行处理。

### 第五步　拆卸膨胀水箱

1　2号将鲤鱼钳传递给1号。

2　1号用鲤鱼钳松掉卡箍。

**提示：**有上下两处要松，注意不要破坏橡胶软管和卡箍。

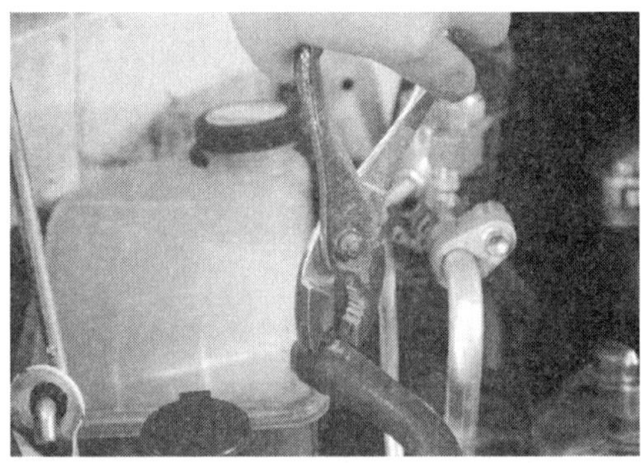

3　1号断开软管与膨胀水箱。

**提示：**冷却液有毒，使用中严禁嘴吸和接触皮肤。若溅入眼中要立即用水冲洗，必要时到医院进行处理。

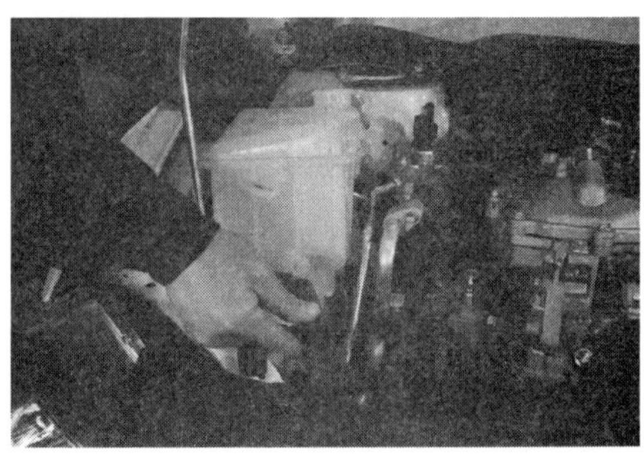

4　2号将10#扳手传递给1号。

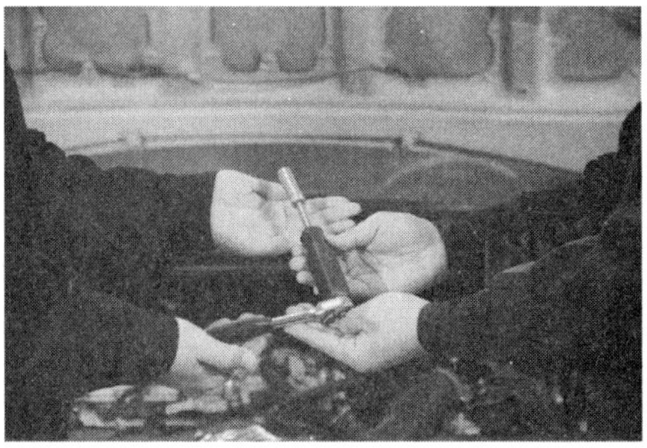

5　1号用10#扳手松掉膨胀水箱固定螺栓。

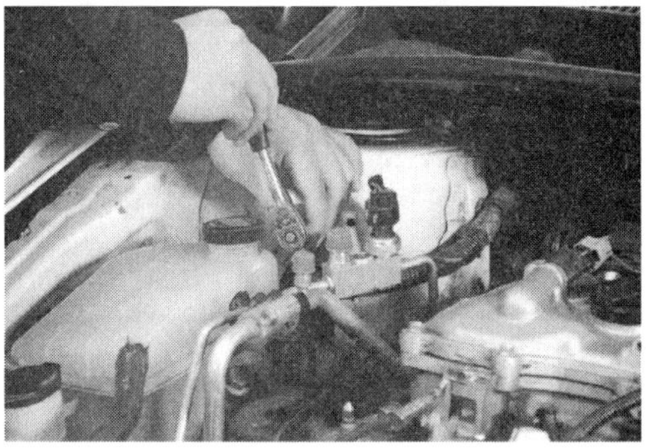

6　1号将膨胀水箱取下并传递给2号。

7　2号将膨胀水箱内的剩余冷却液倒尽，放到零件车上。

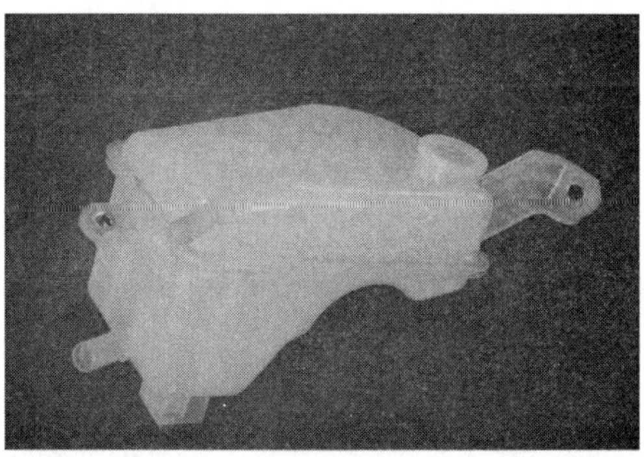

### 第六步　冷却液冰点检测

1　2号将冷却液冰点测试仪传递给1号。

提示：冷却液冰点测试仪是一种精密检测仪器，在传递、接受和使用过程中，不要跌落和碰伤，以免影响仪器测试精度。

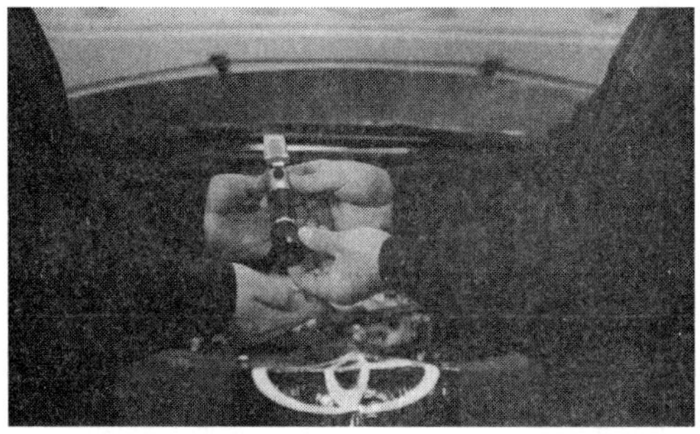

2　1号用柔软绒布擦净棱镜和盖板。

提示：测试前，要保持棱镜和盖板清洁。否则，将影响仪器的测试精度。

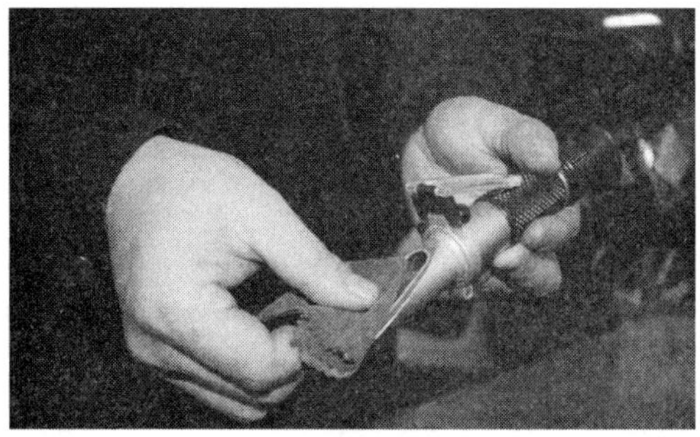

3　1号使用吸管吸取少量冷却液，滴到冰点测试仪的棱镜上，合上盖板并轻轻按压。

提示：

（1）测试冷却液冰点前，需要用蒸馏水校正冰点测试仪的零点（取下保护罩，使用螺丝刀调整校正钉归零）。

（2）严禁将冷却液或水滴落到调整旋钮和目镜内，以免损坏内部器件。

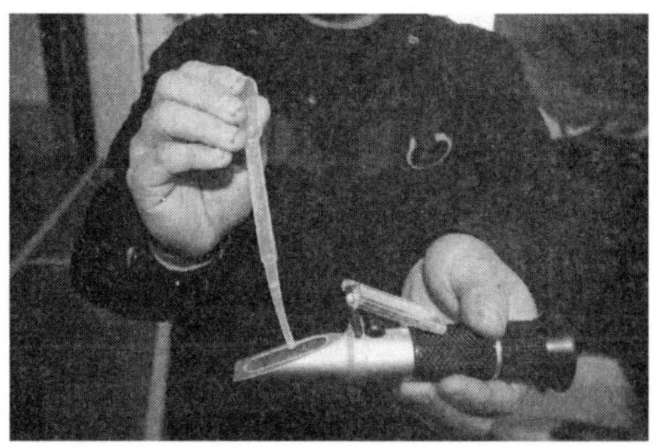

4　1号将棱镜对向明亮处，旋转目镜使视场内刻线清晰，读出明暗分界线在分划上相应标尺上的数值，并报告冰点数值。

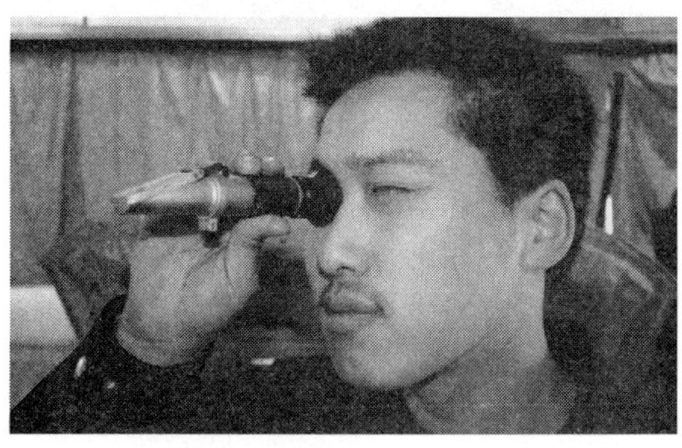

5　测试完毕，1号使用柔软绒布擦净棱镜和盖板，清洗吸管后，将冷却液冰点测试仪传递给2号。

提示：注意仪器的维护。

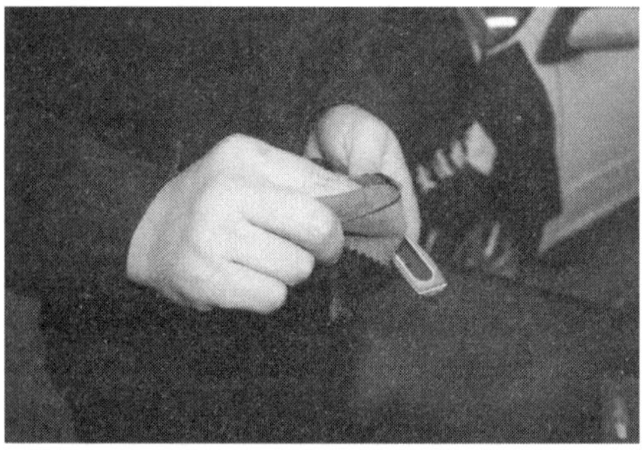

6　2号将冰点测试仪放置于包装盒内。

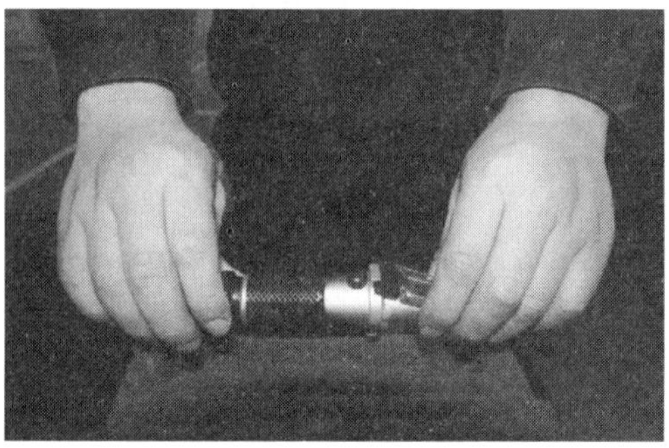

### 第七步　安装膨胀水箱

1　2号将膨胀水箱传递给1号。

2　连接膨胀水箱与软管。

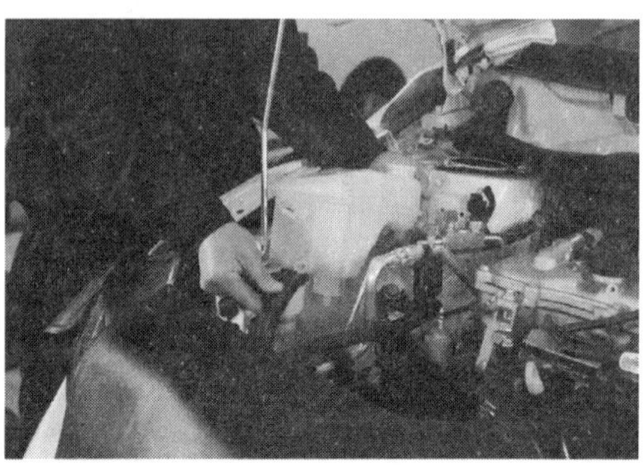

3　2号将10#扳手传递给1号。

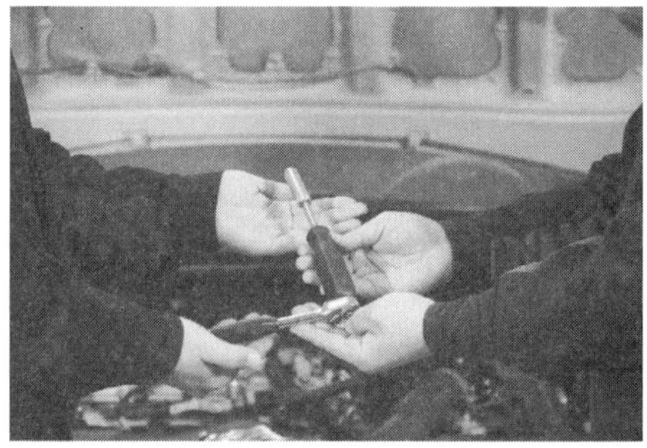

4　1号固定膨胀水箱。

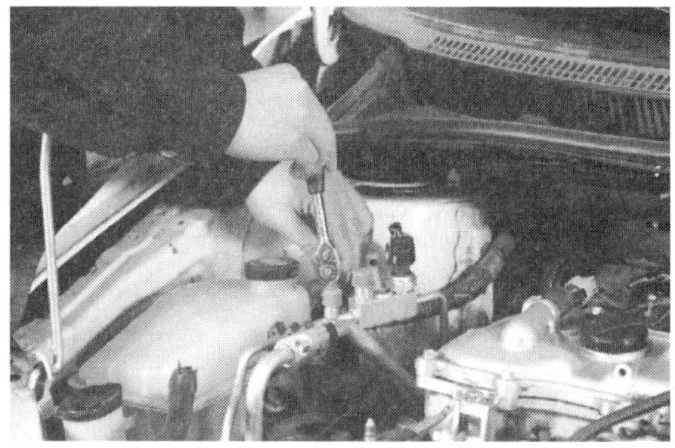

### 第八步　加注冷却液

1　1号用棉纱擦净膨胀水箱周围的剩余冷却液。

提示：注意保持良好的操作习惯。

2　2号将冷却液传递给1号。

3　1号旋下冷却液桶盖，然后一手握住桶上的手柄，一手托住桶的底部，对准冷却液加注口，稍稍倾斜冷却液桶，缓缓将冷却液倒入发动机内。

提示：加注冷却液时，动作要舒缓，不要过急，防止冷却液洒到发动机的外面。

4 当冷却系统的液量不足，膨胀箱中的液面下降缓慢或停止下降时，2号用手反复捏压散热器的上下水管。液面下降后，1号继续加注，如此反复进行，直到膨胀箱内的液面位于上下刻度线的中间位置不再变化为止。

提示：反复捏压散热器的上下水管，目的是排除冷却系统内的空气。

5 1号检查冷却液液面。

提示：如果储液罐中的冷却液液位在“FULL”和“LOW”之间，则冷却液液位是合适的。如果液位低，须加注冷却液。

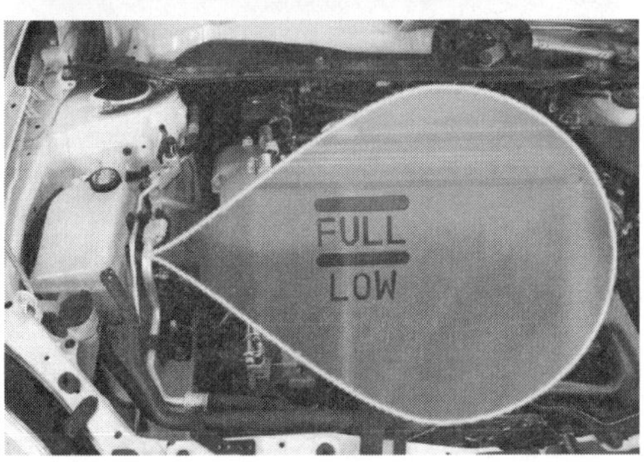


## 第九步 冷却系统加压检漏

1 2号选择合适的检漏仪凸缘盘并传递给1号。1号将凸缘盘旋紧在膨胀箱的加水口上。

提示：检漏仪的凸缘盘有多种，应选择适合于该车型的接种，并拧紧于加水口上防止漏气，以免影响检测数据的正确性。

2 1号将检漏仪和凸缘盘连接起来。检漏仪和凸缘盘之间通过快速接头。

提示：检漏仪和凸缘盘之间通过快速接头连接起来。两者连接时，首先将快速接头上拉，然后将密封盖接头插入检漏仪连接管内，最后将快速接头复位即可。

3 1号反复推动真空泵手柄，向冷却系统施加压力。

提示：在向冷却系统加压的同时，要听是否有漏气声。有，则要排除泄露后在加压。否则，会使检漏仪的加压数据失准。

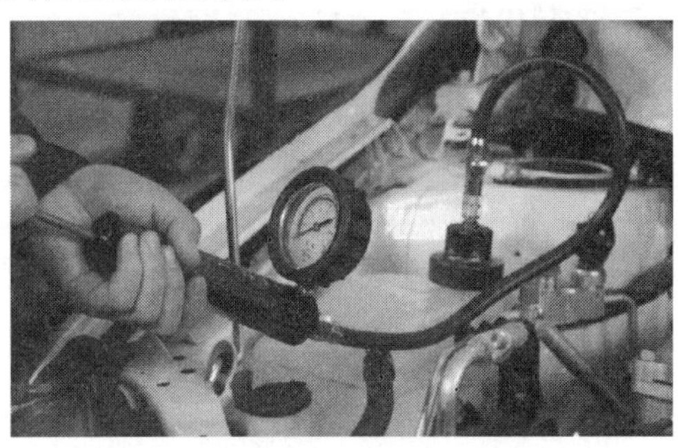

4 1号在向冷却系统施加压力的同时，注意

观察检漏仪上压力表指示数值的变化。当压力值显示为108kPa时，停止加压。观察压力标指针的变化情况,检查压力是否下降。

提示：应加压至规定压力。

### 第十步　发动机运转检漏

1　2号起动发动机，保持怠速运转，打开暖风开关并开至最大挡。2号观察仪表中水温表指针的变化情况。1号观察冷却风扇是否转动。

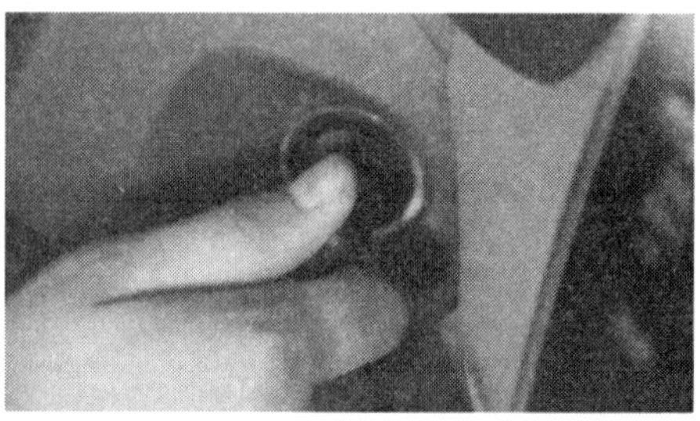

2　2号关闭点火开关，停止发动机运转。1号观察膨胀水箱中冷却液的存量是否适当。否，补充添加冷却液至上下刻度线中间位置。最后，1号旋紧膨胀箱盖。

3　1号检查冷却液液面。

提示：如果储液罐中的冷却液液位在“FULL”和“LOW”之间，则冷却液液位是合适的。如果液位低，须加注冷却液。

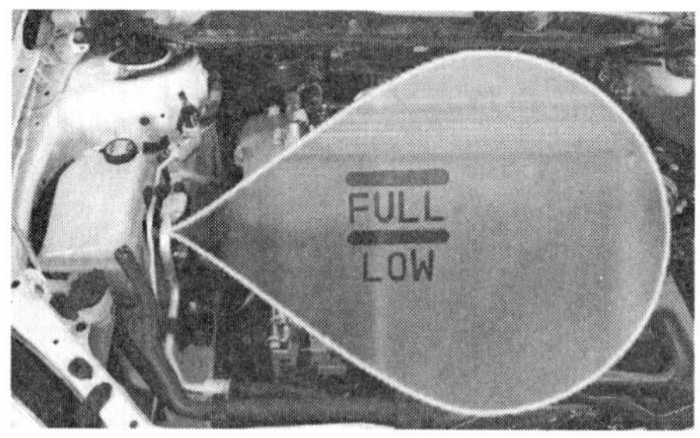


### 第十一步　整理工位

1号、2号擦拭发动机装饰罩，拆除护裙，关闭发动机舱盖，清理工具和仪器，清洁地面卫生。

提示：

提示：作业项目完成后，要搞好工位的清洁、清理、清扫、整理和整顿工作，培养良好的工作习惯。

## 七、考核标准

考核标准表

| 考核时间 | 序号 | 考核项目 | 满分 | 评分标准 | 得分 |
|---|---|---|---|---|---|
| 90min | 1 | 查找驾驶室内的发动机舱盖控制手柄 | 2 | 查找错误扣2分 | |
| | 2 | 打开并支撑发动机舱盖 | 3 | 操作不当扣3分 | |
| | 3 | 粘贴翼子板护裙 | 3 | 操作不当酌情扣分 | |
| | 4 | 安装座套、转向盘套、地板垫 | 3 | 操作不当酌情扣分 | |
| | 5 | 检查冷却液膨胀箱中的液面高度 | 5 | 检查错误扣5分 | |

续上表

| 考核时间 | 序 号 | 考核项目 | 满 分 | 评分标准 | 得 分 |
|---|---|---|---|---|---|
| 90min | 6 | 起动发动机前挡位检查 | 4 | 操作不当扣4分 | |
| | 7 | 起动发动机前驻车制动器检查 | 4 | 操作不当扣4分 | |
| | 8 | 起动发动机时，检查车前是否站人 | 5 | 操作不当扣5分 | |
| | 9 | 起动发动机后，打开暖风开关 | 5 | 操作不当扣5分 | |
| | 10 | 发动机起动后，观察仪表和风扇 | 3 | 操作不当酌情扣分 | |
| | 11 | 检查冷却系统的泄漏 | 5 | 操作不当扣5分 | |
| | 12 | 释放冷却系统的压力 | 5 | 操作不当扣5分 | |
| | 13 | 放置接水桶 | 2 | 操作不当酌情扣分 | |
| | 14 | 排放冷却液时旋下膨胀箱盖 | 3 | 操作不当扣3分 | |
| | 15 | 拆卸膨胀水箱 | 3 | 操作不当扣3分 | |
| | 16 | 排放冷却液时起动发动机 | 3 | 操作不当酌情扣分 | |
| | 17 | 安装膨胀水箱 | 3 | 操作不当扣3分 | |
| | 18 | 检查水泵进水接口并清除粘结物 | 3 | 操作不当扣3分 | |
| | 19 | 冷却液冰点检查 | 6 | 操作不当扣6分 | |
| | 20 | 加注冷却液 | 3 | 操作不当扣3分 | |
| | 21 | 排放系统中的冷空气 | 3 | 操作不当扣3分 | |
| | 22 | 最终检查（液面高度、是否泄漏） | 3 | 操作不当扣3分 | |
| | 23 | 遵守相关安全规范 | 因违规操作造成人身伤害和设备事故的，总分按0分计 | | |
| 分数合计 | | | 100 | | |

# 任务二 检查和更换节温器

## 一、技术标准与要求

（1）安装1ZR型发动机配套使用的节温器。

（2）1ZR型的发动机冷却系统中的节温器的性能参数：开启温度为80℃~84℃，全开温度95℃+，最大升程大于10mm。

（3）节温器的安装方向要正确。

（4）节温器盖螺栓的规定力矩为10N·m。

## 二、实训时间：45min

## 三、实训教学目标

（1）了解检查、更换发动机冷却系统中节温器的重要性。

（2）熟悉1ZR型发动机冷却系统的组成。

（3）熟悉1ZR型发动机冷却系统中节温器的工作原理。

（4）掌握检查和更换1ZR型发动机冷却系统中节温器的操作技能。

## 四、实训器材

丰田卡罗拉整车

举升机

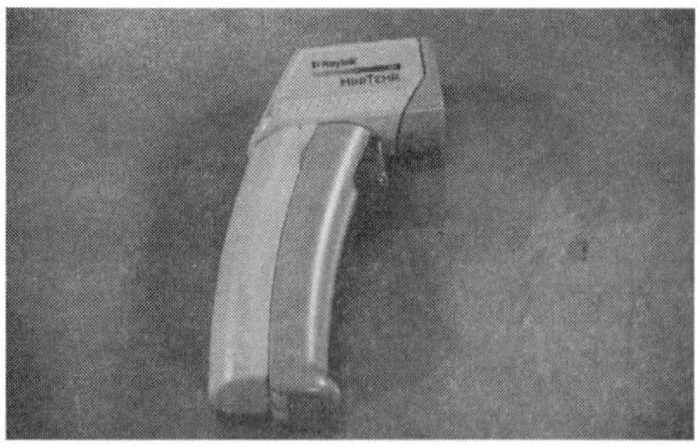

测温仪

节温器

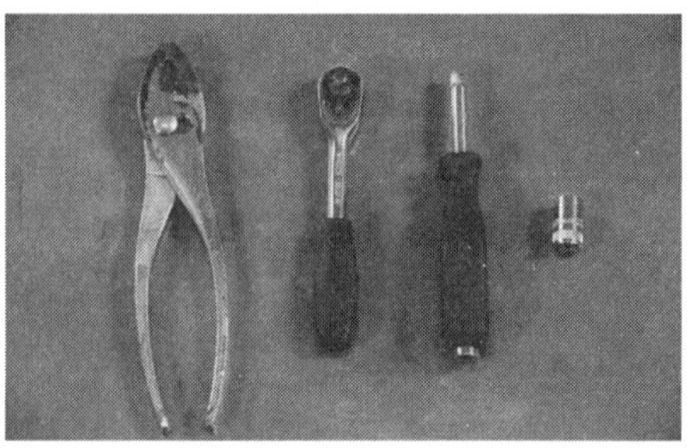

常用工具

## 五、教学组织

（1）教学组织形式：

每辆车安排4名学生实训，两名学生一组，一组观察学。

（2）学生站位分工和要求：

两名学生一组，按照1号、2号进行编号。1号为主，2号位辅助。

（3）实训教师职责：

讲解操作步骤和注意事项：下达“操作开始”口令；工位间巡视、检查、指导和纠正错误。

（4）学生职责变换：

两名学生实行职责变换制度，即第一遍1号为主，2号位辅助；第二遍2号为主，1号位辅助。

## 六、操作步骤

### 第一步　事前准备工作

1　车辆进入工位前，参训学生将工位卫生清理干净，排除障碍物，准备好相关的工具、物品等。

提示：培养良好的工作习惯，做好事前准备，有利于安全操作和提高工作效率。

2　将车辆停驻在举升机平台的中央位置。

提示：车辆停驻于举升机平台的中央位置，为车辆的安全举升做好准备。

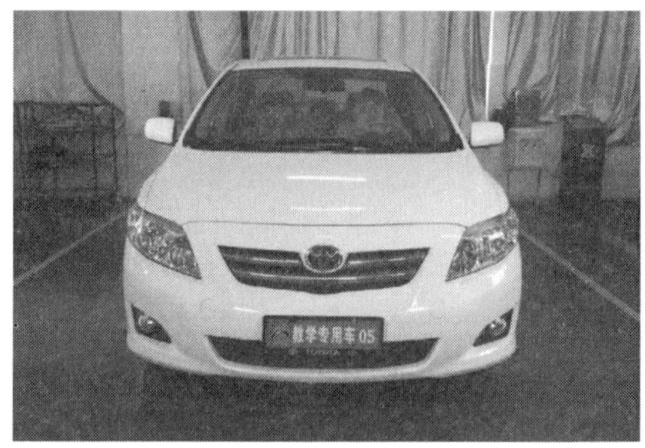


3　1号打开门锁。

提示：用遥控钥匙打开电动门锁，为进入驾驶室操作做好准备

4　1号和2号共同安装车轮挡块。

提示：为保证车辆在工位上可靠停驻，防止出现溜滑，造成安全事故，要安装车轮挡块。

5 2号安装尾气收集管。

提示：为防止尾气污染环境，保护人体健康，要安装尾气收集管。

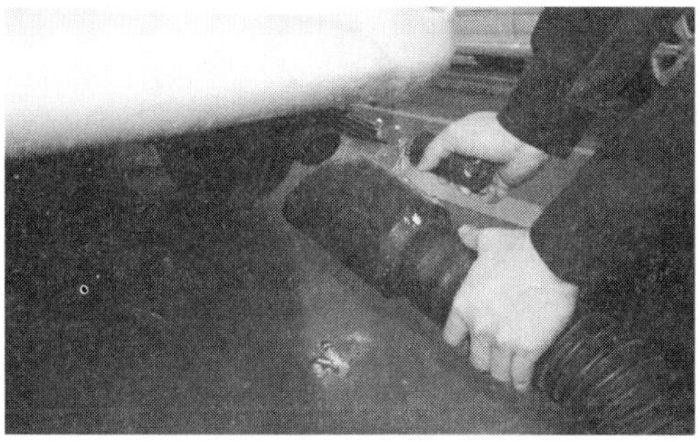

6 2号打开车门。

提示：左手拉车门把手打开车门带好三件套，准备进入车辆。

7 2号拉起发动机罩释放杆。

提示：拉起发动机罩释放杆时，用力不要过猛，否则容易导致释放杆盖损坏。

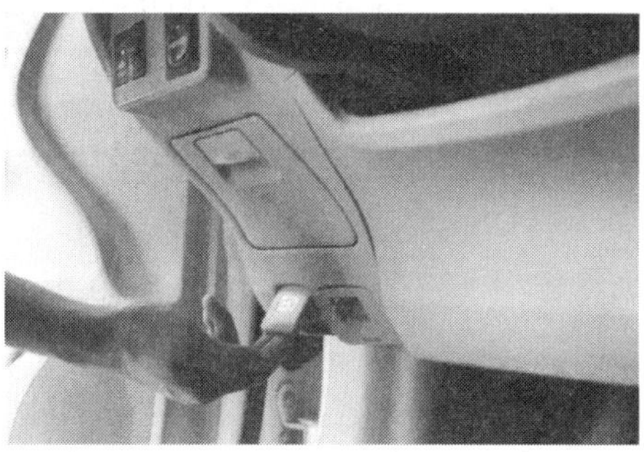

8 2号安装转向盘套。

提示：转向盘套是由薄塑料制成的，极易破损。安装转向盘套时，不要生拉硬拽，否则会造成转向盘套破损。

9 2号安装地板垫。

提示：铺设地板垫的主要目的是便于清除维修人员带入驾驶室内的脏物与杂物，保持驾驶室内地板清洁。

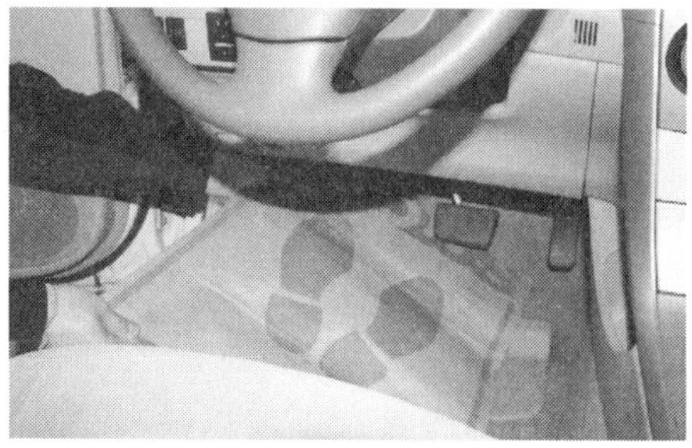

10 2号安装座椅套。

提示：安装座椅套时，用力要均匀，拉齐座椅套，使之整齐、美观。

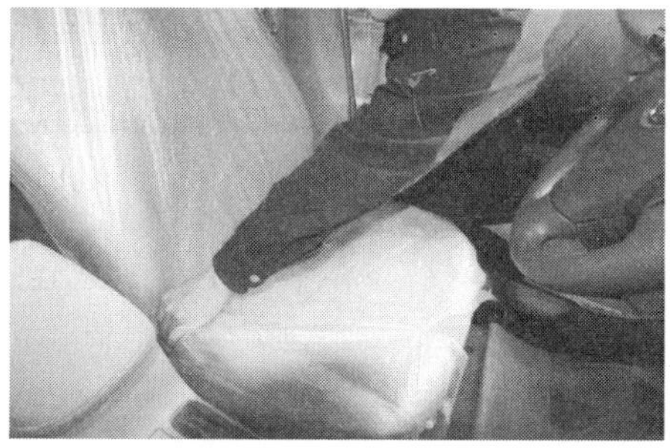

11 2号将点火开关旋至“ON”,打开主驾驶侧电动车窗。

提示：打开主驾驶侧电动车窗，是为了车内通风以及当钥匙掉在车里时可以打开车门。

12 2号将变速杆置于P挡。

提示：发动机带挡操作属于违规操作，危险性极大。因此，发动机起动前应将变速杆置于P挡。

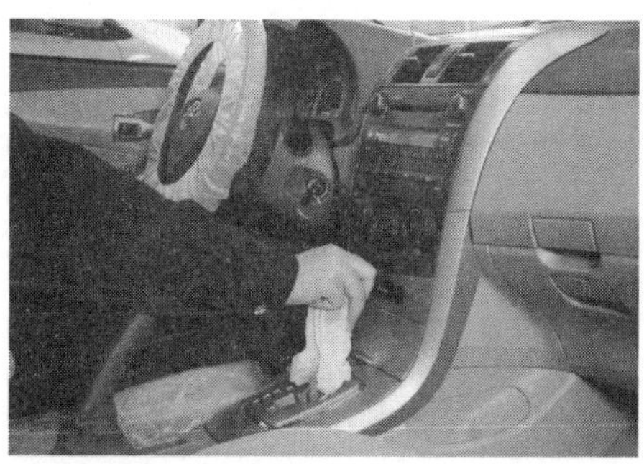

*13* 2号拉紧驻车制动杆。

**提示：**为保证车辆在工位上的可靠停驻，防止出现溜滑，造成安全事故，因此，要拉紧驻车制动杆。

*14* 2号检查驻车制动器指示灯是否点亮，及挡位指示是否显示P挡。

**提示：**检查驻车制动器指示灯是否点亮，及档位指示是否显示P挡，可以培养学生通过观察仪表指示灯来检查车辆工况的习惯。

*15* 1号打开发动机舱盖，从固定卡上脱开发动机舱盖支撑杆。

**提示：**支撑杆固定夹如有损坏，要换用新品，否则车辆行驶中会产生异响。

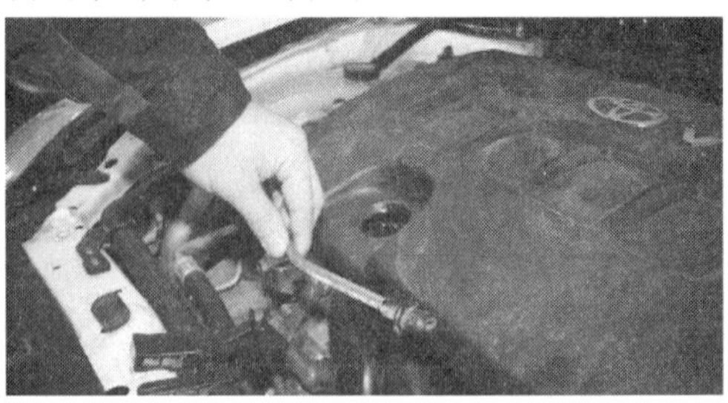

*16* 1号支撑牢固发动机舱盖。

**提示：**用支撑杆支撑发动机舱盖时，要保证接触可靠，否则，发动机舱盖滑落会造成人身伤害。

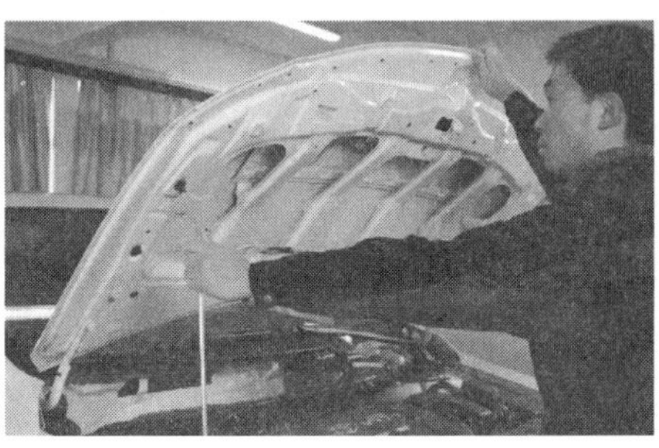

*17* 1号把护裙粘贴在汽车左、右侧翼子板上，要求将翼子板全部覆盖。护裙的上边沿粘贴到排水槽的内侧，前端至侧灯处，后端至车门与翼子板结合缝隙。

**提示：**

（1）粘贴护裙的主要目的是保护操作中能够接触到的翼子板车漆。

（2）护裙是通过磁铁吸附在翼子板上的，因此，粘贴时，当护裙接近翼子板，感觉到吸力后，要稍稍提起护裙，使护裙轻轻与翼子板贴合，不允许听到接触碰撞声。

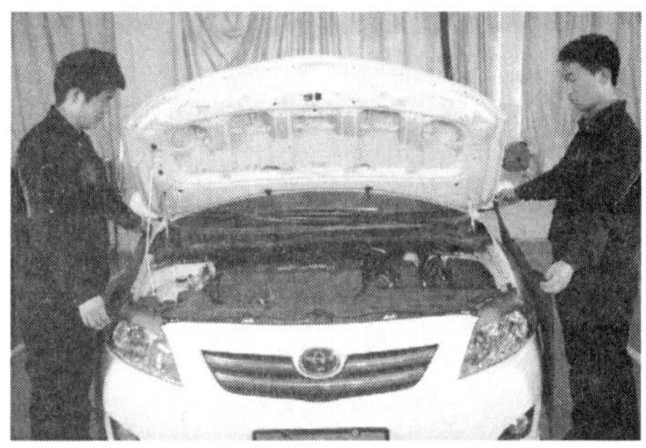

*18* 1号把护裙粘贴在汽车的正前面，要求将车头前部、前照灯总成、保险杠全部覆盖。

**提示：**在车的前方操作时，护裙用于保护易划伤的零部件表面和车漆。

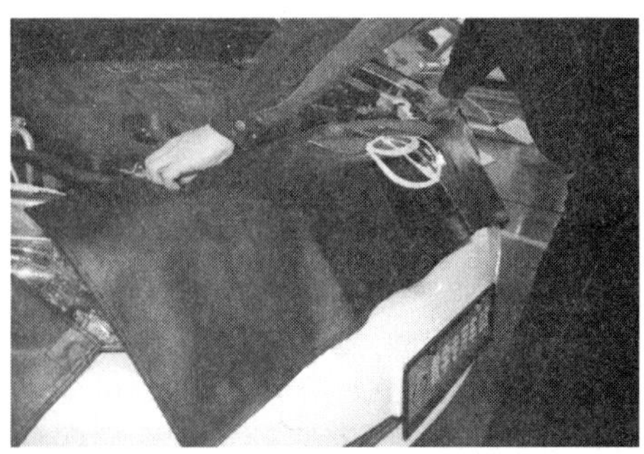

## 第二步　预热发动机

*1* 2号进入驾驶室，横向摆动变速杆，确认变速杆处于P挡位置。

**提示：**发动机起动之前，应将变速杆置于P挡位置。

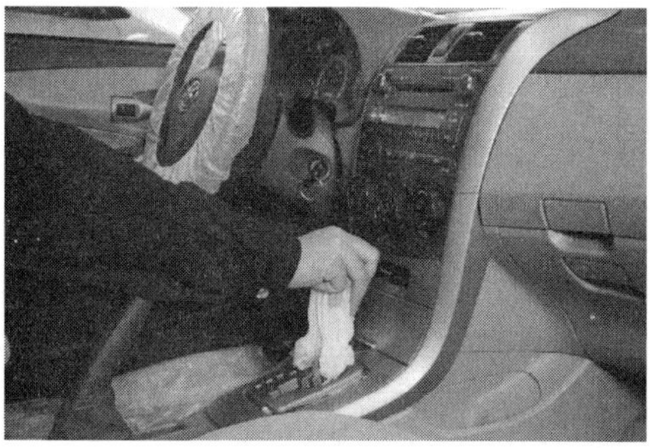

*2*　1号检查冷却液液面。

**提示：**如果储液罐中的冷却液液位在“FULL”和“LOW”之间，则冷却液液位是合适的。如果液位低，须加注冷却液。

*3*　1号检查发动机冷却液液位。

**提示：**如果冷却液标尺上的冷却液液位在“FULL”和“LOW”之间，则冷却液液位是合适的。如果液位低，须加冷却液。

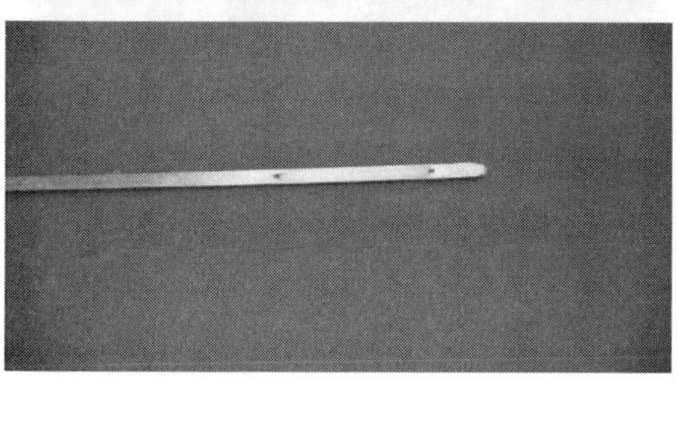

*4*　2号打开点火开关，起动发动机并保持怠速运转3～5min。其间观察水温表指示数值的变化，当水温达到60～70℃时关闭点火开关，停止发动机运转。

**提示：**

（1）提高发动机温度使冷却液黏度变小，有利于发动机内的冷却液排放彻底。

（2）起动发动机时，1号、2号配合口令是“起动”和“正常”。注意发动机起动器安全确认。

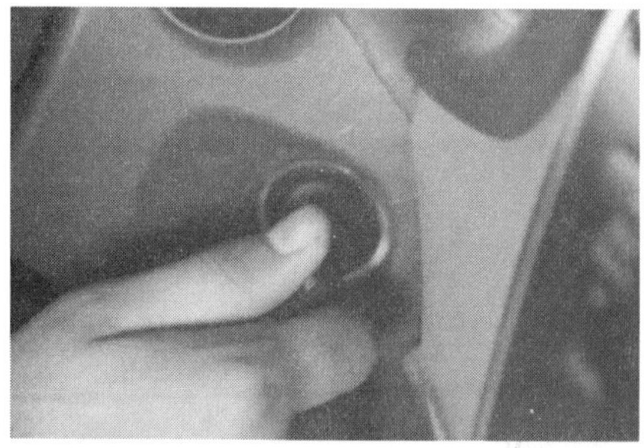

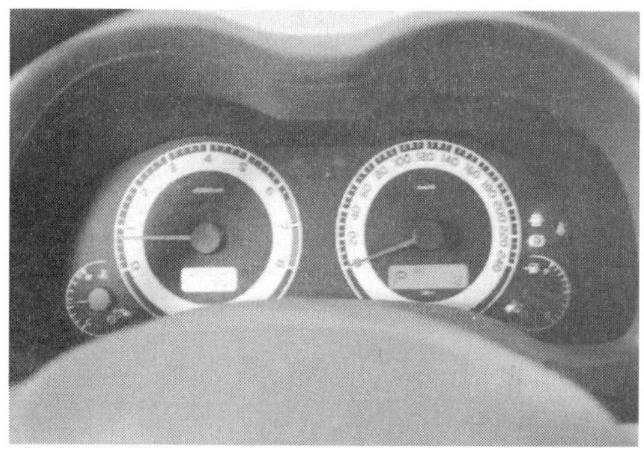

### 第三步　检漏

1号检查冷却系统的软管是否有鼓包、裂纹和接口泄漏；散热器、暖风水箱、水泵、膨胀箱、汽缸垫、汽缸体和汽缸盖的水堵是否泄漏。

**提示：**当发动机工作温度达到常温后，冷却系统中的压力升高，此时一些泄漏点会暴露出来。为了防止更换新的冷却液后出现泄漏，应做好事前检查。发现泄漏点，要修复检查之后，再加注新的冷却液。

## 第四步　排放冷却液

1　1号用手缓慢旋松冷却液膨胀箱盖，并施加一定的下压力，当感觉到系统压力释放殆尽后，重新旋紧膨胀箱盖。

提示：

（1）这样做的主要目的是释放冷却系统中的压力、防止直接拆卸下的水管排放冷却液时，高温高压液体喷溅，造成人员烫伤事故。

（2）释放冷却系统压力时，要带上防护手套，以防烫伤手。

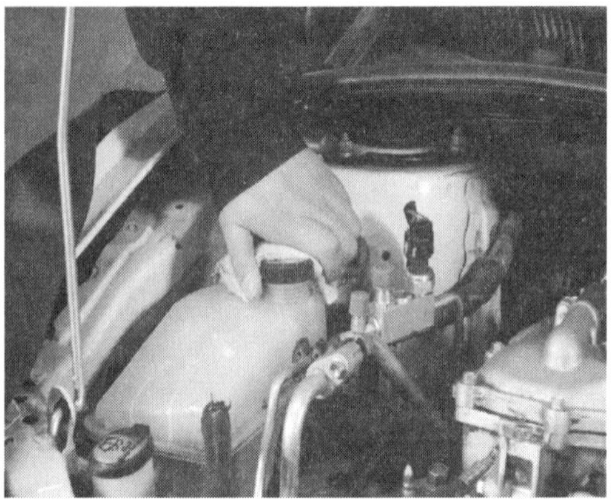

2　1号和2号放置橡胶垫块。

提示：放置橡胶垫块时，应注意位置合理距举升机平板10cm左右，放置平整。

3　2号操纵举升机，车轮举升到离地面10cm处。

提示：车轮举升到离地面10cm处，是为了检查车辆的稳定性做准备。

4　1号和2号一起检查车辆的稳定性。

提示：检查车辆的稳定性，是为了保证车辆的安全举升。

5　2号操纵举升机，将车辆举升到目标高度后，可靠停驻，方可进入车下作业。

提示：严禁重载举升；严禁有乘员；严禁晃动车辆；严禁车下站人或穿梭。

6　2号将接水盆放置于散热器的下方，正对于下水管与散热器出水接口处。

7　用手拧松冷却液排放塞。

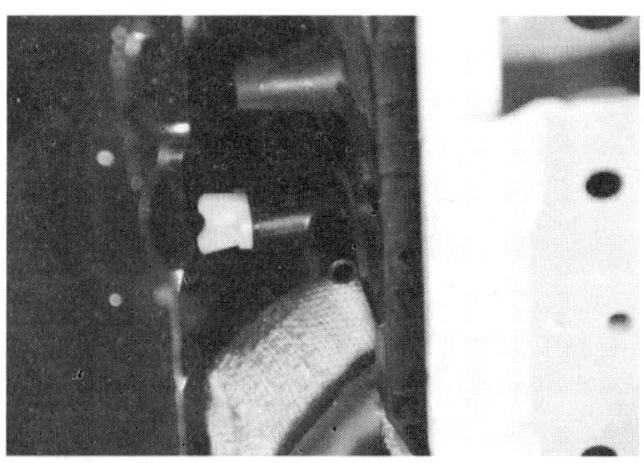

8　排放冷却液。

提示：冷却液有毒，使用中严禁嘴吸和接触皮肤。若溅入眼中要立即用水冲洗，必要时到医院进行处理。

### 第五步 拆卸膨胀水箱

1 2号将鲤鱼钳传递给1号。

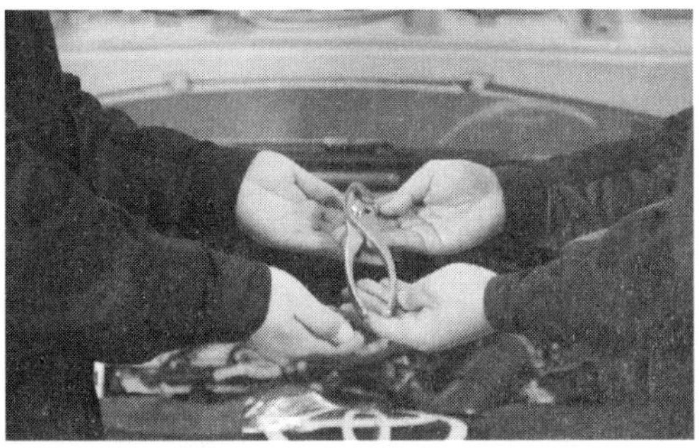

2 1号用鲤鱼钳松掉卡箍。

**提示：**有上下两处要松，注意不要破坏橡胶软管和卡箍。

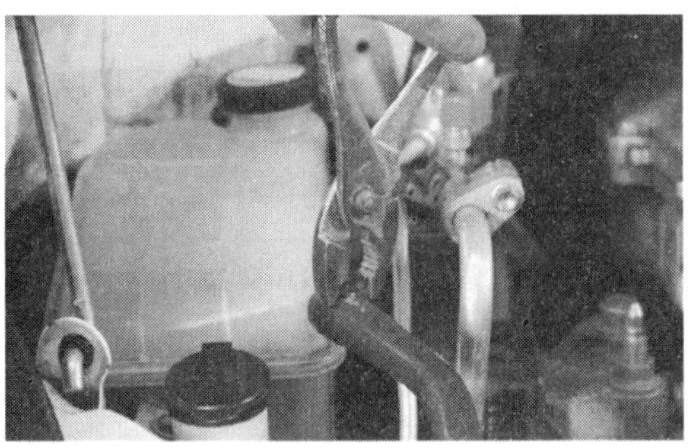

3 2号断开软管与膨胀水箱。

**提示：**冷却液有毒，使用中严禁嘴吸和接触皮肤。若溅入眼中要立即用水冲洗，必要时到医院进行处理。

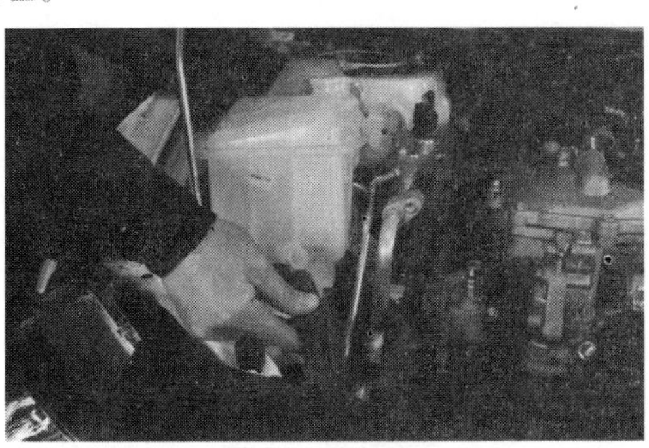

4 2号将10#扳手传递给1号。

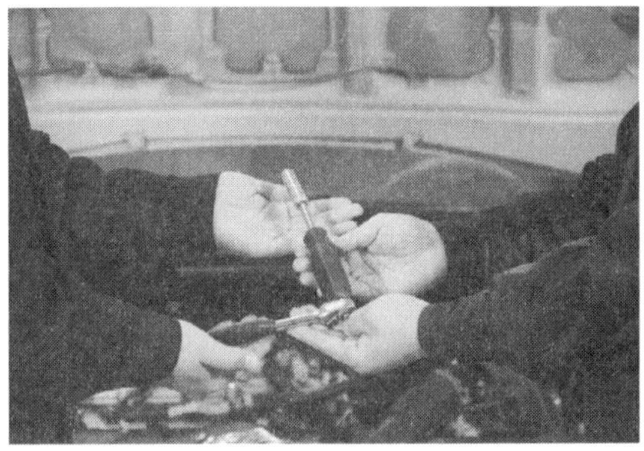

5 1号用10#扳手拧松膨胀水箱固定螺栓。

6 1号将膨胀水箱取下并传递给2号。

7 2号将膨胀水箱内的剩余冷却液倒尽，放到零件车上。

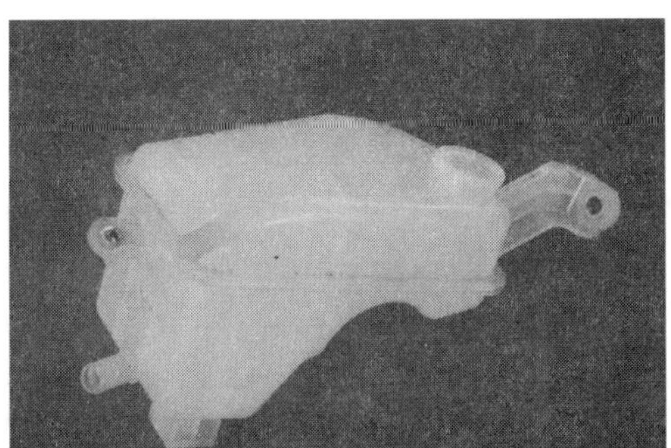

### 第六步 拆卸节温器

1 2号将10#扳手传递给1号。

2　排尽发动机冷却液后，1号用10#扳手拆卸进水口。

提示：节温器所处位置较为隐蔽，使用工具时动作要轻缓，注意不要碰伤手。

3　1号拔下进水管。

4　1号取下节温器。

提示：注意节温器方向，带推杆的一端应朝外，带感温体的一端朝向汽缸体或汽缸盖上的水套。

5　1号将节温器传递给2号。

## 第七步　检查节温器

1　检查节温器。

提示：阀门开启温度刻在节温器上。

2　将节温器浸入水中，然后逐渐将水加热。检查节温器阀开启温度。80～84℃（176～183° F）

提示：如果阀门开启温度不符合规定，则更换节温器。

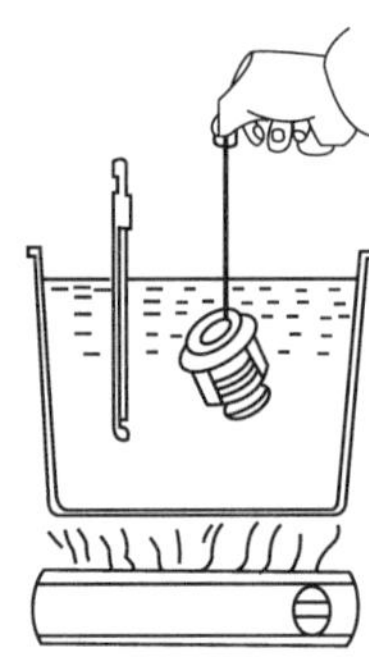

3　检查阀门升程：在95℃（203° F）时为10mm（0.39in）或更大。当节温器处于低温（低于77℃（171° F））时，检查并确认阀门全关。

提示：如果阀门升程不符合规定，阀门不能全关，则更换节温器。

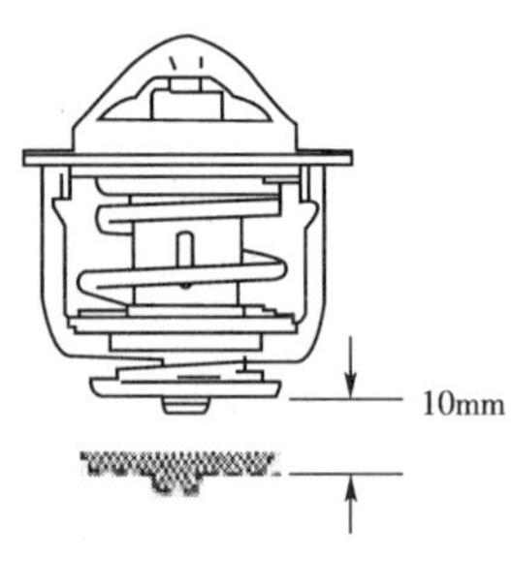

## 第八步　安装节温器

1　2号将节温器传递给1号。

2　1号将节温器安装在进水口上。

**提示：**跳阀可设置在规定位置两侧10°范围内。

3　2号将10#扳手传递给1号。

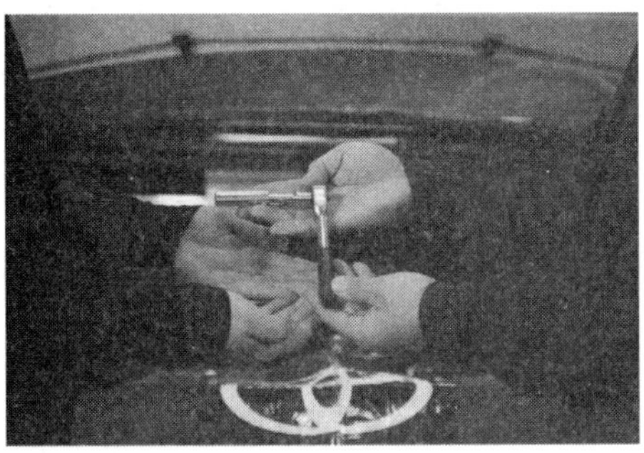

4　1号安装进水管。

**提示：**

（1）节温器盖上固定螺栓的拧紧力矩为10N·m。如果拧紧力矩过大，将导致节温器盖的破裂和螺栓损伤。

（2）节温器所处位置较为隐蔽，使用工具时动作要轻缓，注意不要碰伤手。

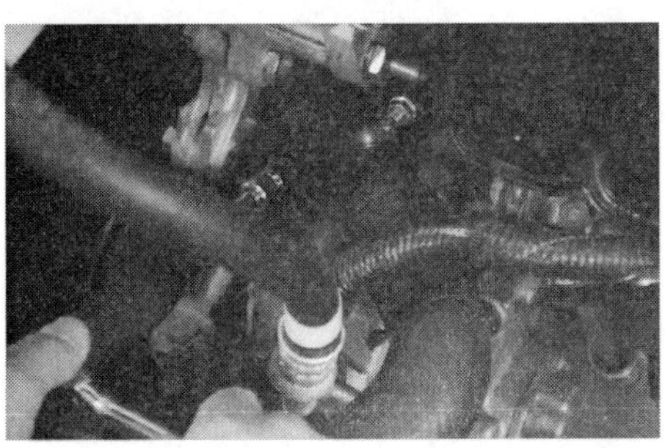

## 第九步　安装膨胀水箱

1　2号将膨胀水箱传递给1号。

2　1号连接膨胀水箱与软管。

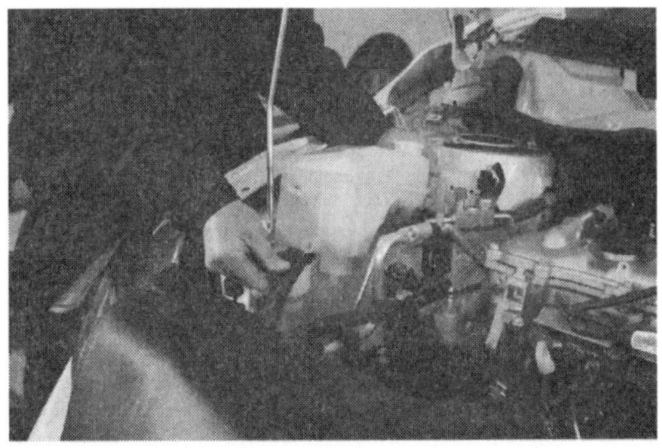

3　2号将10#扳手传递给1号。

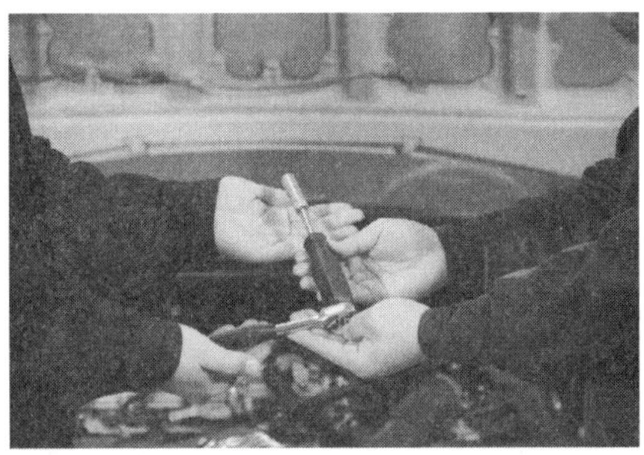

4　固定膨胀水箱。

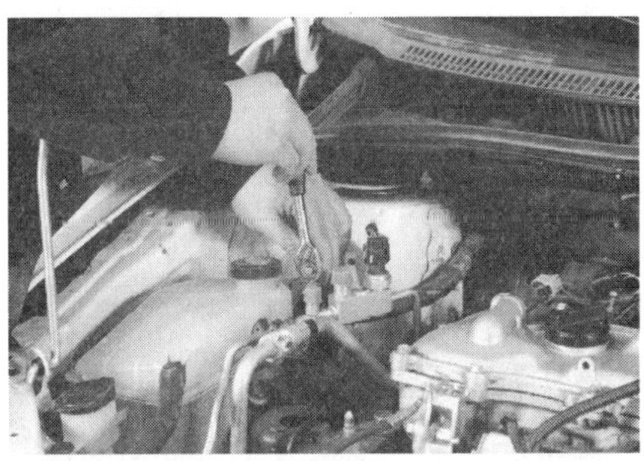

## 第十步　加注冷却液

1　1号用棉纱擦净膨胀水箱周围的油的剩余冷却液。

**提示：**注意保持良好的操作习惯。

2　2号将冷却液传递给1号。

3　1号旋下冷却液桶盖，然后一手握住桶上的手柄，一手托住桶的底部，对准冷却液加注口，稍稍倾斜冷却液桶，缓缓将冷却液倒入发动机内。

提示：加注冷却液时，动作要舒缓，不要过急，防止冷却液洒到发动机的外面。

4　当冷却系统的液量不足，膨胀箱中的液面下降缓慢或停止下降时，2号用手反复捏压散热器的上下水管。液面下降后，1号继续加注，如此反复进行，直到膨胀箱内的液面位于上下刻度线的中间位置不再变化为止。

提示：反复捏压散热器的上下水管，目的是排除冷却系统内的空气。

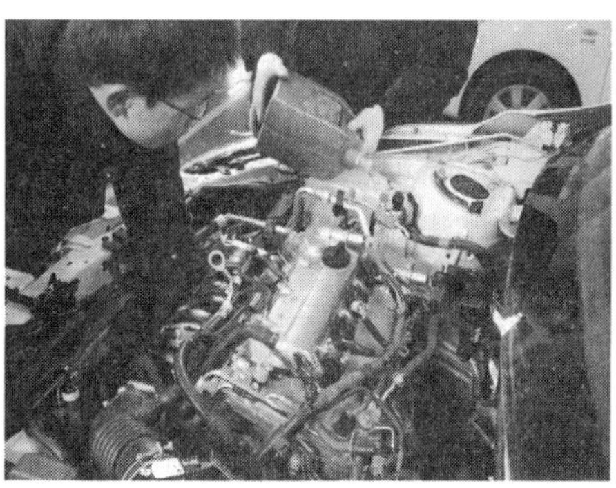

5　1号检查冷却液液面。

提示：如果储液罐中的冷却液液位在“FULL”和“LOW”之间，则冷却液液位是合适的。如果液位低，须加注冷却液。

### 第十一步　使用测温仪检测节温器性能

使用测温仪检测节温器工作情况，可从3个阶段进行检测：节温器开启前（低于77℃）；节温器全开前（80℃～94℃）；节温器全开时（95℃）。

使用测温仪测量发动机进、出水口处水温状况分别是：发动机水温低于77℃时，水温差最大；发动机水温在80℃～94℃之间，水温差逐渐减小；发动机水温在95℃时，水温差机基本稳定，变化不大。

1　1号进入驾驶室，起动发动机，保持怠速运转。

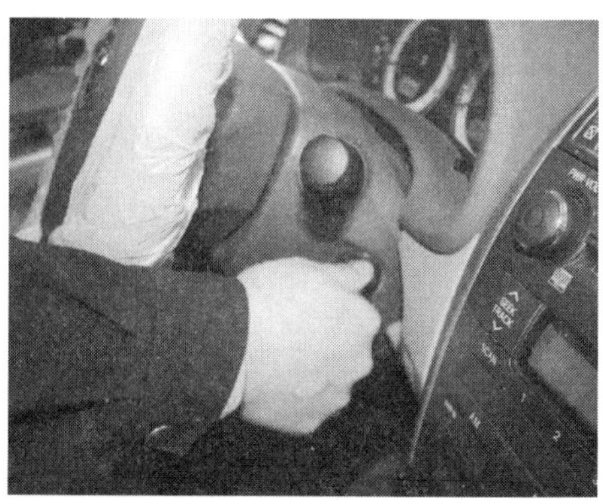

2　2号将测温仪传递给1号。

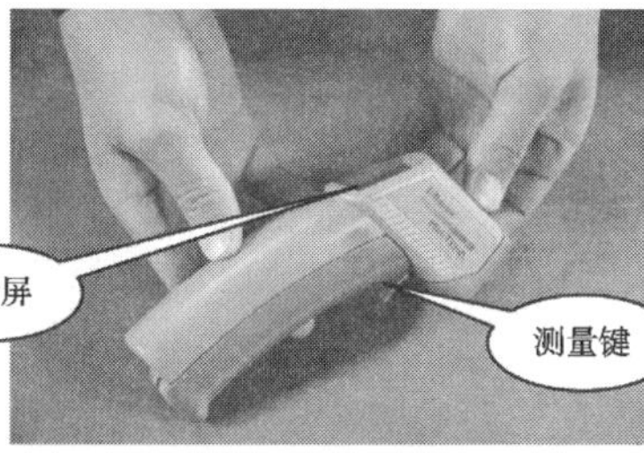


3　1号测量出水管水温。

提示：注意观察显示屏上水温数据。

4　1号测量进水管水温。

提示：注意观察显示屏上水温数据。

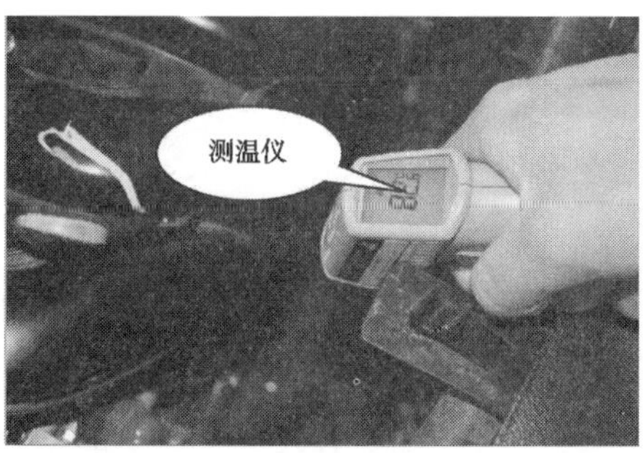


5　1号将测温仪传递给2号。2号将测温仪放置于包装盒中。

提示：测温仪是精密测量仪器，在传递、接收和使用过程中，要轻拿轻放、接收可靠，正确操作。测量仪要妥善保管，防振动，防重压。

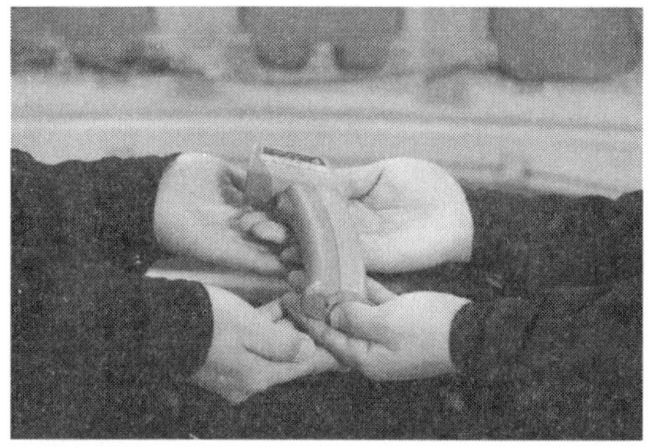

6　1号进入驾驶室，关闭点火开关。

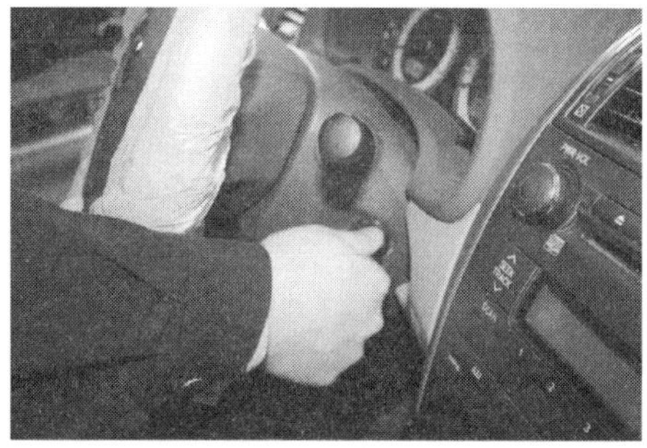

## 第十二步　整理工位

1　1号取下转向盘套、变速杆套、座套和地板垫传递给2号。2号将其放置在包装袋中。

提示：保护罩用薄塑料制成，易破损。所以拆装时注意保护，以增加使用次数。

2　1号、2号共同拆除护裙，关闭发动机机舱盖，擦拭摆放工具，处理废弃物，清洁地面卫生。

提示：作业项目完成后，要搞好工位的清洁，整理和整顿工作，培养良好的工作习惯。

## 七、考核标准

考核标准表

| 考核时间 | 序 号 | 考核时间 | 满 分 | 评分标准 | 得 分 |
|---|---|---|---|---|---|
| 40min | 1 | 作业前整理工位 | 3 | 整理遗漏酌情扣分 | |
| | 2 | 观察车辆在工位上的停驻位置 | 2 | 操作不当扣2分 | |
| | 3 | 检查变速器是否位于空挡或P挡位 | 4 | 操作不当扣4分 | |
| | 4 | 检查手制动 | 4 | 操作不当扣4分 | |
| | 5 | 打开并支撑机舱盖 | 3 | 操作不当扣3分 | |
| | 6 | 安装翼子板护裙 | 4 | 操作不当扣4分 | |
| | 7 | 起动车辆时，挡位检查 | 5 | 操作不当扣5分 | |
| | 8 | 启动车辆时，观察周围情况 | 5 | 操作不当扣5分 | |
| | 9 | 报告发动机预热温度 | 4 | 错误报告扣4分 | |
| | 10 | 放油前机油泄漏检查 | 5 | 操作不当扣5分 | |
| | 11 | 查找车辆的支撑点 | 4 | 查找错误扣4分 | |
| | 12 | 车辆在举升中停驻 | 4 | 操作不当扣4分 | |
| | 13 | 放置机油回收桶 | 3 | 操作不当扣3分 | |
| | 14 | 拆下机油排放塞 | 5 | 操作不当扣5分 | |
| | 15 | 检查机油排放塞的密封垫圈 | 4 | 操作不当扣4分 | |
| | 16 | 安装机油排放塞 | 5 | 操作不当扣5分 | |
| | 17 | 拆卸机油滤清器 | 4 | 操作不当扣4分 | |
| | 18 | 安装机油滤清器 | 5 | 操作不当扣5分 | |
| | 19 | 察看车辆的变形情况 | 3 | 操作不当扣3分 | |
| | 20 | 清洁机油加注口 | 3 | 操作不当扣3分 | |
| | 21 | 加注机油 | 5 | 操作不当扣5分 | |
| | 22 | 发动机存油量的检查 | 6 | 操作不当扣6分 | |
| | 23 | 发动机运转后的存油量的检查 | 6 | 操作不当扣6分 | |
| | 24 | 加油后的检漏 | 4 | 操作不当扣4分 | |
| | 25 | 遵守相关安全规范 | | 因违规操作造成人身伤害和设备事故的，总分按0计 | |
| 分数合计 | | | 100 | | |

# 第九章 润滑系统

## 第一节 需用知识

### 一、概述

发动机工作时，各运动零件均以一定的力作用在另一个零件上，并且发生高速的相对运动，有了相对运动，零件表面必然要发生摩擦进而加速磨损。因此，为了减轻磨损，减小摩擦阻力，延长使用寿命，发动机上都必须有润滑系统。

### 二、润滑系统的功用

润滑系统的功用就是在发动机工作时连续不断地把数量足够、温度适当的洁净发动机润滑油（简称机油）输送到全部传动件的摩擦表面，并在摩擦表面之间形成油膜，实现液体摩擦，从而减小摩擦阻力、降低功率消耗、减轻机件磨损，以达到提高发动机工作可靠性和耐久性的目的，如图9-1所示。

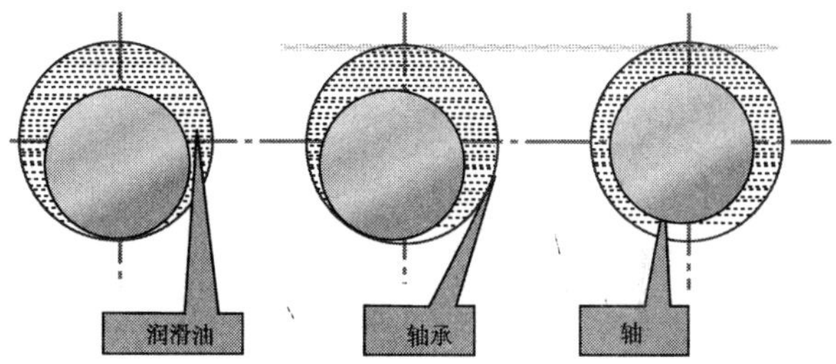


图9-1 润滑机理

### 三、润滑系统的组成及油路

润滑系统由机油泵、机油滤清器、油底壳、机油尺等组成。此外，润滑系统还包括机油压力表、机油警告灯和机油管道等。现代汽车发动机润滑系统的油路大致相同，如图9-2所示。

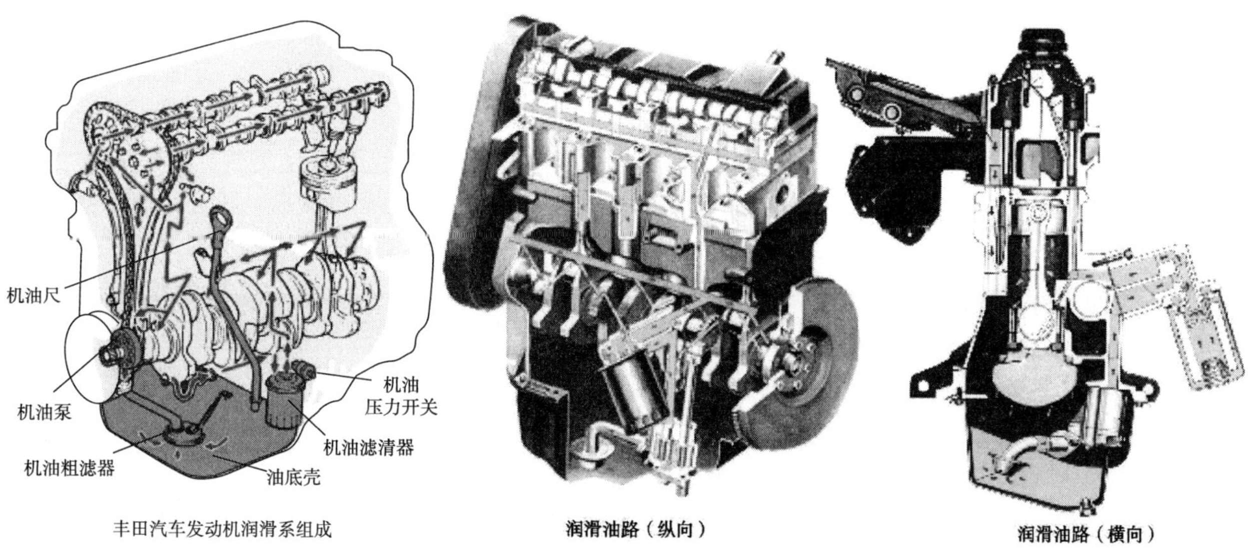


图9-2 润滑系的组成及油路

## 四、机油

### 1 机油的功用

（1）润滑：机油在运动零件的所有摩擦表面之间形成连续的油膜，以减小零件之间的摩擦。

（2）冷却：机油在循环过程中流过零件工作表面，可以降低零件的温度。

（3）清洗：机油可以带走摩擦表面产生的金属碎末及冲洗沉积在汽缸、活塞、活塞环及其他零件上的积炭。

（4）密封：附着在汽缸壁、活塞及活塞环上的油膜，可起到密封防漏的作用。

（5）防锈：机油有防止零件发生锈蚀的作用。

### 2 机油的使用特性

汽车发动机机油在润滑系统内循环流动，循环次数每小时可达100次。机油的工作条件十分恶劣，在循环过程中，机油与高温的金属壁面及空气频频接触，不断氧化变质。窜入曲轴箱内的燃油蒸气、废气以及金属磨屑和积炭等，使机油受到严重污染。另外，机油的工作温度变化范围很大：在发动机起动时为环境温度；在发动机正常运转时，曲轴箱中机油的平均温度可达95℃或更高。同时，机油还与180℃～300℃的高温零件接触，受到强烈的加热。

### 3 机油的分类

国际上广泛采用美国SAE（美国工程师学会）黏度分类法和API（美国石油学会）使用分类法，而且它们已被国际标准化组织(ISO)确认。SAE黏度分类法是按照机油的黏度等级，把机油分为冬季用机油和非冬季用机油。冬季用机油有6种牌号：SAEOW、SAE5W、SAE10W、SAE15W、SAE20W和SAE25W。非冬季机油有4种牌号：SAE20、SAE30、SAE40和SAE50。号数较大的机油黏度较大，适于在较高的环境温度下使用。

API使用分类法是根据机油的性能及其最适合的使用场合，把机油分为S系列和C系列两类。S系列为汽油机油，目前有SA、SB、SC、SD、SE、SF、SG和SH共8个级别。C系列为柴油机油，目前有CA、CB、CC、CD和CE共5个级别。级号越靠后，使用性能越好，适用的机型越新或强化程度越高。其中，SA、SB、SC和CA等级别的机油，除非汽车制造厂特别推荐，否则将不再使用。

我国的机油分类法参照采用ISO分类方法。GB/T 7631．3—1995规定，按机油的性能和使用场合分为：

（1）汽油机油：SC、SD、SE、SF、SG、SH等6个级别。

（2）柴油机油：CC、CD、CDII、CE、CF4等5个级别。

（3）二冲程汽油机油：ERA、ERB、ERC和ERD等4个级别。

### 4 机油的选用

（1）根据汽车发动机的强化程度选用合适的机油使用级。

（2）根据地区的季节气温选用适当黏度等级的机油。

如图9-3所示发动机机油的选用应按当地环境温度为依据。

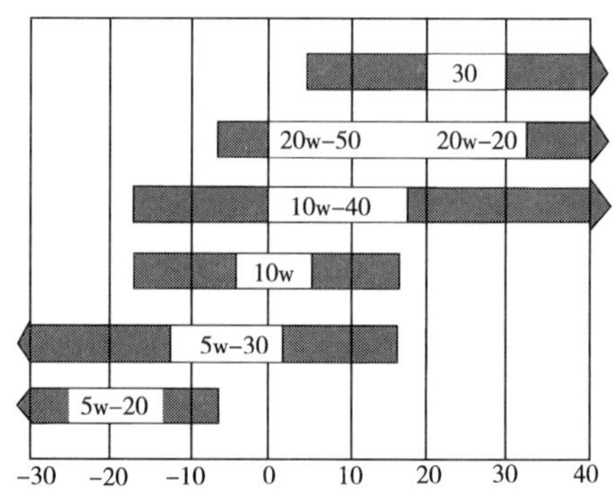


**图9-3　机油的选用**

### 5 机油的更换周期

机油在使用过程中，由于高温氧化及燃烧物混入等原因，将逐渐劣化变质，致使润滑性能下降。因此，机油应适时更换，机油滤清器也应同时更换。

机油更换周期，因车型和行驶环境而不同（表9-1）。如果汽车经常频繁起步、短距离行驶或在多尘地区使用，机油的更换周期应相应缩短。

### 6 机油的环境保护

（1）机油会对水形成污染，不能直接排放，作业时只能在防渗的地面上进行。

（2）机油是易燃品，存放和作业必须远离火源。

常见车型机油更换周期 表9-1

| 常见发动机的机油更换周期 | | |
|---|---|---|
| 发动机型号 | 机油更换周期 | |
| | 行驶里程（km） | 月数 |
| 卡罗拉（1.6L）发动机 | 5000 | 6 |
| 凯越（1.6L）发动机 | 10000 | 6 |
| 桑塔纳2000CSiAJR发动机 | 7500 | 年行驶里程不到7500km至少更换一次机油 |
| 注：行驶里程和月数以先达到者为总 | | |

（3）废弃的机油要单独盛装，并妥善保管和回收利用。

（4）沾上机油的物品，不得作为生活垃圾处理。

### 7 机油的安全措施

（1）机油对皮肤有损害，作业时应着防护手套和防护服。

（2）沾上机油的衣服或鞋子，必须立即更换。

（3）皮肤沾上机油，立即用肥皂水清洗。

（4）眼睛接触到机油，应用清水彻底冲洗，不适时应立即就医。

## 五、润滑系统主要部件的构造

### 1 机油泵

机油泵的功用是保证机油在润滑系统内循环流动，并在发动机任何转速下都能以足够高的压力向润滑部位输送足够数量的机油。

机油泵结构形式可分为齿轮式和转子式两类。齿轮式机油泵又分内啮合齿轮式和外啮合齿轮式。

（1）齿轮式机油泵。齿轮式机油泵的优点是效率高，功率损失小，工作可靠；缺点是需要中间传动机构，制造成本相应较高。国产桑塔纳、捷达和奥迪等轿车都采用齿轮泵，如图9-4所示。

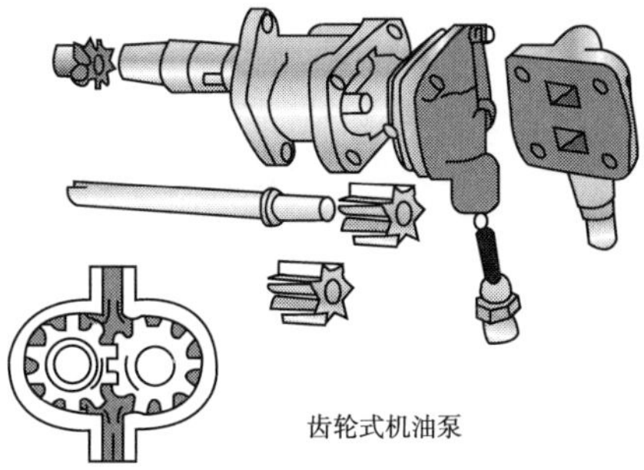


图9-4 齿轮式机油泵

（2）内啮合齿轮式机油泵。内啮合齿轮式机油泵也称内接齿轮泵，其工作原理与外啮合齿轮式机油泵或齿轮式机油泵相同。内啮合齿轮泵的外齿轮是主动齿轮，套在曲轴前端，通过花键由曲轴直接驱动。内接齿轮是从动齿轮，装在机油泵体内，泵体固定在机体前端。

因为内啮合齿轮泵由曲轴直接驱动，无需中间传动机构，所以零件数量少，制造成本低，占用空间小，使用范围广。但是这种机油泵在内、外齿轮之间有一处无用的空间，使机油泵的泵油效率降低。另外，如果曲轴前端轴颈太粗，机油泵外形尺寸就会随之增大，发动机驱动机油泵的功率损失也相应有所增加，如图9-5所示。

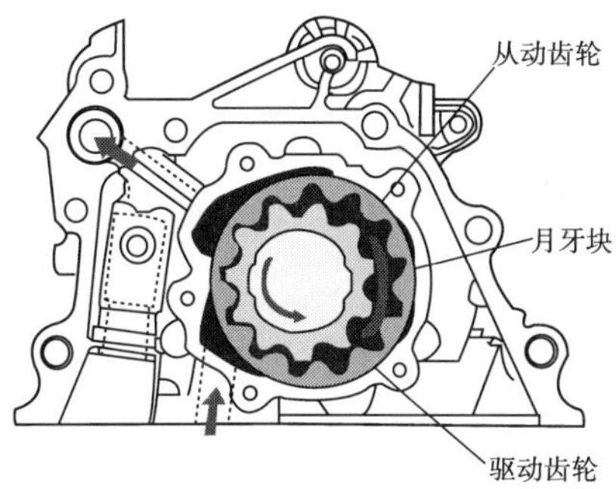


图9-5 内接齿轮式机油泵

（3）转子式机油泵。转子式机油泵主要由内、外转子，机油泵体及机油泵盖等零件组成。内转子固定在机油泵传动轴上，外转子自由地安装在泵体内，并与内转子啮合转动。内、外转子之间有一定的偏心距。转子式机油泵的优点是结构紧凑，供油量大，供油均匀，噪声小，吸油真空度较高，如图9-6所示。

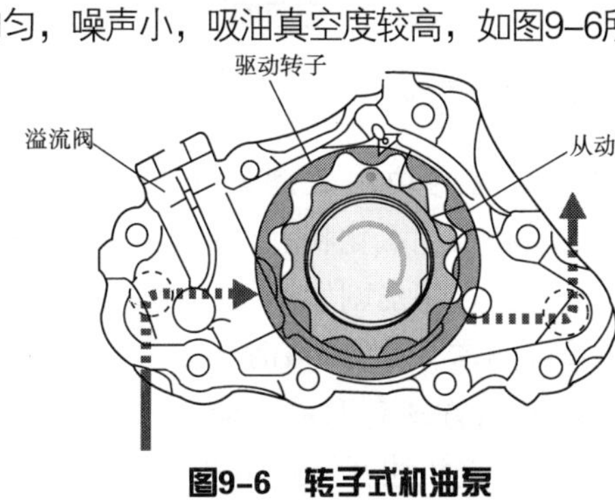


图9-6 转子式机油泵

（4）安全阀。机油泵必须在发动机各种转速下都能供给足够数量的机油，以维持足够的机油压力，保证发动机的润滑。机油泵的供油量与其转速有关，而机油泵的转速又与发动机转速成正比。因此，在设计机油泵时，都是使其在低速时有足够大的供油量。但是，在高速时机油泵的供油量明显偏大，机油压力也显著偏高。另外，在发动机冷起动时，机油黏度大，流 动性差，机油压力也会大幅度升高。为了防止油压过高，在润滑油路中设置安全阀或限压阀。一般安全阀装在机油泵或机体的主油道上。当安全阀安装在机油泵上时，如果油压达到规定值，安全阀开启，多余的机油返回机油泵进口。如果安全阀安装在主油道上，则当油压达到规定值时，多余的机油经过安全阀流回油底壳，如图9-7所示。

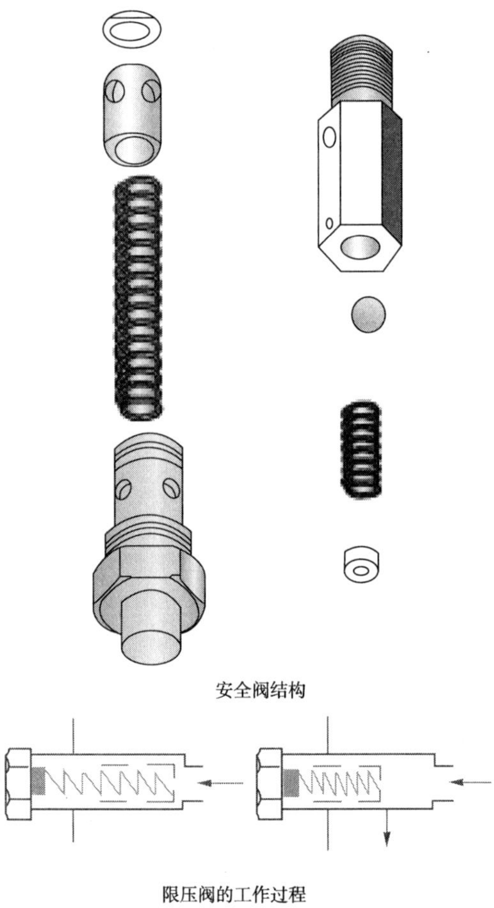


**图9-7 安全阀**

## 2 机油滤清器

机油滤清器的功用是滤除机油中的金属磨屑、机械杂质和机油氧化物。如果这些杂质随同机油进入润滑系统，将加剧发动机零件的磨损，还可能堵塞油管或油道，如图9-8所示。

机油滤清的方式有两种：全流式和分流式。（图9-9）全流式机油滤清器串联于机油泵和主油道之间，因此全部机油都经过它滤清。目前在轿车上普遍采用全流式机油滤清器。

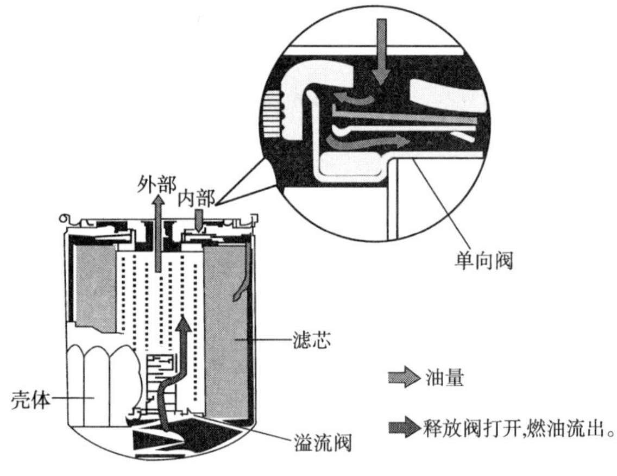


**图9-8 机油滤清器**

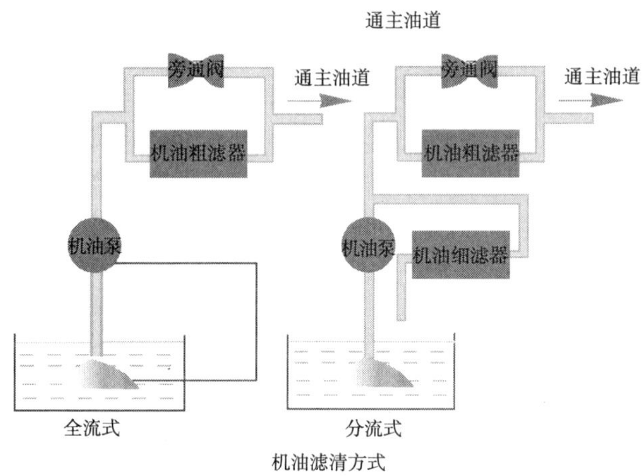


**图9-9 机油滤清方式**

## 3 油压警告灯（油压表）

此装置警告驾驶员，油泵产生的油压是否正常，是否正常地输送到了发动机的各个部分。油路中的油压开关（传感器）监控油压状态，并且若发动机起动后如油压不增加，在组合表上对驾驶员发出警告，如图9-10所示。

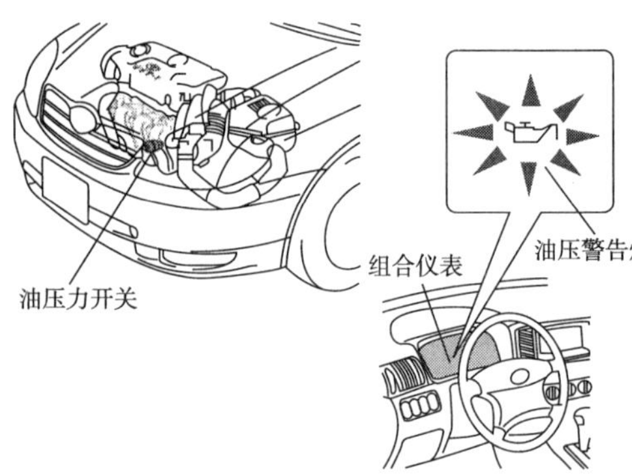


**图9-10 油压警告灯**

## 4 机油尺

油底壳内保持一定量的机油，是润滑系统正

常工作的前提，因此要经常检查机油的液面高度。机油的液面通过观察拔出的机油尺来检查，如图9-11所示。

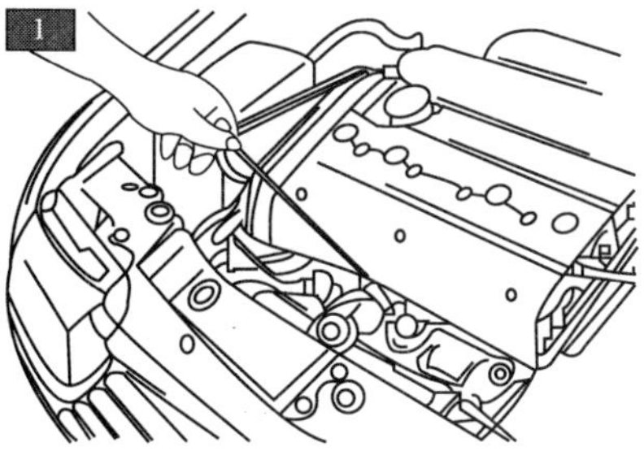


图9-11 机油尺的位置

将汽车停放在平坦的地面上，起动发动机预热3～5min（水温达到60℃），停止发动机运转2～3min后拔出机油尺，如果机油处于上限（MAX或F标记）、下限（MIN或L标记）之间（图9-12），说明不缺少机油。

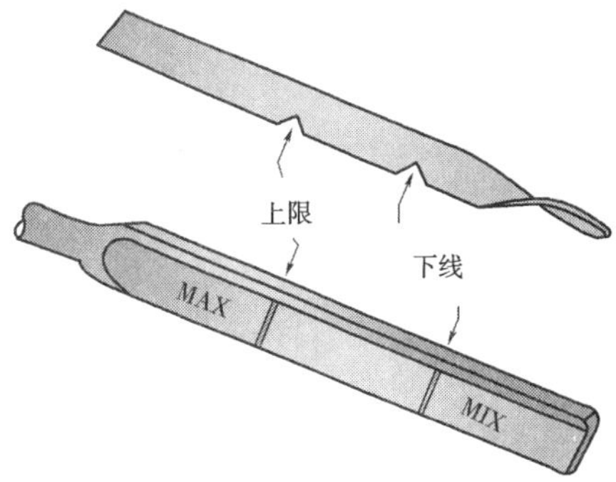


图9-12 检查机油液面高度

# 第二节　常见维修项目

## 任务一　更换机油及机油滤清器

### 一、技术标准与要求

（1）车辆停驻在平坦地面上，常温下更换发动机机油。

（2）卡罗拉轿车每行驶10000~12000km定期更换发动机机油和机油滤清器。如果汽车连续在多尘地区以及气温低于-20℃的寒冷地区行驶，发动机机油的更换周期应相应缩短。更换周期因车而异，请参阅该车型维修手册。

（3）卡罗拉轿车选用机油的级别和品牌有：API品质等级SL级或SM级的机油,不可混用使用不同牌号的机油。

1ZR型发动机的机油的加注量

| 机油滤清器更换时放空后的加注量为 | 未更换机油滤清器的加注量为 | 净加注量 |
|---|---|---|
| 4.2L | 3.9L | 4.7L |

（4）机油滤清器的拧紧方法：机油滤清器的拧紧力矩是18N·m；先用手拧紧，再使用专用扳手旋紧3/4圈。

（5）机油排放塞的拧紧力矩是37N·m。

### 二、实训时间：90min

### 三、实训教学目标

（1）了解更换发动机机油和机油滤清器的重要性。

（2）熟悉发动机机油和机油滤清器的作用和类型。

（3）掌握更换发动机机油和机油滤清器的操作技能。

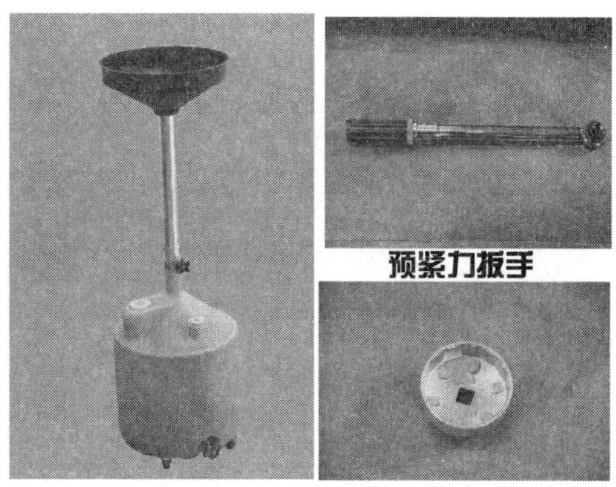

预紧力扳手

机油回收桶　机油滤清器专用扳手

### 四、实训器材

其他工具及器材：丰田卡罗拉整车，举升机，磁力护裙，驾驶室内保护罩，接杆，棘轮扳手，$\phi$14mm套筒，机油及滤清器。

### 五、教学组织

（1）教学组织形式：

每辆车安排4名学生实训，两名学生一组。一组操作，一组观察学习。

（2）学生站位分工要求：

两名学生一组，按照1号、2号进行编号。1号为主，2号为辅助。

（3）实训教师职责：

讲解操作步骤和注意事项：下达“操作开始”口令；工位间巡视、检查、指导和纠正错误。

（4）学生职责变换：

两名学生实行职责变换制度，即第一遍1号为主，2号辅助；第二遍2号为主，1号辅助。

## 六、操作步骤

### 第一步　事前准备

1　车辆进入工位前，参训学生将工位清理干净，排除障碍物，准备好相关的工具、物品等。

提示：培养良好的工作习惯，做好事前准备，有利于安全操作和提高工作效率。

2　将车辆停驻在举升机平台的中央位置。

提示：车辆停驻于举升机平台的中央位置，为车辆的安全举升做好准备。

3　2号将变速杆置于P挡。

提示：发动机带挡操作属于违规操作，危险性极大。因此，发动机起动前应将变速杆置于P挡。

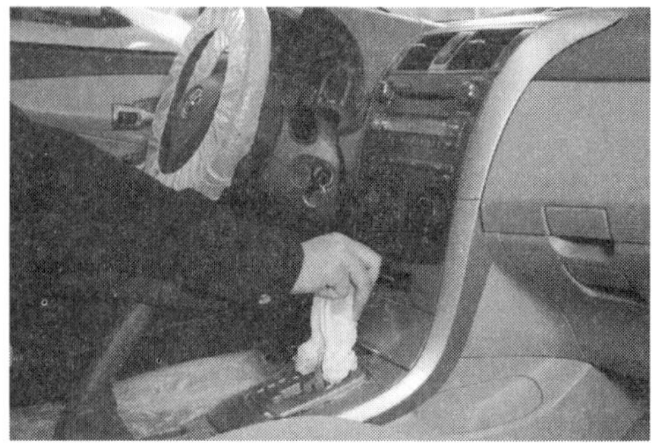

4　1号支撑牢固发动机舱盖。

提示：将支撑杆插入发动机舱盖支撑空时，要保证接触可靠，否则，发动机舱盖滑落会造成人身伤害。

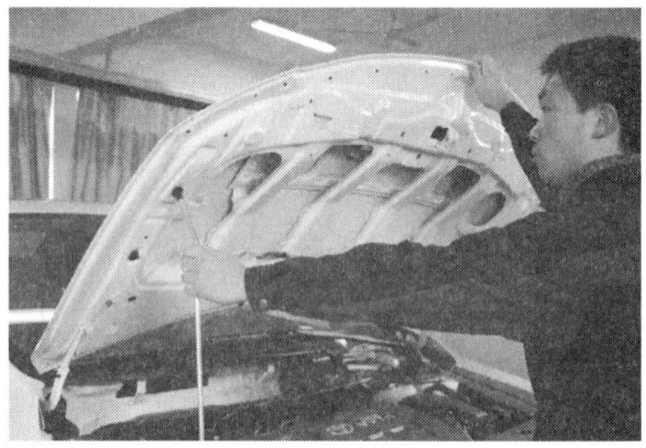

5　1号把护裙粘贴在汽车的正前面，要求将车头前部、前照灯总成、保险杠全部覆盖。

提示：在车的前方操作时，护裙用于保护易划伤的零部件表面和车漆。

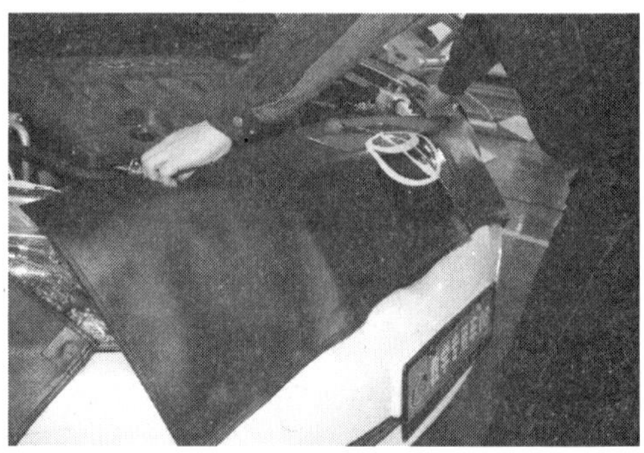

6　2号安装转向盘套。

提示：转向盘套由薄塑料制成的，极易破损。安装转向盘套时，不要生拉硬拽，否则会造成转向盘套破损。

## 第二步　预热发动机

*1*　2号进入驾驶室，横向摆动变速杆位，确认变速器处于空挡位置。

**提示：**发动机起动之前，应将变速杆置于N挡或P挡位置。

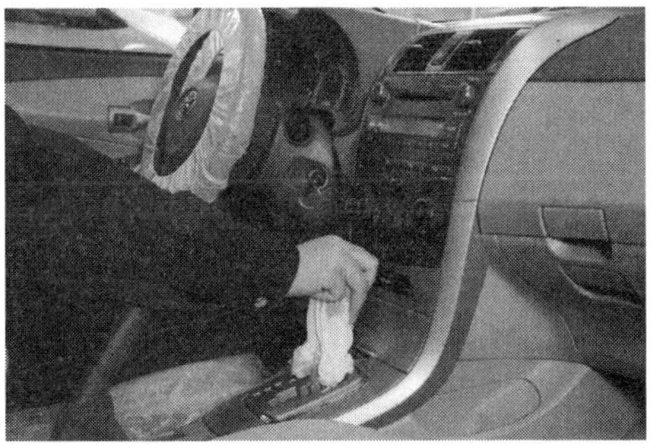

*2*　1号检查冷却液液面。

**提示：**如果储液罐中的冷却液液位在“FULL”和“LOW”之间，则冷却液液位是合适的。如果液位低，须加注冷却液。

*3*　1号检查发动机机油液位。

**提示：**如果机油标尺上的机油液位在3/4之间，则机油液位是合适的。如果液位低，须加机油。

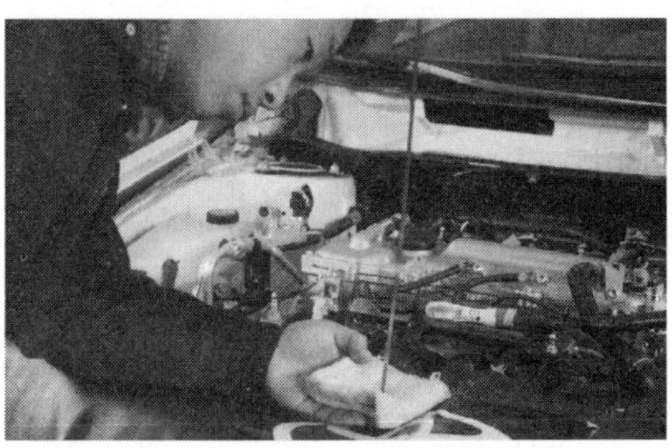

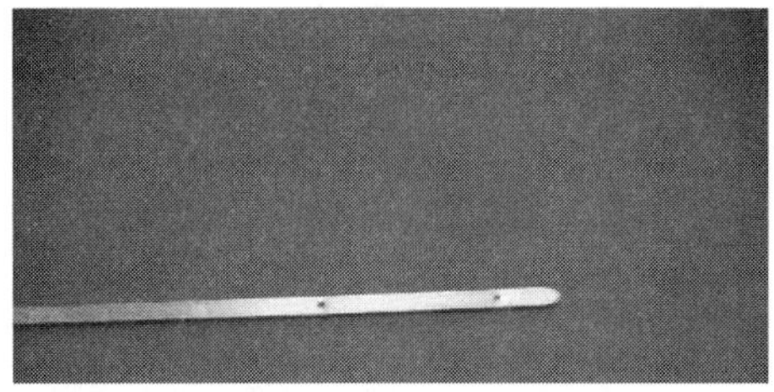

*4*　2号打开点火开关，起动发动机并保持怠速运转3～5min。其间观察水温表指示数值的变化，当水温达到60～70℃时关闭点火开关，停止发动机运转。

**提示：**（1）提高发动机温度使冷却液黏度变小，有利于发动机内的冷却液排放彻底。

（2）起动发动机时，1号、2号配合口令是“起动”和“正常”。注意发动机起动器安全确认。

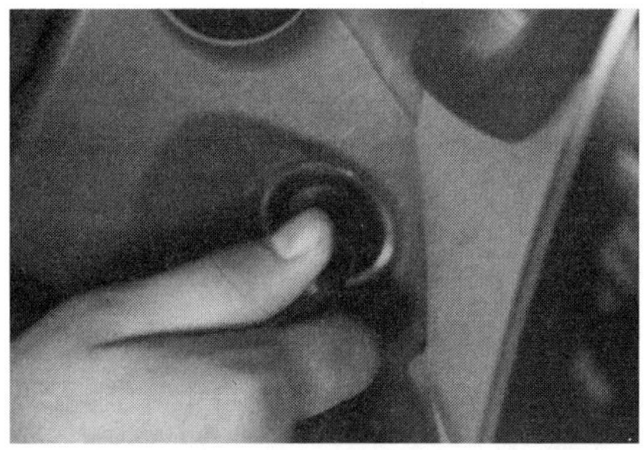

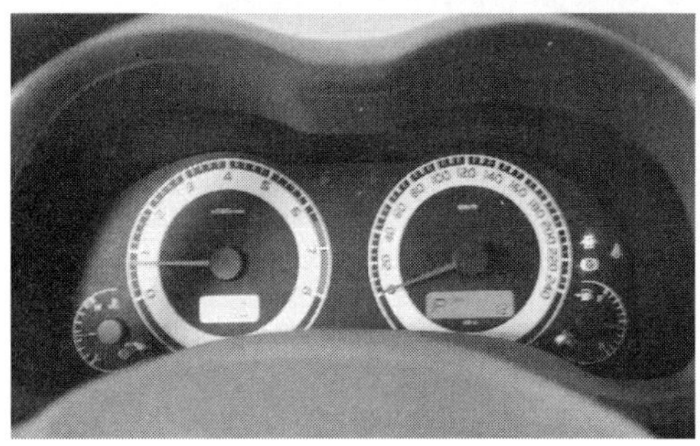

## 第三步　拆卸发动机装饰罩

*1*　1号用手取下空气滤清器附近的装饰板。

**提示：**装饰板是由橡胶材料制成的，通过卡孔、承座与车身上的销轴、空调系统中的储液干燥器相配合。取下装饰板时，双手握住装饰板的前后端，同时用力但不要过猛，防止折断。

2　1号将装饰板传递给2号。

3　2号将装饰板摆放在零件车上。

### 第四步　检查泄露

1　1号察看气门室罩垫、加油口、曲轴前油封等处是否存在漏油现象。

提示：一旦发现存在有较严重的漏油现象，应修复后再进行换油作业。

2　1号和2号放置橡胶垫块。

提示：放置橡胶垫块时，应注意位置合理距举升机平板10cm左右，放置平整。

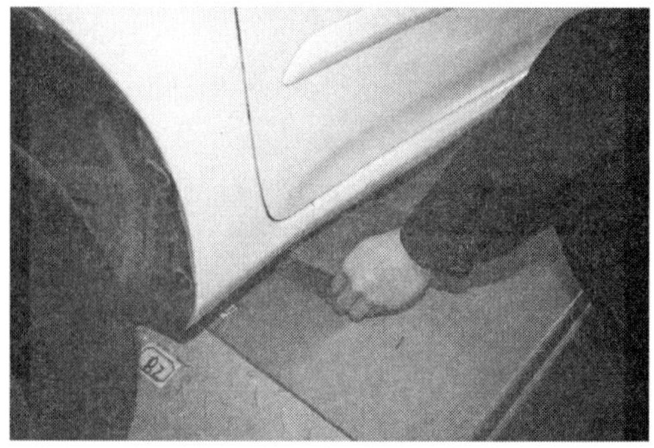

3　2号操纵举升机，车轮举升到离地面10cm处。

提示：车轮举升到离地面10cm处，是为了检查车辆的稳定性做准备。

4　1号和2号一起检查车辆的稳定性。

提示：检查车辆的稳定性，是为了保证车辆的安全举升。

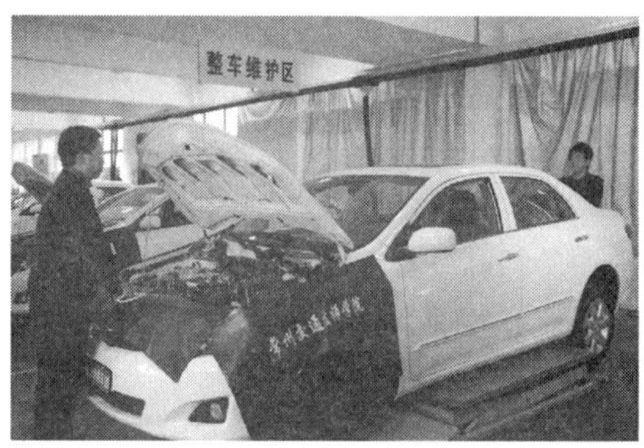


5　2号操纵举升机，将车辆举升到目标高度后，可靠停驻，方可进入车下作业。

提示：严禁重载举升；严禁有乘员；严禁晃动车辆；严禁车下站人或穿梭。

6　车辆举升后，1号检查曲轴前、后油封、排油塞油底壳衬垫等处是否有机油泄露现象，油底

壳是否存在变形现象。

**提示：**一旦发现存在有较严重的漏油现象，应修复后再进行换油作业。

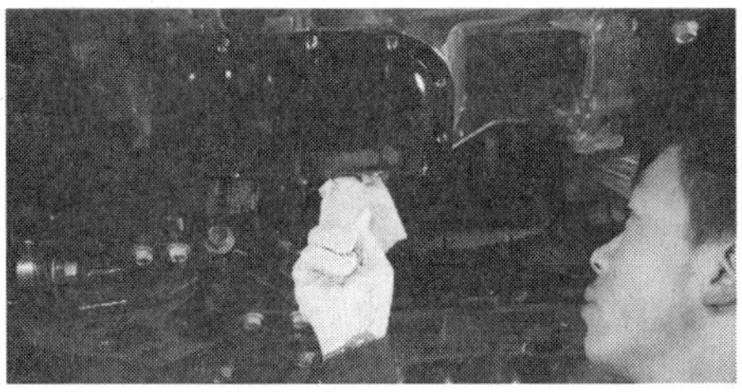

## 第五步　排放机油

1　2号将机油回收桶，置于发动机油底壳排油塞的正下方。

**提示：**观察桶内的存有量，防止接油时因容量所限而机油溢出。

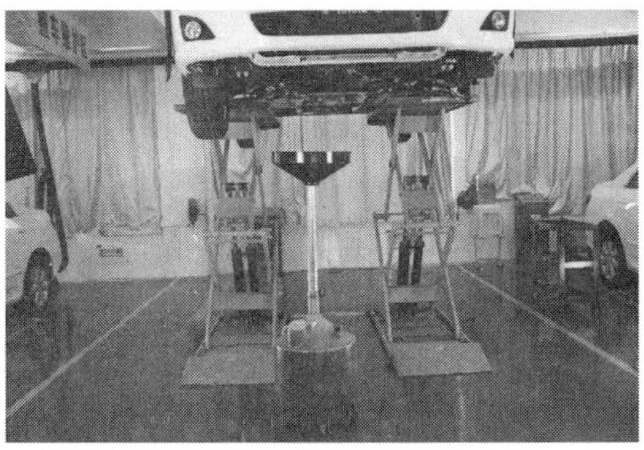

2　2号将$\phi$14mm套筒，预紧力扳手传递给1号。

3　1号使用$\phi$14mm套筒、预紧力扳手拧松排油塞。

**提示：**拧松排油塞时，套筒与排油塞要配合到位且可靠，扭力扳手保持正直，注意站姿。

4　1号用手缓缓旋出排油塞，当感觉仅剩1～2个丝扣时，继续旋出时要稍用力向上推排油塞，确定螺纹已全部出后，急速移开排油塞，让机油流入回收桶内。

**提示：**旋出排油塞时，动作要缓慢，移开时，一定要快，否则，机油会流到手上或衣服上。

5　1号检查排油塞垫片是否损坏，如断裂要更换新垫片。使用棉纱擦净排油塞上吸附的金属屑。

**提示：**安装排油塞前，要目检是否漏油，若发生漏油将排油塞旋出几扣，用棉线顺时针方向缠绕在螺纹上，拧紧排油塞，解决漏油问题。

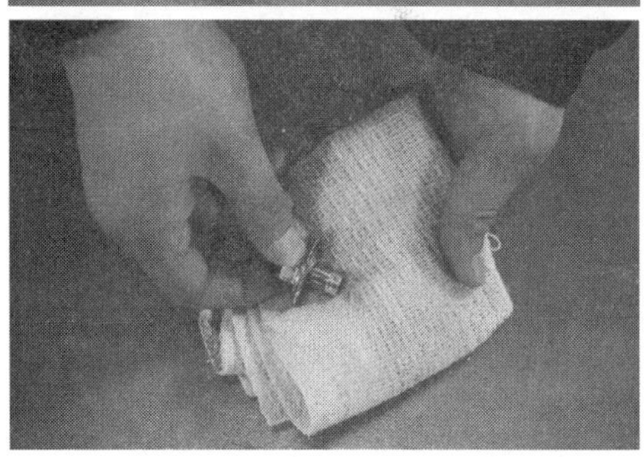

6　当油底壳的排油孔不再滴油时，1号用手旋入排油塞。

**提示：**用手旋入排油塞，可以保证对正螺纹。严禁使用工具旋入，因为螺纹一旦歪斜，便会造成损坏，最终导致油底壳的更换。

7　2号将$\phi$14mm套筒，预紧力扳手传递给1号。

8　1号将$\phi$14mm套筒、预紧力扳手将排油塞拧紧力矩至37N・m。

提示：排油塞要按照规定力矩紧固。

9　1号用棉纱擦净排油塞和油底壳上的油迹。

提示：将排油塞上的油迹擦拭干净，便于检查漏油。

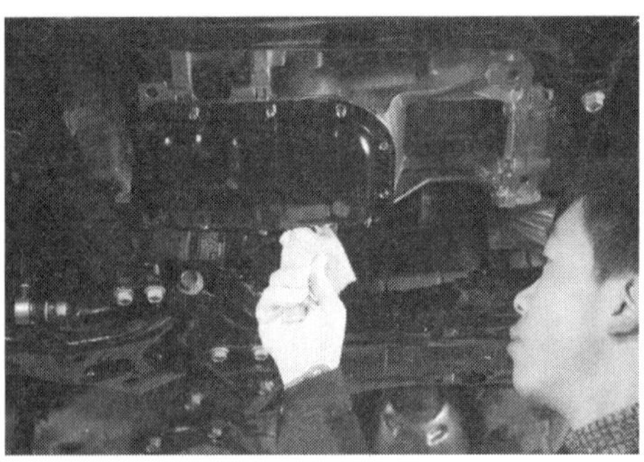

10　1号将$\phi$14mm套筒，预紧力扳手传递给2号。

## 第六步　更换机油滤清器

1　2号将机油滤清器专用套筒、接杆、扭力扳手传递给1号。

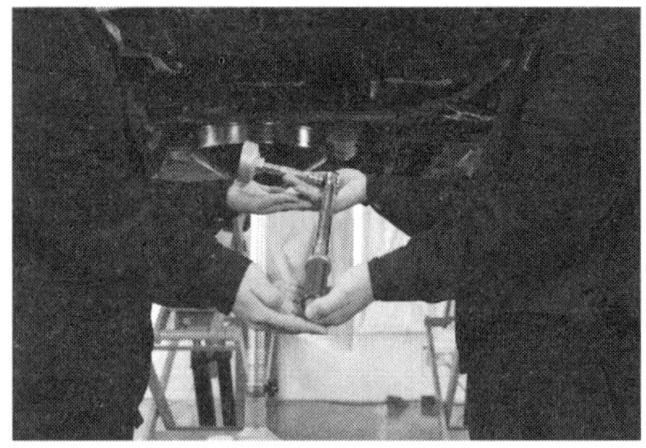

2　1号使用机油滤清器专用套筒、接杆、扭力扳手旋松机油滤清器。

提示：注意机油滤清器的旋松方向。

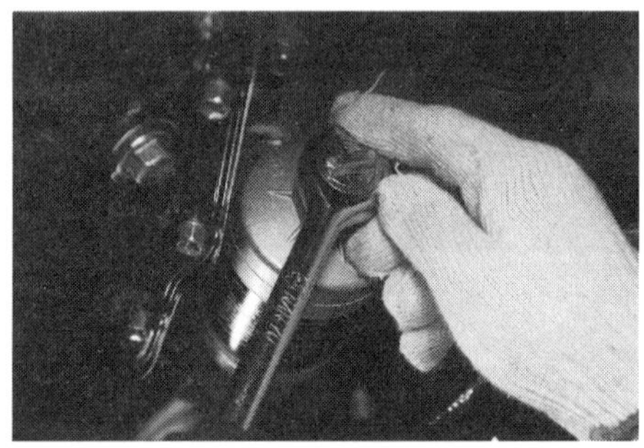

3　1号用手旋下滤清器并放入废件回收桶中。

提示：用手旋下滤清器后，要垂直下落，不要歪斜，防止滤清器内的机油撒落到身上或地面。

4　2号将新的机油滤清器传递给1号。

5　1号在密封圈上均匀涂抹一薄层机油。

**提示:** 滤清器的密封圈上涂抹一薄层干净机油，可以起到密封辅助的作用。

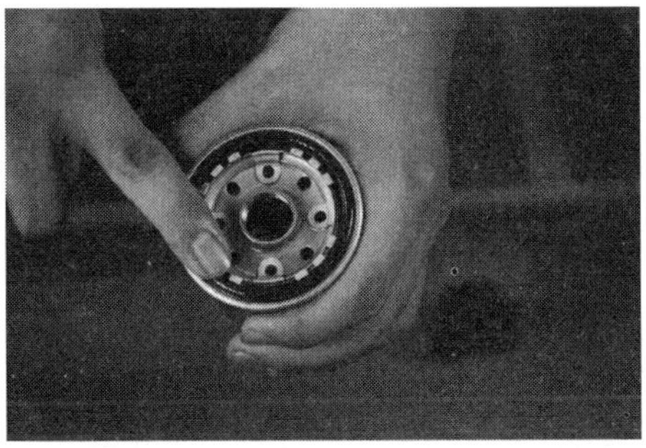

6　1号将滤清器旋入其座上并用力拧紧。

7　2号将机油滤清器专用套筒，接杆，预紧力扳手传递给1号。

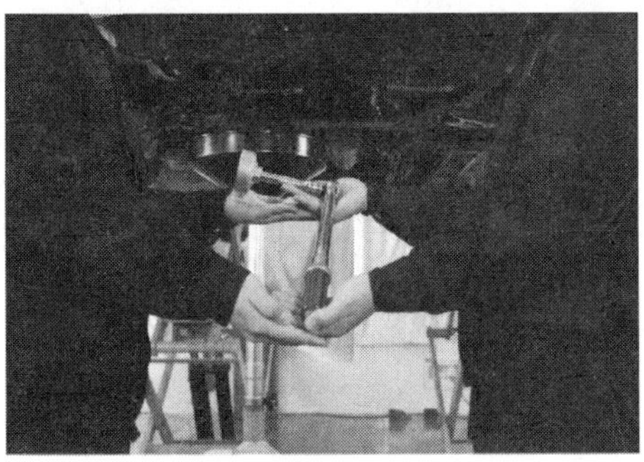

8　1号使用机油滤清器专用套筒、结杆、预紧力扳手转动滤清器3/4圈将其紧固。

**提示:**

（1）滤清器的拧紧力矩不要过大，以免损坏密封垫圈，按规定要求拧紧即可。

（2）滤清器安装完毕，擦净外壳及其座上的机油，便于检查发动机运转时是否存在漏油。

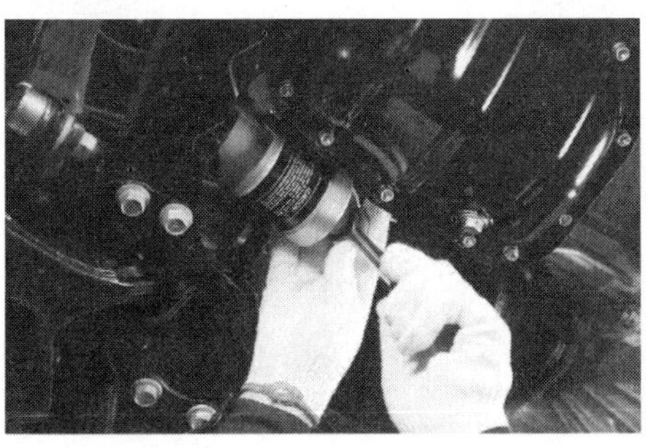

9　最后，1号用棉纱擦净滤清器及其座上的机油。

**提示:** 将安装后的机油滤清器及其座上的机油擦净，便于进行漏油检查。

10　1号将机油滤清器专用套筒，接杆，预紧力扳手传递给2号。

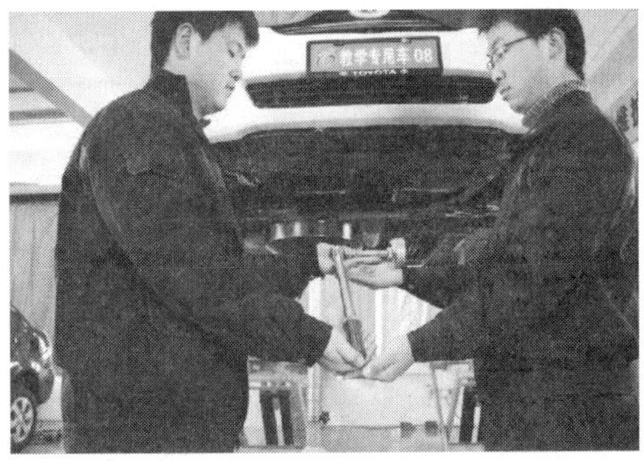

## 第七步　加注机油

1　2号操纵举升机，将车辆平稳降落到地面上。

**提示:** 车辆降落到地面时，要重新安装车轮挡块。

2　1号检查车辆是否歪斜。如有，应修复再加注机油。重点检查轮胎气压和减震器总成。

**提示:** 当车辆出现严重变形后，发动机在车上的位置发生偏移，加注机油时，机油标尺显示的数值便会出现或大或小的偏差，给发动机的正常工作带来隐患。

3　1号用棉纱擦净加油塞周围的油渍、尘土等，并旋下加油塞。

提示：旋下加油塞之前，要先清除周围的脏污，防止掉入发动机内部，加剧磨损。

4　2号将机油桶传递给1号。

5　1号旋下机油桶盖，然后一手握住桶上的手柄，一手托住桶的底部，对正发动机的加油口，稍稍倾斜机油桶，缓缓将机油倒入发动机内。

提示：加注机油时，动作要舒缓，油流不要过急，防止油液洒到发动机的外面。

6　当加注量接近机油桶容量（4.2L）的3/4时，停止加注。2～3min后，1号拔出机油标尺，擦净刻度尺处的油液，将其擦入机油标尺套管内，按压机油标尺确认到位后，再次拔出，观察油底壳中油面的高度，应位于上下刻度线中间偏上的位置。若油量不足，进行添加，不允许液面高于上刻度线。

提示：发动机的机油加注量应符合规定要求，过多或过少都会对发动机的使用性能造成不良影响。若油量过少，系统油压下降，机件磨损加剧，严重的会引起烧轴抱瓦等机械事故；若油量过多，导致机油激溅，发动机运转阻力增大，机械效率降低。

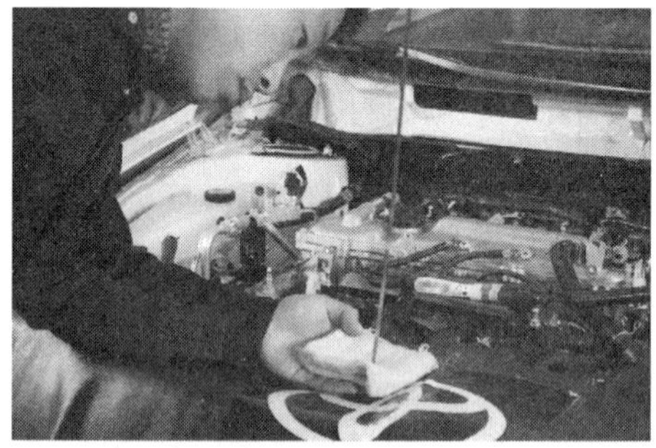

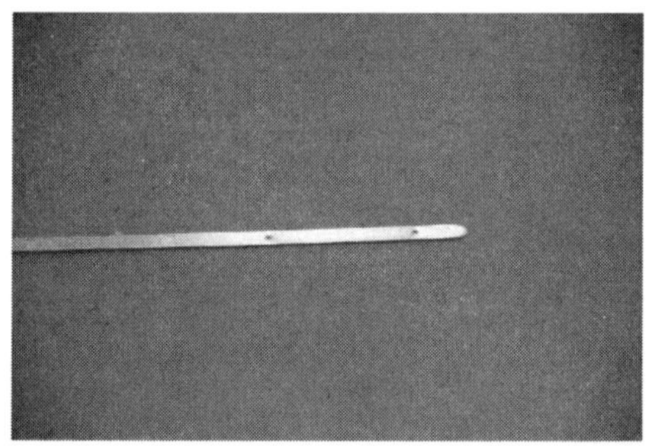

## 第八步　添加和检漏

1　1号将机油加注完毕，旋紧加油口盖。

2　2号进入驾驶室，打开点火开关，起动发动机并保持运转3～5min之后，关闭点火开关。

提示：机油加注后，使发动机运转一段时间，主要目的是填充润滑系统中的储油空间，便于确定油底壳中的实际存油量。

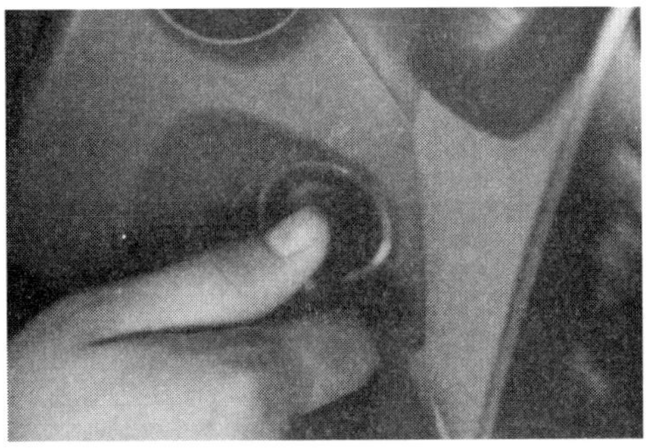

3　1号待发动机停止运转3～5min后，拔出机油标尺，擦净刻度尺的机油，然后将其插回套筒内，确定插入到位后，再次拔出机油标尺，观察油底壳中的油面在刻度尺上显示的位置。如果油面显示于标尺的上下极限刻度线的中间偏上位置，为正常；偏下，则添加适量机油；高于上刻度线，应放出适量机油。

提示：发动机内储油量不适当带来的危害，前文已作说明，不再赘述。

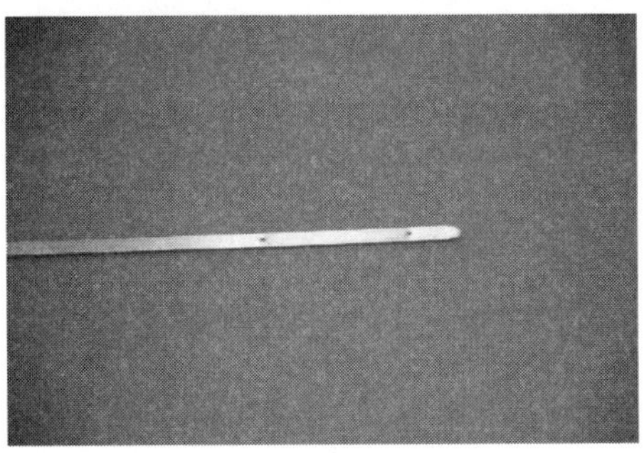

4　1号检查排油塞、机油滤清器等处是否漏油。如有泄漏，修复后车辆才可投入使用。

提示：机油泄漏的检查，非常重要，它往往可以避免一些因疏于检查而导致的相关机械事故发生。

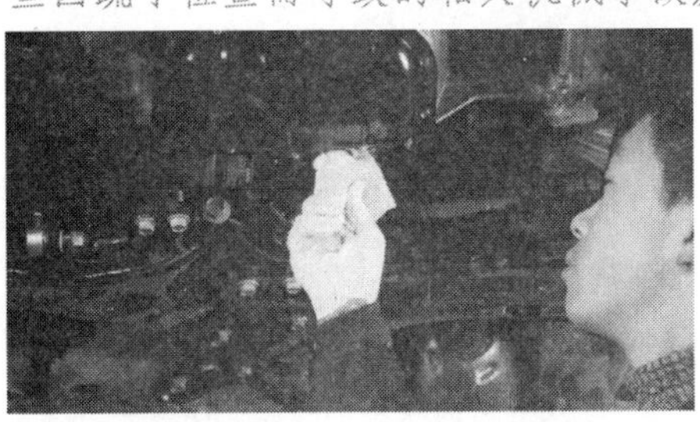

5　2号操纵举升机将车辆平稳降落到地面上。

### 第九步　安装发动机装饰罩

1　2号将装饰板传递给1号。

2　1号将装饰板安装到车身上。

提示：装饰板是由橡胶材料制成的，通过卡孔、承座与车身上的销轴、空调系统中的储液干燥器相配合。安装装饰板时，双手握住装饰板的前后端，同时用力但不要过猛，防止折断。

### 第十步　整理工位

1号、2号共同拆除护裙，关闭发动机舱盖，擦拭摆放工具，处理废弃物，清洁地面卫生。

提示：作业项目完成后，要搞好工位的清洁、清理、清扫、整理和整顿工作，培养良好的工作习惯。

## 七、考核标准

考核标准表

| 考核时间 | 序号 | 考核项目 | 满分 | 评分标准 | 得分 |
|---|---|---|---|---|---|
| 90min | 1 | 作业前整理工位 | 3 | 整理遗漏酌情扣分 | |
| | 2 | 观察车辆在工位上的停驻位置 | 2 | 检查遗漏扣2分 | |
| | 3 | 检查变速器是否位于空挡或P挡位 | 4 | 检查遗漏扣4分 | |
| | 4 | 检查驻车制动器是否工作 | 4 | 检查遗漏扣4分 | |
| | 5 | 打开并支撑机舱盖 | 3 | 操作不当扣3分 | |
| | 6 | 安装保护罩 | 4 | 操作不当酌情扣分 | |
| | 7 | 起动车辆时，挡位检查 | 5 | 检查遗漏扣5分 | |
| | 8 | 启动车辆时，观察周围情况 | 5 | 检查遗漏扣5分 | |
| | 9 | 报告发动机预热温度 | 4 | 报告错误扣4分 | |
| | 10 | 放油前机油泄漏检查 | 5 | 操作不当扣5分 | |
| | 11 | 查找车辆的支撑点 | 4 | 检查遗漏扣4分 | |
| | 12 | 车辆在举升中停驻 | 4 | 操作不当扣4分 | |
| | 13 | 放置机油回收桶 | 3 | 操作不当扣3分 | |
| | 14 | 拆下机油排放塞 | 5 | 操作不当扣5分 | |
| | 15 | 检查机油排放塞的密封垫圈 | 4 | 检查遗漏扣4分 | |
| | 16 | 拆卸机油滤清器 | 6 | 操作不当扣6分 | |
| | 17 | 安装机油滤清器 | 8 | 操作不当扣8分 | |
| | 18 | 察看车辆的变形情况 | 3 | 检查遗漏扣3分 | |
| | 19 | 清洁机油加注口 | 3 | 清洁遗漏扣3分 | |
| | 20 | 加注机油 | 5 | 操作不当扣5分 | |
| | 21 | 发动机存油量的检查 | 6 | 操作不当扣6分 | |
| | 22 | 发动机运转后的存油量的检查 | 6 | 操作不当扣6分 | |
| | 23 | 加油后的检漏 | 4 | 检查遗漏扣4分 | |
| | 24 | 遵守相关安全规范 | 因违规操作造成人身伤害和设备事故的，总分按0分计 | | |
| 分数合计 | | | 100 | | |

# 任务二　更换油底壳

## 一、技术标准与要求

（1）涂抹密封剂后3分钟内安装油底壳。

（2）油底壳螺栓的规定拧紧力矩为10N·m

## 二、实训时间：90min

## 三、实训教学目标

（1）了解更换发动机油底壳的重要性。

（2）掌握丰田卡罗拉发动机油底壳衬垫的操作技能。

## 四、实训器材

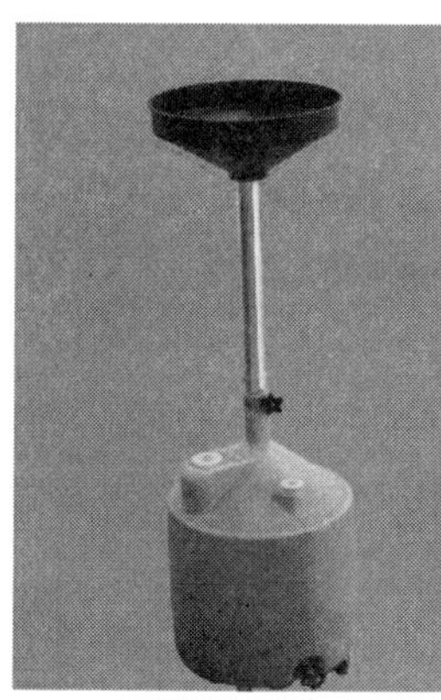

机油回收桶

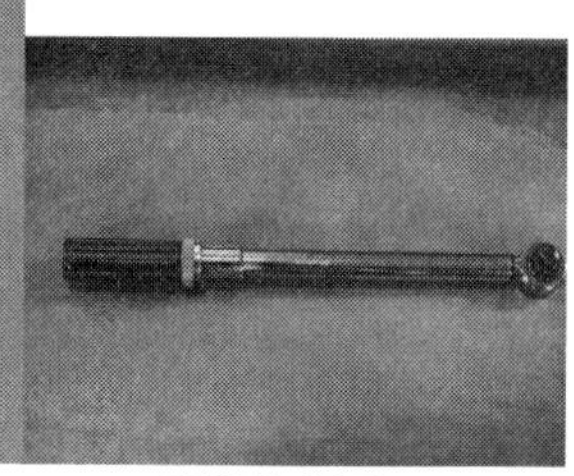

预紧力扳手

## 五、教学组织

（1）教学组织形式：

每辆车安排4名学生实训，两名学生一组。一组操作，一组观察学习。

（2）学生站位分工要求：

两名学生一组，按照1号、2号进行编号。1号为主，2号为辅助。

（3）实训教师职责：

讲解操作步骤和注意事项：下达“操作开始”口令；工位间巡视、检查、指导和纠正错误。

（4）学生职责互换：

两名学生实行职责互换制度，即第一遍1号为主，2号辅助；第二遍2号为主，1号辅助。

## 六、操作步骤

### 第一步　事前准备

1　车辆进入工位前，参训学生将工位卫生清理干净，排除障碍物，准备好相关的工具、物品等。

提示：培养良好的工作习惯，做好事前准备，有利于安全操作和提高工作效率。

2　将车辆停驻在举升机平台的中央位置。

提示：车辆停驻于举升机平台的中央位置，为车辆的安全举升做好准备。

3　2号将变速杆置于P挡。

提示：发动机带挡操作属于违规操作，危险性极大。因此，发动机起动前应将变速杆置于P挡。

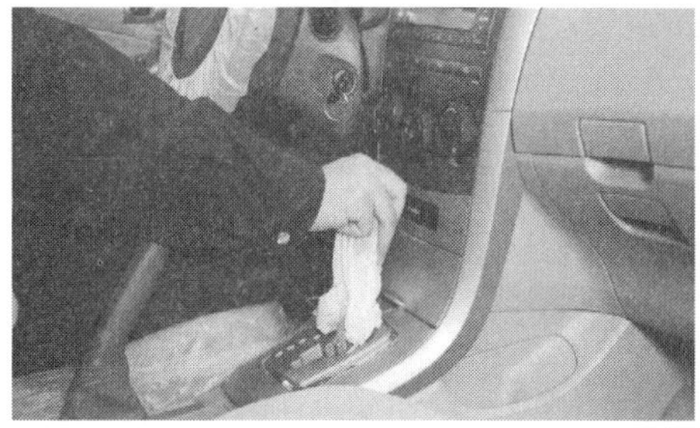

4　1号支撑牢固发动机舱盖。

提示：将支撑杆插入发动机舱盖支撑空时，要保证接触可靠，否则，发动机舱盖滑落会造成人身伤害。

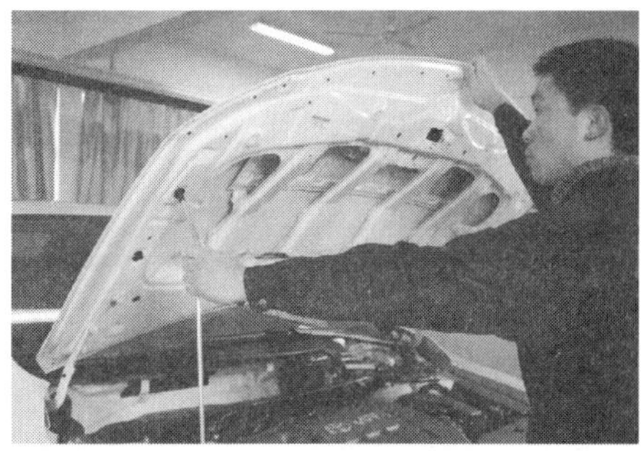

5　1号把护裙粘贴在汽车的正前面，要求将车头前部、前照灯总成、保险杠全部覆盖。

提示：在车的前方操作时，护裙用于保护易划伤的零部件表面和车漆。

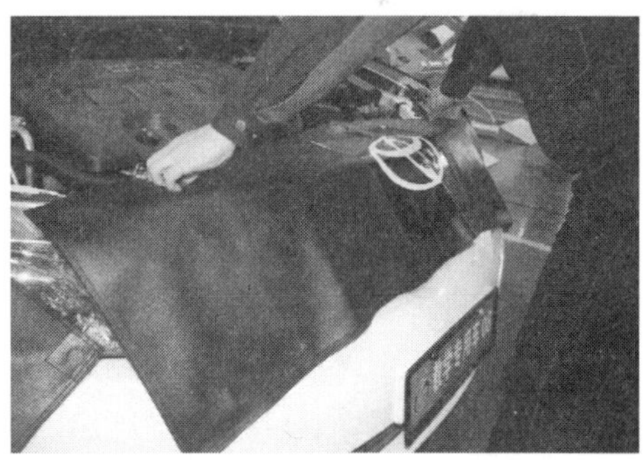

6　2号安装转向盘套。

提示：转向盘套是由薄塑料制成的，极易破损。安装转向盘套时，不要生拉硬拽，否则会造成转向盘套破损。

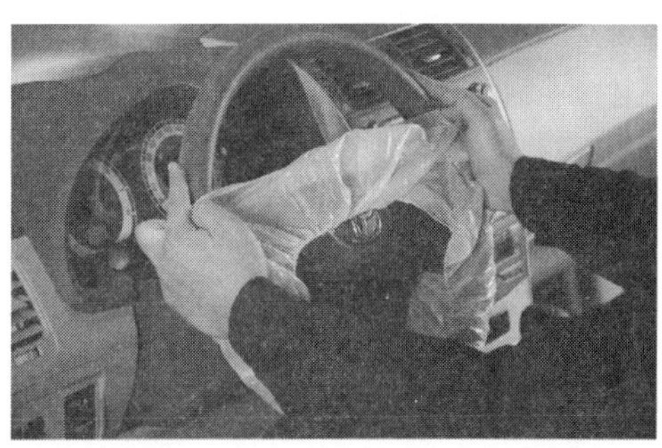

### 第二步 预热发动机

1 2号进入驾驶室，横向摆动变速杆，确认其处于空挡位置。

提示：发动机起动之前，应将变速杆置于N挡或P挡位置。

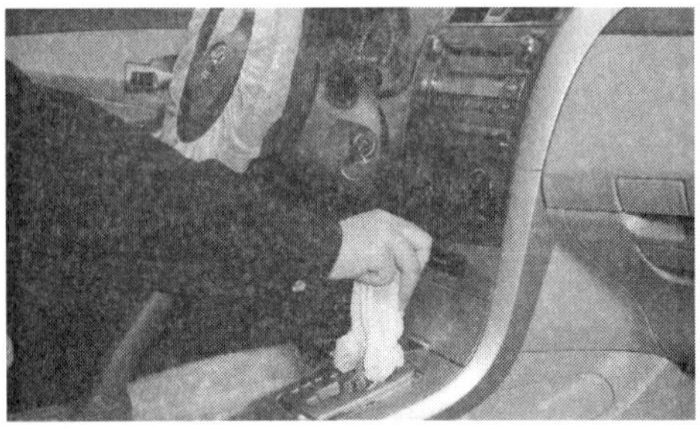

2 1号检查冷却液液面。

提示：如果储液罐中的冷却液液位在“FULL”和“LOW”之间，则冷却液液位是合适的。如果液位低，须加注冷却液。

3 1号检查发动机机油液位。

提示：如果机油标尺上的机油液位在3/4之间，则机油液位是合适的。如果液位低，须加机油。

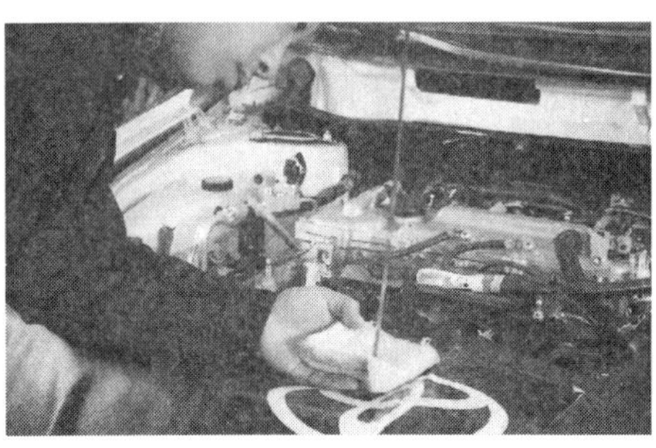

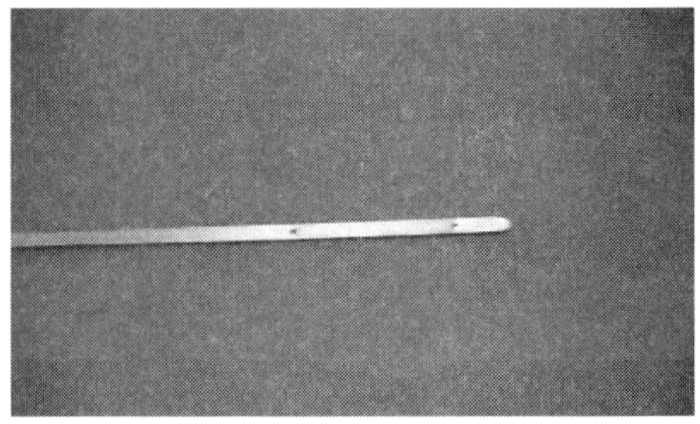

4 2号打开点火开关，起动发动机并保持怠速运转3~5min。其间观察水温表指示数值的变化，当水温达到60~70℃时关闭点火开关，停止发动机运转。

提示：

（1）提高发动机温度使冷却液黏度变小，有利于发动机内的冷却液排放彻底。

（2）起动发动机时，1号、2号配合口令是“起动”和“正常”。注意发动机起动器安全确认。

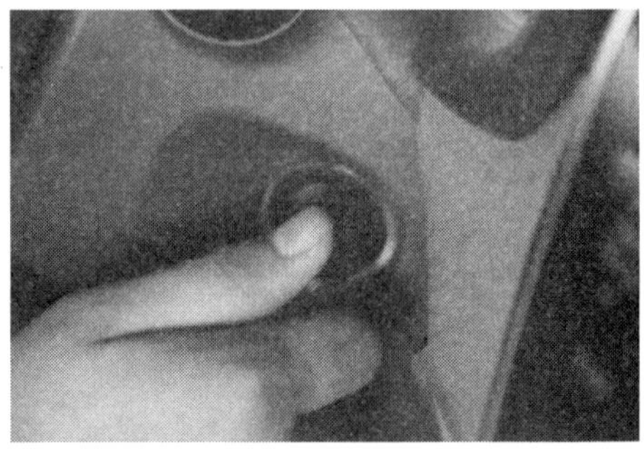

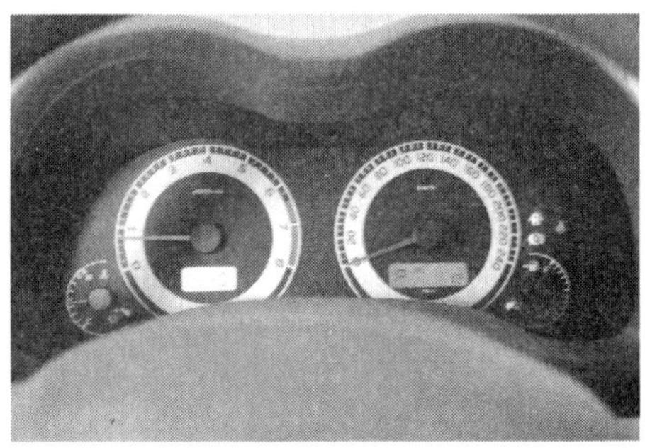

### 第三步 拆卸发动机装饰罩

1 1号用手取下空气滤清器附近的装饰板。

提示：装饰板是由橡胶材料制成的，通过卡孔、承座与车身上的销轴、空调系统中的储液干燥器相配合。取下装饰板时，双手握住装饰板的前后端，同时用力但不要过猛，防止折断。

2　1号将装饰板传递给2号。

3　2号将装饰板摆放在零件车上。

### 第四步　检查泄露

1　1号察看气门室罩垫、加油口、曲轴前油封等处是否存在漏油现象。

**提示：**一旦发现存在有较严重的漏油现象、应修复后再进行换油作业。

2　1号和2号放置橡胶垫块。

**提示：**放置橡胶垫块时，应注意位置合理距举升机平板10cm左右，放置平整。

3　2号操纵举升机，车轮举升到离地面10cm处。

**提示：**车轮举升到离地面10cm处，是为了检查车辆的稳定性做准备。

4　1号和2号一起检查车辆的稳定性。

**提示：**检查车辆的稳定性，是为了保证车辆的安全举升。

5　2号操纵举升机，将车辆举升到目标高度后，可靠停驻，方可进入车下作业。

**提示：**严禁重载举升；严禁有乘员；严禁晃动车辆；严禁车下站人或穿梭。

6　车辆举升后，1号检查曲轴前、后油封、排油塞油底壳衬垫等处是否有机油泄露现象，油底壳是否存在变形现象。

**提示：**一旦发现存在有较严重的漏油现象，应修复后再进行换油作业。

### 第五步 排放机油

*1* 2号将机油回收桶，置于发动机油底壳排油塞得正下方。

**提示：**观察桶内的存有量，防止接油时，因容量所限而机油溢出。

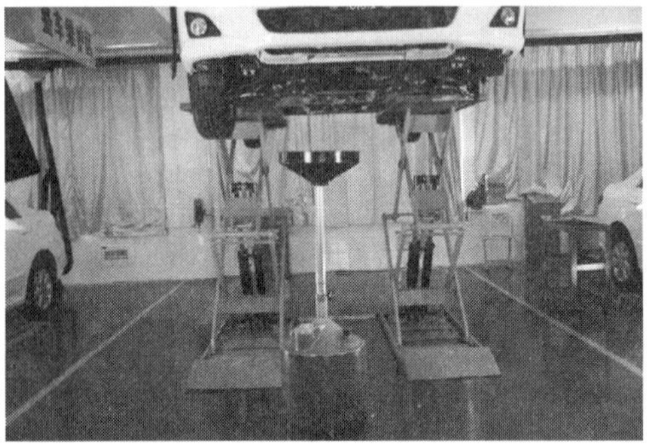

*2* 2号将$\phi$14mm套筒，预紧力扳手传递给1号。

*3* 1号使用$\phi$14mm套筒、预紧力扳手拧松排油塞。

**提示：**拧松排油塞时，套筒与排油塞要配合到位且可靠，扭力扳手保持正直，注意站姿。

*4* 1号用手缓缓旋出排油塞，当感觉仅剩1~2个丝扣时，继续旋出时要稍用力向上推排油塞，确定螺纹已全部出后，急速移开排油塞，让机油流入回收桶内。

**提示：**旋出排油塞时，动作要缓慢，移开时，一定要快，否则，机油会流到手上或衣服上。

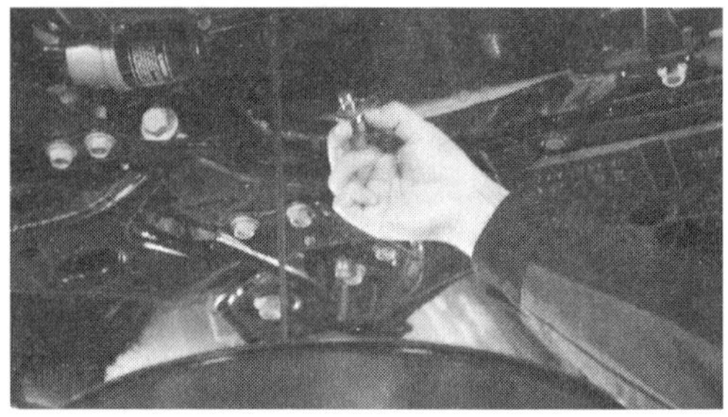

*5* 1号检查排油塞垫片是否损坏，如断裂要更换新垫片。使用棉纱擦净排油塞上吸附的金属屑。

**提示：**安装排油塞前，要目检是否漏油，若发生漏油将排油塞旋出几扣，用棉线顺时针方向缠绕在螺纹上，拧紧排油塞，解决漏油问题。

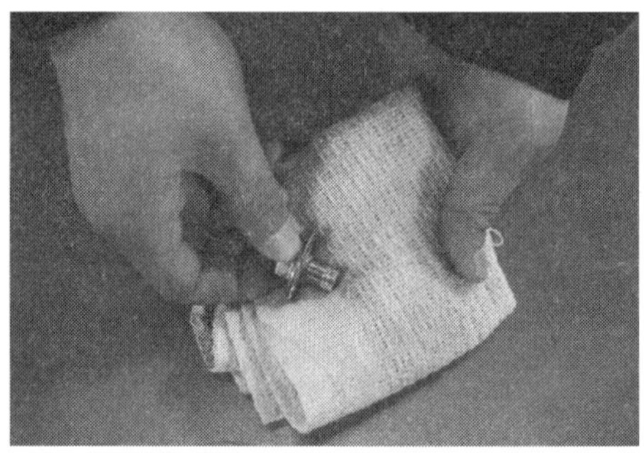

### 第六步 拆卸油底壳

*1* 1号拆卸油底壳螺栓。

**提示：**按照从两端到中间对称的要求对油底壳螺栓卸除力矩。

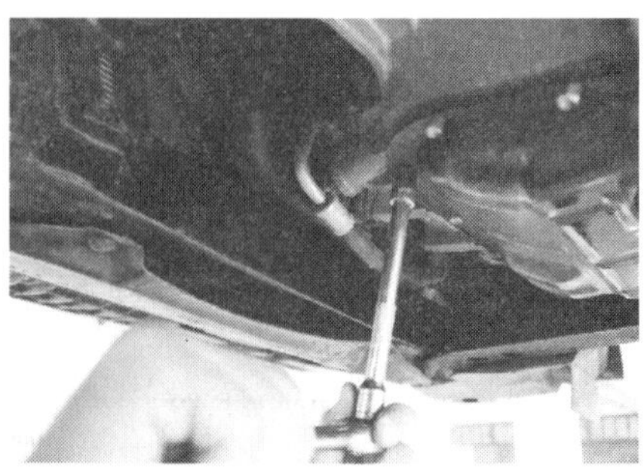

*2* 1号使用接杆、套筒，依次取下所有油底壳螺栓。

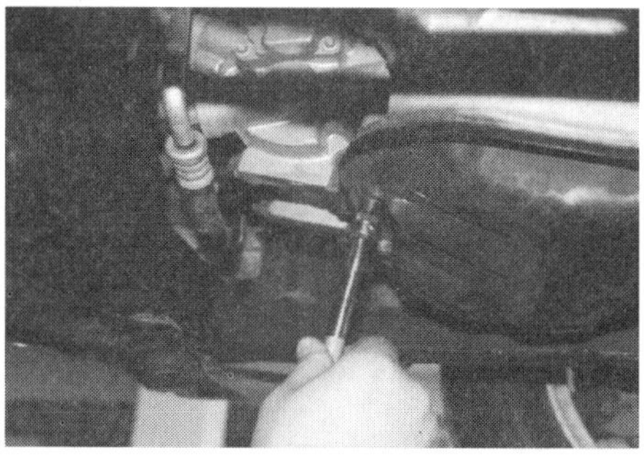

3　2号将铲刀传递给1号。

4　1号使用铲刀撬入气缸体和油底壳间的缝隙中，侧向移动铲刀，将油底壳部分松开。

提示：使用铲刀使油底壳与气缸体分离，可避免两面的损伤。

5　1号取下发动机油底壳传递给2号。2号将发动机油底壳放置指定位置。

### 第七步　检查发动机油底壳

1　1号检查发动机油底壳，有无裂痕、锈蚀等迹象。

2　1号使用铲刀清洁发动机油底壳周边残留的胶。

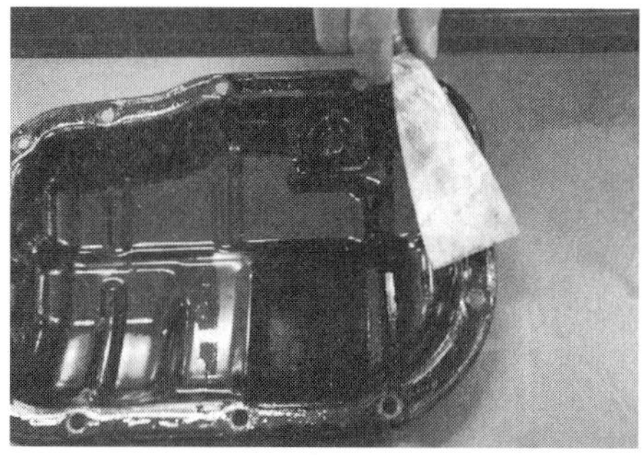

### 第八步　安装发动机油底壳

1　2号将油底壳传递给1号。

2　1号安装油底壳。

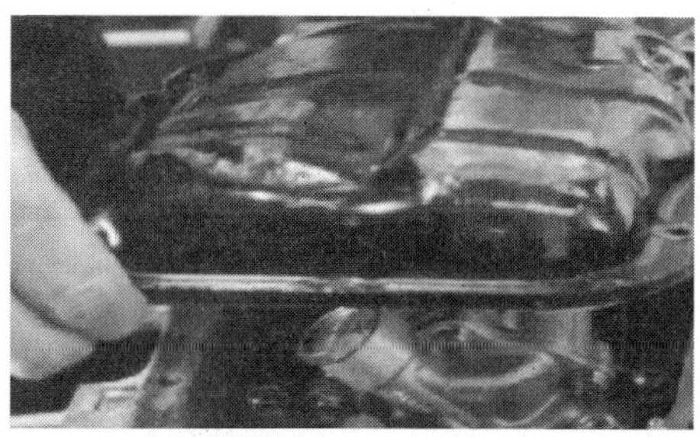

3　1号安装油底壳螺栓。

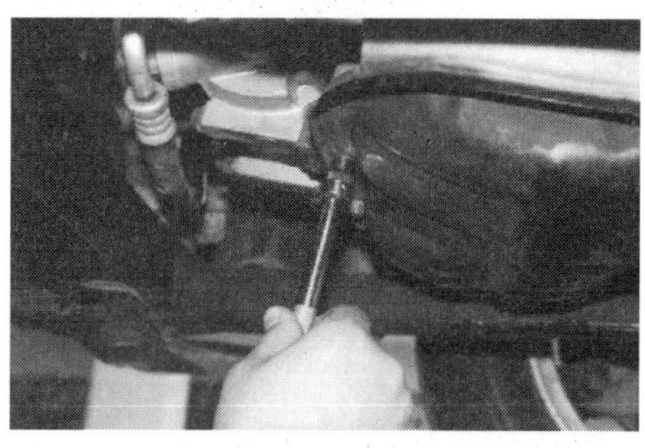

4　2号将套筒，预紧力扳手传递给1号

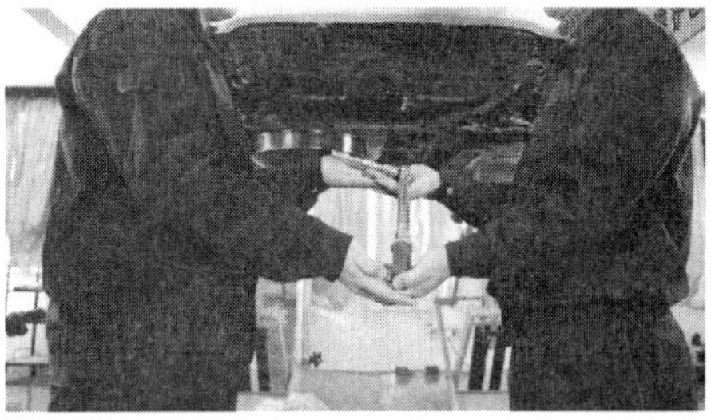

5　1号紧固油底壳螺栓。

6　1号用手旋入排油塞。

提示：用手旋入排油塞，可以保证对正螺纹。严禁使用工具旋入，因为螺纹一旦歪斜，便会造成损坏，最终导致油底壳的更换。

7　2号将$\phi$14mm套筒，预紧力扳手传递给1号。

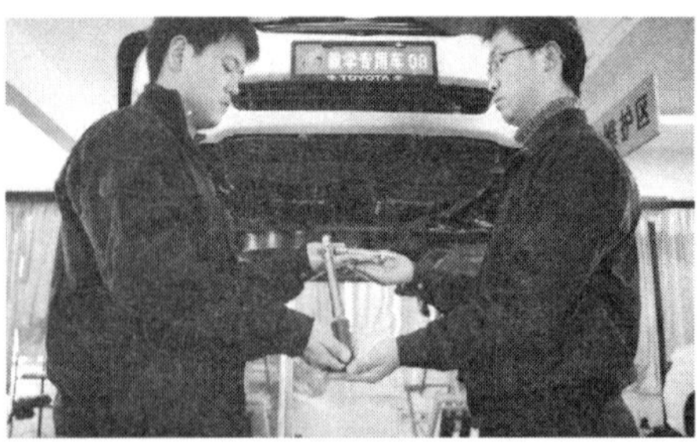

8　1号将$\phi$14mm套筒、预紧力扳手将排油塞拧紧力矩至37N·m。

提示：排油塞要按照规定力矩紧固。

9　1号用棉纱擦净排油塞和油底壳上的油迹。

提示：将排油塞上的油迹擦拭干净，便于检查漏油。

10　1号将$\phi$14mm套筒，预紧力扳手传递给2号。

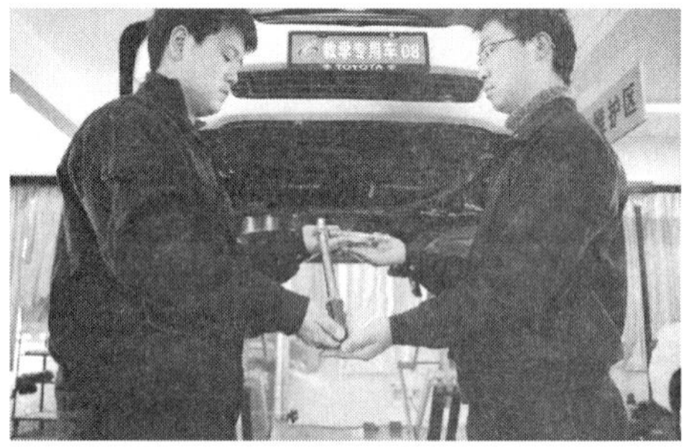

### 第九步　加注机油

1　2号操纵举升机，将车辆平稳降落到地面上。

提示：车辆降落到地面时，要重新安装车轮挡块。

2　1号检查车辆是否歪斜。如有，应修复再加注机油。重点检查轮胎气压和减振器总成。

提示：当车辆出现严重变形后，发动机在车上的位置发生偏移，加注机油时，机油标尺显示的数值便会出现或大或小的偏差，给发动机的正常工作带来隐患。

3　1号用面纱擦净加油塞周围的油的油渍、

尘土等，并旋下加油塞。

提示：旋下加油塞之前，要先清除周围的脏污，防止掉入发动机内部，加剧磨损。

4　2号将机油桶传递给1号。

5　1号旋下机油桶盖，然后一手握住桶上的手柄，一手托住桶的底部，对准发动机的加油口，稍稍倾斜机油桶，缓缓将机油倒入发动机内。

提示：加注机油时，动作要舒缓，油流不要过急，防止油液洒到发动机的外面。

6　当加注量接近机油桶容量（4.2L）的3/4时，停止加注。2～3min后，1号拔出机油标尺，擦净刻度尺处的油液，将其插入机油标尺套管内，按压机油标尺确认到位后，再次拔出，观察油底壳中油面的高度，应位于上下刻度线中间偏上的位置。若油量不足，进行添加，不允许液面高于上刻度线。

提示：发动机的机油加注量应符合规定要求，过多或过少都会对发动机的使用性能造成不良影响。若油量过少，系统油压下降、机件磨损加剧，严重的会引起烧轴抱瓦等机械事故；若油量过多，导致机油激溅，发动机运转阻力增大，机械效率降低。

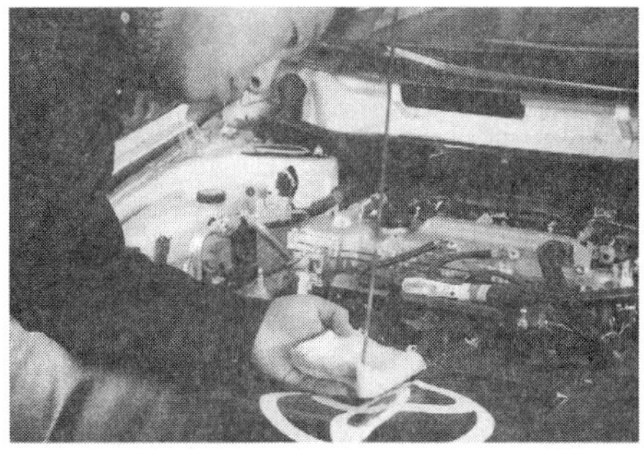

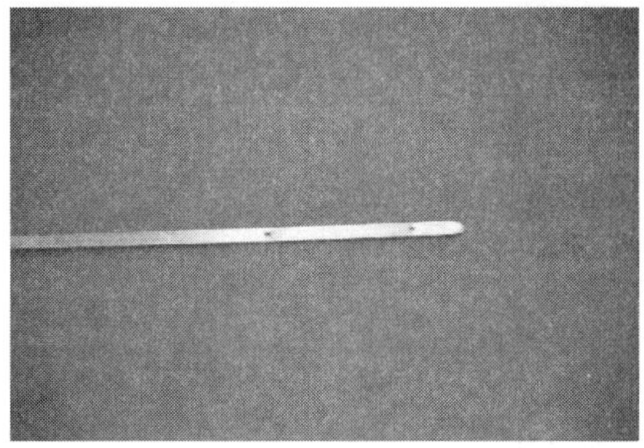

### 第十步　添加和检漏

1　1号将机油加注完毕，旋紧加油口盖。

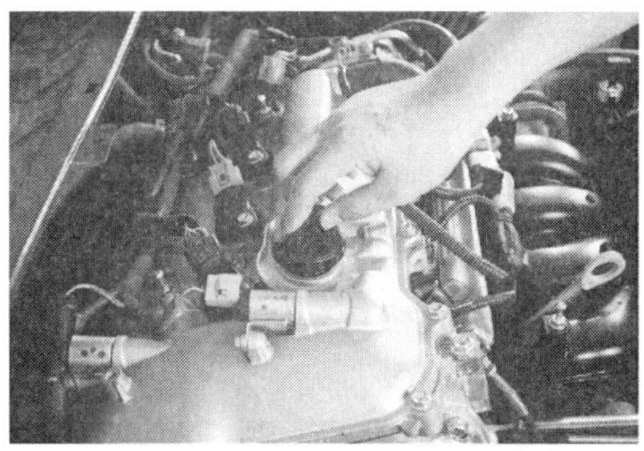

2　2号进入驾驶室，打开点火开关，起动发动机并保持运转3～5min之后，关闭点火开关。

提示：机油加注后，使发动机运转一段时间，主要目的是填充润滑系统中的储油空间，便于确定油底壳中的实际存油量。

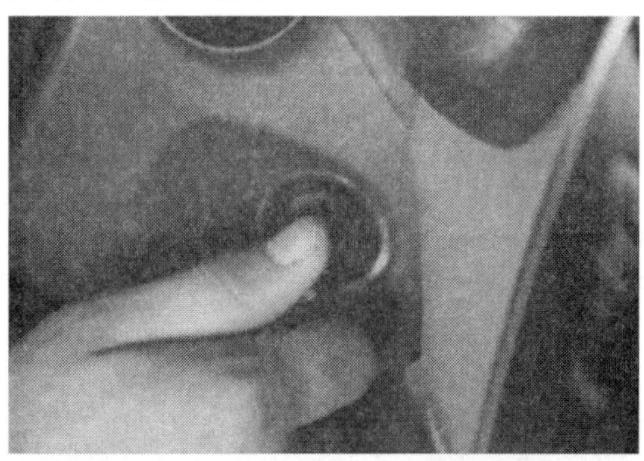

3　1号待发动机停止运转3～5min后，拔出机油标尺，擦净刻度尺的机油，然后将其插回套筒

内，确定插入到位后，再次拔出机油标尺，观察油底壳中的油面在刻度尺上显示的位置。如果油面显示于标尺的上下极限刻度线的中间偏上位置，为正常；偏下，则添加适量机油；高于上刻度线，应放出适量机油。

提示：发动机内储油量不适当带来的危害，前文已作说明，不再赘述。

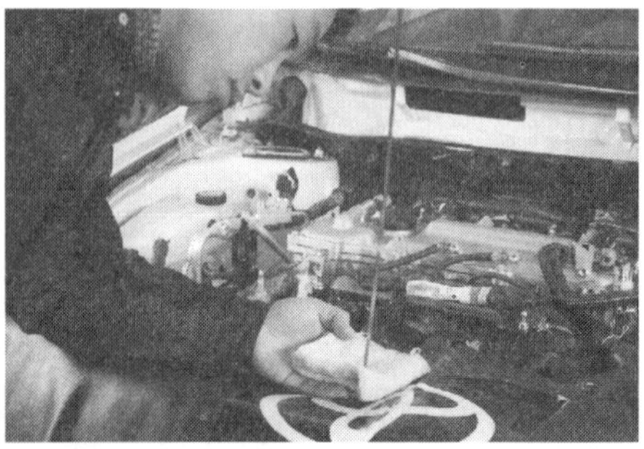

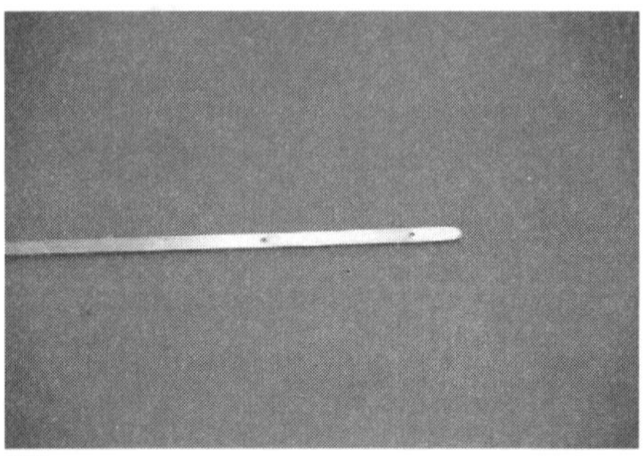

4　1号检查排油塞、机油滤清器等处是否漏油。如有泄漏，修复后车辆才可投入使用。

提示：机油泄漏的检查，非常重要，它往往可以避免一些因疏于检查而导致的相关机械事故发生。

5　2号操纵举升机将车辆平稳降落

### 第十一步　安装发动机装饰罩

1　2号将装饰板传递给1号。

2　1号将装饰板安装到车身上。

提示：装饰板是由橡胶材料制成的，通过卡孔、承座与车身上的销轴、空调系统中的储液干燥器相配合。安装装饰板时，双手握住装饰板的前后端，同时用力但不要过猛，防止折断。

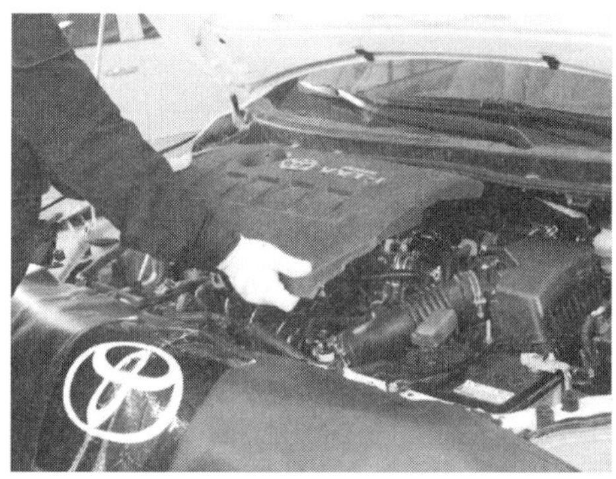

### 第十二步　整理工位

1号、2号共同拆除护裙，关闭发动机舱盖，擦拭摆放工具，处理废弃物，清洁地面卫生。

提示：作业项目完成后，要搞好工位的清洁、清理、清扫、整理和整顿工作，培养良好的工作习惯。

## 七、考核标准

考核标准表

| 考核时间 | 序 号 | 考核时间 | 满 分 | 评分标准 | 得 分 |
|---|---|---|---|---|---|
| 40min | 1 | 作业前整理工作 | 1 | 整理遗漏酌情扣分 | |
| | 2 | 安装驾驶室内三件套 | 2 | 操作不当扣2分 | |
| | 3 | 打开并支撑发动机舱盖 | 2 | 操作不当扣2分 | |
| | 4 | 粘贴汽车护裙 | 2 | 操作不当扣2分 | |
| | 5 | 检查冷却液膨胀箱中的液面高度 | 5 | 检查错误扣5分 | |
| | 6 | 启动发动机前档位检查 | 5 | 操作错误扣4分 | |
| | 7 | 启动发动机时，检查车前是否站人 | 5 | 操作错误扣5分 | |
| | 8 | 启动发动机 | 3 | 操作不当扣3分 | |
| | 9 | 发动机起动后，观察仪表和风扇 | 5 | 操作不当扣5分 | |
| | 10 | 检查冷却系统的泄漏 | 5 | 操作不当扣5分 | |
| | 11 | 释放冷却系统的压力 | 5 | 操作不当扣5分 | |
| | 12 | 放置接水桶 | 3 | 操作不当酌情扣分 | |
| | 13 | 排放冷却液时旋下膨胀箱盖 | 3 | 操作不当扣3分 | |
| | 14 | 拆卸膨胀水箱 | 3 | 操作不当扣3分 | |
| | 15 | 拆卸节温器该 | 3 | 操作不当扣3分 | |
| | 16 | 确认节温器的安装方向 | 3 | 操作不当扣3分 | |
| | 17 | 节温器的性能试验 | 5 | 操作不当扣5分 | |
| | 18 | 安装节温器 | 5 | 操作不当扣5分 | |
| | 19 | 安装节温器盖 | 5 | 操作不当扣5分 | |
| | 20 | 安装膨胀水箱 | 3 | 检查不当扣 3分 | |
| | 21 | 加注冷却液 | 5 | 操作不当扣5分 | |
| | 22 | 冷却系统液位识别 | 3 | 操作不当扣3分 | |
| | 23 | 清洁膨胀壶周围剩余冷却液 | 3 | 操作错误扣3分 | |
| | 24 | 发动机运行后、冷却液面检查 | 4 | 操作不当扣4分 | |
| | 25 | 使用测温仪检测节温器性能 | 10 | 操作不当扣10分 | |
| | 26 | 作业后整理工位 | 2 | 整理遗漏酌情扣分 | |
| | | 遵守相关安全规范 | 因违规操作造成人身伤害和设备事故的，总分按0分计 | | |
| 分数合计 | | | 100 | | |

# 任务三 检查润滑系统渗油情况或清洗润滑系统

## 一、技术标准与要求

| 规格/型号 | 动力系统 | 功 率 | 质 量 | 外形尺寸 |
|---|---|---|---|---|
| DL-700R | 220V电压 | 0.18kw | 34kg | 590cm×415cm×1050cm |

## 二、实训时间：45min

## 三、实训教学目标

（1）了解润滑油路清洗的重要性。

（2）熟悉DL-700R发动机润滑油系统免拆清洗机。

（3）掌握免拆发动机润滑油系统免拆清洗机操作技能。

## 四、实训器材

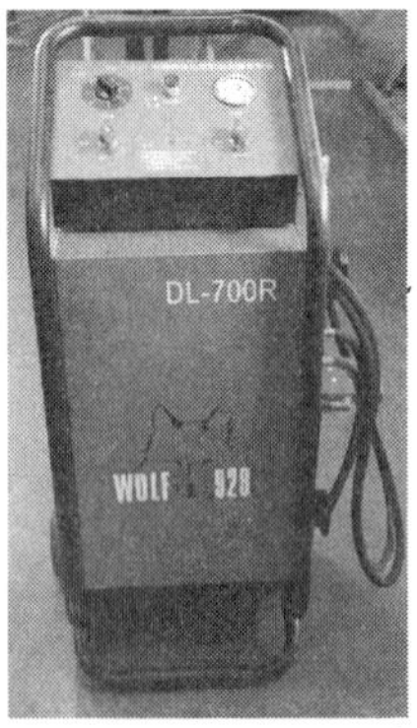


发动机润滑油系统免拆清洗机

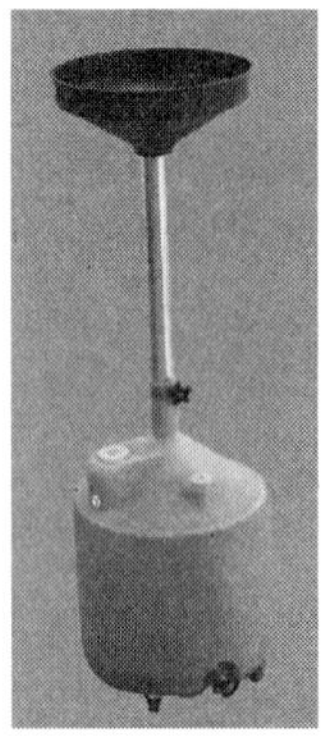

机油回收桶

机油滤清器专用扳手

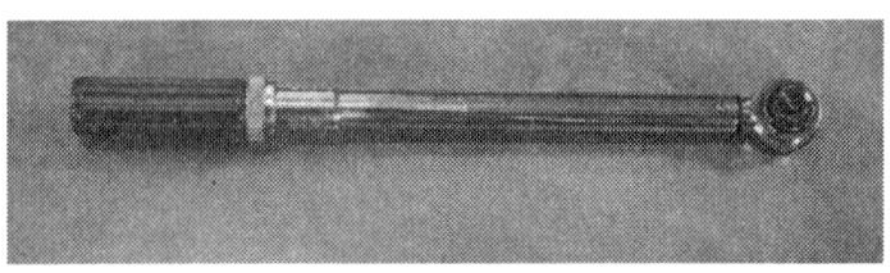

预紧力扳手

## 五、教学组织

（1）教学组织形式：

每辆车安排4名学生参与实训，两名学生一组，一组操作，一组观赏学习。

（2）学生站位分工和要求：

两名学生一组，按照1号、2号进行编号，1号为主，2号为辅助。

（3）实训教师职责：

讲解操作步骤和注意事项；下达“操作开始”口令；工位间巡视、检查、指导和纠正错误。

（4）学生职责变换：

2名学生实行职责变换制度，即第一遍1号为主，2号辅助；第二遍2号为主，1号辅助。

## 六、操作步骤

### 第一步　事前准备

1　车辆进入工位前，参训学生将工位卫生清理干净，排除障碍物，准备好相关的工具、物品等。

提示：培养良好的工作习惯，做好事前准备，有利于安全操作和提高工作效率。

2　将车辆停驻在举升机平台的中央位置。

提示：车辆停驻于举升机平台的中央位置，为车辆的安全举升做好准备。

3　2号将变速杆置于P挡。

提示：发动机带挡操作属于违规操作，危险性极大。因此，发动机起动前应将变速杆置于P挡。

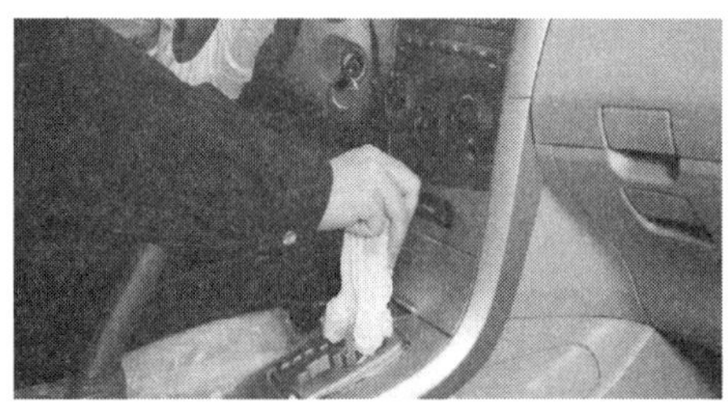

4　1号支撑牢固发动机舱盖。

提示：用支撑杆支撑发动机舱盖时，要保证接触可靠，否则，发动机舱盖滑落会造成人身伤害。

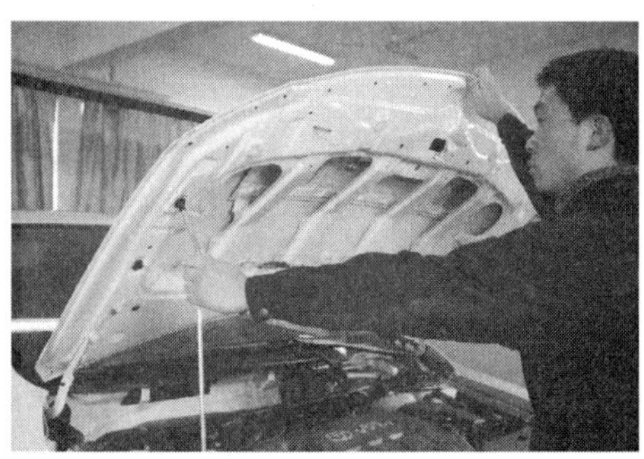

5　1号把护裙粘贴在汽车的正前面，要求将车头前部、前照灯总成、保险杠全部覆盖。

提示：在车的前方操作时，护裙用于保护易划伤的零部件表面和车漆。

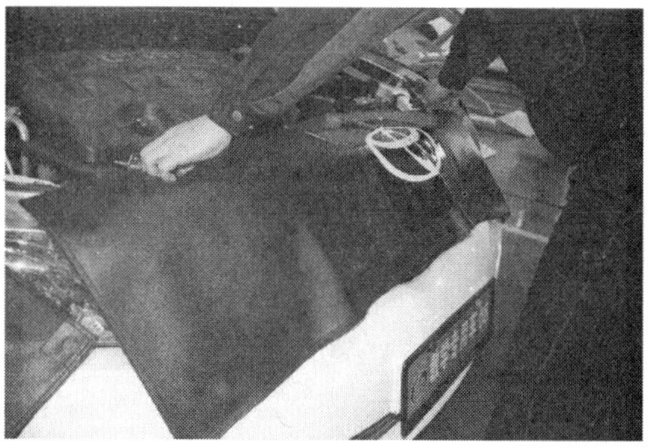

6　2号安装转向盘套。

提示：转向盘套是由薄塑料制成的，极易破损。安装转向盘套时，不要生拉硬拽，否则会造成转向盘套破损。

### 第二步　预热发动机

1　2号进入驾驶室，横向摆动变速杆，确认变速器处于空挡位置。

提示：发动机起动之前，应将变速杆置于N挡或P挡位置。

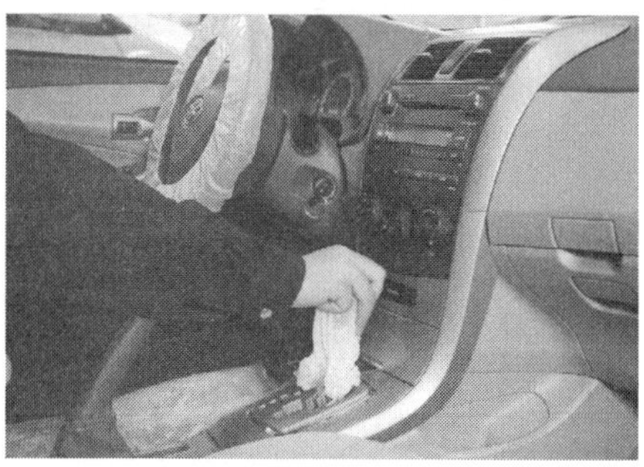

2　1号检查冷却液液面。

提示：如果储液罐中的冷却液液位在“FULL”和“LOW”之间，则冷却液液位是合适的。如果液位低，须加注冷却液。

3　1号检查发动机机油液位。

提示：如果机油标尺上的机油液位在3/4之间，则机油液位是合适的。如果液位低，须加机油。

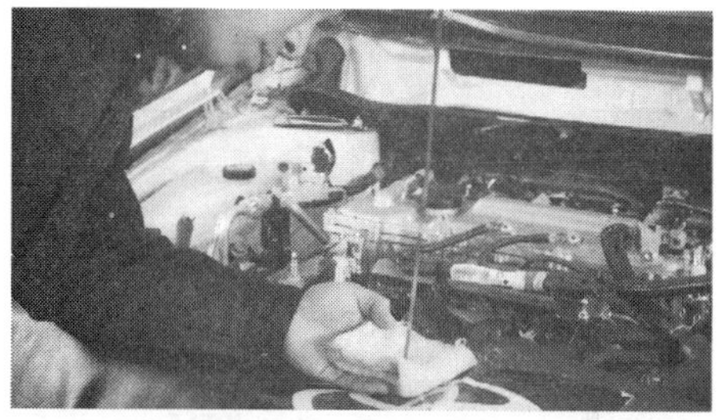

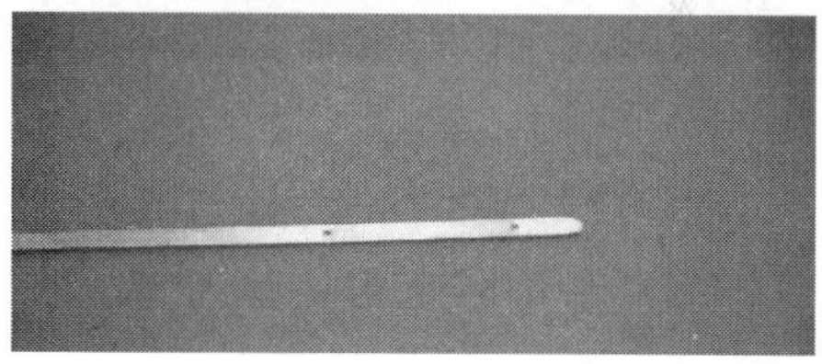

4　2号打开点火开关，起动发动机并保持怠速运转3～5min。其间观察水温表指示数值的变化，当水温达到60～70℃时关闭点火开关，停止发动机运转。

提示：

（1）提高发动机温度使冷却液黏度变小，有利于发动机内的冷却液排放彻底。

（2）起动发动机时，1号、2号配合口令是“起动”和“正常”。注意发动机起动器安全确认。

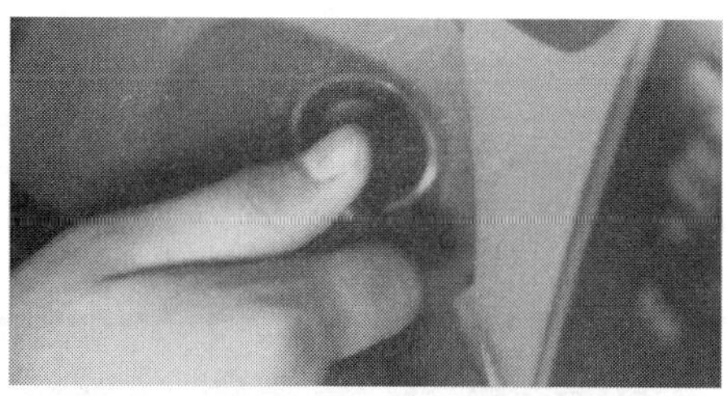

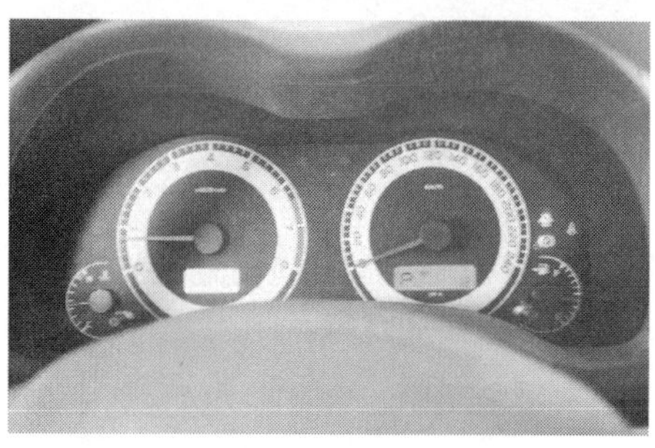

### 第三步　拆卸发动机装饰罩

1　1号用手取下空气滤清器附近的装饰板。

**提示：**装饰板是由橡胶材料制成的，通过卡孔、承座与车身上的销轴、空调系统中的储液干燥器相配合。取下装饰板时，双手握住装饰板的前后端，同时用力但不要过猛，防止折断。

2　1号将装饰板传递给2号。

3　2号将装饰板摆放在零件车上。

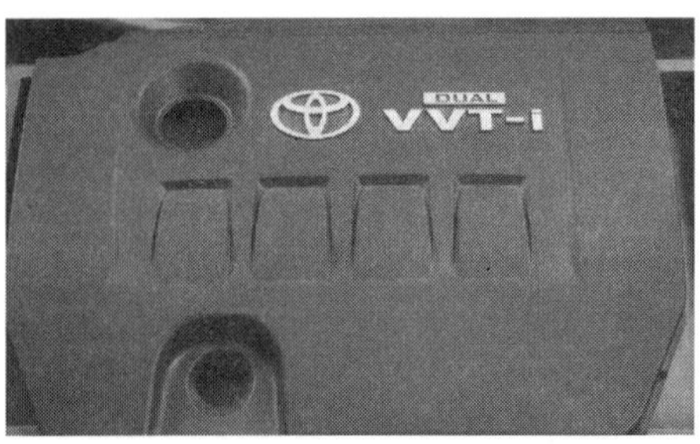


### 第四步　检查泄露

1　1号察看气门室罩垫、加油口、曲轴前油封等处是否存在漏油现象。

**提示：**一旦发现存在有较严重的漏油现象、应修复后再进行换油作业。

2　1号和2号放置橡胶垫块。

**提示：**放置橡胶垫块时，应注意位置合理距举升机平板10cm左右，放置平整。

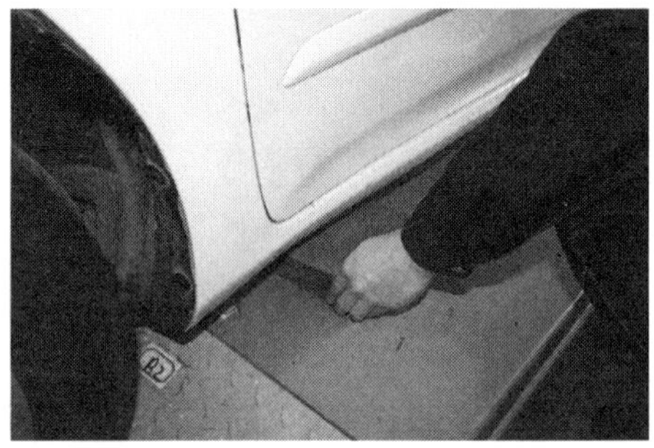

3　2号操纵举升机，车轮举升到离地面10cm处。

**提示：**车轮举升到离地面10cm处，是为了检查车辆的稳定性做准备。

4　1号和2号一起检查车辆的稳定性。

**提示：**检查车辆的稳定性，是为了保证车辆的安全举升。

5　2号操纵举升机，将车辆举升到目标高度后，可靠停驻，方可进入车下作业。

**提示：**严禁重载举升；严禁有乘员；严禁晃动车

辆；严禁车下站人或穿梭。

6　车辆举升后，1号检查曲轴前、后油封、排油塞油底壳衬垫等处是否有机油泄露现象，油底壳是否存在变形现象。

提示：一旦发现存在有较严重的漏油现象，应修复后再进行换油作业。

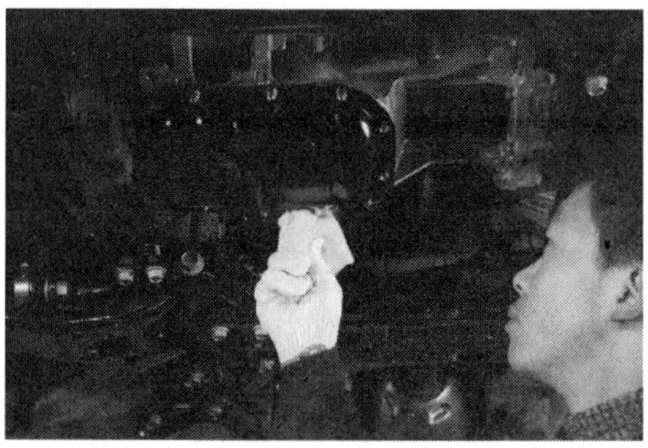

## 第五步　排放机油

1　2号将机油回收桶，置于发动机油底壳排油塞得正下方。

提示：观察桶内的存有量，防止接油时，因容量所限而机油溢出。

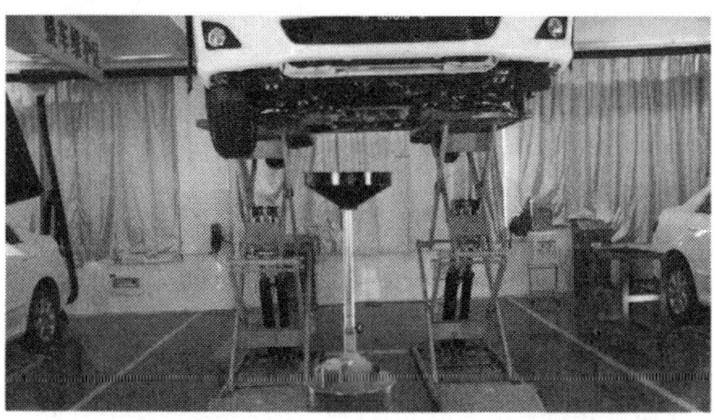

2　2号将$\phi$14mm套筒，预紧力扳手传递给1号。

3　1号使用$\phi$14mm套筒、预紧力扳手拧松排油塞。

提示：拧松排油塞时，套筒与排油塞要配合到位且可靠，扭力扳手保持正直，注意站姿。

4　1号用手缓缓旋出排油塞，当感觉仅剩1～2个丝扣时，继续旋出时要稍用力向上推排油塞，确定螺纹已全部出后，急速移开排油塞，让机油流入回收桶内。

提示：旋出排油塞时，动作要缓慢，移开时，一定要快，否则，机油会流到手上或衣服上。

5　1号检查排油塞垫片是否损坏，如断裂要更换新垫片。使用棉纱擦净排油塞上吸附的金属屑。

提示：安装排油塞前，要目检是否漏油，若发生漏油将排油塞旋出几扣，用棉线顺时针方向缠绕在螺纹上，拧紧排油塞，解决漏油问题。

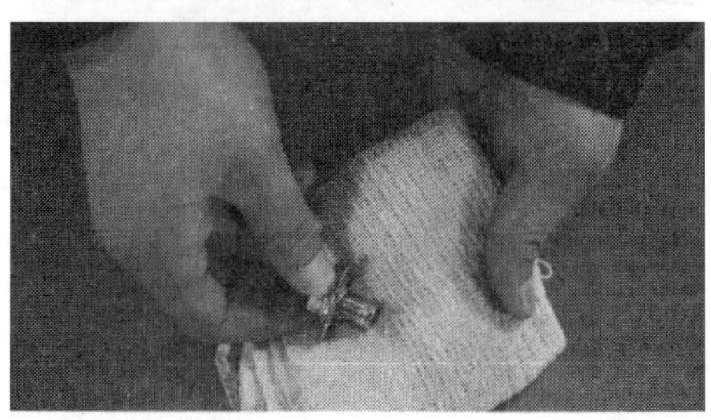

### 第六步　更换机油滤清器

1　2号将机油滤清器专用套筒、接杆、扭力扳手传递给1号。

2　1号使用机油滤清器专用套筒、接杆、扭力扳手旋松机油滤清器。

提示：注意机油滤清器的旋松方向。

3　1号用手旋下滤清器并放入废件回收桶中。

提示：用手旋下滤清器后，要垂直下落，不要歪斜，防止滤清器内的机油撒落到身上或地面。

### 第七步　连接发动机润滑油系统免拆清洗机

1　1号将发动机润滑油系统免拆清洗机推放置指定位置。

2　1号将清洗液桶放进仪器内。

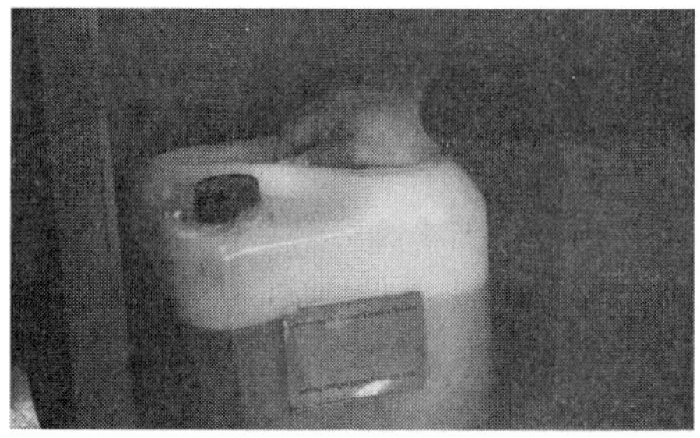

3　1号将不锈钢管插入桶内。

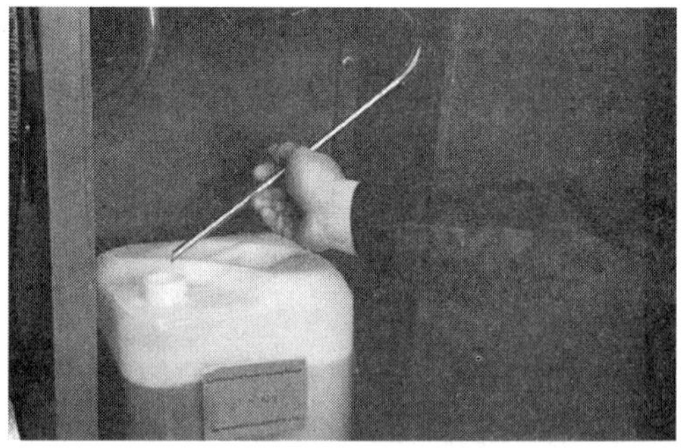

4　2号将电源线传递给1号。

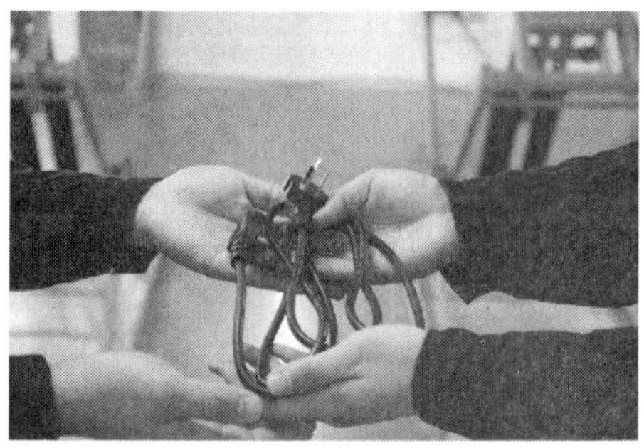

5　1号连接电源线。

6　1号将电源线与插座连接。

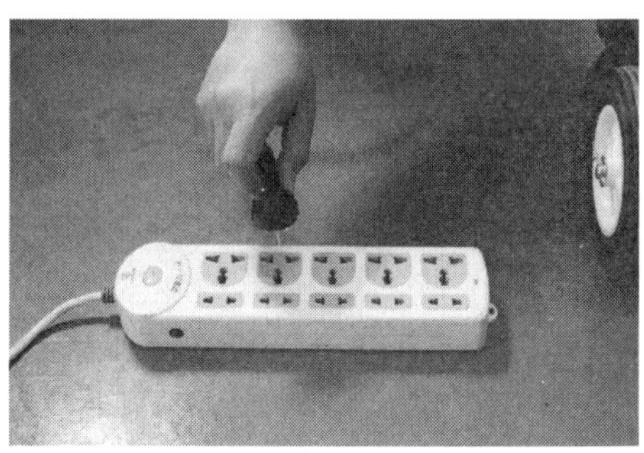

7　2号将滤芯扳手传递给1号。

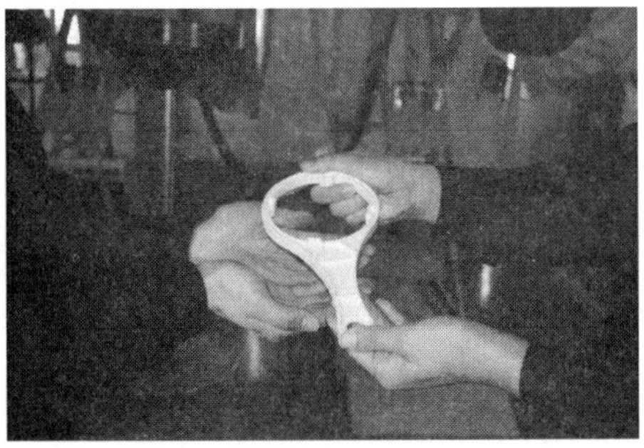

8　1号拆卸透明滤壳。

9　2号将白色滤芯传递给1号。

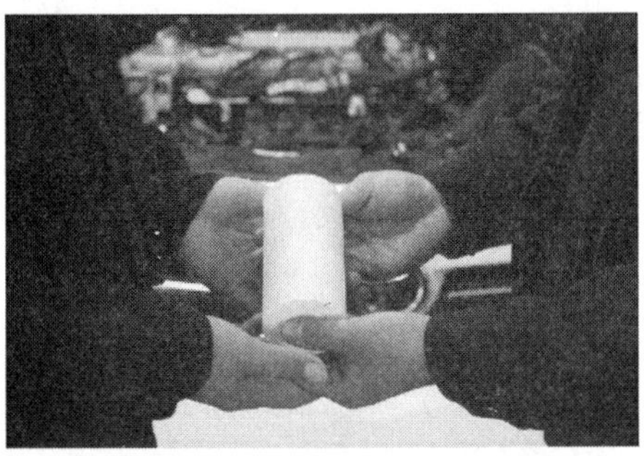

10　1号将白色滤芯放入透明滤壳内，并选择合适的“O”型环装入透明滤壳内。

11　1号用手安装滤芯总成。

12　1号使用滤芯扳手将滤芯总成拧紧。

提示：拧紧即可。

## 第八步　连接车辆

1　1号从工具盒中找出合适的油底壳螺栓接头，并带好“O”型圈。

提示：检查“O”型圈的位置，防止泄漏。

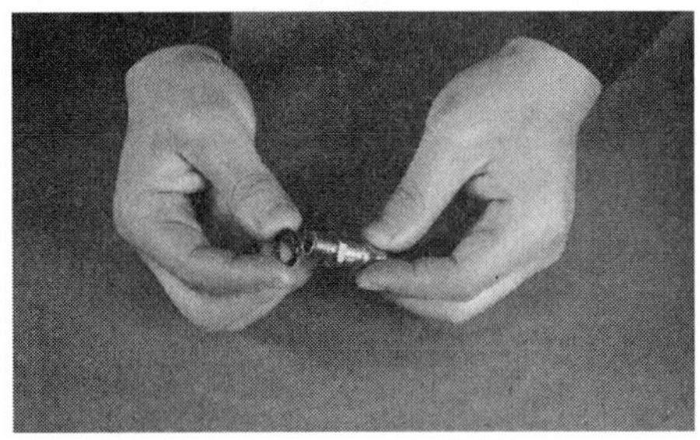

2　1号将油底壳螺栓接头安装到油底壳上并拧紧。

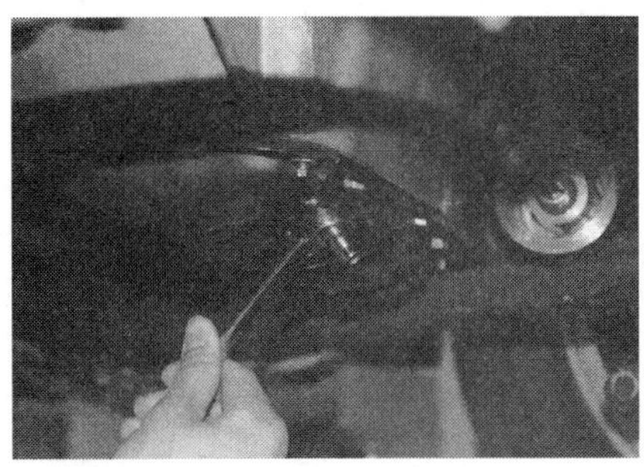

3　1号将回油管接至油底壳接头上。

提示：检查连接是否可靠。

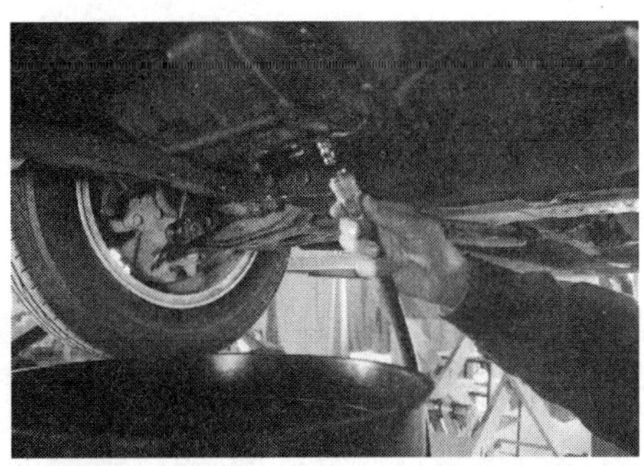

4　1号从工具箱中找出合适的机油滤清接头，并带好“O”型圈。

提示：检查“O”型圈的位置，防止泄漏。

5　1号将机油滤清接头安装到机油滤清器座上。

6　2号将机滤扳手传递给1号。

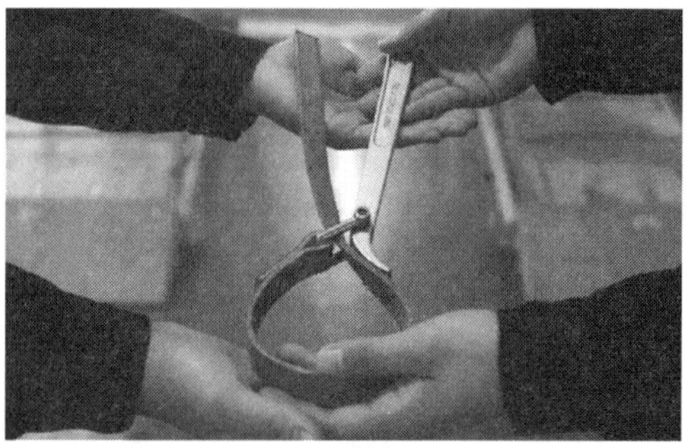

7　1号用机滤扳手将机油滤清接头拧紧。

8　1号将出液管接至机油滤芯接头上。

**提示：**检查是否连接可靠。

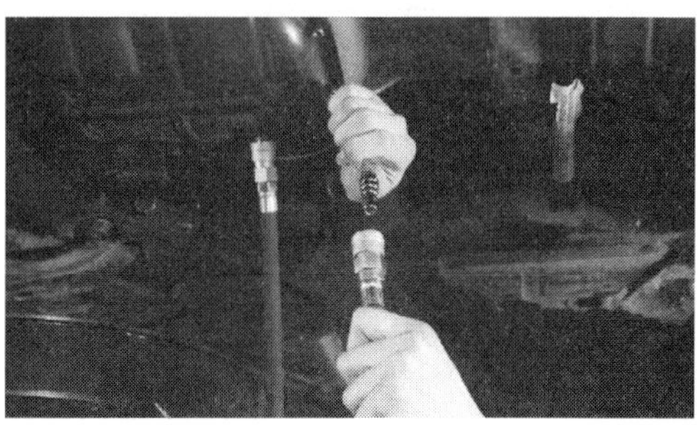

### 第九步　清洗润滑系统——注油

1　1号将转换阀A旋转至“清洗加注”位置，将转换阀B旋转至“清洗回收”位置。

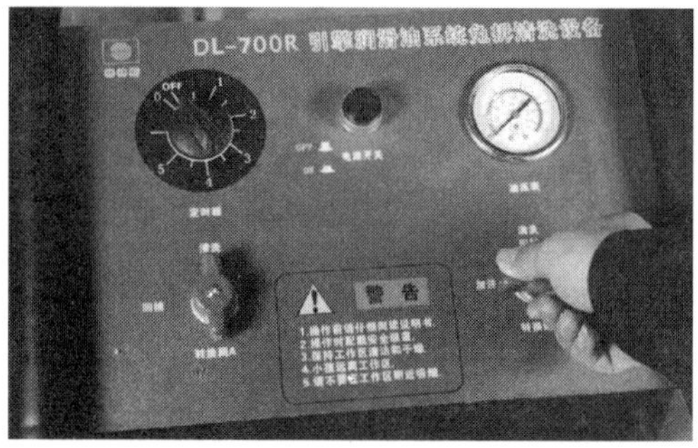


2　1号将定时器旋转至3分钟的位置。

3　1号打开电源开关，开始注油。

**提示：**注油直到蜂鸣器发出滴的声音，将电源关闭，结束注油。

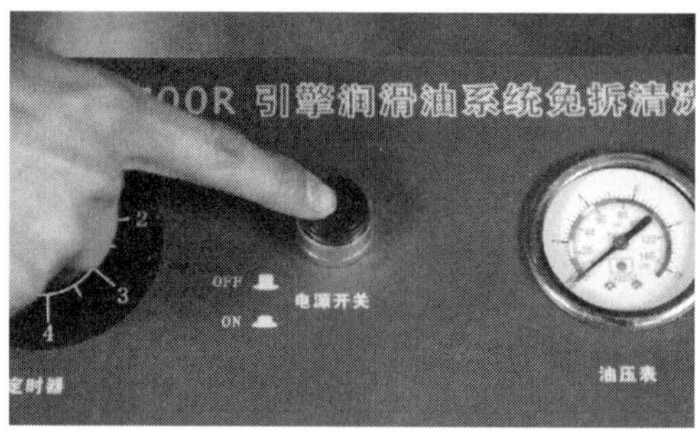


### 第十步　清洗润滑系统——循环清洗

1　1号将转换阀A旋转至“清洗加注”位置，将转换阀B旋转至“清洗回收”位置。

2　1号将定时器旋转至4分钟位置。

3　1号打开电源开关，开始循环清洗。

提示：循环清洗直到蜂鸣器发出滴的声音，将电源关闭，结束循环清洗。

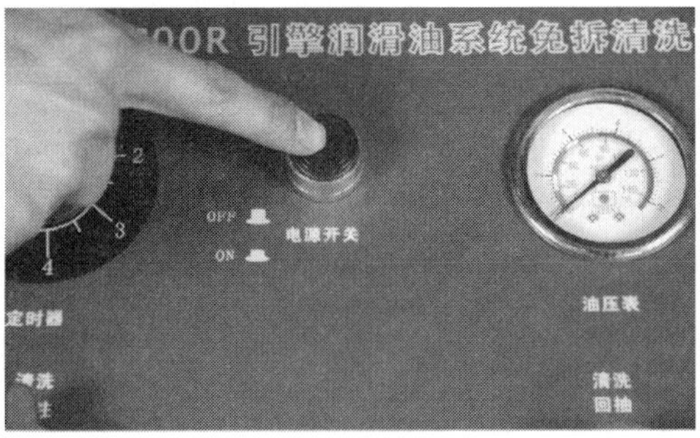


## 第十一步　清洗润滑系统——浸泡

1　1号将转换阀A选择至“清洗加注”位置，将转换阀B旋转至“清洗回收”位置。

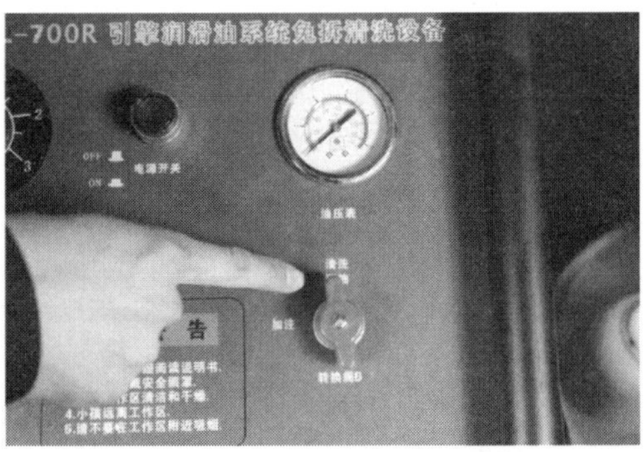


2　1号将定时器旋转至2分钟位置。（此操作无需开启电源。）

提示：浸泡直到蜂鸣器发出滴的声音，将电源关闭，结束浸泡。

## 第十二步　清洗润滑系统——再次循环清洗

1　1号将转换阀A旋转至“清洗加注”位置，将转换阀B旋转至“清洗回收”位置。

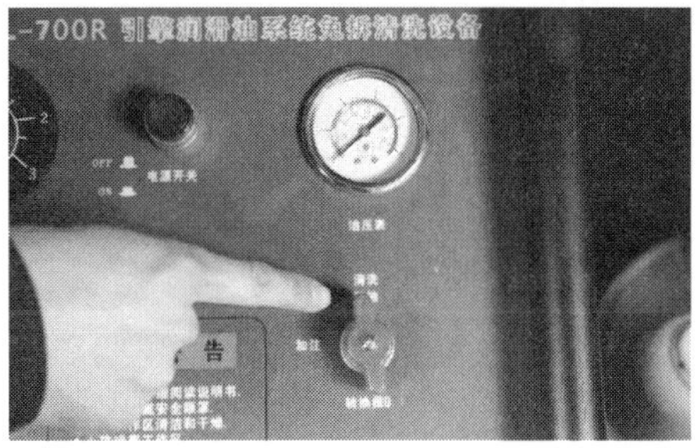


2　1号将定时器旋转至4分钟位置。

3　1号打开电源开关，开始循环清洗。

提示：循环清洗直到蜂鸣器发出滴的声音，将电源关闭，结束循环清洗。

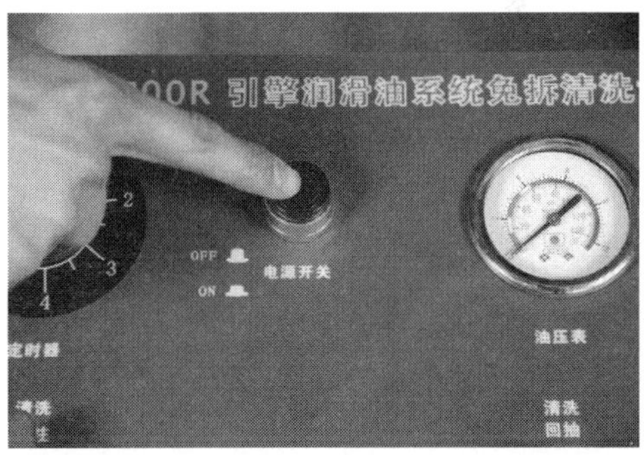


## 第十三步　清洗润滑系统——回抽清洗液

1　1号将转换阀A旋转至“回收位置”，转换阀B旋转至“清洗回抽”位置。

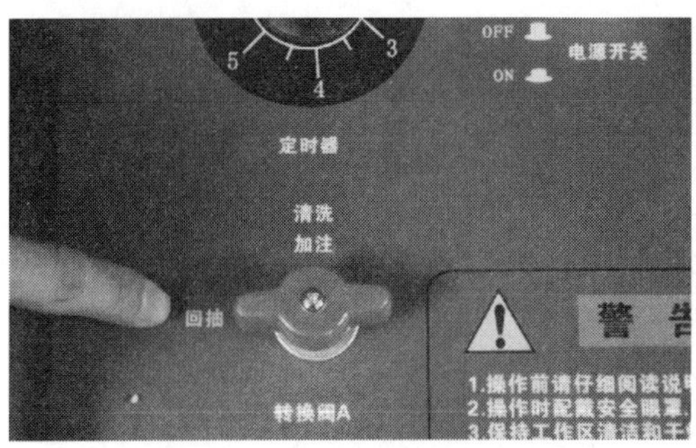

2 1号打开电源，开始回抽清洗。

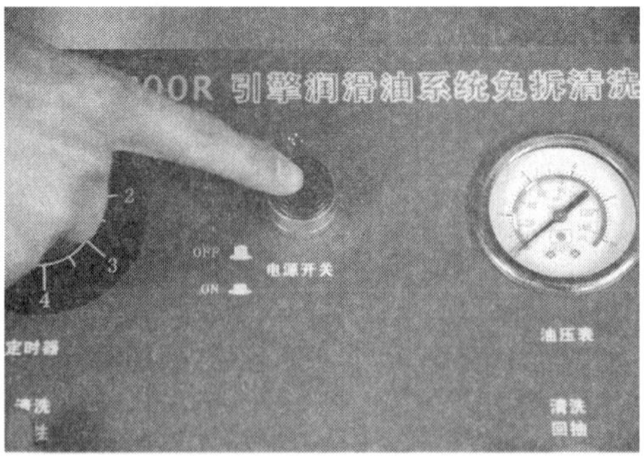


3 待原先注入的清洗液回抽完毕后，1号关闭电源，结束工作。

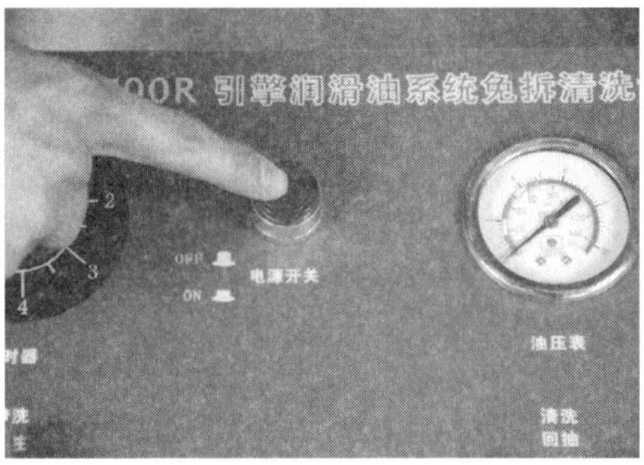


### 第十四步 拆卸连接管路

1 1号将出液管与机油滤芯接头分离。并将出液管放回至指定位置。

**提示：** 接头为快速接头，按住接头向后拉即可。

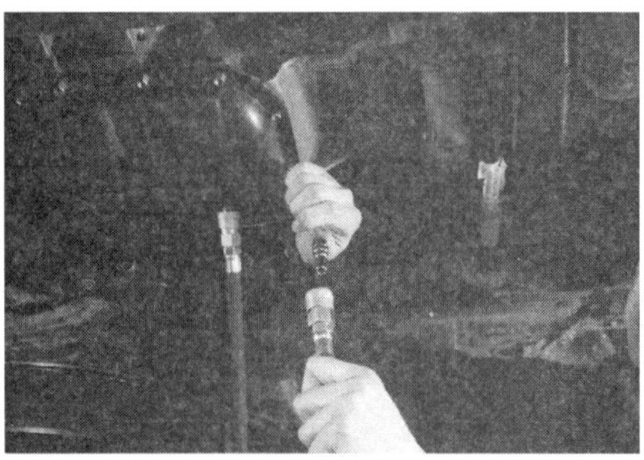

2 2号将机滤扳手传递给1号。

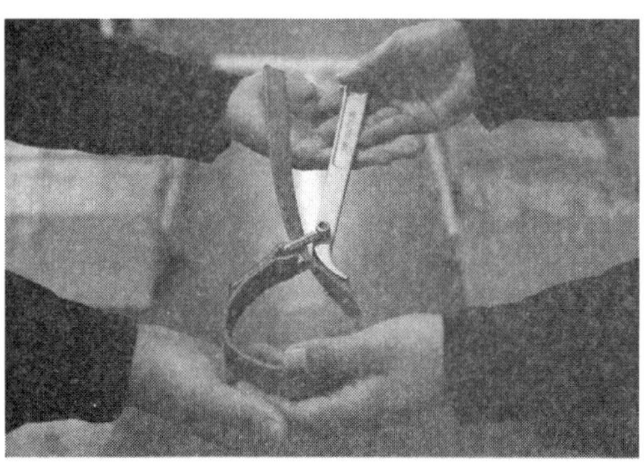

3 1号拧松机油滤芯接头。

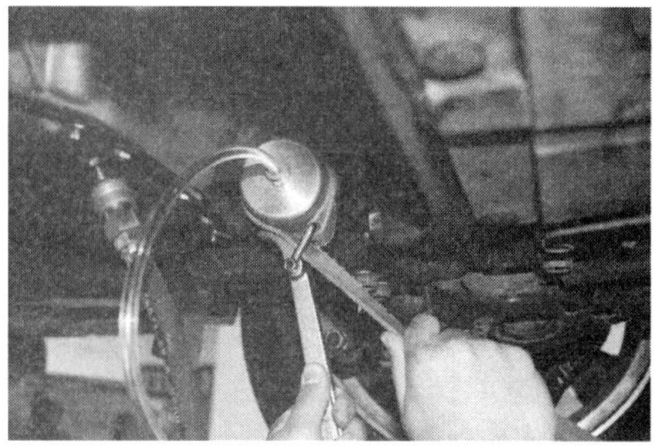

4 1号取下机油滤芯接头。

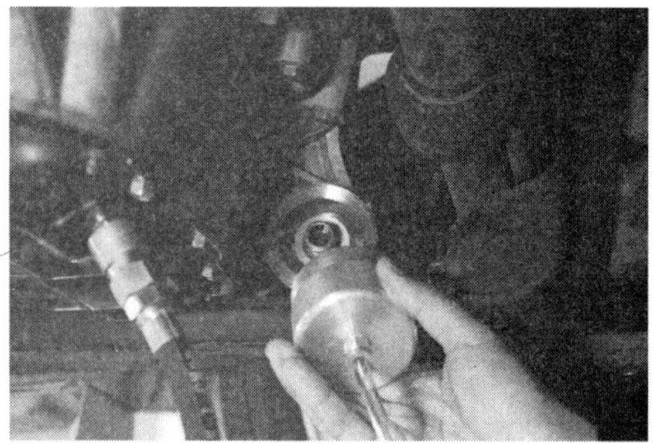

5 1号将机油滤芯接头传递给2号，2号将机油滤芯接头放置指定位置。

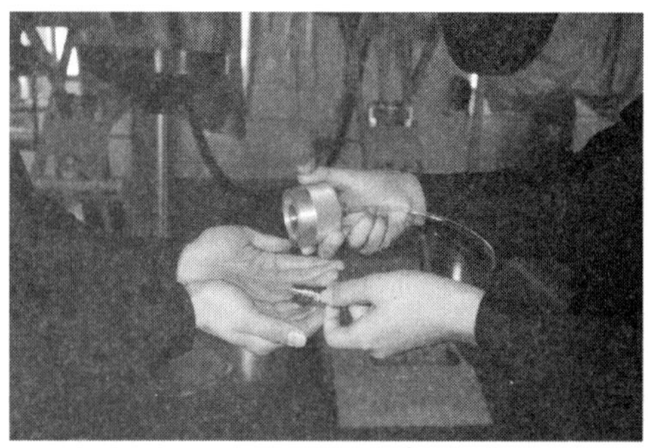

6 1号将回液管与油底壳接头分离。并将回液管放回至指定位置。

**提示：** 接头为快速接头，按住接头向后拉即可。

7 1号将油底壳螺栓接头从油底壳上拆下。

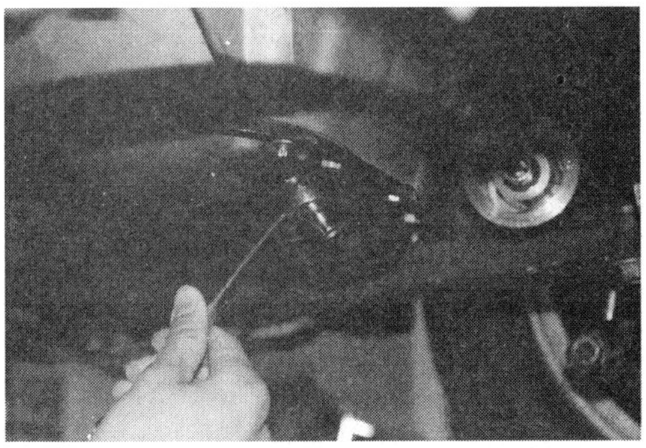

8　1号将油底壳螺栓接头传递给2号，2号将油底壳螺栓接头放置指定位置。

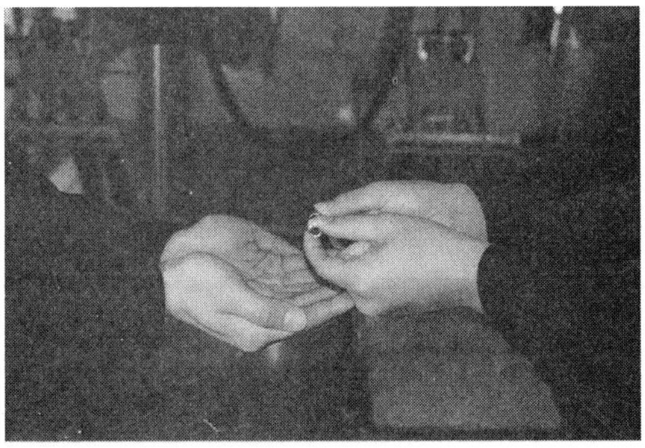

### 第十五步　安装排油塞、机油滤清器

1　2号将新的机油滤清器传递给1号。

2　1号在密封圈上均匀涂抹一薄层机油。

提示：滤清器的密封圈上涂抹一薄层机油，可以起到密封辅助的作用。

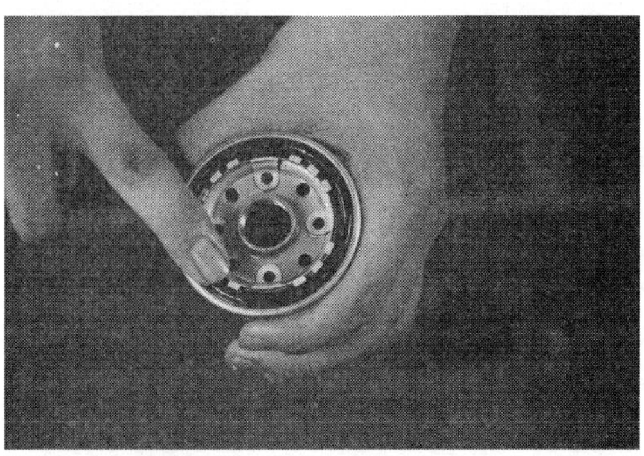

3　1号将滤清器旋入其座上并用力拧紧。

4　2号将机油滤清器专用套筒，接杆，预紧力扳手传递给1号。

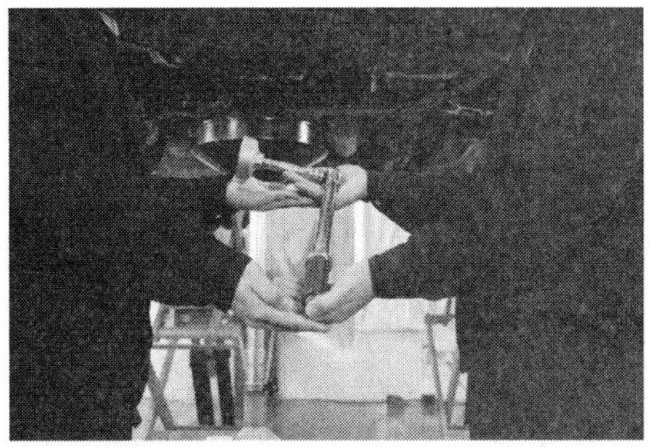

5　1号使用机油滤清器专用套筒、接杆、预紧力扳手转动滤清器3/4圈将其紧固。

提示：

（1）滤清器的拧紧力矩不要过大，以免损坏密封垫圈，按规定要求拧紧即可。

（2）滤清器安装完毕，擦净外壳及其座上的机油，便于检查发动机运转时是否存在漏油。

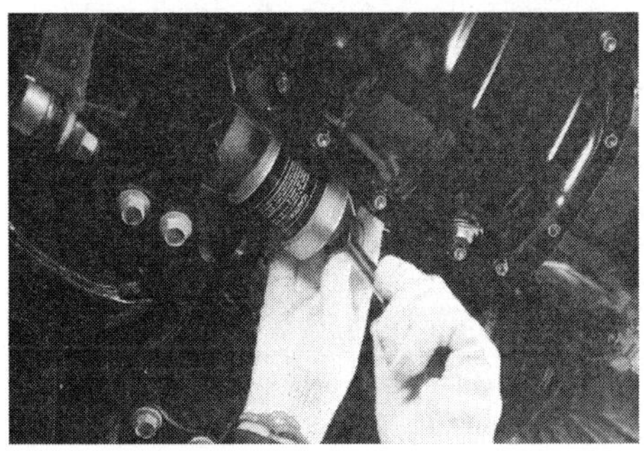

6　1号用棉纱擦净滤清器及其座上的机油。

提示：将安装后的机油滤清器及其座上的机油擦净，便于进行漏油检查。

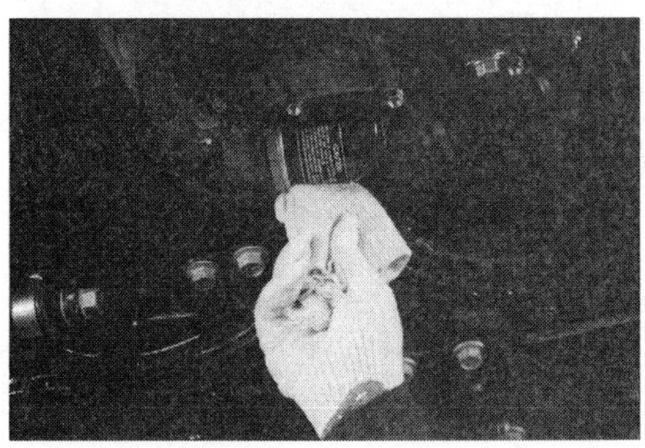

7　1号将机油滤清器专用套筒，接杆，预紧力扳手传递给2号。

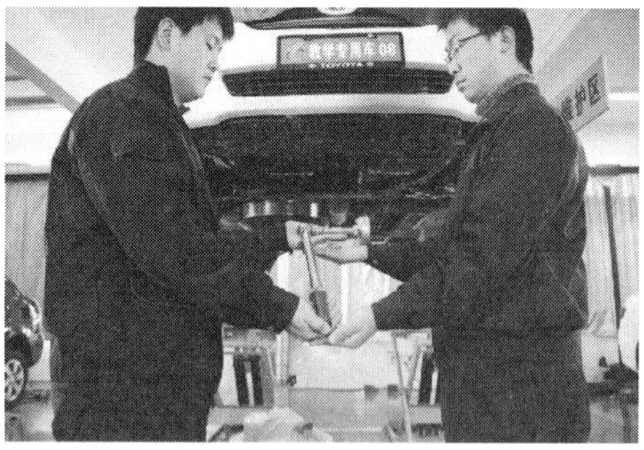

8　1号用手将旋入排油塞。

提示：用手旋入排油塞，可以保证对正螺纹。严禁使用工具旋入，因为螺纹一旦歪斜，便会造成损坏，最终导致油底壳的更换。

9　2号将$\phi$14mm套筒，预紧力扳手传递给1号。

10　1号将$\phi$14mm套筒、预紧力扳手将排油塞拧紧力矩至37N・m。

提示：排油塞要按照规定力矩紧固。

11　1号用棉纱擦净排油塞和油底壳上的油迹。

提示：将排油塞上的油迹擦拭干净，便于检查漏油。

12　1号将$\phi$14mm套筒，预紧力扳手传递给2号。

## 第十六步　加注机油

1　2号操纵举升机，将车辆平稳降落到地面上。

提示：车辆降落到地面时，要重新安装车轮挡块。

2　1号检查车辆是否歪斜。如有，应修复再加注机油。重点检查轮胎气压和减震器总成。

提示：当车辆出现严重变形后，发动机在车上的位置发生偏移，加注机油时，机油标尺显示的数值便会出现或大或小的偏差，给发动机的正常工作带来隐患。

3　1号用棉纱擦净加油塞周围的油的油渍、尘土等，并旋下加油塞。

提示：旋下加油塞之前，要先清除周围的脏污，防止掉入发动机内部，加剧磨损。

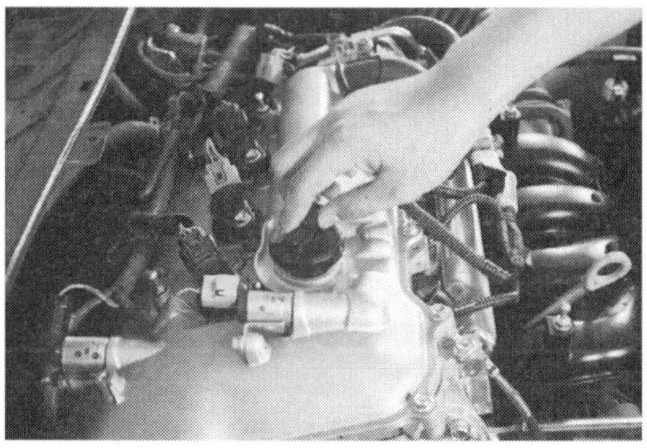

4　2号将机油桶传递给1号。

5　1号旋下机油桶盖，然后一手握住桶上的手柄，一手托住桶的底部，对正发动机的加油口，稍稍倾斜机油桶，缓缓将机油倒入发动机内。

提示：加注机油时，动作要舒缓，油流不要过急，防止油液洒到发动机的外面。

6　当加注量接近机油桶容量（4.2L）的3/4时，停止加注。2～3min后，1号拔出机油标尺，擦净刻度尺处的油液，将其擦入机油标尺套管内，按压机油标尺确认到位后，再次拔出，观察油底壳中油面的高度，应位于上下刻度线中间偏上的位置。若油量不足，进行添加，不允许液面高于上刻度线。

提示：发动机的机油加注量应符合规定要求，过多或过少都会对发动机的使用性能造成不良影响。若油量过少，系统油压下降、机件磨损加剧，严重的会引起烧轴抱瓦等机械事故；若油量过多，导致机油激溅，发动机运转阻力增大，机械效率降低。

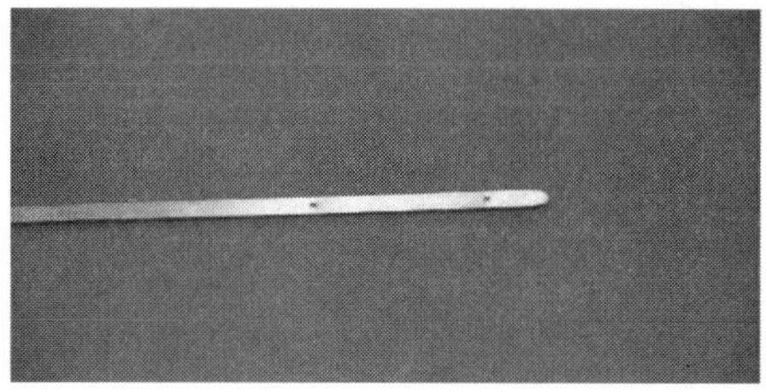

### 第十七步　添加和检漏

1　1号将机油加注完毕，旋紧加油口盖。

2　2号进入驾驶室，打开点火开关，起动发动机并保持运转3～5min之后，关闭点火开关。

提示：机油加注后，使发动机运转一段时间，主要目的是填充润滑系统中的储油空间，便于确定油底壳中的实际存油量。

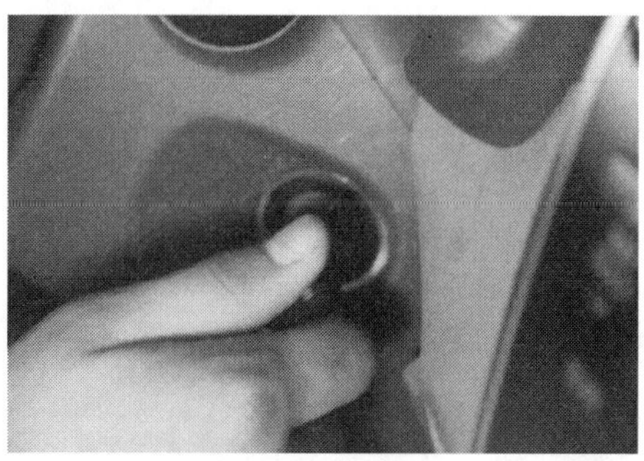

3　1号待发动机停止运转3～5min后，拔出机油标尺，擦净刻度尺的机油，然后将其插回套筒内，确定插入到位后，再次拔出机油标尺，观察油底壳中的油面在刻度尺上显示的位置。如果油面显示于标尺的上下极限刻度线的中间偏上位置，为正

常；偏下，则添加适量机油；高于上刻度线，应放出适量机油。

**提示：**发动机内储油量不适当带来的危害，前文已作说明，不再赘述。

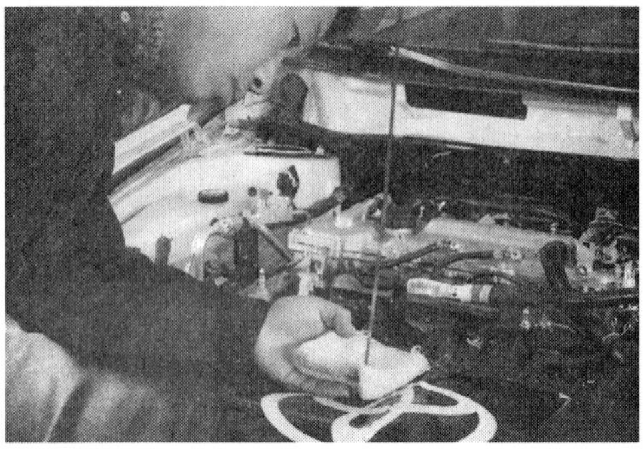

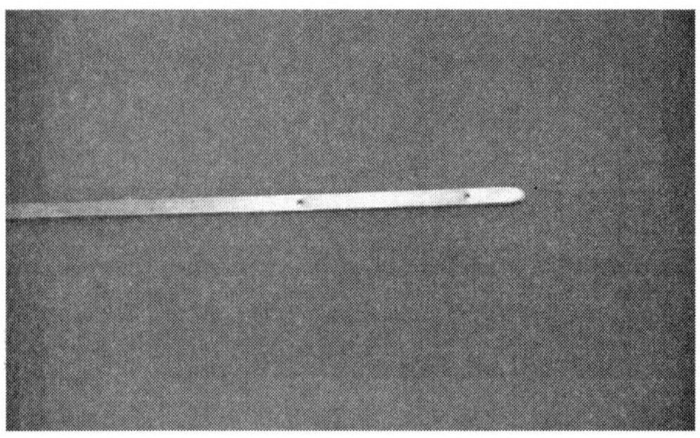

4　1号检查排油塞、机油滤清器等处是否漏油。如有泄漏，修复后车辆才可投入使用。

**提示：**机油泄漏的检查，非常重要，它往往可以避免一些因疏于检查而导致的相关机械事故发生。

5　2号操纵举升机将车辆平稳降落到地面上。

### 第十八步　安装发动机装饰罩

1　2号将装饰板传递给1号。

2　1号将装饰板安装到车身上。

**提示：**装饰板是由橡胶材料制成的，通过卡孔、承座与车身上的销轴、空调系统中的储液干燥器相配合。安装装饰板时，双手握住装饰板的前后端，同时用力但不要过猛，防止折断。

### 第十九步　整理工位

1号、2号共同拆除护裙，关闭发动机舱盖擦拭摆放工具，处理废弃物，清洁地面卫生。

**提示：**作业项目完成后，要搞好工位的清洁、清理、清扫、整理和整顿工作，培养良好的工作习惯。

## 七、考核标准

考核标准表

| 考核时间 | 序 号 | 考核项目 | 满 分 | 评分标准 | 得 分 |
|---|---|---|---|---|---|
| 45min | 1 | 作业前整理工位 | 3 | 整理遗漏酌情扣分 | |
| | 2 | 观察车辆在工位上的停驻位置 | 2 | 检查遗漏扣2分 | |
| | 3 | 检查变速器是否位于空挡或P挡位 | 4 | 检查遗漏扣4分 | |
| | 4 | 检查驻车制动器是否工作 | 4 | 检查遗漏扣4分 | |
| | 5 | 打开并支撑机舱盖 | 3 | 操作不当扣3分 | |
| | 6 | 安装保护罩 | 4 | 操作不当酌情扣分 | |
| | 7 | 起动车辆时，挡位检查 | 5 | 检查遗漏扣5分 | |
| | 8 | 起动车辆时，观察周围情况 | 5 | 检查遗漏扣5分 | |
| | 9 | 报告发动机预热温度 | 4 | 报告错误扣4分 | |
| | 10 | 放油前机油泄漏检查 | 3 | 操作不当扣3分 | |
| | 11 | 拆下机油排放塞并检查 | 3 | 操作不当扣3分 | |
| | 12 | 拆卸机油滤清器 | 3 | 操作不当扣3分 | |
| | 13 | 仪器的准备、连接 | 5 | 操作不当酌情扣分 | |
| | 14 | 仪器管路与车辆连接 | 5 | 操作不当酌情扣分 | |
| | 15 | 仪器机油滤清器接头与车辆连接 | 5 | 操作不当酌情扣分 | |
| | 16 | 仪器的正确使用 | 15 | 操作不当酌情扣分 | |
| | 17 | 整理仪器 | 10 | 操作不当酌情扣分 | |
| | 18 | 安装机油滤清器 | 3 | 操作不当扣3分 | |
| | 19 | 清洁机油加注口 | 3 | 操作不当扣3分 | |
| | 20 | 加注机油 | 3 | 操作不当扣3分 | |
| | 21 | 发动机存油量的检查 | 3 | 操作不当扣3分 | |
| | 22 | 发动机运转后的存油量的检查 | 3 | 操作不当扣3分 | |
| | 23 | 加油后的检漏 | 2 | 检查遗漏扣2分 | |
| | 24 | 遵守相关安全规范 | 因违规操作造成人身伤害和设备事故的，总分按0分计 | | |
| 分数合计 | | | 100 | | |